Sebastian Reiner
Bremen, September '87

Texthinweise: Josef Pfitzner, Bakuninstudien erschien 1932 im Verlag der Deutschen Gesellschaft der Wissenschaft und Künste, Prag.
Im Gegensatz zur Erstausgabe 1932 haben wir in der Ausgabe von 1977 die französischen und polnischen Texte ins Deutsche übersetzt:

Bakunin an Varnhagen, Auszug aus einem Bericht des Pariser Polizeipräfekten an das Innenministerium, Antwort von George Sand an Herrn Bakunin, Bericht des ösetrreichischen Botschafters Apponyi an Metternich, Aus dem Bericht der „Réforme" über Bakunins Ausweisung, Auszug aus dem Sitzungsbericht der Kammerdebatte vom 4. Februar 1848 in Paris, Meyendorff an Arnim, Maihofer an Buback.
Marianne Ebertowski übersetzte aus dem Französischen folgende Texte: Bakunins „Manifest" vom 13. März 1848, Artikel aus Proudhons „Le Peuple" vom 7. Januar 1849, Meyendorff an Arnim, Bakunin an Müller-Strübing.
Aus dem Polnischen übersetzte Marianne Ebertowski: Bericht von der Mission nach Böhmen und Deutschland, Heltmann an Janowski.

© Karin Kramer Verlag Berlin
1 Berlin 44, Morusstr. 28
1.–2. Tausend, Berlin-West 1977
Gesamtherstellung Offsetdruckerei Dieter Dressler, Berlin
Satz (der Übersetzungen) Maschinensetzerei Peter von Maikowski, Berlin

Josef Pfitzner

# Bakuninstudien

Quellen und Forschungen
aus dem Gebiete der Geschichte

Karin Kramer Verlag
Berlin

## Inhaltsübersicht.

                                                                       Seite

| | |
|---|---|
| Vorwort . . . . . . . . . . . . . . . . . . . . . . . . . | |
| Inhaltsübersicht . . . . . . . . . . . . . . . . . . . . | |
| Forschungsstand . . . . . . . . . . . . . . . . . . . . . | 9— 12 |
| 1. Bakunin und Varnhagen von Ense . . . . . . . . . . . . | 13— 21 |
| 2. Bakunin ein russischer Regierungsspion? . . . . . . . . . . . | 21— 27 |
| 3. Bakunin und George Sand . . . . . . . . . . . . . . . . . | 28— 34 |
| 4. Rings um die Pariser Februarrevolution . . . . . . . . . . | 34— 41 |
| 5. Bakunin und Proudhon . . . . . . . . . . . . . . . . . . | 41— 50 |
| 6. Bakunins Ausweisung aus Preußen und Sachsen . . . . . . . | 50— 62 |
| 7. Bakunin 1848 in Anhalt-Dessau-Cöthen . . . . . . . . . . | 63— 78 |
| 8. Entstehung und Verbreitung von Bakunins „Aufruf an die Slawen" | 78–106 |
| 9. Bakunin und die „Dresdner Zeitung" . . . . . . . . . . . | 106—128 |
| 10. Bakunin und die Polen im Frühjahr 1849 . . . . . . . . . | 128—169 |
| 11. Bakunin und die Sudetendeutschen . . . . . . . . . . . . | 169—195 |
| 12. Bakunin in den sächsischen und österreichischen Kerkern . . . | 195—231 |
| Verzeichnis der gedruckten Quellen und des Schrifttums . . . . | 232—237 |
| Orts- und Personenverzeichnis . . . . . . . . . . . . . . . | 238—244 |

Sinn dieser ARCHIV-REIHE ist es, einem bestimmten Leserkreis die zum Teil schon seit einem halben Jahrhundert nicht mehr allgemein zugänglichen Werke zur Verfügung zu stellen. Es geht weniger um die Verwirklichung bibliophiler Ambitionen als vielmehr darum, zu zeigen, daß die in der Vergangenheit entwickelten Ideen, praktizierten alternativen Lebens- und Arbeitsformen nicht als ahistorische, überholte, längst überwundene Theorie und Praxis zu betrachten sind. Gerade das Rückbesinnen auf Kämpfe, auf Denkansätze und Lösungsversuche gesellschaflicher Probleme macht es möglich, Zusammenhänge zu erkennen, Besonderheiten bestimmter gesellschaftlicher Ereignisse nicht als einmalig zu begreifen.

## Vorwort.

Die vorliegenden Studien erfüllen ihren Zweck, wenn sie über einige wichtigere Sonderfragen aus Bakunins erster westeuropäischer Zeit, der sie in zeitlicher Abfolge zugehören, Klarheit und wenn sie bisher unbekannte oder weniger beachtete Quellenstücke für die Erkenntnis des Bakuninschen Lebenswerkes zur Geltung bringen. Damit soll zugleich die von mir unternommene Gesamtbiographie Bakunins, auf zwei Bände berechnet, deren erster zu Beginn 1933 erscheinen wird, entlastet werden, da für eine ausführlichere Behandlung der hier untersuchten, vielfach die Auseinandersetzung von West- und Ostkultur berührenden Sonderfragen dort nicht der rechte Ort wäre.

Die Sammlung des buchstäblich in aller Welt verstreuten Quellenstoffes zur Lebensgeschichte Bakunins übersteigt fast die Kräfte eines einzelnen, so daß nur zielbewußte Zusammenarbeit der Forscher aller beteiligten Länder Europas eine möglichst restlose Erfassung der Quellen gewährleistet. Schon die gleich folgende Aufzählung der von mir besuchten oder zu Rate gezogenen Forschungsstätten rechtfertigt diese Behauptung.

Es wäre mir versagt geblieben, den in den vorliegenden Studien angestrebten Zweck zu erreichen, hätte ich mich nicht verständnisvoller Förderung und Mithilfe durch Leitung wie Beamtenschaft folgender Archive und Bibliotheken zu erfreuen gehabt: des Geheimen preußischen Staatsarchivs und der Preußischen Staatsbibliothek in Berlin, des Staatsarchivs, der Universitäts- und der Stadtbibliothek in Breslau, des Sächsischen Hauptstaatsarchivs, der Sächsischen Landesbibliothek und der Stadtbibliothek in Dresden, der Landesbibliothek in Dessau, des Haus-, Hof- und Staatsarchivs, des Kriegsarchivs, des Archivs des Ministeriums des Innern, der National-, der Stadtbibliothek in Wien, des Archivs des Ministeriums des Äußern und der Nationalbibliothek in Paris, der Königl. Bibliothek in Brüssel, der Militärzentralbibliothek in Warschau, des Ossolineums in Lemberg, der Jagiellonenbibliothek in Krakau, des Militärarchivs, des Archivs des Ministeriums des Innern, der Slawischen Bibliothek, des Böhmischen Landesmuseums, des Vereines für Geschichte der Deutschen in Böhmen in Prag, besonders auch der hiesigen Universitätsbibliothek, die den Fernleihverkehr reibungslos durchführte. Ihnen allen gebührt mein wärmster Dank ebenso, wie allen übrigen öffentlichen Stellen und Einzelpersonen, die mir durch vielfache Auskünfte über zweifelhafte Fragen Sicherheit schufen.

Daß mir der Besuch der deutschen, deutschösterreichischen, französischen und belgischen Forschungsstätten ermöglicht wurde, verdanke ich ausschließlich dem Ministerium für Schulwesen und Volkskultur in Prag, das mir freundlichst Reisestipendien bewilligte. Daß die Archiv- und Bibliotheksarbeit rasch fortschritt, darum machte sich meine Frau durch eifrige Mitarbeit sehr verdient.

Schließlich bekenne ich gern, daß nur das große Entgegenkommen der Historischen Kommission der Deutschen Gesellschaft der Wissenschaften und Künste eine rasche Drucklegung ermöglichte, um die sich die schon längst bewährte Buchdruckerei Rohrer in Brünn neuerlich erfolgreich bemühte.

Prag, Weihnachten 1931.

**Josef Pfitzner.**

Die russische Geschichtsforschung und -schreibung des letzten Jahrhunderts spiegelt in weit höherem Maße als die irgendeines anderen europäischen Landes die jeweiligen politischen Strömungen im Staate wider, da sie notgedrungen Werkzeug und Dienerin der staatlichen Mächte sein mußte und damit Freiheit der Stoffwahl, der Anschauungs- und Arbeitsweise weitgehend entbehrte. Und doch wird jede staatlich reglementierte Geschichtsschreibung verdorren, zumindest Habenseiten aufweisen, die das Soll nicht auszugleichen vermögen. Zu den empfindlichsten Lücken in der russischen Geschichtsforschung zählte bis 1917 das wie selten reiche Feld der liberalen, demokratischen, sozialen wie revolutionären Strömungen, Bewegungen und Ausbrüche vornehmlich im 19. Jahrhundert, während bestimmte Seiten und Abschnitte der politischen Historie sich staatlichen Schutzes und reichster amtlicher Förderung erfreuten. Seit 1917/18 verkehrt sich das Bild ins genaue Gegenteil. Statt harmonischen Einklanges wieder wie im Klima exzessive Spannung und Zerrissenheit, das Alte, stets Gefeierte entthront, das nie Gekannte, nur Geahnte, stets Verachtete die Herrin. Dies der Zustand jetzt. Der alte Schatten wird vom neuen Licht verdrängt, begrabene Gestalten feiern im Gedächtnis der Nachfahren ihre Auferstehung. So auch Bakunin. Mit besonderer Schwere lastete auf seinem Leben, seinen Taten der Haß der Mit- und Nachwelt, unterdrückten das Gedenken an ihn Zensur und Archivaliensperre um die Wette. Zu frisch und innig lebte in seinen Freunden die Erinnerung, zu nahe und unmittelbar der einzig im Vergessen sich kühlende Haß seiner Widersacher. Daher nach seinem Tode ein fast zwanzigjähriges Schweigen. Nun erwachte an verschiedenen Stellen fast zu gleicher Zeit die Teilnahme an dieser bereits ins Legendäre entschwindenden dämonischen Verschwörer-, Weltverbesserer- und Prophetennatur. Sie aus dem Vergessen ins Leben zurückzuführen, mühte sich sogar die russische Heimat. Und dies gleich mit bedeutendem Erfolge. Michail Dragomanov[1]) bewährte fruchtbare Findergabe und Ausdauer, zugleich aber auch Hellhörigkeit für die Zeichen seiner Zeit, da er einen „Zwischenakt in der Geschichte der russischen Gesellschaft" nützte und einen stattlichen, besonders für Bakunins nachsibirische Zeit ergiebigen, ja grundlegenden Quellenband vorlegte, den Schiemann noch 1895 der deutschen Öffentlichkeit zu-

---

[1]) Michail Bakunins Social-politischer Briefwechsel mit A. J. Herzen und Ogarjow, hg. von M. Dragomanow, übers. von Minzès, Bibl. russ. Denkwürdigkeiten, hg. von Schiemann VI (1895).

gänglich machen ließ. Der Bann war gebrochen, die Privatarchive begannen sich zu öffnen, während die Staaten noch eifersüchtig ihre Schätze hüteten. Dragomanov aber verdankte die Wissenschaft noch ein Zweites: einen gründlichen, mit manch legendärem Gerank aufräumenden Lebensabriß, der noch heute seinen Wert besitzt. Noch während des Druckes von Dragomanovs deutscher Ausgabe erfuhr die Bakuninforschung von Frankreich her entscheidende Förderung durch die von Stock unternommene Ausgabe der Oeuvres complètes (1895 ff.), die in erster Linie das Lehrgebäude, das hinterlassene Erbe aus Bakunins Lebensabend, umschlossen und am meisten zu seiner Einführung durch die Wissenschaft in die Reihen der sozialistisch-anarchistischen Theoretiker des 19. Jahrhunderts beitrugen. Zu Dragomanov und Stock gesellte sich ungefähr zur gleichen Zeit ein Dritter, der sie beide an Sammeleifer und -glück übertraf: der Bakunin lehrgemäß eng verbundene deutsche Anarchist Max Nettlau, der in den Jahren 1896—1902 — Jahre mühevoller Sammelarbeit gingen voraus — eine einzigartige Fundgrube der Bakuninforschung erschloß, die dieser auch heute noch die unerläßliche Ausgangsstelle für jede Weiterarbeit geblieben ist. Das aus aller Welt herbeigeholte, meist literarischen und publizistischen Quellen entstammende Material füllt drei mächtige, leider vielfach unzureichend lithographierte Bände[1]) und umspannt Bakunins gesamte Lebenszeit. Das Staunen der Wissenschaft über diese stellenweise nur angedeuteten Stoffmassen — sie können niemals den Charakter einer Biographie besitzen — nahm kein Ende, mochte die Gliederung des Stoffes auch noch so chaotisch-anarchistisch anmuten. Innerhalb eines knappen Jahrzehnts lief so eine die Darstellungskraft eines Nettlau weit übersteigende Quellenfülle auf, die noch reiche Nahrung aus der Memoirenliteratur sowie den Quellenausgaben zum Lebenswerke Bakuninscher Freunde und Zeitgenossen, z. B. Ruges, Herweghs, Bělinskijs, Granovskijs u. v. a. bezog.

Bakunins westeuropäische Jahre traten damit in bestimmteren Umrissen in Erscheinung. Der Osten, Bakunins Heimat, barg weiterhin ungehobene und so unbekannt gebliebene, ja längst verloren geglaubte Schätze, die der Bergung durch den bewährten russischen Historiker Kornilov[2]) vorbehalten blieben. Denn in Bakunins Vatergute Prjemuchino herrschte nicht nur strenge Zucht unter den Familienmitgliedern, man besaß auch Sinn für die unmittelbarste Äußerung persönlichen Lebens: den Brief. Michails, des verlorenen Sohnes, Jugendbriefe fanden ihren besonderen Platz im Familienarchive und dort entdeckte sie Kornilov. Seit 1904 mit dem Abschreiben beschäftigt, ließ er die Öffentlichkeit nach einigen Jahren aus Proben die köstlichen Schätze erahnen,

---

[1]) Ich benützte von den 50 existierenden Exemplaren das des Böhmischen Landesmuseums in Prag.
[2]) A. A. Kornilov: Molodye gody Michaila Bakunina (1915); Gody stranstvij M. B. (1925); vgl. auch E. Kornilova: M. A. Bakunin v pis'mach jego rodnych i druzej (1857—1875), Katorga i ssylka 1930, 2 (63), 54 ff.

durch welche die Erforschung der dreißiger und vierziger Jahre in
der russischen Geistesgeschichte so ungeahnte Bereicherung erfahren sollte. Schon nach Kriegsbeginn, 1915, legte dann Kornilov
den ersten Quellenband zur Jugendzeit Bakunins, reichend bis
1840, vor, dem wieder nach einem Jahrzehnt (1925), ein zweiter
für die vierziger Jahre folgte. Kornilovs Bände halten zwischen
Darstellung und Quellenausgabe die Mitte, so daß beide Teile
etwas zu kurz kommen. Immerhin, sie verbreiteten unschätzbares
neues Licht, und wessen hätte die Gestalt Bakunins mehr bedurft? So eng Bakunins Freundschaft zu Stankěvič und Bělinskij
gewoben war, so ertragreich mußte deren ebenfalls knapp vor dem
Kriege vorgelegter Briefwechsel für die Erkenntnis von Bakunins
Jugendzeit werden, wofür manches noch aus der intensiven Arbeit
eines Mehring, Rjazanov, G. Mayer und Bernstein an Marxens und
Engels' Lebenswerke abfiel.

Aber noch standen große Überraschungen aus. Die Staatsarchive verschiedener Länder harrten der Erschließung. Mit dem
Zusammenbruche Alteuropas sprangen auch da die Schlösser entzwei. Ungeahntes, neu gewecktes, weil zuhöchst aktuelles Interesse
spornte zu fieberhafter Arbeit vorerst die russischen Geschichts-
und Politikbeflissenen an, deren Erfolgreichste V. Polonskij und
Stěklov 1920/21 durch Herausgabe und Verwendung von Bakunins
seither berühmt gewordener „Beichte" (1851) geradezu eine literarische Sensation erregten[1]). Polonskij[2]) verdankt die Wissenschaft
überdies die Hebung eines Großteils versperrten Materials in den
russischen Geheimarchiven, zumal dem der Dritten Abteilung der
kaiserlichen Kanzlei, wozu er noch außerrussische, nunmehr zugänglich gewordene Fundgruben: die sächsischen und österreichischen Archive, erschloß und die Früchte seiner Arbeit in zwei
Materialienbänden sowie einer zweibändigen Gesamtdarstellung
vorlegte. Um die Wette eiferte mit ihm Stěklov, der alsogleich
vier materialreiche Bände schrieb[3]) und seither manch wertvollen
Einzelfund aus dem Vorrate des Marx-Engels-Institutes in
Moskau zugänglich machte[4]). Dieses Forschungsinstitut plant überdies eine erschöpfende Ausgabe von Bakunins Werken, wofür

---

[1]) Schon Schiemann wußte 1916 in seinen „Russischen Köpfen" um
Bakunins Beichte, über die L. K. Iljinskij 1919 einen Aufsatz schrieb
und die in umfangreichen Auszügen dann 1920 Stěklov (s. u.) verwendete,
bis sie 1921 Polonskij im Vereine mit Gurevič erstmalig, 1923 zum zweiten
Male in seinen Materialy I, freilich nicht ganz fehlerlos, herausgab. Vgl. zu dem
um die Edition und die Priorität entbrannten Streite jetzt D. Rjazanov:
Otvet na „Otkrytoe pis'mo" V. Polonskogo, Letopisy marksizma VII—VIII (1928),
135 ff. Auf Grund der Polonskischen Ausgabe legte K. Kersten 1926 eine
deutsche Übersetzung der „Beichte" vor, nach der in der Folge zitiert wird.

[2]) V. Polonskij: Materialy dlja biografii M. Bakunina I (1923), III (1928);
derselbe: Bakunin I² (1925), II (1921).

[3]) J. Stěklov: M. Bakunin I² (1926), II—IV (1921 ff.).

[4]) Z. B. M. A. Bakunin v sorokovye gody, Krasnyj archiv 14 (1926),
50 ff.; derselbe: Pis'ma M. A. Bakunina k A. Ruge, Letopisy marksizma II
(1926), 197 ff.

Nikolaevskij[1]), wie aus Einzelfunden hervorgeht, bereits ertragreiche Vorarbeit geleistet hat. Damit dürfte dann Bakunins Lebenswerk ebenso rasch zu überblicken sein wie das Herzens in dessen gesammelten, 22 Bände umfassenden Werken, durch die Lemke auch der Bakuninforschung Wertvolles beigesteuert hat. Neben der russischen Übersetzung der Oeuvres complètes von Stock erschienen auch in deutscher Sprache Bakunins Gesammelte Werke, bisher in drei Bänden, die vor allem wegen Nettlaus Mitarbeit eine neuerliche Quellenvermehrung bescherten. Eine langbewußte Lücke schloß schließlich Čejchan[2]) durch den Erstdruck von Bakunins unvollendeter „Selbstverteidigung".

Wollen damit lediglich Hauptpunkte der Bakuninforschung besonders zu seiner vorsibirischen Zeit herausgehoben sein, so genüge ein summarischer Hinweis auf die große Zahl besonders russischer Memoirenwerke der Nachkriegszeit, die bald Sparren, bald Splitter zu dem bereits mächtig emporgeführten Baue beitragen.

Und noch ist kein Ende abzusehen. Überraschungen bleiben weiterhin möglich. Denn den Erforscher von Bakunins Lebenswerk erwarten schon um dessentwillen erhöhte Schwierigkeiten und lassen ihn die Unzulänglichkeit der methodischen Mittel rascher als sonst erkennen, weil dieses Leben unterirdisch verlief, in Anonymität und Pseudonymität sich hüllte, weil Bakunin sich und Mitarbeitern den Grundsatz einhämmerte, all jene Zeugnisse, die den Historiker allein zu sicherer Erkenntnis leiten, zu vernichten, nur weil sie auch dem Untersuchungsrichter diese Erkenntnis hätten vermitteln können. In Privatarchiven schlummert sicher noch mancher Bakuninbrief, in so mancher Zeitung ein Bakuninartikel. Sie aufzustöbern und zu erkennen, wird weiteres Ziel der Bakuninforscher aller Länder bleiben.

---

[1]) B. Nikolaevskij: Anonimnaja brošura M. A. Bakunina „Položenie v Rossii", Letopisy marksizma IX—X (1929), 72 ff.; derselbe: Bakunin epoki jego pervoj emigracii v vospominanijach němcev-sovremennikov, Katorga i ssylka (1930), 8/9, S. 92 ff.

[2]) V. Čejchan: Bakunin v Čechách (1928).

## 1. Bakunin und Varnhagen von Ense.

Hätte Varnhagen[1]) nicht durch seine Tagebücher[2]) „eine durchaus einzigartige Auskunftei über mehr als ein halbes Jahrhundert deutscher Geschichte in all ihren Ausstrahlungen" geschaffen, es stünde wesentlich schlimmer um die Erkenntnis russisch-deutscher geistig-politischer Beziehungen von den dreißiger bis in die fünfziger Jahre des verflossenen Säkulums. Schon allein der von Houben bearbeitete Registerband läßt unter den Schlagworten Russen, Rußland die reiche Fülle an Nachrichten über den Osten ahnen, zugleich eine besondere Hinneigung Varnhagens zu diesem vermuten. Die Frage wäre wohl längst untersucht worden, hätte sich durch die vorzeitige Veröffentlichung der Varnhagenschen Tagebücher nicht ein Odium auf sein Angedenken gelagert, das während der letzten acht Jahrzehnte erst allmählich zurückgedrängt worden ist. Von der Literaturgeschichtsforschung stammte das Verdikt, das Walzel 1895 dahin zusammenfaßte, die Wesenszüge Varnhagens bestünden in maßloser Eitelkeit, hämisch hinterlistiger Klatschsucht und in der Kunst der Verstellung. Erst 1908 wagte Houben[3]) einen Entlastungsversuch, dem es gelang, auch die positiven Seiten von Varnhagens Lebensarbeit zu Ehren zu bringen. Und warum sollte das Licht dem Schatten nachstehen? Fest steht nun, daß dieser wegen seiner standhaft vertretenen liberal-demokratischen Gesinnung zur Disposition gestellte preußische geheime Legationsrat mehr denn ein bloß beschauliches, im Schatten Goethes und Rahel Levins dahinwelkendes, von politischer Nörgelsucht erfülltes Parasitenleben führte. Er stand sicher und unerschütterlich als Mahner, Hüter und Führer, als Helfer und Freund im Kreise vorwärts drängender und stürmender Jugend, aufgeschlossen für alle geistigen Strömungen seiner Zeit, für Politik wie Schrifttum, für Philosophie wie Kunst und so ein würdiger Fortsetzer und Erbe jenes im Salon der von ihm unvergessenen Rahel beheimateten universal gerichteten Geistes, ohne daß welt-

---

[1]) Vgl. über ihn R. Haym: Varnhagen v. Ense, Preußische Jahrbüber 11 (1863), 445 ff.; O. Walzel: Allgemeine deutsche Biographie 39 (1895), 769 ff.; Goedekes Grundriß VI. Bd., 7. Buch 1 (1898), 176—183; C. Misch: Varnhagen v. Ense in Beruf und Politik (1925); vgl. dazu H. v. Srbik: Deutsche Literaturzeitung 46 (1925), 1069 ff.; über seinen Nachlaß vgl. L. Stern: Die Varnhagen v. Ensesche Sammlung in der Königl. Bibliothek zu Berlin (1910).

[2]) Bd. 1—14 (1863—1870).

[3]) H. H. Houben, Vossische Zeitung 1908, 11. Oktober, Sonntagsbeilage; derselbe: Jungdeutscher Sturm und Drang (1911), 549 ff.; derselbe: Verbotene Literatur von der klassischen Zeit bis zur Gegenwart I² (1925), 595 ff.

bürgerliches Denken warmes nationales Fühlen erstickte. Dabei eignete ihm über seine aktive Dienstzeit hinaus die wertvolle Diplomateneigenschaft, sein Inneres gegebenenfalls unter einer anders lautenden äußeren Haltung zu verbergen, leidenschaftliche Erregung zu meistern, ohne seine Freisinnigkeit zu verleugnen[1]). Von dieser waren Nah- wie Fernstehende überzeugt, auch jene Kreise, deren konservative Haltung außer Zweifel stand und in die Varnhagen dank seines geistvollen, manchmal, besonders Frauen gegenüber, allzu geschmeidigen und höfisch wirkenden Wesens Zutritt besaß, ohne mit seiner freimütigen Gesinnung hinter dem Berge zu halten.

Damit besaß Varnhagen Eigenschaften, welche die besonders in den dreißiger Jahren in Berlin sich einstellende, lernbeflissene und Westeuropa zugewandte russische Jugend zu locken und zu fesseln vermochten. Jungdeutsche wie Jungrussen fanden so bei ihm jederzeit offene Türen. Kam er doch bereits als Dreißigjähriger russischem Wesen[2]) sehr nahe, als er die deutschen Befreiungskriege in russischen Diensten an Tettenborns Seite — er beschrieb eindrucksvoll 1814 dessen Feldzüge — mitmachte und als junger Diplomat am Wiener Kongreß russische Staatsmänner und Herrscher unmittelbar kennen lernte. Diese Erfahrungen befähigten ihn dann, als er gern gelesene historische Essays schrieb, auch die Gestalt Kaiser Alexanders von Rußland zu umreißen, wie überhaupt in die Schicksale des osteuropäischen Großreiches sich zu vertiefen. Daneben fesselte die jäh emporblühende, in Puškin, Lermontov u. a. gipfelnde russische Dichtkunst durch ihre von westlichem Wesen so bestimmt unterschiedene Eigenart seine Teilnahme tief und dauernd, ließ ihn zugleich seinen geistigen Neigungen einen Weg weisen, der geradlinig zu dem einem Puškin so vielfach verwandten jungen Geschlechte der dreißiger und vierziger Jahre führte[3]). Mit Mel'gunov[4]), einem der ersten Jüngeren im Westen, traf Varnhagen 1836 zusammen, als jener, mit einem Fuße im Freiheitslager, mit dem anderen im Kreise der Konservativen

---

[1]) Der deutsche Sozialist Karl Grün schrieb am 21. Februar 1846 an Varnhagen: „Ich bin sehr dreist, Sie als übel notirter Mensch gewissermaßen zu compromittiren; aber es ist gewiß merkwürdig, daß gerade die Übelnotirten sich vertrauensvoll an Sie wenden. Zu diesen rechne ich auch meinen Freund H. Heine." Berlin, Staatsbibliothek, Varnhagens Nachlaß.

[2]) Auch Böhmen lernte er schätzen.

[3]) A. A. Cumikov: Iz dněvnika Varnhagena von Ense, Russkij archiv 1875, N° 7; Russkaja starina 23 (1878), 142 ff., 24 (1879), 371 ff.

[4]) Die maßgebende Biographie Mel'gunovs schrieb A. J. Kirpičnikov unter dem Titel: Měždu slavjanofilami i zapadnikami. N. A. Mel'gunov, Russkaja starina 96 (1898), 297 ff., 551 ff., wo allerdings die Beziehungen zu Varnhagen kaum angedeutet werden; vgl. über ihn Brokhaus-Jefron 19 (1896), 44; Ovsjaniko-Kulikovskij: Istorija russkoj literatury XIX. v. I, 283, II, 393.; vgl. auch Mel'gunova-Stepanova: Un voyage en Russie, Le monde slave 1931, S. 188 ff.; über Bakunins Verhältnis zu dessen Frau, einer Deutschen, vgl. dessen Albumeintragung vom 24. April 1845 bei M. Nettlau: Bakunin v Kenigšteině, Na čužoj storoně 7 (1924), 244; A. Hercen: Poln. sobr. soč. passim.; N. Barsukov: Žizn' i trudy M. P. Pogodina passim, bes. V (1892), 162 f.

stehend, in literarischen Angelegenheiten nach Berlin kam und sich ihm als „ein geistvoller, tüchtiger Russe, sehr Russe, aber wie Deutschland sie wünschen kann", präsentierte. Diesem folgten alsbald andere. Den Stankěvič-Kreis ergriff die Wanderlust. Sein Haupt Stankěvič selbst eilte gesunden Sinnes und kranken Körpers nach der Hochburg zeitgenössischer idealistischer Philosophie Berlin, mit ihm sein unzertrennlicher, geistig weniger bedeutender Freund Nevěrov[1]) und bald der geschichtsbeflissene Rankeschüler Granovskij. Sie alle kehrten bei Varnhagen ein, der sich, obwohl er soeben den Zenit seines Lebens überschritten hatte, gern anregen und belehren, ja soweit gewinnen ließ, daß er sich entschloß, russisch zu lernen, um die russischen Dichter, allen voran Puškin, in der Ursprache genießen zu können. Ins Russische führte ihn der von Mel'gunov warm empfohlene Nevěrov ein, der sich daraus eine nicht geringe Ehre machte. Mochte auch Stankěvič, wie viele seiner philosophischen Freunde von einem zuhöchst unwirklichen verabsolutierten Liebesbegriff erfüllt, an dem besonders unter Frauen sich wohl fühlenden Varnhagen nicht sonderlich Gefallen finden[2]), so nahmen Nevěrov und andere um so lieber an den schöngeistig-geselligen Abenden bei Frau von Frolov — sie war soeben aus Rußland nach Berlin übersiedelt —, bei der langjährigen Freundin Varnhagens Henriette von Solmar, wo sich Bettina von Arnim, Gans u. a. einfanden, teil.

In gänzlich anders geartete russische Gesellschaft geriet Varnhagen in den Sommermonaten zu Kissingen, dem Treffpunkte bester deutscher, östlicher und anderwärts beheimateter Gesellschaftskreise. Hier machte Varnhagen den zahlreich versammelten russischen Schönen, Adeligen wie Großfürstinnen, den Hof und paradierte mit seinen soeben erworbenen Russischkenntnissen. Eine bunte Reihe klangvoller russischer Adelsnamen fand so besonders in den Sommern 1839—1841 in seinen auch da betreuten Tagebuchblättern ihren Niederschlag. Täglich konversierte er mit dem gleichen Behagen, mit der gleichbleibenden, nicht von oberflächlichem Interesse getragenen Neugierde für die Zustände anderer Völker, vor allem Rußlands, so daß er jedesmal kenntnisreicher nach Berlin zurückkehrte. Aber über dieses wechselseitige Geben und Nehmen in charmantem gesellschaftlichem Spiele hinaus drängte Varnhagen auf dem Felde der gegenseitigen deutsch-russischen Kulturbefruchtung zu ernster Arbeit. „Nur vorwärts, sie und wir! Jedes Volk strebt für sich und gönnt dem andern!" Wohl getrennt schaffen, aber vereint genießen. Darob hinweg mit den durch die Sprache gesetzten trennenden Hindernissen für den so wünschenswerten wechselweisen Austausch. Dieses Bedürfnis

---

[1]) Leider ist der von Nevěrov handschriftlich abgefaßte Band Erinnerungen noch nicht herausgegeben worden. Teile daraus stellen dar Stranica iz istorii krěpostnago prava. Zapiski Nevěrova 1810—1826, Russkaja starina 40 (1883), 429 ff.; Ivan Sergěevič Turgeněv v vospominanijach Nevěrova, ebenda 417 ff.; Brokhaus-Jefron 20 (1897), 810.

[2]) Perepiska Nik. Vlad. Stankěviča 1830—1840, hg. von A. Stankěvič (1914), 168: 1838, 25. Februar.

erwachte auch anderwärts im deutschen liberalen Bürgertum trotz aller Russenfurcht. Brach doch ein freiheitlicher Dichter und Politiker, der Hanauer Heinrich Josef König[1]), den Bann, da er 1837 unter tätigster Mithilfe Mel'gunovs und vieler anderer Russen einen stattlichen Band: „Literarische Bilder aus Rußland" den deutschen Leserkreisen erschloß. Diese erste entscheidende Tat wechselseitiger Kulturbefruchtung atmete den europäischen Freiheitsgeist, ließ auch die Dichter der russischen geistigen Opposition zu Worte kommen, attackierte somit das offizielle, nikolaitische Rußland, für das als streitbarer offiziöser Fechter Greč in die Bresche sprang. Drei Jahre währte zwischen König, Greč und Mel'gunov der Kampf. Varnhagen, mit Mel'gunov wie König gut bekannt, stimmte völlig diesen zu und ergriff so in einem Sonderfalle für die freiheitliche Jugend Rußlands entschieden Partei. Dies gab Mel'gunov den Mut, Varnhagen für den Gedanken des von König so mutvoll begonnenen Werkes, neue Mittel und Wege für den Austausch von Ost- und Westkultur zu finden und auszubauen, zu gewinnen. Soeben hatte Varnhagen schützend seine Hand über die Jungdeutschen gehalten, wie sollte er sich dem jungen, nach dem Anschluß an den Westen drängenden Rußland versagen? Damit setzte ein Gedankenaustausch zwischen Varnhagen und Mel'gunov ein[2]), dessen Ziel es war, Buchhandlungen für russisches Schrifttum in deutschen Landen zu schaffen, Übersetzungen aus dem Russischen zu befördern, durch Besprechungen auf russische Neuerscheinungen nachdrücklichst hinzudeuten. Neben einem Puškin fallen da die Namen eines Odojevskij, Krajevskij, Ševyrëv als der Berücksichtigung besonders würdiger Schriftsteller[3]). Mochte auch Vieles von dem in diesem Briefwechsel Besprochenen Plan und Wunsch bleiben, so griff doch Varnhagen selbst zur Feder, übersetzte in der Folgezeit drei Novellen aus dem Russischen, empfahl russische Schriftsteller und veranlaßte Besprechungen ihrer Werke.

1839 trat in seinem Berliner Russenkreise ein bedeutsamer Wechsel ein. Stankēvič suchte im Süden Rettung von seinem unheilbaren Leiden, Varnhagens Russischlehrer Nevěrov kehrte nach Rußland zurück, wo er sich dem Lehrberufe in Riga, demnach wieder in einer deutschen Stadt, widmete, Granovskij verließ gleichfalls Berlin, um sich auf eine Professur in Moskau vorzubereiten. Das Jahr 1840 führte jedoch neue Vertreter der russischen freiheitlichen Bewegung nach Berlin. Nach einem mit erlauchten russischen Gästen besonders gesegneten Kissinger Sommer schrieb

---

[1]) Vgl. über ihn Biffert: Allg. d. Biogr. 16 (1882), 513 ff.; Goedeke: Grundriß X (1923), 305—314.

[2]) Im ganzen haben sich 6 deutsch geschriebene Briefe und 1 russischer von Mel'gunov an Varnhagen in dessen Nachlasse in der Berliner Staatsbibliothek erhalten. Diese Bestrebungen sowie die damalige Übersetzungstätigkeit aus dem Russischen verdienen eine eingehende literarhistorische Würdigung.

[3]) Darin kommt Mel'gunovs Schwanken zwischen dem konservativen und freiheitlichen sowie zwischen slawophilem und Westlerlager deutlich zum Ausdruck.

Varnhagen am 19. Oktober 1840 in sein Tagebuch[1]): „Herr von Bakunin besuchte mich, als ich noch im Bette lag. Einen Brief Neweroffs an mich hat er verloren. Von seiner Übersetzung der Briefe Bettinens sind nur Bruchstücke gedruckt, die übrige Handschrift ist in Verlust geraten. Er scheint ein wackrer junger Mann, edel und freigesinnt. Er will hier hauptsächlich Hegelsche Philosophie hören." Scheinbar am Alltäglichen und Allzumenschlichen haftend, zeichnet damit Varnhagen doch mit wenigen Strichen meisterhaft Hauptseiten der Bakuninschen Art: seine Geradheit, gepaart mit einer in beinahe sträflichem Gleichmut zur Schau getragenen Vernachlässigung des Äußeren, alltäglich Banalen, sein aus edler Gesinnung entspringender Drang zum Geistigen, zu Hegel. Noch früher stellte sich Bakunins Freund, der nachmals berühmt gewordene Dichter Ivan S. Turgeněv[2]) mit ein, denen der in bestimmter Richtung angesehene Katkov[3]), dann Unbedeutendere wie Skačkov, Volkov u. a. folgten. Eine Ergänzung dieses Berliner Russenzirkels bot Bakunins älteste Schwester Barbara Djakova, die gleichfalls mit Varnhagen bekannt wurde und der Geselligkeit ihr Haus öffnete, wie sie ebenso gern bei Henriette Solmar weilte. Dennoch erhielten sich nur verschwindend geringe Spuren über Bakunins Verhältnis zu Varnhagen[4]), obwohl Bakunin einen reichen Briefwechsel mit Schwestern und Eltern in Prjemuchino damals führte. Trotzdem könnte der tatsächlich vorhandene Umgang mit Varnhagen, der als gewesener Diplomat sich niemals so in das Reich des Abstrakten verstieg wie der von den Russen schwärmerisch verehrte legitime Hegelsproß Werder, Bakunin den Weg aus den Höhen reiner Abstraktionen zur Erde wesentlich mit erleichtert haben. Denn gerade in Bakunins Berliner Zeit vollendete sich die Schwenkung nach links ins Lager Ruges. Für diesen geistigen Umbildungsvorgang Bakunins und Turgeněvs schreibt der sich stets überlegen fühlende Herzen[5]) in boshafter Form auch Varnhagen einen Anteil zu. Der Sommer 1841 in Kissingen mag Bakunins Sinnesart im Kreise internationaler Eleganz nicht wenig aus der mönchischen Askese Hegelscher Absolutismen zur Erde herabgezogen haben. Und wieder wurde da teilweise Varnhagen sein Führer und Lehrmeister[6]), so daß die Versicherung des von Moskau in die Provinz sich verbannt fühlenden Neveřov[7]) im

---

[1]) I, 232, 263.
[2]) Tagebücher I, 235. Ihn hatte bereits Nevěrov bei Varnhagen eingeführt, vgl. Russk. starina 40 (1883), 417 ff.
[3]) Katkov übersetzte noch in Rußland Varnhagens Aufsatz „Über Puškin" ins Russische, Otěčestvěnnye Zapiski III, wobei er ihn „den berühmten Kritiker" nannte; vgl. auch S. Nevěděnskij: Katkov i jego vremja (1888), 23 ff.
[4]) Barbara Djakova erwähnt in einem Briefe vom 3. Dezember 1840, daß Varnhagen bei ihnen gewesen sei, A. Kornilov: Gody stranstvij Michaila Bakunina (1925), 41 f.
[5]) Byloe i dumy, Poln. sobr. soč. 13, 235 f.
[6]) Tagebücher I, 324, 326.
[7]) Brief vom 12. November 1841 an Varnhagen. Von Nevěrov liegen einige Briefe an Varnhagen in dessen Nachlasse vor, die ebenfalls der Beachtung wert sind.

Grunde der Wahrheit entsprach, wie stolz er darauf sei, durch seine Beihilfe „der russischen Sache einen so allgemein geachteten und so einflußreichen Verfechter verschafft zu haben. Sie wissen schon, wie viel ich — und mit mir manche gebildeten Russen — darauf Gewicht lege, um die russische Literatur im Auslande bekannt zu machen und dadurch die vaterländische (!) Erzeugnisse der unparteiischen und so hoch ausgebildeten Kritik der Deutschen zu unterwerfen, damit fremde Ansichten über unsere literarischen Zustände das berichtigen und ergänzen, was wir Russen nicht sehen können, oder — obgleich sehen und bemerken — doch aus manchen Rücksichten nicht aussprechen dürfen, und in Ihnen, hochverehrter Freund, sehe ich schon zum Theil die Realisierung dieser Hoffnung. Ihr aufgeklärtes Urteil fängt schon an, über viele Zweige unseres Wissens und Tuns sich belehrend zu verbreiten. Lassen Sie Ihren Eifer nicht ermatten und zu vielen ehrenvollen Titeln gesellen Sie noch den — der Leiter und Beurteiler des russischen Geistes zu sein. Einen besseren Pflegevater können wir nicht haben." Solcher Widerhall dürfte auch Varnhagen zufrieden gestellt haben. Bakunin freilich nahm 1842 von Berlin und Varnhagen zu einer unbeabsichtigten, Jahre füllenden wilden Wanderfahrt Abschied, bis er in Paris für längere Zeit zur Ruhe kam. Darob rissen Varnhagens Beziehungen zu Rußland nicht ab. Die dankbare Jugend der dreißiger und vierziger Jahre blieb ihm treu. So kreuzten in der Folgezeit Ogarëv, Satin sein Blickfeld, Nevěrov, Mel'gunov und Turgeněv, der ihm sogar ein Huldigungsgedicht überreichte[1]), kehrten wieder bei ihm ein. Marquis Custine und Haxthausen, die besten westeuropäischen Kenner Rußlands in den vierziger Jahren, belehrten ihn als Freunde aus erster Hand über die russischen Zustände, vermeldeten ihm wohl auch die Kunde von dem guten Klange seines Namens im Osten. Was Wunders, wenn da Varnhagen Mitte der vierziger Jahre ausrief: „Mein russischer Ruhm ist groß[2])!"

Mochte Varnhagen nach Bakunins Abreise auch keine Gelegenheit vorübergehen lassen, mit Freunden und Bekannten Bakunins sich immer tragischer gestaltendes Schicksal von Ferne zu verfolgen, so bestände doch die Vermutung zu Recht, das Verhältnis beider sei ein höchst einseitiges gewesen, läge nicht der unten erstmalig mitgeteilte Brief vor, der für Bakunins dankbares Gedenken an Varnhagen zeugt, auch sonst für Bakunins an Quellen so arme Pariser Zeit eine Bereicherung bedeutet. Das Sturmjahr 1848 verschlug Bakunin dann endlich wieder nach Berlin, wo er mehrfach mit Varnhagen zusammentraf, ihn in seine slawischen Pläne einweihte, sich wohl auch seinen Rat erbat, wie Varnhagen sich überhaupt einer bevorzugten Vertrauensstellung unter den Demokraten Berlins erfreute. Ihm wie diesen eignete eine große Hingabe an die

---

[1]) Tagebücher IV, 45; vgl. auch A. J. Hercen: Novye materialy, hg. von Mendel'son (1927), 26 ff.
[2]) Tagebücher III, 122.

Sache der Slawen[1]), die auch Varnhagen 1848 oft in Schutz nahm, mochten es Polen[2]) oder Tschechen[3]) sein.

Als Bakunin, längst aus Preußen verscheucht, schließlich die Kerker Sachsens, Österreichs und Rußlands durchkostete, ein Todesurteil dem anderen folgte, da vermochte der alternde und verbitterte Varnhagen nichts anderes für den von ihm so warm geschätzten Russen zu tun, als all die verworrenen, meist irrigen Gerüchte und Nachrichten aus Tagesblättern und Bekanntenkreisen zu sammeln und so zu einem kleinen Päckchen Bakuniniana zusammenzulegen, die dem Erforscher des Schicksals dieses Sturmbewegten erwünschte Führerdienste leisten. Bakunin wiederzusehen, war ihm versagt. Er starb, als Bakunin noch in Sibirien voll verzweifelnder Ungeduld des neuen tätigen Lebens harrte, das an ihm Varnhagen in einem entscheidenden Jahrzehnt deutscher wie russischer Geistesgeschichte teilnahmsvoll beobachtete, jenes Leben, wie es ihm aus dem von Schieferdecker 1849 gestochenen, wohl gelungenen Bilde Bakunins stets entgegenleuchtete.

### Bakunin an Varnhagen[4]).

Orig.  Paris, den 12. Oktober 1847.

Mein Herr,

Da Frau Herwegh so freundlich war, sich meines Briefes[5] anzunehmen, benutze ich die Gelegenheit, mich bei Ihnen für Ihren freundlichen Gruß und für das Buch[6]) zu bedanken, daß sie mir mit Herrn Solger[7]) zu schicken die Güte hatten. Sein Inhalt ist überaus interessant, und wird

---

[1]) Er war schon zu Beginn der vierziger Jahre mit Purkyně und Cybulski bekannt, Tagebücher I, 280.

[2]) Tagebücher, passim.

[3]) Varnhagen v. Ense: Briefe an eine Freundin 1844—1853 (1860), 120: 1848, 25. Juni.

[4]) Varnhagen-Nachlaß, Staatsbibliothek Berlin. Von anderer Hand ist auf dem Briefe hinzugefügt: „Par bonté de Madame George Herwegh."

[5]) Emma Herwegh ließ den Brief Varnhagen am 20. Oktober einhändigen, dieser stattete ihr bereits am 22. Oktober einen Dankbesuch ab, Varnhagen, Tagebücher IV, 150 f., Briefe von und an Georg Herwegh 1848 (1896), 42. Bakunin erkundigte sich bei Emma Herwegh am 22. Oktober: „Wie ist es mit Varnhagen gegangen, ist er zu Ihnen gekommen? Und ist er mit meinem buchstäblich wahr gewordenen Briefe zufrieden?" Briefe von und an Herwegh, S. 20.

[6]) Da Varnhagen ihm doch wohl eines seiner neueren Bücher geschickt haben dürfte, kann man nur an den 7. Band seiner „Denkwürdigkeiten und vermischten Schriften" (1846) denken, in denen ein Aufsatz „Aufenthalt in Paris 1810" enthalten war. In Betracht käme auch sein 1847 erschienenes Buch: „Karl Müllers Leben und kleine Schriften."

[7]) Vgl. über ihn J. Kaměněv: Samyj ostroumnyj protivnik Hercena. 1. Reinhold Solger, Věstník Jevropy 49 (1914), Bd. 4, S. 118 ff. Dieser genau mit Ruge und Herwegh bekannte, 1817 in Stettin geborene Feuerbachianer kam im Mai 1847 von London nach Paris, wo er Herwegh wie Bakunin wieder traf, den er schon von Zürich aus kannte. Ein Brief Bakunins an ihn vom 14. Oktober 1844 ist erhalten und von Stěklov, Krasnyj archiv 14 (1926), 71 f. gedruckt. Er unternahm dann eine Rundfahrt durch Deutschland, weilte im September in Berlin und kehrte Ende dieses Monats nach Paris zurück, so daß Bakunin tatsächlich rasch antwortete. Bakunin hatte übrigens Solger an Varnhagen mit folgender, im Varnhagen-Nachlaß erliegenden Visitkarte empfohlen: „Dr. Solger mit freundlichem Gruße von M. Bakounine an

überdies noch hervorgehoben durch diesen wunderbaren Stil und jene ganz
einzigartige Weise, die Dinge beim Namen zu nennen, die Ihnen eigen ist.
Ich würde Ihnen gerne meinerseits etwas schicken können, aber leider habe
ich von einigen Gelegenheitsartikeln, die in französischen Zeitungen[1]) veröffentlicht
wurden, abgesehen, noch nichts zustande gebracht, was es verdiente,
Ihnen angeboten zu werden. Ich arbeite zur Zeit an einem Werk über Rußland
und Polen. Ich werde es nicht versäumen, es Ihnen zu verehren, sobald
es fertiggestellt ist[2]). Die Versöhnung dieser beiden Völker, die sich solange
feindlich gegenüberstanden, ihre Einheit, die sich auf die gemeinsame Abstammung
gründet, auf ihre wechselseitige Unabhängigkeit und Freiheit,
und durch eine gemeinsame Opposition gegen einen kaiserlichen Despotismus
zementiert wird, scheint mir eine wesentliche Bedingung ihres Wohlstandes
und ihrer Macht zu sein, und ich habe mich dazu entschlossen,
meine bescheidenen Talente und alles, was mir an Überzeugung und Kraft
zu eigen ist, in den Dienst dieser großen Sache zu stellen.

Ich weiß nicht, ob Sie, mein Herr, davon gehört haben, daß ich
infolge einer Anzeige wegen Kommunismus, die bei der russischen Regierung
gegen mich erhoben wurde durch Herrn Blumtschi[3]), den Ex-Chef der
republikanischen Regierung von Zürich, vor Gericht gestellt und zur Deportation
nach Sibirien verurteilt wurde, mit Entzug meiner Adelsrechte:
eine ganz und gar einschneidende Bestrafung, da diese Rechte, wie Sie sehr
wohl wissen, gar keine sind, und daß ich zusammen mit den Menschen
des Exils die Freude genieße, in Paris zu leben. Im Grunde ist dieses Vergnügen
nicht allzu groß, denn Paris stellt sich tot wie der Rest der Welt
auch, und Gott weiß, wann er es wieder aufzuwecken gedenkt! Man muß
Geduld üben, denn ewig kann es so nicht weitergehen. Unterdessen unternehme
ich alle Anstrengungen, mich der Ehre würdig zu erweisen, die man
mir damit angetan hat, daß man mich exilierte, und ich bin ganz beschämt,
daß ich sie nicht wirklich verdient habe.

Ich weiß wirklich nicht, wie ich Ihnen meine Dankbarkeit zum
Ausdruck bringen soll für all die Neuigkeiten, die Sie mir über unsere
Berliner Freunde freundlichst haben zukommen lassen. Ich bitte Sie, mich
bei meinem guten und verehrten Professor und Freund Werder[4]) wieder
in Erinnerung zu bringen; richten Sie meine vorzüglichste Hochachtung

---

Herrn Varnhagen v. Ense." Ebenso liegt die Visitkarte Solgers bei. Vgl. auch
Briefe von und an Georg Herwegh, S. 19.
  [1]) Es handelt sich um den Artikel in der „Réforme" vom 27. Jänner
1845 (nach einer Kopie gedruckt von Kornilov: Gody stranstvij Bak. [1925],
295), und einen zweiten im „Le Constitutionnel" 19. März 1846, gedruckt bei
Stěklov, Krasnyj archiv 14 (1926), 73 ff.
  [2]) Diese Schrift ist nie erschienen. In der Rede vom 29. November 1847
(Dragomanov: Bakunins Social-politischer Briefwechsel [1895], 275 ff.) findet
sich der Niederschlag dieser Studien.
  [3]) Die Kommunisten in der Schweiz nach den bei Weitling vorgefundenen
Papieren (1843), S. 64.
  [4]) Philosophieprofessor in Berlin, bei dem Bakunin wie viele andere
Russen Privatunterricht genossen, dessen Vorlesungen sie gern hörten und
dem sie auch später die Treue gehalten haben, vgl. oben S. 17.
  [5]) Bettina v. Arnim, in deren Salon er verkehrte, vgl. oben S. 15.
  [6]) Varnhagens Freundin, vgl. S. 15.
  [7]) Sie weilte seit dem Frühjahr auf ihrem Gute Nohant.
  [8]) Varnhagen war ein leidenschaftlicher Autographensammler.

aus gegenüber Frau von Arnim[5]), ebenso gegenüber Fräulein Solmar[6]). Sobald Frau Sand wieder vom Land[7]) zurückgekommen sein wird, werde ich sie um ein Autograph bitten für Sie[8]). Aber warum kommen Sie nicht selbst einmal nach Paris, mein Herr? Seit der Errichtung der Eisenbahn ist diese Reise so leicht geworden! — Was mich betrifft, so hätte ich Sie bereits seit langem in Berlin besucht, wenn mich diese gräßliche Freundschaft, die immer noch zwischen Preußen und Rußland fortbesteht, nicht einen Verrat seitens Ihrer Regierung befürchten ließe.

Mein Herr, seien Sie meiner tiefen Hochachtung und meiner Ergebenheit versichert,
Rue St. Dominique Nr. 96

M. Bakunin.

## 2. Bakunin ein russischer Regierungsspion?

Trotz Willensfreiheit und persönlicher Selbstbestimmung bleibt der Mensch der Familie, dem Volke, dem Staate durch tausendfache Fäden verbunden und verstrickt sich in einen schier aussichtslosen Kampf, wollte er sich jemals diesen Ursprungsmächten entwinden. Bedürfte es eines bündigen Beweises durch Einzelbeispiele für diese Sentenz, man fände sie zu Dutzenden in jenen Zeitaltern des Geschichtsablaufs, in denen Nationalgefühl und Staatsallmacht ihre reinste Prägung besaßen, zuletzt in der Zeit, da konservativ-absolutistische und liberal-konstitutionelle Gestaltungsprinzipien Staaten und Völker formten und erfüllten, das Abendland in zwei Lager teilten: in der ersten Hälfte des 19. Jahrhunderts. Rußland führte das konservative Lager, die russische Staats- und Herrscherallmacht erreichte einen denkbar vollkommenen Grad. Die russischen Untertanen verschmolzen zum Begriffe der russischen Staatsnation. Russisch und konservativ wurden für den liberalen Westen gleichbedeutend, eine Ausnahme von dieser Regel zu einer Unglaublichkeit, zum revolutionären Faktum. Der Typus Russe befestigte sich in den Vorstellungen des Westens trotz der allgemeinen Begriffsmerkmale so bestimmt, daß die größte Tragik über jeden einzelnen Russen hereinbrechen konnte, wollte er durch seine Einzelüberzeugung, sein Einzelschicksal die Vorstellung des Westens vom Russentum Lügen strafen. Liberaler Russe, dies empfand man vielfach als Widerspruch in sich[1]). Und dies trotz aller Ostlandfahrer, die ihre Erlebnisse und Ergebnisse in selten brauchbaren Reisebüchern einem lesehungrigen wie neugierigen Westeuropa vorsetzten. Rußland blieb für weite Volkskreise eine Sphinx, der Russe ein Exotikum. Und doch fuhren viele Russen nach dem Westen. Voran die freiheitliche Jugend der dreißiger und vierziger Jahre, die beim Überschreiten der russischen Grenze zunächst einen tiefen Atemzug freier Luft

---

[1]) Bakunin in der „Selbstvertheidigung" 1850: „Diese Betätigung eines Russen an dem allgemeinen Streben zur Freiheit erscheint so sonderbar, daß viele sich ein solches nicht anders als durch unnatürliche Ursachen erklären können", gedruckt bei Čejchan: Bakunin v Čechách (1928), 102.

einsog[1]) und dann in einen förmlichen Freiheitsrausch geriet. Selbst konservative Russen gebärdeten sich im Westen ähnlich. Ähnliche Nationaleigenschaften ließen liberale wie konservative Russen in den Augen des Westeuropäers doch wieder zu einer besonderen, fremd wirkenden Art werden, an der besonders die Äußerlichkeiten auffielen und zur Kennzeichnung dienten[2]). Ließen diese russischen Westlandfahrer ihren exzessiven Temperamenten freien Lauf, dann erschienen sie sehr leicht als verschwenderische, sorglose Tagediebe, Kaffeehaussitzer, Zeitungsleser und Salonschwätzer, die, unbeschwert von den Sorgen des Alltags, den lieben Herrgott für den kommenden Tag sorgen ließen und erst tief erschrocken zur Besinnung kamen, wenn sie mit ihren Mitteln allzuschnell am Trockenen saßen, dem Heer der Gläubiger sich durch eilige Flucht entzogen oder in den Schuldturm wanderten. Als weiße Raben wirken da Gestalten wie Granovskij, der Freund Bakunins, den augenblickliche Geldknappheit in seinem Bittschreiben an den Vater von Berlin aus zu dem Bekenntnis treibt[3]): „Der russische Name ist hier ohnedies nicht in großer Achtung. Viele unserer Landsleute haben die Gewohnheit, heimlich davonzufahren, wenn sie vorher Schulden gemacht haben. Ein ähnlicher Vorgang ist für mich ganz unmöglich." Versagte in solchen Fällen die Heimat ausreichende Hilfe, dann scheiterten Existenzen, brachen Menschen und Charaktere zusammen. Dann beschritten Verzweifelte Wege, die ihnen vordem die Schamröte ins Gesicht getrieben hätten, dann krochen sie vor der russischen Regierung wohl manchmal zu Kreuz und wurden ihre Agenten, bezahlte Regierungsspione. Rußland unter-

---

[1]) Bakunin schrieb bei seiner Ankunft in Hamburg 1840: „Wohlan, morgen trete ich in eine neue Welt", Kornilov: Gody stranstvij M. Bakunina (1925), 7.

[2]) Vgl. statt vieler nur etwa die knappe Zeichnung der Russen bei F. Szarvady: Paris. Politische und unpolitische Studien und Bilder 1848—1852 (1852), 29: „Unter den Fremden in Paris stehen die Russen obenan, sie sind die Einzigen, welche von der Pariser fashionablen Welt gesucht werden. Alles, was Paris an Luxus und teuren Vergnügungen bietet, ist sozusagen von den reichen Russen gepachtet; der Engländer steht bloß in zweiter Linie. Der Russe eignet sich auch die französischen Sitten leichter an als jede andere Nationalität, denn er ist in diesen Sitten erzogen worden... Der Russe in Paris gleicht einem Schüler, der sich auf Ferien befindet — ein schöner Himmel, schöne Frauen, Vergnügungen aller Art: Bälle, Schauspiele, noble Passionen, das hat er alles eingetauscht gegen die frostige Hauptstadt, deren Blicke engst nach Sibirien gerichtet sind, dem memento mori der russischen Phantasie, jener permanenten Guillotine des Absolutismus." „Und doch sind diese Russen auch in Paris nicht frei." Sie werden von der Polizei beobachtet. „Die diplomatische Gaunersprache" heißt die Spione Rußlands „Pensionäre von Rußland". Vgl. eine ganz ähnliche gleichzeitige Charakteristik in Bakunins „Beichte", hg. von Kersten (1926), S. 13. Auch Herwegh urteilt ähnlich, Briefe von und an G. Herwegh (1896), 325, 1847; vgl. aber A. I. Hercen: Novye materialy, hg. von Mendel'son (1927), 65, 1849; dagegen derselbe: Poln. sobr. soč. VI, 474.

[3]) T. N. Granovskij i jego perepiska, hg. von Stankěvič II (1897), 309; 1839, 12. Jänner. 1838 schrieb er an seine Schwester aus Berlin: „Man ist hier allgemein gegen unser Land und unsre Landsleute eingenommen", ebenda II, 176; vgl. auch Hercen a. a. O. 56.

hielt deren ebenso eine ganze Schar in Westeuropa¹), wie Metternich in den Informationsbureaus²). Das liberale Bürgertum Westeuropas aber zieh Rußland der Urheberschaft eines engmaschigen Regierungsspionagesystems in ganz Europa und gewöhnte sich daran, in jedem Russen einen verkappten Spion der konservativen Regierungen, einen Verräter der Freiheitsbewegung zu ersehen³). Wie tragisch wieder das Los aller wahrhaft liberalen Russen, die nach dem Westen zogen! Agent, Spion schallte es ihnen entgegen, keinem mehr als Bakunin. Und gaben Kreaturen wie Jakob Tolstoj⁴), der den Reihen der Dekabristen entstammte und dann aus Geldnot Handlanger Uvarovs geworden war, dem Mißtrauen der Westeuropäer nicht in vielem recht? Paris blieb sein Dienstort, wo es seine Hauptaufgabe war, das Treiben der im Ausland weilenden Russen zu überwachen, von systemgegnerischen Schriften Meldung zu erstatten und die öffentliche Meinung Westeuropas durch Broschüren und Presse rußlandfreundlich zu stimmen. Tolstoj arbeitete genau. Dolgorukov, wie Golovin fielen ihm zum Opfer⁵). Mit Golovin verlor auch Bakunin, von der Schweiz her bei der russischen Regierung besonders übel beleumundet⁶), 1844 Adel und Vermögen und wurde zu Zwangsarbeit in Sibirien verurteilt. Tolstoj arbeitete aber auch überaus geschickt und wußte seine amtliche Sendung vielfach zu verhehlen.

Dies gelang ihm noch aus einem anderen, auch für Bakunin zu peinlichen Verwechslungen und Verwicklungen Anlaß gebenden Grunde. Stellte sich doch in den vierziger Jahren noch ein zweiter, im Kasaner Gouvernement beheimateter Tolstoj, mit dem Vornamen Grigorij, ein⁷), der in den Emigrantenkreisen verkehrte, Bakunin sehr wohl kannte⁸) und durch ihn auch den Deutschen,

---

¹) Vgl. M. Lemke: Očerki po istorii russkoj censury (1904); derselbe: Nikolajevskie žandarmy i literatura 1826—1855 (1908); I. M. Trockij: Tret'e otdělenie pri Nikolaě I., Naučno-populjarnaja biblioteka 27 (1930).

²) Vgl. darüber zuletzt F. Reinöhl: Die österr. Informationsbüros des Vormärz, Archiv. Zeitschrift 38 (1929).

³) Als Ausnahme sei ein Brief T. Carlyles an Varnhagen vom 19. Dezember 1842 angeführt: „Wir fangen hier an, wenigstens die besseren Köpfe unter uns, eine gewisse aufrichtige Hochachtung vor Rußland mit aller seiner wirklichen und eingebildeten Barbarei zu haben; zu verstehen, daß die Russen, mögen sie auch als Journalisten die Welt gegen sich haben, doch die Natur, die Naturgesetze und Gott den Allmächtigen zum Theil für sich haben! Sie können wilde, unbezähmte Völker erziehen und wüste Continente bezwingen, wenn sie auch keine Leitartikel schreiben können. Welcher Gegensatz zu unseren französischen Freunden!" Briefe Th. Carlyles an Varnhagen v. Ense aus den Jahren 1837—1857, hg. von Preuß (1882), 39.

⁴) Vgl. über ihn zuletzt D. Rjazanov: Karl Marks i Russkie ljudi sorokovych godov (1918), wiederabgedruckt in Očerki po istorii marksizma (1923), 353—430, bes. 395 ff.

⁵) Vgl. über beide Lemke: Nikolajevskie žandarmy, 527 ff., 553 ff.

⁶) Vgl. Dragomanov: Social-politischer Briefwechsel Bakunins, Einleitung XXVIII ff.

⁷) D. Rjazanov: Novye dannye o russkich prijateljach Marksa i Engel'sa, Letopisy marksizma 6 (1928), 41 ff.

⁸) Wohl 1844 schreibt Ruge an Köchly aus Paris: „Gestern saßen wir, Deutsche, Russen und Franzosen, zusammen, um uns über unsere Angelegen-

voran Marx und Engels, näher trat. Ihm haftete sich wie vielen Russen seiner Zeit der Ruf des „leichtfertigen Touristen" an die Fersen, der ihn damit äußerlich mit jenem anderen, dem Spionagedienste obliegenden Tolstoj zum Verwechseln ähnlich machte. Vor allem richtete die Namensgleichheit unter den Pariser russischen, deutschen und französischen Emigranten viel Verwirrung an, mochte auch über die Stellung Jakob Tolstojs in der Pariser Emigrantenpublizistik Klarheit bestehen. So wurde in dem mit so vielen Hoffnungen eröffneten, bald wieder eingegangenen Pariser „Vorwärts"[1]) dieses Tolstojs mehrfach gedacht. Schenkte doch gerade dieses deutsche Emigrantenblatt Rußland und den Vorgängen innerhalb der Pariser russischen Kolonie eine erhöhte Aufmerksamkeit und trat doch Bakunin nach seiner Ankunft in Paris gerade mit der Redaktion des „Vorwärts" in nähere Beziehungen. Da konnte man bereits am 13. Jänner 1844 in dem Nachhalle zu dem die Öffentlichkeit Westeuropas mit Recht so fesselnden, Nikolaus I. und den amtlichen russischen Kreisen aber so unangenehmen Buche Custines: La Russie en 1839 (1843) lesen: „Das Werk ‚Un mot sur l'ouvrage de M. de Custine' hat Herrn von Tolstoj, einen russischen Publizisten in Paris, zum Verfasser. Dasselbe ist gut geschrieben, widerlegt aber wenig und nur Nebendinge. Die Broschüre ward großmütigerweise vielfach gratis verteilt, auch in Lesekabinetten usw." Unter dem 20. Jänner wurde aus der „Trierer Zeitung" eine Pariser Zuschrift übernommen, die gleichfalls dem Custineschen Buche gewidmet war und in offensichtlich genauer Personalkenntnis hinzufügte: „Der Leiter aller dieser russisch-politischen Literatur ist Herr von Tolstoj hier, der auch die erste Broschüre gegen Custine selbst schrieb, und einer der tüchtigsten Agenten Rußlands, in vielfacher Kommission hier anwesend ist." Noch umfassender und alles Notwendige aufklärend kam der gleiche „Vorwärts" am 16. März in einem äußerst wichtigen, mit „Russisches Wesen und Unwesen" überschriebenen Beitrage zurück, aus dem einige wichtige Stellen hervorgehoben seien: „Ein geistreicher Franzose hat neulich die Bemerkung gemacht, daß alle Russen, wie sie sich im Auslande befinden, gleich Diplomaten werden und Politik machen, vor der sie sich daheim hüten, wie gebrannte Kinder vor dem Feuer. Es kann wohl nicht anders sein; denn wenn man die unzähligen russischen Agenten beobachtet, von denen es nicht nur hier in Paris, wo ihre Zahl Legion ist, sondern in ganz Europa, ja, in allen Teilen der Welt wimmelt, so kann

---

heiten zu besprechen... Von den Russen waren dabei Bakunin, Botkin, Tolstoj (Emigranten, Demokraten, Kommunisten), Marx, Ribbentropp, ich und Bernays, von den Franzosen Leroux, Louis Blanc, Feliks Pia und Schölcher", Rjazanov a. a. O. 47. Es ist dies ein Bruchstück aus dem Rugeschen Briefe, den meines Wissens Rjazanov trotz der Ankündigung noch nicht im vollen Wortlaute mitgeteilt hat.

[1]) Ich benützte die Exemplare der Pariser Nationalbibliothek und der Wiener Stadtbibliothek. Vgl. auch G. Mayer: Der Untergang der „Deutschfranzösischen Jahrbücher" und des Pariser „Vorwärts", Archiv für Geschichte des Sozialismus und der Arbeiterbewegung III (1913), 415 ff.

man unmöglich glauben, daß sie alle aus der kaiserlich-russischen Staatskassa bezahlt werden . . . Die Beschäftigung dieser Diplomatie-Dilettanten heißt im russischen Kunstausdruck: „Europa studieren." Die ungebildete öffentliche Meinung belegt das Ding mit einem anderen Namen, der mit Sp anfängt und so wie Spähen und Spüren klingt. Überhaupt muß man die russische Diplomatie in allen Städten Europas überall eher suchen, als in den russischen Botschafts-Hotels . . . . Auch jetzt machen die Herren Völkersam, Tolstoy, Gretsch und tutti quanti mehr Diplomatie als der russische Geschäftsträger Graf Kiselleff und der Generalkonsul von Spieß. Man hat keinen Begriff von der Tätigkeit dieser Agenten und welchen reichen Schatz von Nachrichten, Dokumenten und Resultaten aller Art sie jeden Monat nach Sankt Petersburg schicken." Konnten so amtlich inspirierte Artikel der russischen Gesandtschaft lauten? Konnte nach diesen unwidersprochen gebliebenen Meldungen ein Zweifel über Tolstoj bestehen? Lag dieser Fall nicht um so vieles klarer für die Zeitgenossen, als der gleichzeitige Bornstedts[1]), der sogar eine Zeitlang die Redaktion des „Vorwärts" führte, später die Deutsche Brüsseler Zeitung übernahm und doch ein preußischer Agent seit 1840 war? Tolstoj vermochte unbehelligt seine Tätigkeit in Paris fortzusetzen und gegen das talentlose, aber Aufsehen erregende Buch Golovins: La Russie sous Nicolas I. (1845) zu arbeiten.

Und als am 16. Juli 1846 ein längerer, inhaltlich vielfach mit den bereits vor zwei Jahren im „Vorwärts" enthaltenen Angaben übereinstimmender Artikel in der Augsburger Allgemeinen über die Pariser russische Gesandtschaft erschien — er entstammte sichtlich einer polnischen Quelle —, worin Tolstoj als der eigentliche russische Gesandte und Hauptspion hingestellt wurde, fügte sich dieser Artikel organisch zu den früheren Angaben. Aber diesmal zog dieser Vorstoß weitere Kreise. Engels machte Marx aufmerksam[2]), in französischen Blättern zeigte sich Widerhall. Aber gerade die Stellungnahme von Engels beweist, daß nunmehr die unselige Verwechslung der beiden Tolstojs geschah. Denn Engels schrieb Marx: „Dieser Tolstoi ist niemand anders als unser Tolstoi, der Edle, der uns vorlog, in Rußland seine Güter verkaufen zu wollen. Der Mann hatte außer seiner einen Wohnung, wo er uns hinführte, noch ein glänzendes Hotel in der Rue Mathurin, wo er die Diplomatie empfing. Die Polen und viele Franzosen haben das längst gewußt, nur die deutschen Radikalen nicht, bei denen er es für besser hielt, sich als Radikalen zu insinuiren . . . . Tolstoi hat, als er den Artikel las, weiter nichts bemerkt, als sehr gelacht und Witze darüber gerissen, daß er endlich ausgefunden sei . . . . . . Daß nach diesem

---

[1]) Vgl. Mayer a. a. O.; dazu F. Hirth: Zur Geschichte des Pariser „Vorwärts", ebenda 5 (1915), 200 ff.; vgl. auch M. Laubert: Zum Kampf der preußischen Regierung gegen die „Deutsch-französischen Jahrbücher" und Börnsteins „Vorwärts", Euphorion 16 (1910), 131 ff.

[2]) Bebel-Bernstein: Briefwechsel zwischen Engels und Marx, 1844 bis 1883, I (1913), 32 ff.; Marx-Engels: Gesamtausgabe III, 1 (1929), 36.

der von ihm empfohlene Annenkow ebenfalls ein russischer Mouchard ist, c'est clair. Selbst Bakunin, der die ganze Geschichte wissen mußte, da die anderen Russen sie gewußt haben, ist sehr verdächtig. Ich werde mir gegen ihn natürlich nichts merken lassen, sondern Revanche an den Russen nehmen. So ungefährlich diese Spione für uns sind, so darf man ihnen das doch nicht passieren lassen." Wer wie Engels die Verwechslung zwischen den beiden Tolstojs glaubte, für den sprach der Schein entschieden gegen Bakunin, der ja dann gerade mit diesem vermeintlichen Tolstoj verkehrte, sie mit ihm bekannt machte. Leicht vermochte dabei die Vermutung aufzutauchen, Bakunin genieße von dem über reiche Geldmittel verfügenden Agenten Tolstoj materielle Vorteile. Denn wer war geldbedürftiger als Bakunin, besonders als er sich von seiner Heimat losgesagt hatte? Und russische Landsleute, die Paris passierten oder sich dort aufhielten, glaubte er am ehesten um ein Subsidium, wenngleich äußerlich unter dem Schein einer Anleihe, angehen zu dürfen. Gestand er doch selbst in seiner „Beichte": „Die ganze Schuld Einzelner (Russen) bestand darin, daß sie mich hin und wieder, als sie meine Not sahen, unterstützten, aber auch das geschah selten[1]." Unter diesen Wenigen dürfte auch Grigorij Tolstoj, bestimmt jedoch nicht Jakob Tolstoj, der offizielle Agent, gewesen sein. Engels' Verdacht gegen Bakunin entbehrte jeder tragfähigen Grundlage. Daher entsprach auch Annĕnkovs Antwort an Marx vom 2. Oktober 1846, der in der Presse angegriffene Tolstoj sei ein ganz anderer als der, den sie kennen und der seinen Besitz in Rußland verkaufen wolle, durchaus den Tatsachen.

In ähnlichem Sinne dürfte sich Bakunin geäußert haben, zumal er sich Ende 1846 vergeblich den Polen näherte und von ihnen mit dem größten Mißtrauen behandelt wurde[2]). Gerade von den Polen dürfte er zuerst als russischer Spion verdächtigt worden sein. Bakunin geriet damit tief in die Tragik eines liberalen Russen im Westen hinein, nur weil er die heimische Erblast nicht abzuschütteln vermochte.

Marx und Engels zeigten sich nach diesen Versicherungen in der Tat geneigt, ihren wenig geliebten Landsleuten Börnstein und Bernays — den ehemaligen Vorwärtsredakteuren — dieses Gerücht als blanke Erfindung in die Schuhe zu schieben[3]). Damit war diese fatale Verwechslung der beiden Tolstojs bei Marx und Engels wieder aufgeklärt. Dennoch scheint dies nicht allseits der Fall gewesen zu sein. Denn in der Öffentlichkeit hielten die Angriffe gegen Jakob Tolstoj an und nährten so bei den nicht genau Eingeweihten neuen Verdacht gegen Bakunin. So erhob Bornstedt in seiner Deutschen Brüsseler Zeitung am 25. März 1847 neuerdings die Anklage: „Man schreibt uns, daß der Moskauer Herr Tolstoj,

---

[1]) Kersten: Beichte 14.
[2]) Kersten: Beichte 16.
[3]) Bebel-Bernstein a. a. O. 57, Engels an Marx 1847, Jänner 15; Gesamtausgabe III, 1, 63.

der vor kurzer Zeit in französischen Blättern gegen einige Angaben in der ‚Geschichte des Konsulats und Kaisertums' von Thiers auftrat, jetzt, wie auch schon längst oder mit kurzen Unterbrechungen, in Paris weilt. Er hat dort eine ihm anvertraute bestimmte politische, nichtamtliche Sendung, wie sie gewöhnlich die den auswärtigen Botschaften beigegebenen Moskauer Agenten haben, welche jene zugleich kontrollieren. Herr Tolstoj interessiert sich namentlich für die Verfolgung und Kompromittierung der polnischen Emigration, unter vermutlicher Mithilfe von Emigranten." Diese offensichtlich wieder aus polnischen Kreisen stammende Nachricht übernahm am 17. April 1847 das Organ der polnischen demokratischen Zentralisation in Paris, der Demokrata Polski[1]). Und da Bakunins Beziehungen zu Grigorij Tolstoj den polnischen Demokraten nicht verborgen sein konnten, erntete er bei einem Teile von ihnen ebenfalls den Ruf, ein russischer Agent zu sein. Damit ergibt sich auch der entsprechende Hintergrund für den unten mitgeteilten Polizeibericht, der für Bakunins Pariser Jahre bedeutungsvoll ist und das erste greifbare Glied in der langen Kette ähnlich gearteter Verdächtigungen darstellt, die sich besonders 1848 häuften und doch völlig unbegründet waren[2]).

### Auszug aus einem Bericht des Pariser Polizeipräfekten an das Innenministerium[3]).

Kopie                                                      Paris, 6. Februar 1847.

    Ein Herr Bakunin, russischer Offizier, meiner Verwaltung seit langem als aktiver Agent politischer Intrigen bekannt, hat, wie mir wiederholte Male angezeigt worden ist, versucht, mit der polnischen Emigration in Verbindung zu treten[4]). Meine Aufmerksamkeit war bereits 1845 auf ihn gelenkt worden, anläßlich eines sehr heftigen Angriffs auf die Person des Kaisers von Rußland, den er in der Zeitschrift Reform erscheinen ließ[5]).

    Wie mir mitgeteilt wurde, empfängt und lädt dieser Ausländer zu sich eine große Zahl polnischer Flüchtlinge ein. Man versichert, er gebe sich zwar als ihr aller gewogenster Freund aus, sei aber bemüht, Hader unter ihnen auszustreuen und sie gegen Frankreich und die französische Regierung aufzuhetzen. Einige Personen behaupten, daß der Herr Bakunin ein russischer Geheimagent sei, der den Auftrag habe, die Stimmung unter den Emigranten zu erspüren, und daß seine eigentliche Aufgabe darin bestehe, diese zu spalten.

    Das Verhalten dieses Ausländers wird weiterhin Gegenstand einer besonderen Überwachung bleiben.

---

[1]) Ich benützte das Exemplar der Krakauer Universitätsbibliothek.
[2]) Vgl. darüber auch unten S. 31 ff.
[3]) Erliegt im Ministerium der auswärtigen Angelegenheiten zu Paris.
[4]) Dies wird durch Bakunins Beichte 16 f. bestätigt.
[5]) 27. Jänner 1845, Bakunins erster Artikel gegen Rußland, Beichte 11.

## 3. Bakunin und George Sand.

Es müßte geradezu wundernehmen, sollte der zur Gesellschaft drängende Bakunin auf seinen Kreuz- und Querfahrten mit der so laut gefeierten George Sand nicht zusammengetroffen sein. Nicht, weil er zu jener keineswegs geringen Zahl junger Russen gehörte, die bei ihren Westlandsreisen schier planmäßig die Berühmtheiten heimsuchten, um nach äußerlichem Kennenlernen um so lauter von ihnen in der Heimat zu erzählen. Bakunin trieb zu George Sand wie viele andere tiefinnerstes Ergriffensein von ihrer Weltanschauung und ihrer Kunst. Darin drückt sich so ganz seine Aufgeschlossenheit für die großen geistigen Strömungen und Urkräfte der Zeit aus. Durchzog doch ein Georgesandismus die Welt, dem kein Land zu weit, keine Grenze zu scharf bewacht war, um nicht doch sich durchzusetzen[1]). Den Jüngern des sozial gefärbten Liberalismus Europas verkündeten Sands Werke ein Evangel, dem die russische freiheitliche Jugend der dreißiger und vierziger Jahre ebenso zujubelte wie die des Westens. Ihr Dienst an dieser Jugend Rußlands wog um so folgenschwerer, als ihr werbender sittlich sozialer Weckruf sie in einer gewaltigen geistigen Krise betraf. Aus dem von abwechselnden obersten Göttern beherrschten Himmel der Abstraktionen, des Absoluten zur Erde, zum blutvollen Leben niederzusteigen, darum ging es. Saint Simon, Pierre Leroux halfen mit ihren Lehren ebenso mit wie die diesem zu besonderem Danke verbundene George Sand, deren aufrührerische soziale und demokratische Wirkung auch in Osteuropa noch genauerer Klarlegung harrt. Allen politisch wie sozial Unterdrückten zur Freiheit zu verhelfen, stand als Losung über Sands Schaffen und dem Wollen der westlichen Demokratie. Beide verband zudem eine tiefe Sympathie mit dem Schicksal der slawischen Völker, so jener, die nach politischer Eigengeltung rangen gleich Polen und Tschechen, wie jener, bei denen ein junges Geschlecht aus den Fesseln des Staates und der sozialen Ordnung zur Freiheit strebte gleich Rußland.

Herzen[2]) und seine Freunde, schon in den dreißiger Jahren dem französischen Westen verpflichtet, erlebten bereits zu dieser Zeit an Sands Romanen jenes Kräfte weckende und Mut einflößende Wunder des Ideeneinklanges und der eigenen Klärung. Bald begann auch Stankēvičs Kreis zu wanken. Und immer wieder ist Sands Name im Spiele. An den Trägern russischer Geistigkeit jener Zeit und in der Folge verbrachte sie Wunder: an Bělinskij ebenso wie an Granovskij, für den sie „eines der größten Talente Europas" verkörperte[3]). Bakunin opferte am längsten und hart-

---

[1]) E. Haumant: La culture française en Russie (1700—1900)² (1913), 408 ff. deutet das wichtige Problem nur mit einigen Strichen an; vgl. auch P. Haškovec: Byla George Sand v Čechách? Spisy fil. fak. Masarykovy univ. v Brně 13 (1925); J. Pfitzner: Das Erwachen der Sudetendeutschen im Spiegel ihres Schrifttums bis 1848 (1926), 260 f.
[2]) Polnoje sobr. soč. passim; R. Labry: Alexander Ivanovič Herzen 1812—1870 (1928) passim.
[3]) T. N. Granovskij i jego perepiska II (1897), 90.

näckigsten am Altar des absoluten Geistes und bedurfte erst zwei
Jahre Aufenthaltes in Deutschland und der engeren Bekanntschaft
mit den Junghegelianern, ehe er zur Erde stieg. 1842 war er sturm-
reif. Die Beschäftigung mit den ökonomischen Wissenschaften, das
Zusammentreffen mit Ruge und anderes bewirkten seine Sinnes-
änderung. Schon im Herbst 1842, als Herwegh auf seinem Triumph-
zuge des „Skythen" Bakunin Behausung in Dresden zum Nächtigen
erwählte — welch hohe Ehre für den Skythen! —, stand auch
Sands „Consuelo", soeben aus der Presse gekommen, im Mittelpunkte des Gespräches der beiden, deren jeder fähig und bereit
war, lichterloh zu brennen[1]). Und nun im Zeichen auch George
Sands in rascher Eile hinein ins wirkliche, irdische Leben, ins Reich
des Volkes, des Sozialen! Sands Werk befeuerte und tröstete.
Drückende Not verdüsterte dem Gehetzten bereits den heiteren
Mut. Da ließ er sich im Feber 1843 zu Zürich im Anblicke der giganti-
schen Welt der Berge und des tiefen Duldertums und Elends deutscher Handwerksgesellen, geführt von ihrem Propheten Weitling,
durch Sands „Lelia" gefangennehmen. Mit elementarem Enthusiasmus offenbarte er am 21. Feber 1843[2]) seinen Schwestern: „Das
ist meine Lieblingsschriftstellerin; ich trenne mich nicht mehr von
ihr; jedesmal, wenn ich dieses Werk gelesen, werde ich besser —
mein Glaube stärkt und erweitert sich; ich finde mich hier jeden
Augenblick wieder; kein Dichter, kein Philosoph ist mir so sym-
pathisch wie sie — keiner hat so gut meine eigenen Gedanken ausgedrückt, meine Gefühle und meine Sorgen ... Die Lesung von
George Sand ist wie ein Kult, wie ein Gebet für mich; sie hat das
Talent, mir die Augen zu öffnen über all meine Fehler, all meine
Herzensnot, ohne mich zu schlagen, ohne mich zu verwirren; im
Gegenteil sie belebt in mir zu gleicher Zeit das Gefühl meiner Würde,
indem sie mir die in mir ruhenden Kräfte und Mittel zeigt, die ich
bisher selbst nicht kannte; George Sand ist nicht allein Dichterin,
sondern auch Prophetin, Offenbarerin. O, wie sind alle Phantasien
von Bettina klein, armselig neben dieser großen, apostolischen
Figur. Die Welt von Bettina ist eine abstrakte, theoretische Welt;
sie sieht mit Vornehmheit auf alles, was leidet, auf alles, was nicht
sie ist; ja, sie wird lächerlich und allein deswegen, weil ein prak-
tisches Leiden viel größer und tiefer ist als eine theoretische Phantasie. George Sand ist eine apostolische, religiöse Natur; ihre Einfachheit ist wahr — nicht zusammengesetzt und reflektiert wie die
von Bettina — weil es eine praktische, lebendige, wirkliche Einfachheit ist. Ihre Liebe, ihr Mitleid ist ein wahres Mitleid, weil es
praktisch ist; sie verachtet, sie verdammt nicht. Aber sie liebt, sie
weint. Sie ist ganz sympathetisch, sie ist eine tiefe Quelle heiliger
Tröstungen." Trügt nicht alles, dann birgt dieser Brief den er-
lösenden, Sieg verkündenden Aufschrei nach Zeiten wirren Zwei-
felns und Schwankens, das Hosiannah für eine neue innere Auf-

---

[1]) A. Ruges Briefwechsel und Tagebücher aus den Jahren 1825—1880,
hg. von Nerrlich I, 284: 1842, 15. November.
[2]) H. Kornilov: Gody stranstvij M. Bak. (1925), 231 ff.

erstehung:. „Gott sei Dank, die Zeit der Theorie, sie ist vorbei", so jubelt er im gleichen Brief: „Alle fühlen das mehr oder weniger; das Morgenrot einer neuen Welt erscheint uns Menschen; seid würdig der Neugeburt.... Die Humanität, die großen Mysterien, die uns durch das Christentum erweckt, uns durch dieses trotz aller Abirrungen bewahrt worden sind wie ein heiliger und mystischer Schatz — all diese tiefen und einfachen Mysterien des ewigen Lebens — werden hinfort eine greifbare, wirkliche, gegenwärtige Wahrheit sein. Und alle die, welche leiden, sollen ihr Leiden benedeien, weil es nur das Leiden ist, das uns einer neuen Welt würdig macht, die wir in uns verkörpern. Also Mut.... Das Herz kann gar nicht weit genug sein, um die weite Offenbarung einzuschließen, die sich noch verwirklichen wird in unseren Tagen... Wir sind die Kinder der Ewigkeit und die Ewigkeit ist unser Gut, unsere Zukunft." Nur ein Amen! könnte dieses durch die Hohepriesterin des Tempels Humanität und Urchristentum George Sand geweckte brünstige Gebet würdig enden. So führte Bakunin das Werk der inneren Mission an seinen Freunden, Brüdern und Schwestern im Namen einer neuen Gottheit fort.

George Sand nahe zu kommen, welcher Wunsch wäre bei solchem Ideeneinklange, solcher Geistesspannung natürlicher gewesen? Noch gab es freilich äußere Hindernisse. Dennoch eignete Bakunin schon eine hinreichende Kenntnis des öffentlichen Lebens Frankreichs, so daß ihm Sands Stellung unter den Lenkern des geistigen Frankreichs wohl bewußt war. Soeben hatte sie sich mit ihrem Meister Pierre Leroux zur Gründung der Revue indépandante verbunden, an die Bakunin, von äußerster Not, vom Schuldturm bedroht, durch „einen kleinen Aufsatz über die deutschen Verhältnisse" journalistisch Anschluß suchte[1]). Es blieb beim Vorsatz. Doch schon im nächsten Jahre verschlug ihn sein wenig beneidenswertes, aber von ihm immer wieder gemeistertes und mit innerer Unversehrtheit ertragenes Schicksal ans Seineufer, wo sich ihm ein neuer Lebenskreis auftat, in dem er — wie hätte es nach allem Vorerlebten können anders sein? — endlich George Sand persönlich traf. Arnold Ruge hatte das Treffen vermittelt[2]). Beim Kamin Zigaretten rauchend, so empfing sie den Neuling aus dem Osten, mit dem sie sich jedoch sofort angeregt über Bettina von Arnim, Friedrich Wilhelm IV. u. a. unterhielt. Bedauernd vermissen wir genauere Kunde über die Formen des weiteren geistigen Verhältnisses und Verkehrs. Gehören doch die Pariser Jahre von 1845 bis 1847 zu den dunkelsten, weil quellenärmsten in Bakunins Frühzeit. Erst am 14. Dezember 1847 fällt ein erster Lichtstrahl in dieses Dunkel[3]). Bakunin sandte George Sand, die seit April auf ihrem

---

[1]) Brief vom 19. März 1843 an Ruge, J. Stěklov: M. A. Bakunin v sorokovye gody, Krasnyj archiv 14 (1926), 55 f.
[2]) D. Rjazanov: Novye dannye o russkich prijateljach Marksa i Engel'sa, Letopisy marksizma 6 (1928), 47; Dragomanov a. a. O. Einl. XXXV. Er nennt sie unter seinen Pariser Bekannten, Beichte 13.
[3]) Vgl. V. Karěnin: Hercen, Bakunin i George Sand, Russkaja mysl 31 (1910), III, 45—64, der eine Reihe von Briefen Herzens und Bakunins in

Gute Nohant weilte, voll Stolz das Zeugnis seiner ersten sichtbaren politischen Tat, die Polenrede vom 29. November 1847, mit der Aufklärung, er mache damit von der ihm bei ihrer Abreise erteilten Erlaubnis Gebrauch. Sympathie und wechselweise Teilnahme am geistigen Wachsen und Reifen machte Bakunins Besuche in Sands Salon zu ebenso fruchtbaren Erlebnissen, wie das Zusammentreffen mit Madame D'Agoult[1]), der anderen bedeutenden Frau des damaligen Frankreichs. Aber so hoffnungsvoll der erste Teil des Briefes klang, so traurig die Nachschrift. Soeben war Bakunin wegen Störung der öffentlichen Sicherheit und Ruhe aus Frankreich ausgewiesen worden. So wurde dieser vielleicht erste Brief zugleich zum Abschiedsgruße an George Sand, erfüllt von warmem Danke für Wohlwollen und Güte und mit der Bitte endend: „Glauben Sie meiner tiefen und unveränderlichen Ergebenheit und bewahren Sie, wenn auch nur ein ganz kleines Andenken an einen Menschen, der sie viel früher verehrte, ehe er Sie kennen lernte. Waren Sie ihm doch oft und in den drückendsten Augenblicken seines Lebens Trost und Licht[2])." Mit diesem wieder in qualvoller Lage in die Vergangenheit gewandten Blicke verbinden sich wichtige Halte- und Wendepunkte seit 1840. Sand erschütterte dieses Ereignis ebenso wie weite Kreise der französischen Demokratie[3]), die darin nicht den Unglücksfall eines Einzelmenschen, sondern ein ernstes Zeichen einer großen fortschreitenden Bewegung erblickten, die nach unbestimmtem, allgemeimem Gefühl sehr nahe an den Rand der Katastrophe geraten war. Daher atmete Sands Trost- und Antwortschreiben[4]) an den Exilierten glühenden Haß gegen das herrschende System und verkündete die kommende Revolution.

Damit reißen die Verbindungsfäden zwischen Sand und Bakunin für ein halbes, sturmbewegtes Jahr ab, das Bakunin weitab von Frankreich führte. Da brachte plötzlich die Nachricht Marxens in der Neuen Rheinischen Zeitung vom 6. August den Namen George Sands wieder in die engste Verbindung mit Bakunin, da sie nach einer Pariser Meldung im Besitze von Briefen sein sollte, die Bakunin als russischen Spion stark belasten[5]). Bakunin, mitten in der politischen Aktion stehend, fühlte den Boden unter seinen Füßen wanken, wandte sich sofort in einem gleichzeitig in der Allgemeinen Oderzeitung veröffentlichten, von der Neuen Rheinischen Zeitung wiederholten Schreiben an George Sand, das allerdings verloren gegangen zu sein scheint, und schickte dann durch

---

Sands Nachlaß aufgefunden hat. Vgl. dazu desselben George Sand 1848—1876 (1926), 133 ff.

[1]) In seiner „Beichte" erwähnt sie Bakunin nicht. Dafür zählt sie ihn zu den berühmten Gästen ihres Salons, M. d'Agoult: Memoiren II (1928), 204.
[2]) Karěnin a. a. O. 48.
[3]) Vgl. unten S. 34ff.
[4]) Der Brief, den sie als Antwort auf das vorstehende Schreiben richtete, ist nicht erhalten, wird aber von ihr in ihrem Briefe vom 7. Feber 1848 an ihren Sohn (Correspondence III, 1, Karěnin, 49) und in dem unten mitgeteilten erwähnt.
[5]) Vgl. Pfitzner, Jahrb. f. Kult. u. Gesch. d. Slav. N. F. VII (1931), 260ff.

Reichel[1]) nochmals eine Abschrift an sie mit der dringenden Bitte um Aufklärung und um Veröffentlichung der etwa belastenden Briefe oder um ein Dementi. Sand entschloß sich sofort zu diesem. Es trug das Datum vom 20. Juli und erschien erst am 3. August in der Neuen Rheinischen. Zugleich aber richtete sie an Bakunin ein in herzlichem Tone gehaltenes, die alte Schicksalsverbundenheit und Treue bekundendes unten mitgeteiltes Schreiben, das dieser gleichfalls in der Presse, darunter in Ruges Reform, veröffentlichte. Bakunin hielt damit eine glänzende Rechtfertigung seines Rufes in der Hand[2]), die Ruge in alter Feindschaft gegen Marx und Genossen noch besonders nachdrücklich unterstrich. Dies der letzte große Dienst, den Sand ihm erwies.

Nur als Bakunin selbst für die Verbreitung seines „Aufrufes an die Slawen" sorgte, wandte er sich durch Madame Viardot nochmals an sie[3]), ohne daß eine Antwort bekannt wäre. Dennoch verfehlte er nicht, als es ihm nach 13jähriger Kerkerhaft gelungen war, aus Sibirien zu entfliehen, auch George Sand seine Wiederauferstehung anzuzeigen[4]), worauf sie ihm einen von „Sympathie und Güte" zeugenden Brief als Aufmunterung für das neue Leben zusandte, ohne daß es freilich noch zu Beziehungen gekommen wäre. Verstimmte Bakunin doch auch das Gerücht, sie stehe zu Jérôme Napoleon in freundschaftlichem Verhältnis und habe ihren früheren Überzeugungen teilweise abgeschworen[5]).

**Ruges Stellungnahme zur Verdächtigung Bakunins durch Marx[6]).**

Die Redaktion der „Neuen Rheinischen Zeitung" hatte die unbegreifliche Taktlosigkeit begangen, ihre Spalten der Verdächtigung eines der ehrenwertesten Demokraten zu eröffnen. Michel von Bakunin, uns so wie der Redaktion der „Rheinischen Zeitung" seit vielen Jahren persönlich bekannt[7]) als ein Mann voll aufrichtiger

---

[1]) Karěnin a. a. O. 51 f.
[2]) Bakunin erinnerte sich noch 1872 gern an diesen „charmanten Brief", Bakunins Gesammelte Werke III (1924), 236. Bakunin scheint ihn sofort haben beantworten wollen, wie das nachfolgende undatierte Konzept beweist: „Madame, Je dois vous demander doublement pardon: 1° d'avoir par un instant douter (de) vous et 2° d'avoir si longtemps tardé de vous remercier pour la bonne lettre... J'ai besoin de toute votre indulgence", Dresden H. St. A. Amtsgericht Dresden 1285g vol. II.
[3]) Karěnin a. a. O. 54.
[4]) Ebenda 55 f.
[5]) Bakunins Gesammelte Werke III, 236, Anm. 2.
[6]) Reform 1848, 30. Juli. Dieser Bericht Ruges ist der Bakuninforschung deswegen entgangen, weil das Exemplar der Reform in der Berliner Staatsbibliothek gerade an dieser Stelle eine große Lücke aufweist, während das sonst leider auch nicht vollständige Exemplar der Breslauer Stadtbibliothek diesen Teil besitzt. Der Brief Sands wurde jüngst durch B. N.(ikolaevskij) und D. R.(jazanov) in den Letopisy marksizma VII—VIII (1928), 132 ff. aus der Allgemeinen Oderzeitung vom 30. Juli 1848 in russischer Übersetzung mitgeteilt — Bakunin hatte an die Redaktion ein vom 26. Juli datiertes Begleitschreiben gerichtet —, so daß die Wiedergabe im Urtext hier gerechtfertigt erscheint.
[7]) Ruge kannte Bakunin seit 1842, Marx seit 1844.

Hingebung ohne Rückhalt und ohne Privatinteresse, dessen Schritte von Opfern bezeichnet sind, der überall für den Gedanken der Freiheit und Verbrüderung einen willkommen Kampfplatz fand, unser vortrefflicher Freund sollte ein Russischer Verräther, ein Spion oder Agent provocateur sein, weil er Panslawist ist[1]). Als wäre es nicht gerade sein besonderes Verdienst, auch diese Anwendung des Nationalitätsprincips mit den Ideen der Neuzeit vermittelt zu haben. Könnte man nicht füglich ebenso gut die Herren Marx und Konsorten für geheime Mitverschworene der Aristokratie erklären, weil sie gegen die „Bourgeoisie" und den „Konstitutionalismus" auftraten! Oder für „Schutzzöllner", weil sie nicht „Freihandelsmänner" sind?

Aber der Unsinn ging noch weiter: George Sand sollte die Beweise gegen Bakunin in Händen haben. Ich wollte Anfangs unserem Freunde rathen, eine so verrückte Anklage mit Stillschweigen zu übergehn. Allein mir wurde erwidert, daß ein Russischer Demokrat, diesem Lande des Verrathes und Argwohnes gegenüber, wo der Despotismus längst die Karaktere und den Glauben daran zertrümmert hat, nicht in einer so günstigen Stellung sich befände, als der Parteigenosse in einem Lande, wo es eben schon konstituirte Partheien giebt.

Bakunin hat Mad. Sand befragt und folgende Antwort erhalten, die wir im Originale zu reproduciren ersucht werden:

### Antwort von Frau George Sand an Herrn Bakunin[2]).

Mein Herr, den ersten Brief, den Sie mir nach Paris geschickt haben, habe ich nicht erhalten. Ich bin Ihnen dankbar dafür, daß Sie daran gedacht haben, mir eine Kopie davon zukommen zu lassen, denn ich wußte überhaupt nichts von der infamen und lächerlichen Verleumdung, mit der man mich in Zusammenhang bringen will. Ich bin versucht, Ihnen zu grollen, da Sie in diesem Zusammenhang auch nur einen Augenblick lang an mir zweifeln konnten, aber wir sind alle miteinander derart verleumdet und verfolgt, wir, die wir die demokratische Sache der Menschlichkeit zu der unseren gemacht haben, daß wir uns alle die Hand reichen sollten und uns von unseren Gegnern nicht spalten und entmutigen lassen sollten. Nein, ich hatte nie auch nur die geringste Anschuldigung gegen Sie in Händen, und ich hätte auch keine solche angenommen, seien Sie dessen gewiß. Ich hätte es ohne fertig zu lesen ins Feuer geworfen, oder ich hätte es Ihnen geschickt, wenn ich es einer Antwort für würdig befunden hätte. Der Artikel in der „Neuen Rheinischen Zeitung", den ich in aller Form dementiere, ist eine billige, verabscheuungswürdige Erfindung, und ich fühle mich davon persönlich verletzt. Ich möchte fast glauben, daß der Korrespondent, der sich diese Mitteilung erlaubt hat, verrückt sein muß, um eine derartige Absurdität sich zusammenzuträumen, auf Ihre und auf meine Kosten. Ich bedauere es lediglich, daß ich nicht selbst hier war, um mich gleich vom ersten Tag an für die gemeine Rolle zu entschuldigen, die man mir Ihnen

---

[1]) Gerade Marx und Engels verhielten sich gegen den Panslawismus ablehnend.

[2]) Vgl. dazu oben S. 32.

gegenüber zuschreibt. Ich wehre mich dagegen mit Entrüstung und mit
Kummer, glauben Sie mir. Kurze Zeit nach Ihrer Verbannung aus Paris
durch Louis Philippe, müßten Sie von mir einen Brief erhalten haben[1]), in dem ich meiner Sympathie Ausdruck verliehen habe, sowie meiner
Hochachtung, die Sie verdient haben, und die ich niemals verloren habe
gegenüber Ihrem Charakter und Ihren Handlungen, seien Sie dessen jetzt
mehr denn je versichert. Alles für Sie.

    Nohant, in der Nähe von Châtre (Dep. de l'Indre)
    20. Juli 1848                 George Sand.

## 4. Rings um die Pariser Februarrevolution.

Wie Bakunin Varnhagen ankündigte[2]), arbeitete er besonders
1847 angestrengt an der russisch-polnischen Verständigung, die er
in seiner berühmten Rede vom 29. November 1847 zu Paris bei
der Gedächtnisfeier für die polnische Revolution von 1830 öffentlich
bekannte[3]). Diese Rede machte Bakunin in Europa berühmt[4]) und
wirkte wie eine Bombe auf die konservativen Regierungen, auch
auf die französische. Bereits am 14. Dezember war Bakunin im
Besitze des vom 9. Dezember datierten Ausweisungsbefehls[5]).
Das Einschreiten des sonst nicht besonders eifrigen russischen
Botschafters in Paris bei der französischen Regierung hatte den
besten Erfolg gehabt. Guizot und Duchâtel bekannten damit wieder
eindeutig ihre konservative Gesinnung, was von der europäischen
Diplomatie mit vielem Interesse vermerkt wurde[6]). Bakunin
selbst protestierte sofort in einem an Duchâtel, den Innenminister,
gerichteten, unbeantwortet gebliebenen Brief[7]). Um so rascher griff
die Presse diesen Fall auf, in dem sie ein neuerliches Symptom der
fortschreitenden Zersetzung im alten Regime erblickte und den
nahen Zusammenbruch nur noch um so lauter verkündete[8]). Vor
allem das Hauptblatt der französischen Demokraten, die Réforme,
in die Bakunin 1845 das erste öffentliche französische Wort geschrieben hatte, leistete dem inzwischen in Brüssel Eingetroffenen

---

    [1]) Vgl. oben S. 31, Anm. 4.
    [2]) Vgl. oben S. 20.
    [3]) Gedruckt von Dragomanov: Social-politischer Briefwechsel Bakunins
(1895), 275 ff. Ins Deutsche übersetzt als „Rußland, wie es wirklich ist" 1848.
    [4]) Auch seine späteren Mithelfer wie die Brüder Straka, die damals
in Leipzig studierten, wurden zum ersten Male auf ihn aufmerksam. Vgl. z. B.
auch Constitutionelle Staatsbürger-Zeitung (Leipzig), hg. von R. Blum 1848,
N° 2, 3. Jänner: „Herr Guizot sondert die Böcke von den Schafen ... Die Freundschaft Frankreichs und Rußlands ist im Steigen. Ein liberaler Russe, Herr
Bakunin, ist auf Ansuchen Rußlands aus Frankreich verbannt." Vgl. auch
N° 15, 25. Jänner, über das geplante Verbrüderungsfest in Brüssel.
    [5]) Erliegt im Dresdener Hauptstaatsarchiv, Faksimile bei Kersten:
Beichte 18.
    [6]) Vgl. unten a) den Bericht Apponyis.
    [7]) Er erwähnt ihn in seinem Briefe vom 7. Feber 1848 an Duchâtel,
La Réforme, 11. Februar 1848, gedruckt von Stěklov, Krasnyj archiv 14
(1926), 79 f.
    [8]) Auch der Sekretär Ledru-Rollins A. Delvau: Histoire de la révolution
de février I (1850), 73 zählt die Ausweisung Bakunins als wichtiges beschleunigendes Moment für die Feberrevolution auf.

nachhaltige Schützenhilfe[1]). Aber auch für die damals gerade der Regierung so viele Sorgen bereitenden Reformbankette lieferte Bakunins Ausweisung den radikalen Deputierten willkommenen Werbestoff, den sich z. B. Cremieux[2]) auf dem Bankette zu Rouen Mitte Dezember nicht entgehen ließ, wobei er Bakunin in der Eile zu einem Polen stempelte: „Meine Herren, Polen ist gefallen; aber es blieb ihm noch das Blut zum Wiederauferstehen; einige seiner edlen Söhne haben ein Asyl gefunden dank unserem Frankreich, dem offenen Hafen und Asyle aller Verbannten. In Frankreich, in unserer Hauptstadt, wagte vor einigen Tagen einer von ihnen, ein Patriot, ein Pole, unser Bruder vor Gott und der Freiheit (Lange Bewegung — Sehr richtig! Sehr richtig!) bei einer schmerzlichen Erinnerungsfeier über den Zaren aller Reußen schlecht zu sprechen; sofort hat sich unser Minister, der sich zunächst von England hat ins Schlepptau nehmen lassen, der heute hinter Österreich marschiert, vor dem Zaren gebeugt und diesem Polen, diesem Verbannten befohlen, damit es mehr Opfer auf der Welt gebe, Paris binnen 24 Stunden zu verlassen, Frankreich in 8 Tagen (Tiefe Erregung)." Bakunin hatte nicht versäumt, den Vorsitzenden der Polenversammlung, den demokratischen Deputierten Vavin[3]) zu ersuchen, seine Interessen auf geeignete Weise in der Deputiertenkammer zu vertreten[4]). Dieser interpellierte daraufhin den Innenminister und so kam es zu der **bedeutsamen Debatte am 4. Feber 1848**[5]), in deren Mittelpunkte Bakunins Ausweisung stand, in der jedoch die Regierung einen schweren Stand hatte, mit den Motiven ihres Vorgehens nicht recht herausrücken wollte und der Verdächtigung Raum ließ, die Ausweisung sei nicht allein aus politischen Gründen erfolgt. Sehr energisch setzte sich Bakunin sofort gegen diese Verdächtigungen in einem offenen Briefe, datiert aus Brüssel den 7. Feber[6]), zur Wehr, die Réforme veröffentlichte ihn am 11. Feber, demnach zwei Wochen vor dem Ausbruch der Revolution. „Wem wird die Zukunft gehören?" So endete der Brief. Indessen wucherten Gerüchte und Verdächtigungen allseits üppig empor, wofür als Quelle die russische Regierung ebenso wie gewisse polnische Emigrantenkreise in Frage kommen konnten[7]). Diese Gerüchte kreisten freilich schon länger, als

---

[1]) Sie druckte die Rede am 14. Dezember ab und kam am 18. neuerdings darauf zurück, vgl. unten *b*).
[2]) A. Cremieux: En 1848. Discours et lettres (1883), 102.
[3]) Er hatte auch die Einladungen zu der Feier gefertigt, vgl. Faksimile bei Kersten, Beichte 12.
[4]) Am 1. Jänner 1848 meldet die Réforme aus Brüssel, Bakunin habe an die französische Kammer eine Petition wegen seiner Austreibung gerichtet.
[5]) Vgl. unten *c*). Sehr temperamentvoll reagierte auf diese Debatte die Réforme, 5. Feber 1848.
[6]) Stěklov a. a. O. Der Brief war teilweise auch im Le National vom 15. Feber 1848 abgedruckt.
[7]) Kersten: Beichte 17 f. Diese 1851 in der Beichte niedergelegten Ansichten besaß er bereits im August 1848, als er eine ausführliche Rechtfertigungsschrift gegen Marx plante. Damals schrieb er: „Und dann habe ich mich freilich durch eingezogene Erkundigungen überzeugt, daß in der Tat in

Bakunin glaubte, der fest überzeugt war, die russische Pariser
Botschaft habe ihn vor Guizot einen russischen Agenten genannt,
der diesmal zu weit gegangen sei, und Duchâtel habe das Gerücht
verbreitet, er sei gar kein Emigrant, sondern ein gemeiner Dieb,
der in Rußland wegen Diebstahls einer großen Summe Geldes verurteilt worden sei. Solche Gerüchte fanden in gewissen Kreisen der
polnischen Emigration willige Ohren, sie sorgten dann immer wieder
für die Wacherhaltung, zuletzt noch im Juli 1848, als dem in diesem
Falle gern gläubigen Marx[1]) dieses Gerücht aus Paris zukam, wo
es tatsächlich in gewissen Kreisen, wie auch Reichel bestätigte[2]),
in Umlauf war. Im Feber freilich übertönte der überschnell los-
brechende Revolutionssturm all diese persönlichen Anwürfe. Da
gab es für Bakunin nur ein Ziel: Paris. War doch jetzt der so heiß
ersehnte Tag der Tat gekommen. Und ihr erster Schauplatz war
Paris. Französische, wie deutsche und polnische Demokraten
begingen geräuschvoll und feierlich Verbrüderungsfeste. Wie hätte
da Bakunin fehlen können! Brach doch die Stunde an, da endlich
der Hort aller absoluten Herrschaft gestürmt und gestürzt werden
sollte: Rußland. Dort der Zar, hier der russische Demokrat, dort
Nikolaus, hier Bakunin. Wenn alles protestierte und manifestierte,
dann geziemte es sich, mit einem „Manifeste"[3]) den Kreuzzug gegen
die Unfreiheit einzuleiten. Am 13. März erklärte Bakunin Rußland
gleichsam den Krieg.

### a) Bericht des österreichischen Botschafters Apponyi an Metternich[4]).

Orig.                                           Paris, 5. Januar 1848

„Der Minister scheint entschlossen zu sein, die günstige Situation, in
der er sich befindet, dazu zu benutzen, um kraftvoll zu handeln und vor
allem energisch gegen die Aufwiegler des Radikalismus und der Anarchie
vorzugehen.

gewissen Winkeln derartige Gerüchte über mich umliefen. Was mich aber wahrhaft und tief betrübt hat, das ist, daß ein gewisser Teil der polnischen Emigration, wie ich mich überzeugt habe, nicht ohne Anteil an der Verbreitung
solcher Verleumdungen geblieben ist, ich muß gestehen, ich hatte geglaubt,
fester auf das Vertrauen der Polen zählen zu dürfen." Nach der Ausweisung
aus Frankreich „suchte sie (die russische Regierung) mich auch moralisch zu
vernichten, indem sie Herrn Guizot insinuierte, ich sei ein Mensch von Talent,
den sie employiert habe, jetzt sei ich etwas zu weit gegangen und sie
können mich nicht mehr in Frankreich dulden. Ich ging hierauf nach Brüssel,
wo sie, wie ich bestimmt weiß, durch die Vermittlung des Herrn Duchâtel,
ehemaligen Ministers des Innern, das Gerücht zu verbreiten suchte, ich sei aus
Petersburg geflohen, nicht aus politischen Gründen, sondern weil ich eine an-
sehnliche Summe Geldes gestohlen hätte", Dresden H. St. A. Amtsgericht
Dresden 1285 i, teilweise gedruckt Polonskij: Materialy I, 39 ff. Diese Stelle
bietet zugleich einen guten Beleg dafür, wie Bakunin in seiner Beichte stellenweise bis auf den Wortlaut genau berichtete.

     [1]) Vgl. Pfitzner, Jahrb. f. K. u. Gesch. d. Slav. N. F. VII (1931), 260 ff.
     [2]) Vgl. dagegen George Sand oben S. 33.
     [3]) Vgl. unten *d*).
     [4]) Wien, Haus-, Hof- und Staatsarchiv, P. A. Frankreich, Fasz. 476.
Über Apponyj vgl. Journal du Comte Rudolphe Apponyi. Vingt-cinq ans à
Paris, hg. von Daudet IV (1926).

Er hat dies soeben durch strenges Vorgehen gegen die russische und polnische Emigration unter Beweis gestellt.

Ein Russe, Herr Bakunin, der gelegentlich der Feier des Jahrestages der Einnahme Warschaus eine beleidigende Rede gegen den Herrscher von Rußland gehalten hat, hat dafür den Befehl erhalten, Frankreich zu verlassen." (Das Bankett für Czartoryski ist verboten worden.)

„Der Polizeipräfekt hat vom Innenminister den Befehl erhalten, das Zentralkomitee der polnischen Demokraten, das in Versailles tagt, aufzulösen, und jedes seiner Mitglieder, die es innerhalb von 30 Meilen um Paris vertreten, zu verhaften.

Herr Kiseleff selbst hat mir voller Genugtuung über diese wirkungsvollen Maßnahmen, die die Regierung ergriffen hat, berichtet.

Man spricht auch von der Absicht der Regierung, die Gesetze vom September zu bekräftigen und strenger zu handhaben, Sondergesetze einzuführen, mit der Strafe der Verbannung, und schließlich mit einer Art legalen Staatsstreichs die ständig wachsende Dreistigkeit des Radikalismus und des Kommunismus zu schlagen."

### b) Aus dem Bericht der „Réforme" über Bakunins Ausweisung.

18. Dezember 1847.

Gewiß hat nie ein Verbannter sich im Exil lauter und ehrenwerter vernehmen lassen als mit diesem Aufruf an Polen und Rußland, in der heiligen Kommunion der Gleichheit und der Brüderlichkeit.

— Nun ja! Guizot hat diese Kundgebung verurteilt wie ein Verbrechen, wie ein Attentat, und Bakunin, ein russischer Flüchtling, hat den Befehl erhalten, Frankreich unverzüglich zu verlassen! Der Quasi-Stellvertreter von Nikolaus hat diesen Ausweisungsbeschluß verfügt, und Guizot hat sich gefügt!

Gegen diese Schändlichkeit führen wir vor allen ehrenhaften Menschen Klage. Man möge uns sagen, ob die Ehre noch tiefer zu fallen vermag, und ob es nicht gereicht hat, aus Frankreich ein Zuchthaus zu machen, in dem die Verfolgten überwacht werden, ohne sie beim ersten Befehl eines Metternich oder eines Nikolaus zur Deportation zu verurteilen!

Wir kommen morgen[2]) auf diese feige Unerhörtheit, die nach Rache schreit, zurück!"

### c) Auszug aus dem Sitzungsbericht der Kammerdebatte vom 4. Februar 1848 in Paris[3]).

M. V a v i n[4]) (schildert zunächst die Leiden der polnischen Emigration und kommt dann auf die Polenfeier vom 29. November zu sprechen):
Nach einigen wie üblich gehaltenen Reden, die meisten auf Polnisch,

---

[1]) Zu dieser Maßnahme ist es dann nicht gekommen.
[2]) War nicht der Fall.
[3]) Le Moniteur universel, 5. Februar 1848. Zur Beratung stand § 7 der projektierten Adresse: „Treu gegenüber der Sache eines edlen Volkes, erinnert Frankreich Europa an die Rechte der polnischen Nation, die durch Verträge so feierlich garantiert wurden."
[4]) Radikaler Abgeordneter, präsidierte der Polenversammlung vom

Reden, aus denen ebenso die Liebe zum Heimatland, wie die Liebe und die
Dankbarkeit gegenüber Frankreich herauszuspüren war, ergriff dieses Jahr
ein Vertriebener, ein von Rußland verfolgter Mann das Wort, der gezwungen
war, auf der gastfreundlichen Erde Frankreichs das zu suchen, was die
Unglücklichen aller Länder dort für gewöhnlich finden, nämlich eine sichere
Zuflucht, Trost und eine würdige Unterkunft. Nach sympathischen Ausführungen
gab er seiner Hoffnung Ausdruck, daß zwischen Rußland und Polen
bald schon der Tag der Versöhnung leuchten möge, und auch zwischen Rußland
und dem übrigen liberalen Europa, weil die Prinzipien des Despotismus,
deren die russische Regierung sich unglücklicherweise bereits viel zu
lange schuldig gemacht hat, nicht nur gegenüber ihren eigenen Untertanen,
sondern sogar gegen die anderen Länder, diese Prinzipien seien von der
Nation nicht akzeptiert, und daß die russische Regierung selbst schon bald
gezwungen sein werde, von ihnen Abstand zu nehmen.

Abschließend hat er im Namen seiner Landsleute den Polen brüderlich
die Hand entgegengestreckt, und hat im voraus mit Freude das Morgenrot
dieser Epoche der Versöhnung begrüßt.

In dieser Rede war, ich wiederhole es, nicht mit einem Wort die
Regierung unseres Landes erwähnt, nicht ein Wort über unsere Politik, nicht
ein Wort, aus dem man die geringste kritische Anspielung auf unser inneres
oder äußeres Handeln hätte heraushören können. Dennoch ist Bakunin, so
lautet der Name dieses russischen Verbannten, am darauffolgenden Tag aus
Paris gejagt und aus Frankreich ausgewiesen worden.

Dies ist die absonderliche, schmerzhafte, und ich möchte fast sagen,
für unser Land schändliche Tatsache, über die ich vom Herrn Minister gefälligst
einige Erklärungen zu hören wünsche.

Ich werde mich jeder Bemerkung über diese erstaunliche Sympathie
zwischen unserer Politik und der russischen Politik enthalten. Alles ist in
dieser Hinsicht geschehen, und ich warte auf eine Antwort."

(Er schildert dann den Fall Czartoryski.)

D u c h â t e l, Minister des Inneren: „Ich werde in sehr wenigen Worten
auf die Angriffe antworten. Der ehrenwerte Herr Vavin hat zunächst
behauptet, die polnischen Flüchtlinge erhielten von der Regierung nicht alle
erdenkliche Hilfe, nicht jede Unterstützung, wie es ihnen feierlich versprochen
wurde.

Ich kann der Kammer antworten mit eben den Haushaltsanträgen,
die wir hier jedes Jahr stellen. Wir haben es gegenüber den polnischen
Flüchtlingen nie an Großzügigkeit mangeln lassen. Sie haben bei uns stets
nicht bloß Gastfreundschaft, sondern beträchtliche Unterstützung gefunden.
Eine Summe von 1,2 bis 1,5 Millionen Franken ist ihnen jährlich ausgezahlt
worden, und es wird sicher niemand sagen können, daß wir es hier an den
Pflichten der Gastfreundschaft hätten mangeln lassen.

Ich komme nun zur zweiten Sache.

Die Regierung hat die Ausweisung eines russischen Staatsangehörigen
verfügt, eines Herrn Bakunin. Es handelt sich hierbei ganz offensichtlich

---

29. November 1847. Vgl. auch das von ihm gezeichnete Einladungsschreiben
bei Kersten: Beichte 13. Er ließ öffentlich erklären, daß er auch ferner den
Polenfeiern vorsitzen werde, vgl. Trzeci Maj 1848, 18. Feber.

nicht um einen polnischen Flüchtling, meine Herren. Es handelt sich dabei nicht einmal um einen Flüchtling überhaupt, im eigentlichen Sinne des Wortes. Es gibt keine russischen Flüchtlinge. Es gibt keine russische Emigration aus politischen Gründen. Der Herr Bakunin war kein Flüchtling, er war in Paris wie alle anderen Russen, die durch Frankreich reisen. Die französische Regierung hatte schwerwiegende Beweggründe, seinen Aufenthalt nicht länger zu dulden. Ich will hier nicht auf Personalfragen eingehen. Aber ich zögere nicht, zu erklären, daß diese Maßnahme, die einen russischen Staatsangehörigen betraf, nicht als ein Akt der Strenge gegenüber der polnischen Emigration angesehen werden kann." (Dann kommt er auf den Fall Czartoryski zurück.)

Es sprechen noch für Bakunin Vavin, Lasteyrie, Lherbette, der eine Stelle aus Bakunins Rede verliest.

Guizot: „Also gut, meine Herren, ich werde diese Lektüre nicht weiter verfolgen; aber ich zögere nicht zu sagen, daß ich im Falle, daß bei einer Veranstaltung dieser Art in Sankt Petersburg der König von Frankreich Henker, Tyrann, Unterdrücker oder wie auch immer genannt würde, würde ich auf der Stelle im Namen des Respekts, den man vor dem Menschenrecht aufbringen muß, bei dem Staatsoberhaupt, mit dem wir reguläre Beziehungen unterhalten, Einspruch erheben. Was wir von den anderen verlangen würden, das sind wir auch entschlossen, ihnen gegenüber selbst zu praktizieren. Das genau ist unsere Maxime."

(Vavin nützt dann noch den Widerspruch zwischen Innen- und Außenminister aus[2]).

### d) Bakunins „Manifest" vom 13. März 1848[3]).

Die Revolution, die sich in Frankreich entwickelt hat, hat das Gesicht aller Fragen radikal verändert. Ohne jegliche Übertreibung kann man heute sagen, daß die alte Welt tot ist; was von ihr noch übriggeblieben ist, wird bald verschwinden. Wir erleben die Geburt einer neuen Welt. Die revolutionäre Bewegung, hervorgegangen aus jenem immer neu sich entfachenden, glühenden Herd, der Frankreich heißt, verbreitet sich überall hin. Sie bemüht sich nicht einmal umzukehren, sondern jagt ohne Mühe und fast geräuschlos alle jene Phantome von Unterdrückung, Ungerechtigkeit und Lüge vor sich her, die Jahrhunderte in Europa angehäuft haben.

Dieses Ergebnis ist so großartig, hat alle so überraschend getroffen, daß man noch nicht weiß, was man denken, wünschen, hoffen soll... und

---

[1]) Die unsichere Haltung der französischen Regierung erhellt besonders aus der Tatsache, daß im Ausweisungsedikt des Pariser Polizeipräfekten, der es doch auf Befehl des Innenministers ausstellte, Bakunin als „réfugié Russe" bezeichnet wurde.

[2]) Die Réforme nahm am 5. Feber in ihrem Leitartikel zur Polen- und Bakuninfrage Stellung, nannte Bakunin „einen Mann von bedeutender Intelligenz und einem großen demokratischen Glauben", deckte den Widerspruch zwischen den Angaben der Minister auf und bezeichnete das Verhalten Duchâtels als „einen infamen Akt". Auch Le National vom 5. Feber und Le Constitutionnel vom 5. Feber stellten sich auf Bakunins Seite.

[3]) Den Titel „Manifest" trägt Bakunins Artikel nicht, aber der weit von der Linie der offiziellen Außenpolitik abweichende Inhalt kommt einem solchen gleich. Gedruckt wurde es am 13. März 1848 in der Réforme.

daß niemand in der Lage ist, die Tiefe dieser neuen Revolution zu ermessen, die uns, seit den ersten Tagen, radikaler in ihren Konsequenzen, gigantischer in ihren Ausmaßen erscheint, als alle jene, die ihr vorausgegangen sind.

Jedoch eines ist klar: die Pragmatiker des alten Regimes sind heute zu Utopisten geworden, und die Utopie von gestern ist heute das einzig mögliche, vernünftige, praktikable. Diese Utopie ist die reine, absolute Demokratie für ganz Frankreich und für ganz Europa; das ist die Wahrheit, die Gerechtigkeit, das Leben für alle, für die Individuen wie für die Nationen; das ist das Recht aller, verteidigt durch die freie Wahl und den bewaffneten Arm eines jeden.

Man darf sich nicht täuschen, diese demokratische Revolution, in deren Mitte wir nun seit einigen Tagen leben, ist weit davon entfernt, beendet zu sein; sie hat erst begonnen. Sie ist ruhig, weil sie sich stark fühlt, weil niemand wagt, sie offen zu bekämpfen; und niemand möge hoffen, daß ihre Expansionskraft an den Grenzen Frankreichs halt machen könne! Man müßte verrückt sein, dieses zu glauben. Frankreich lebt und arbeitet niemals für sich allein. Wenn es schläft oder sich von seinem natürlichen Weg abbringen läßt, bemächtigt sich aller anderen Länder ein tiefes Unwohlsein; wenn es brennt und in Bewegung gerät, ist der Brand überall. Es hängt nicht ab vom Willen irgendeines Menschen, wie hoch er auch im Ansehen und Vertrauen seiner Mitbürger stehen mag, zu veranlassen, daß der Sturm, der in Paris ausgebrochen ist, nicht gründlich und revolutionär bis tief in die Herzen aller Gesellschaften Europas vordringt. Es hieße, Frankreich nicht zu verstehen und besonders das revolutionäre Frankreich, glaubte man, es könne jemals gleichgültig bleiben angesichts der Kämpfe zwischen Völkern und Regierungen. Einer der Hauptgründe seines letzten Sturmes war zweifellos die infame Rolle, die Louis Philippe der grande nation innerhalb der europäischen Angelegenheiten aufgezwungen hat. Sie war empört, daß sie nicht nur von Italien und der Schweiz übertroffen wurde, sondern auch noch als Hindernis, als Barriere für deren Befreiung eingesetzt wurde. „Heute ist Frankreich frei: die Polen, Italiener, Schweizer, Belgier und Deutschen werden es bald sein!" Dies war der erste Ruf, der in Valenciennes erklang, als dort die Republik ausgerufen wurde. Dies ist der Schrei ganz Frankreichs.

Wie will man die Propaganda einer Nation zum Schweigen bringen, die im ersten Elan ihrer Freude nicht an sich selbst denkt, sondern nur an das Glück und die Freiheit der anderen Länder. Die der Gleichgültigkeit, einer verbrecherischen und heuchlerischen Politik, die einem verbrecherischen und heuchlerischen System entstammt, wird niemals die Propaganda der französischen Republik sein. Wenn sie gegenüber den drei nördlichen Mächten eine ruhige Haltung bewahrt, dann nicht aus Gleichgültigkeit gegenüber der Freiheit der Völker und nicht aus Ehrerbietung gegenüber den monarchistischen Regierungen, deren unversöhnlicher Gegner sie bis zuletzt sein wird. Es ist einzig und allein aus Respekt für die Unabhängigkeit der Völker selbst, von denen sie erwünscht, daß sie sich aus eigener Kraft befreien, ohne ihre materielle Intervention, damit man sie nicht verdächtigen kann, sie wolle ihr Territorium durch Eroberung vergrößern. Demokratie schließt Eroberung aus; aber der Sieg des revolutionären Prinzips in Europa ist für Frankreich eine Frage von Leben oder Tod, auf die eine oder andere Art werden wir bald das Gesicht Europas sich vollständig ändern sehen.

Binnen kurzem, vielleicht in weniger als einem Jahr werden wir das riesige österreichische Reich zusammenbrechen sehen; die befreiten Italiener werden die italienische Republik proklamieren; die Deutschen werden, vereint zu einer einzigen großen Nation die deutsche Republik ausrufen und die polnischen Republikaner, die seit 70 Jahren emigriert sind, werden in ihre Heimat zurückkehren. Die revolutionäre Bewegung wird nicht zum Stillstand kommen, bevor nicht ganz Europa, selbst Rußland nicht ausgenommen, eine demokratische konföderative Republik geworden ist.

Das ist unmöglich! wird man sagen. Aber man sollte vorsichtig sein! dieses Wort ist nicht von heute, es ist von gestern. Heute gibt es nichts Unmögliches, außer Königtum, Aristokratie, Ungleichheit und Sklaverei.

Die Revolution wird verloren sein, wenn die Monarchie nicht vollständig von der Oberfläche Europas verschwindet.

Entweder der Sturz der Monarchie und des Privilegs in ganz Europa oder aber die erneute Niederlage der Revolution, eine Niederlage, die schrecklicher sein wird als alle vorausgegangenen Niederlagen mit allen Gefahren, allen Schrecken der Reaktion! Napoleon hat gesagt: „In fünfzig Jahren wird Europa entweder republikanisch oder kosakisch sein!"

Der Augenblick ist ernst, für Individuen wie für Nationen. Jeder hat eine ungeheure Pflicht zu erfüllen.

Ich bin Russe und meine Gedanken wandern natürlich nach Rußland! Von dort erwartet man die ersten Donnerschläge der Reaktion. Sie werden kommen, aber um sich gegen die zu wenden, von denen sie ausgingen. Niemand, vielleicht außer der österreichischen Regierung, ist derartig durch die französische Revolution bedroht, wie der Zar Nikolaus. Diese Revolution, die alle Völker retten muß, wird auch Rußland retten, davon bin ich überzeugt.

In einem zweiten Brief¹) werde ich, wenn Sie es mir erlauben wollen, Bürger Redakteur, die Gründe darlegen, die mir diese Gewißheit geben. Unterdessen grüße ich Sie und rufe mit Ihnen aus:

    Es lebe Frankreich!
    Es lebe die Republik!
    Es lebe die Demokratie!

               Michael Bakunin, russischer Emigrant.

## 5. Bakunin und Proudhon.

Es würde einen fesselnden Sonderabschnitt in Bakunins so bunter Lebensgeschichte füllen, wären wir besser über die wechselweisen Beziehungen zwischen ihm und Proudhon²), dem entscheiden-

---

¹) Er ist nicht mehr erschienen. Wahrscheinlich klang schon der erste den offiziellen Staatslenkern viel zu scharf.
²) Vgl. über ihn A. Mülberger: P. J. Proudhon (1899); C. Bouglé: La sociologie de Proudhon (1911); A. Desjardin: P. J. Proudhon, sa vie, ses

den Mitbegründer und Wegbereiter der anarchistischen Lehre, unterrichtet. Leider deuten die vorhandenen Zeugnisse mehr an, als daß sie wirklich aussagen, so daß jedes neue Steinchen zum Wiederaufbaue des wahren Bildes willkommen geheißen werden muß. Und dies um so eher, als in Proudhons vielbändiger Korrespondenz Persönliches zugunsten Sachlichem stark zurücktritt und auch der Nachlaß kaum belangreiche Ausbeute nach dieser Richtung gewähren dürfte[1]).

Die äußeren Umstände begünstigten zunächst ein Zusammentreffen beider Männer nur wenig, da Proudhon seit 1843 in Lyon lebte und nur gelegentlich, freilich manchmal für längere Zeit, Paris aufsuchte. Immerhin genügten diese Abstecher, daß er in die literarischen liberalen und demokratischen Kreise der Franzosen, auch der deutschen Emigranten eingeführt wurde. Vor allem der deutsche Sozialist Karl Grün[2]) leistete ihm wichtige Führerdienste. Ihm verdanken wir auch eine der besten Kennzeichnungen dieses hünenhaften Bauernsprosses, den Geringschätzung des Äußeren und Einfachheit seiner Lebensart Bakunin so durchaus ähnlich machten. Wann freilich das Schicksal die beiden zum ersten Male zusammenführte, verschweigen die bisherigen Quellen. Dafür beleuchtet ein Zeugnis Herzens zum Jahre 1847 blitzschnell die Lage[3]). Dieser lernte gerade in diesem Jahre eine Reihe berühmter Franzosen kennen, durch Bakunins Vermittlung auch Proudhon, dessen Werke Herzen, der vielbelesene und wohlunterrichtete demokratische Grandseigneur aus dem Osten, schon von Ferne voll Eifer und Teilnahme verfolgt hatte[4]). Er traf ihn, da er endgültig nach Paris übersiedelt war, öfter in Gesellschaft Bakunins bei Reichel, in einer überaus bescheidenen Behausung, die dem im Grunde gleichgerichteten Streben der Freunde keinen Abbruch tat, so daß die von Bakunins Freund Carl Vogt an Herzen weitergegebene anekdotisch anmutende Episode — an solchen ist Bakunins Lebensweg sehr reich — durchaus wahrheitsgetreu wirkt, wonach Bakunin wie einst in Moskau mit Chomjakov bei Čaadajev und mit seinen Freunden, jetzt mit Proudhon in Reichels Wohnung die Nächte durchdebattierte und noch immer Hegelsche Philosophie und andere Probleme vor dem ausgebrannten Kaminfeuer besprach, als längst Frau Sonne einen neuen Tag ankündigte. Später nannte dies ein Miterlebender den Tag zur Nacht und die Nacht zum Tage machen[5]). Wo aber im Reiche des Geistes könnte es gesegnetere Tage geben als die Nächte zwischen Bakunin und Proudhon?

---

œuvres, sa doctrine I/II (1896); C. A. Sainte-Beuve: P. J. Proudhon (1872); M. Nettlau: Der Vorfrühling der Anarchie (1925); wichtig die Einleitungen der seit 1923 erscheinenden Oeuvres complètes Proudhons; Handwörterb. d. Staatswissensch. VI (1925), 1140 ff. von K. Diehl.

[1]) Dies ist auch aus der Arbeit von R. Labry: Herzen et Proudhon (1928) zu ersehen. Auch von Mme. Henneguy (Paris), der Tochter und Nachlaßverwalterin Proudhons, erhielt ich vorläufig einen negativen Bescheid.

[2]) Die soziale Bewegung in Frankreich und Belgien (1845), 402.

[3]) Poln. sobr. soč. XIII, 453 (Byloe i dumy).

[4]) Darüber Labry a. a. O.

[5]) K. Grün in seinem Nachrufe auf Bakunin, Wage 1876, 18. August.

Da die vorliegende Skizze nicht bezweckt, Bakuninsches und
Proudhonsches Lebenswerk nebeneinander abwägend und begrenzend zu stellen, genüge der Hinweis, daß die auf echter gegenseitiger Schätzung begründete Freundschaft trotz der räumlichen
Trennung — Proudhon blieb in Paris, Bakunin betätigte sich in
Deutschland — auch 1848 keine Trübung erfuhr. Mochte Proudhon
auch wünschen, es sollten zunächst die ökonomischen Hauptprobleme erledigt und dann erst an die politischen Fragen geschritten
werden, so machte er doch im Verlaufe des Sturmjahres Zugeständnisse. Bakunin verfolgte die Entwicklung aus der Ferne mit Ungeduld und Spannung in der Presse, wie in den Briefen Reichels,
des Sachsen entstammten Musikers und Komponisten, der teilweise
eine ähnliche Rolle in gewissen Abschnitten von Bakunins Leben
spielte wie Engels in dem von Marx und Bakunin 1848 vor allem
eingehende Lageberichte aus Paris zukommen ließ[1]), die für Bakunin nicht minder kennzeichnend sind als für Reichel. Proudhons
Verhalten während 1848 stärkte in Bakunin die Überzeugung, er
sei „der Einzige in der politischen Litteratenwelt, der noch etwas
verstehe"[2]). Proudhon hielt überdies ein wichtiges Organ in der
Hand, den „Représentant du peuple", später „Le Peuple", denen
sich Bakunin um so verwandter fühlen mußte, als diese gerade in
der Slawenfrage weitgehend übereinstimmende Auffassungen vertraten. Während die deutsche Demokratie im Herbst 1848 ihren
Todeskampf kämpfte, in Wien und Berlin von der Reaktion zurückgedrängt wurde, forderte Proudhon am 5. November[3]) in einem
Leitartikel „Le Panslavisme russe et la démocratie allemande" zum
Kriege gegen Rußland auf, da diese hochkonservative Macht vornehmlich Kapitalismus, Adel und Privilegien schütze. In diesem
nach seiner Überzeugung sozialen Kampfe bewährten sich — auch
hier Einklang zwischen Proudhon und Bakunin — unter den slawischen Völkern allein Polen im Vereine mit Ungarn als Retter der
Freiheit. „Mais la Russie sous la domination du czar, n'est pas une
nation, c'est l'armée de l'esclavage féodal payée par les Juifs; c'est
la honte du servage et la gendarmerie du capital. L'Attila moderne
est le bras des banquiers; et la lutte entre la démocratie allemande
et le panslavisme moscovite est, avant tout, la lutte de la civilisation progressive contre la barbarie réactionnaire." Bakunin, inzwischen mit seinem „Aufruf an die Slawen" fertig geworden,
suchte daher gerade diesen möglichst auch in Frankreich zu verbreiten. Im „Le Peuple" fand er am 7. Jänner 1849 den erwünschten
Widerhall[4]), womit zugleich die lebendige Verbindung zwischen
Proudhon und Bakunin neuerdings dokumentiert wurde.

Bakunin verleugnete seinen Freund Proudhon auch vor dem
Zaren nicht, nannte ihn wohl einen „Utopisten, aber ungeachtet

---

[1]) Vgl. unten *a*), *b*).
[2]) Briefe von und an Georg Herwegh 1848 (1896), 22 f.
[3]) Le Peuple Nr. 4—8 (ich benützte das Exemplar der Königl. Bibliothek in Brüssel).
[4]) Vgl. unten *c*).

dessen zweifellos einen der bemerkenswertesten zeitgenössischen Franzosen"[1]). Desgleichen gedachte Proudhon seiner, als er längst hinter Gefängnistüren saß, als eines kraftvollen und unerschrockenen Revolutionärs[2]). Erst nach seiner Flucht aus Sibirien kam Bakunin mit Proudhon noch einmal knapp vor dessen Tode 1864 zusammen. Konnte ihn Proudhon auch nicht mehr persönlich befruchten, so um so mehr durch sein Werk, das für Bakunin an seinem Lebensabend beispielgebend geworden ist.

### a) Reichel an Bakunin[3]).

Orig.                                    Paris, 31. Mai 1848.

Lieber Freund! Ich nehme so dünnes Papier, um viel und wohlfeil zu schreiben, obwohl ich heute eigentlich nicht recht in der Stimmung dazu bin. — Was ist auch zu sagen? — Die Sachen gehn hier nicht allzubest für den Augenblick — und man bedarf einer großen Hoffnung und fast eines überchristlichen Glaubens, wenn man sich mit einer Aussicht auf Lösung aller dieser Wirren schmeicheln will. — Die Assemblée nationale deliberirt nun schon fast einen Monat lang und bekundet nur mehr und mehr ihre Schwäche und gänzliche Nullität. Die einzige Phantasie aller wohldenkenden Representanten ist ein gouvernement fort, und keiner begreift, daß zu einem solchen nicht nur sittlich starke Individualitäten sondern auch andere Zeiten gehörten. In der ganzen Gesellschaft der 300 Ehrenwerten befindet sich jetzt nicht einmal ein Kopf, viel weniger ein Herz. Die durch das freiwillige oder gezwungene Ausscheiden mehrerer Deputirten leergewordenen Plätze werden von andern mit Eifer gesucht. Proudhon ist unter den Candidaten und hat heute im Representant du Peuple den Anfang seines Glaubensbekenntnisses[4]) abgelegt, in welchem er die geängstigte Bourgeoisie versichert, daß er nicht der Feind der Propriétaires, sondern nur der Propriété sei. — Die Leute wissen sich das aber nicht zusammenzureimen. — Sein System der Banque d'echange, dessen ich Dir in meinem vorletzten Briefe[5]) erwähnte, fängt an bis in alle Classen hinein gekannt und besprochen zu werden. Überhaupt scheint mir die ganze Revolution den Fortschritt gemacht zu haben, daß im Bewußtsein der Menge die klarere Überzeugung sich feststellt, daß es heute zu Tage nicht mehr sowohl auf politische Institutionen, als auf eine gründliche soziale Reform ankommt. Die Zeitungsnachrichten werden Dir seltsame Dinge vom 15. Mai berichtet haben. Wahr daran ist Folgendes[6]): Die

---
[1]) Kersten: Beichte 12 f.
[2]) Labry a. a. O. 122 f. Brief Proudhons an Herzen vom 27. Nov. 1851.
[3]) Dresden H. St. H. Amtsgericht Dresden 1285h vol. III N° 12.
[4]) Résumé de la question sociale. Auch besonders erschienen, 1848. Er wandte sich damit an die Wähler des Seine-Departements. Die Wahlen fanden am 5. Juni statt.
[5]) Liegt nicht vor.
[6]) Vgl. dazu Ch. Seignobos: La Révolution de 1848, bei Lavisse: Histoire de France contemporaine X (1929), 90 f.; P. J. Proudhon: Les confessions d'un révolutionnaire, Oeuvres complètes (1929), 141 ff.

Assemblée nationale ist erstürmt, von einem gewissen Huber als aufgelöst erklärt und ein provisorisches Gouvernement (Barbès, Blanqui — selbst Proudhon[1]) wurde darin genannt) erwählt worden. — Eine Stunde später aber wurde der Sitzungssaal von der herbei eilenden Garde nationale wieder geräumt[2]), die Häupter des Handstreichs gefangen genommen, der General Courtois[3]), der die Öffnung der Gitter anbefohlen hatte, ergriffen und öffentlich beschimpft etc. etc. — Niemand aber weiß recht, wie die Sache sich gemacht hat. — Heute lese ich im Representant du Peuple folgende Erklärung des Vicepresidenten vom Club de la Centralisation democratique: Die Clubs hatten sich unter einander verständigt, daß sie den 15. Mai eine friedliche Demonstration zu Gunsten Polens machen wollten. Zu diesem Zwecke versammelten sie sich Montag früh Place de la Bastille und zogen in ungeheurer Masse unter Zudrang des Volks nach der Kammer. Am Obelisk sollte die tête halt machen und 5 Abgesandte sollten die Petition der Assemblée nationale überbringen. Am Ausgange der rue royale aber stellte sich ihnen ein Bataillon garde national entgegen. Von hinten aber drängte die Masse, die noch keine Ordre zum Haltmachen empfangen hatte, vor und so ohne Ordnung drängte die Volksmasse immer weiter vor bis man sich unwillkürlich in der Chambre befand, ohne eigentlich recht zu wissen wie. Diesen Augenblick der allgemeinen Unordnung Angesichts einer moralisch schwachen Volksvertretung benutzten nun Barbès, Blanqui und Sobrier, um einen Handstreich auszuüben. Er mißlang und die zu eifrigen Republikaner büßen im Fort Vincennes und in der Conciergerie ihren patriotischen Vorwitz. Über 200 Arrestationen haben sei der Zeit stattgehabt. Unser guter Boquet, der, wie ich durch seinen Bruder gehört, gar nichts mit der Geschichte zu schaffen gehabt, dessen entschiedene Gesinnungen aber dem Citoyen Marrast[4]) unbequem waren, ist auch eingesteckt. — Fräulein Eugenie ist nicht darunter, ist aber seit dem Tage verschwunden. — Lieber Freund! Alles was hier zu hören und zu sehen ist, sind gesprochene und gedruckte Phrasen — nur sehr wenige wissen noch, was das Wort Liberté bedeutet, keiner will verstehn, daß nur da Freiheit sein kann, wo sie sich mit Selbstbeherrschung verbindet, und noch geringer ist die Zahl derer, die das Credo der Anarchie bis zum letzten Worte in ihre Confession aufnehmen möchten. Die Leute wollen alle regieren und regiert sein. An Reactionen der verschiedensten, possirlichsten Arten fehlt es darum nicht. — Das entschiedenste Journal von allen jetzt ist der Représentant du peuple, mit dessen Redaction ich jetzt auch in Verbindung stehe: Fauvety, Viard, Proudhon[5]). — Fauvety läßt

---

[1]) Dies bestätigt auch Daniel Stern: Istorija revoljuciji 1848 g. II 1907), 203.
[2]) Es war bereits leer, als die Nationalgarde eintraf.
[3]) Vgl. Seignobos a. a. O. 91.
[4]) Bürgermeister von Paris.
[5]) Für die Redaktion zeichneten Fauvety und Viard, Proudhon figurierte als „ami et collaborateur".

Dich dringend bitten ihm Mitteilungen aus dem Kreise zu machen, in dem Du Dich jetzt bewegst. Das slavische Vorparlament[1]), vorausgesetzt, daß es mehr Entschiedenheit entwickelt, als die übrigen revolutionären Parlamente bezeugen, ist eine neue Hoffnung für die gute Sache. Und nun, Lieber, fordere ich Dich wirklich auf, communicativer zu werden, als Du es bisher gewesen bist. Du weißt, daß ich mir nicht leicht erlaubt habe, Dir Vorstellungen zu machen und daß ich mehr als irgend einer geneigt bin, Deine Schreibfaulheit zu entschuldigen, da ich weiß, daß Du überdies ein schlechter Erzähler bist. Du mußt aber jetzt ein Wunder tun, ich kann Dir nicht helfen."

Ohne Unterschrift.

### b) Reichel an Bakunin[2]).

Orig.   Paris, 28. September 1848.

Lieber Freund! — Hier bin ich endlich nach so langer Zeit wieder, und obwohl ich schwer gesündigt habe, so will ich doch vor allen Dingen die Rolle umkehren und als Ankläger vor Dir erscheinen. Die Reform und andere Journale zeigen heute an, daß Du am 21sten in Berlin verhaftet worden bist und daß zu fürchten sei, daß man Dich ausliefere. Und erst von dritter Seite her erfahre ich, daß Du wieder frei bist! Also Bester, das war eine schlechte Wiedervergeltung, denn wenn ich Dir nicht geschrieben habe Zeit her, so war es, weil ich einestheils keine Zeit hatte, wirklich keine Zeit, und anderntheils, weil ich Dir auf alle Deine Fragen nichts Bestimmtes zu erwidern hatte. Über M-s[3]) Verhältnis zu Sassonoff[4]) war nichts zu sagen, denn nach allen meinen Erkundigungen erfuhr ich, daß ein solches gar nicht bestehe. Ersterer hat sich fast gar nicht, nicht einmal bei Georg[5]) sehen lassen. In Bezug auf die neuen Verleumdungen, die man über Dich ausgesprengt hatte, war weder etwas zu thun noch zu sagen, denn weder mit den Leuten der Reform war etwas zu machen, noch hätte man Caussidières[6]) habhaft werden können. — Daß dieser nebst Louis Blanc[7]) nach der letzten Enquête das Weite gesucht hat, weißt Du. — Wenn ich Dir nun sagte, daß ich durch viele Beschäftigung vom Schreiben abgehalten worden bin, so ist das wahr, denn ich war so tief in der Composition einer Messe, und war so eilig damit, daß ich wirklich in 6 Wochen keinen Augenblick für mich hatte. Sie ist in Ville d'Avray am 17ten dieses aufgeführt worden zum Besten arbeitsloser Handwerker und hat großen Succès gehabt, aber diese

---

[1]) Prager Slawenkongreß.
[2]) Dresden H. St. A. Amtsgericht Dresden 1285ʰ vol. III N° 14. Als Adresse ist angegeben: Pour monsieur Leonhard Neglinski, demnach der im falschen französischen Passe Bakunins verwandte Deckname.
[3]) Wohl Marx.
[4]) Russischer Sozialist.
[5]) Herwegh.
[6]) Dieser schätzte Bakunin sehr, vgl. Beichte 21.
[7]) Auch dieser kannte Bakunin näher, Beichte 21.

Beschäftigung selbst rechne ich mir jetzt für einen Frevel an, denn wirklich ist es eine Schande heute, noch für etwas Anderes Sinn und Zeit zu haben, als für das Elend der Gegenwart. Lieber, wohin sind wir gekommen und wohin werden wir noch kommen? — Der letzte Versuch zur Republik in Baden durch Struve wollte mir noch einen Schimmer von Hoffnung geben, aber auch der ist hin. — Mein Lieber, ich glaube nicht an das, was Du sagst und versprichst, — ich kann mir keine Illusionen machen. — Freilich weiß ich wohl, daß die Reaction nicht lange mehr währen kann. Ihre Träger sind innerlich hohl und von Außen angefault, sie werden fallen, aber wir und alle die Unsrigen mit ihnen. Vernichtung ist Alles, womit wir drohen und was uns droht, zum Schaffen haben wir keine Kraft, kein Herz. Viel Ehre, wenn wir noch der Mist sind, womit vielleicht die Felder ferner Jahrhunderte und Nationen gedüngt werden. — Gott gebe, daß ich mich irre, aber so ist mein Gefühl. — Ich bin nur zufrieden, daß Du nicht ausgeliefert bist — was aber nicht ist, kann werden — drum sei auf Deiner Hut. Es scheint mir fast unmöglich, daß Du nun noch länger wirst in Berlin bleiben können. Wohin aber wirst Du gehn? Gieb doch gleich Nachricht. Hierher zu kommen, wäre für Dich nicht räthlich, glaub ich, denn man würde allerseits Mittel und Wege finden, eine so beschwerliche Person wie Dich los zu werden, wie ich im Grunde des Herzens überzeugt bin, daß schon Deine erste Sendung nichts war als eine geschickte Art, einen beschwerlichen Menschen auf die Seite zu schaffen[1]). — Boquet, der seit dem 15. Mai ohne Ursache in der Conciérgerie gesessen hatte, ist etwa vor 3 Wochen wieder frei gelassen worden, aber morgen schon muß er wieder vor dem Instructionsrichter erscheinen, und es ist nicht gar zu unwahrscheinlich, daß man sich wieder aufs Neue seiner bemächtigen wird. — Der Knall, den die Erwählung Louis Napoleons verursachte, hatte viele einen Augenblick erschreckt — aber jetzt sieht man, daß es nur eine Papierdüte war, die zerplatzt ist. — Georg[2]) ist ganz darnieder, mehr noch als ich, denn er hat ein klareres Bewußtsein von allem, was vorgeht. — Proudhon hab ich lange nicht gesehn, ich muß aber wieder Gelegenheit suchen, seiner habhaft zu werden. Bisher war er mir die einzige Erquickung. — Was mit mir persönlich und mit den Meinigen in kurzer Zeit werden wird, weiß Gott. Die Geldmittel gehen immer mehr auf die Neige, die Aussicht auf Verdienst wird immer geringer und — und — etc. Georgs gehts in diesem Augenblicke ebenso schlimm, ihre Einnahme ist ihnen durch den Vater[3]) auf über die Hälfte herabgesetzt, und sie sind natürlich dadurch in große Verlegenheit gesetzt. — Denk Dir vor etwa 3 Wochen ist Adolph Voigt[4]) aus Bern hier angekommen, er ist ganz der alte prächtige Junge, nur männlicher

---

[1]) Diese Ansicht ist durchaus richtig.
[2]) Herwegh.
[3]) Kaufmann Sigmund in Berlin.
[4]) Bruder von Karl Vogt, Bakunin war mit dieser Familie seit 1843 sehr gut bekannt.

geworden. — Hast Du gar nichts von Krausenech (?), nichts von Seebeck gehört? Wollen sie denn durchaus stumm bleiben? Aber es soll ja nichts gesagt, es soll ja nur zugeschlagen werden. — Und dabei werden sie ebenso wenig gern sein wollen, als ich. — Laß Dir doch die beiden ersten Lieferungen von der Solution du problème sociale von Proudhon[1]) geben, Du wirst prächtige Ohrfeigen für die Demokraten par sangue darin finden. Es giebt deren nämlich so in Frankreich wie in Deutschland! — Ach Lieber, wo ist unsre schöne Zeit von Dresden, von Genf, von Bern hingeflogen?[2]) Wirklich wars eine schöne Zeit der Erwartung, der Hoffnung. Und doch geb ich nicht einen einzigen Augenblick von heute dagegen hin. Mit dem vollen Bewußtsein, daß die Welt und auch unsre Welt mit ihr dem Untergang entgegengeht, lieb ich sie doch, denn es ist wenigstens Bewegung in ihr — diese krampfhaften Zuckungen, die sie macht, sie zeugen davon, daß eine starke Natur zugrunde geht, und es ist eine gewisse Lust in dem Gedanken, von solchen Riesentrümmern begraben zu werden. —

Fast möchte ich mit der Absendung meines Briefes noch warten, um abzuwarten, ob nicht in einigen Tagen ein freundlicher Geist in mich einkehren werde. Aber ich zweifle zu sehr daran — darum fort mit ihm! — Grüße mir mein Vaterland und schreibe mir bald von ihm und von Dir selber. — Meine Frau grüßt Dich sehr herzlich. — Mein Moritz ist Gottlob, abgesehen von kleinen Unpäßlichkeiten, ein gesunder starker Junge und wird täglich verständiger und liebenswürdiger. —

Nun leb wohl, lieber Freund, bleibe gut

Deinem getreuen Adolf.

P. S. Hast Du nichts von Werner Hahn gehört? Und wie stehts mit Deinen beiden Broschüren? Werdens auch ewige?[3]) Mach nur immerhin einen Schluß.

### c) Artikel aus Proudhons „Le Peuple" vom 7. Januar 1849.

#### Der Panslawismus.

Die Ereignisse überstürzen sich seit Februar, ohne dem Berichterstatter Zeit zu lassen, sich zu sammeln. Die Völker, die Parteien, die Doktrinen stoßen aufeinander, siegen und gehen unter — abwechselnd — und der von der Vorsehung bestimmte Sinn der Geschichte scheint sich in dem revolutionären Chaos zu verlieren.

Auch stellen wir zögernd jeden Tag Hypothesen auf über die Ereignisse, die sich fern von uns abspielen. Die Menschen sind so schnell abgekämpft, die Berichte, die uns erreichen, mit soviel Parteilichkeit geschrieben, daß wir ständig fürchten, uns zu täuschen dadurch, daß wir uns von unseren Sympathien und unserer persönlichen Überzeugung leiten lassen.

---

[1]) Erschien zunächst im „Peuple", dann 1848 auch selbständig, Oeuvres complètes (Lacroix) Bd. VI.
[2]) Sie verbrachten dort die Jahre 1842/43.
[3]) Es blieben „ewige".

Den slawischen Ländern, die durch ihre Sprache, ihre Sitten, ihre ganzen Traditionen außerhalb der europäischen Bewegung stehen, war besonders schwer zu folgen in ihren unbekannten Bewegungen und undurchsichtigen Kompliziertheiten ihrer nationalen Bewegungen. Wir müssen uns heute indessen dazu beglückwünschen, von Anfang an den Unterschied in der Zielsetzung zwischen demokratischen und absolutistischen Slawen erläutert zu haben, die einen stützen sich auf Polen, die anderen werden vom Zaren besoldet.

Ein Brief[1]) unseres Freundes Bakunin, des russischen Bojaren (verbannt und enteignet durch Verordnungen von Nikolaus), hat unser Urteil über den Slawenkongreß, der im Juni in Prag durch den tschechischen Adel zusammengerufen wurde, und über die wahren Interessen der slawischen Nationen bestätigt.

Die Agenten des Zaren und die des österreichischen Kaisers versuchten, auf dem Kongreß zu dominieren, dem Russen, Polen, Ruthenen, Slowaken, Tschechen, Kroaten und Serben beiwohnten, die alle ihrem Ursprung nach zu der großen slawischen Familie gehören.

Die Demokraten durchkreuzten die dynastischen Intrigen; der Feudaladel und die Feudalindustriellen wurden vom Kongreß gebrandmarkt und verdammt, der den Ungarn, Deutschen und Italienern sein Bündnis anbot, wenn diese Völker ihrerseits bereit wären, ihnen bei der Wiederherstellung ihrer Nationalität zu helfen.

Die Herrscher konnten diese brüderliche Propaganda nicht dulden. Windischgrätz eilte herbei. Prag wurde beschossen und nach einem fünftägigen Gemetzel besiegt; die Mitglieder des Kongresses verstreut; die demokratischen Assoziationen und die akademische Legion aufgelöst; so mußte Böhmen schließlich dem Kaiser Gehorsam leisten, und der Verlust jeglicher Hoffnung, die Unabhängigkeit Böhmens wiederherzustellen, brachte alle Slaven gegen Deutschland auf und begünstigte die russischen und österreichischen Agenten.

Die Kroaten kämpften, aufgewiegelt durch Jellašiš, gegen die Ungarn, trotz deren brüderlicher Konzessionen. Die Agenten des Zaren brachten die Donauserben gegen die Ungarn auf.

Der Kaiser von Österreich, der mit Deutschland, dessen demokratische Tendenzen ihn beunruhigten, brechen wollte, schmeichelte plötzlich dem Panslawismus, den er kurz zuvor in Prag zerschmettert hatte. Es ist wahr, daß er sich auf den slawischen Adel stützte, der ihm wunderbar diente. Die ganze Feudalpartei sammelte sich unter dem kaiserlichen Banner. Das germanische Wien hißte vergeblich die Fahne der Unabhängigkeit der Völker. Die Slawen fielen über Wien her, verwüsteten und entvölkerten es; sie marschieren heute unter dem Befehl ihres Henkers Windischgrätz gegen die ungarischen Demokraten. Das Gold und die Agenten Rußlands überreizten den nationalen Haß.

Die Slawen und die kaiserlichen Haudegen sind vereint gegen Ungarn und Italien. Ungarn kämpft mit Heldenmut. Es kann lange Widerstand

---

[1]) Bakunin hat sicher auch Proudhon ein Exemplar seines „Aufrufs an die Slawen" übersandt und diesem wohl ein Begleitschreiben beigegeben. Vgl. auch unten S. 87.

leisten; aber wenn es unterliegt, wird Rußland nicht zögern, die siegreichen Slawen zu assimilieren. Und diese kurzsichtigen Diplomaten, die sich einbilden aus Österreich ein slawisches Imperium bilden zu können, werden schließlich begreifen, aber zu spät, daß sie für den Zaren gearbeitet haben, daß sie ihm die Tore von Mailand geöffnet haben, wo seine kroatische Avantgarde liegt.

Der russische Panslawismus triumphiert über die Leichen der slawischen, deutschen, ungarischen und italienischen Demokraten.

Aber die slawischen Patrioten protestieren gegen den falschen Panslawismus, und die Polen, die ihrem traditionellen Banner treu sind, kämpfen mit den Ungarn für die Unabhängigkeit der Völker. Dort befinden sich die wahren Freunde der Slawen: dort sind alle unsere Sympathien.

Wenn wir dem Erfolg der Ungarn Beifall spenden, spenden wir den Bemühungen einer großzügigen Nation Beifall, Warschau zu befreien, Wien' und Lemberg zu rächen und die Slawen und ganz Europa vor der Eroberung durch die Kosaken zu retten. Herr Lamartine sagte unlängst einer ungarischen Abordnung: „Ungarn zählt soviel Freunde in Frankreich, wie es französische Bürger gibt." Herr Lamartine täte gut daran, diese im Rathaus gesprochenen Worte auf der Rednertribüne zu wiederholen; er würde Polen und Frankreich beweisen, daß die Versprechungen Frankreichs nicht von allen Franzosen vergessen sind; der demokratische Panslawismus würde dies sicherlich gutheißen, denn er setzte das Prinzip der Unabhängigkeit der Nationalitäten voraus.

Zusammenfassend kann man sagen, daß drei große Parteien die slawischen Nationen trennen: die russische Partei hält sich augenscheinlich zurück und begünstigt Jellašiš; die Kroaten wollen aus dem österreichischen Imperium ein slawisches machen, dem sie gewisse Donauprovinzen eingliedern möchten; die polnischen Demokraten und ihre Freunde hoffen, eine slawische Konföderation zwischen Deutschland und Rußland zu bilden.

Bis zu diesem Tage triumphiert die österreichische Partei und der Zar nützt dies aus. Frankreich, traditionellerweise mit Polen verbunden, schaut desinteressiert zu.

P. S. — Wir erfahren gerade, daß sich ein neuer Slawenkongreß[1]) in Prag bildet unter österreichischem Einfluß; wir werden jedoch abwarten, bevor wir ihn verdammen, daß seine Handlungen ihn unwiderruflich in die Reihe jener reaktionären Versammlungen einordnen werden, die die Revolutionen zum Nutzen einer Kaste und einer Dynastie verfälschen.

## 6. Bakunins Ausweisung aus Preußen und Sachsen.

Wie selten zu einer Zeit blieb Bakunins Schicksal 1848 mit den Wandlungen der großen Politik Europas zuengst verknüpft und spielte damit vielfach die Rolle eines politischen Barometers, d. h. er verharrte notgedrungen zum Gutteil in passiver Stellung. Sonst

---

[1]) Dieses Gerücht war sehr verbreitet. Es handelte sich jedoch nur um eine Versammlung der „Slovanská Lípa", die auch außerhalb der Sudetenländer einige Zweigvereine besaß und am 31. Dezember 1848 beschloß, der Slawenkongreß werde zu einer günstigeren Zeit einberufen werden. Nár. now., 2. Jänner 1849.

hätte ihm Großmachtsrang eignen müssen. Seine Ostlandspläne führten ihn 1848 nach Preußen, wo er wegen der Verhältnisse in der großen Politik länger als ihm lieb festgehalten wurde[1]). Damit verquickte sich sein Schicksal in entscheidungsschwerer Zeit mit dem Verhältnis von Preußen zu Rußland, wie zu Frankreich. Bereits das erste auf der Berliner Polizei am 22. April mit ihm aufgenommene Protokoll[2]) bewies seine Abhängigkeit von den europäischen politischen Entscheidungen. Zudem bekundeten die Diplomaten regstes Interesse an der Person Bakunins, noch mehr an der von ihm verkörperten Sache, belauschten nach Tunlichkeit jeden seiner Schritte, sorgten für die Verbreitung phantastischer Gerüchte, allen voran Meyendorff, der eifrige und unerbittliche Vertreter von Rußlands Politik am Berliner Hofe, der Mitte Juni dem preußischen Außenminister Arnim die Tatarennachricht zukommen ließ[3]), Bakunin habe Zarenmörder gedungen. Damit sollte endlich von Rußland der so sehnlich erwünschte Schlag gegen einen Hauptfeind des Zartums, gegen einen ungehorsamen russischen Untertanen geführt, ihm der Aufenthalt in Preußen unmöglich gemacht, seine Auslieferung betrieben werden. Erst im September — den Sommer füllten Sondierungsversuche über die Stimmung des neuen preußischen Kabinetts — gerieten die preußischen Behörden nach einem ernstlich mahnenden Berichte des preußischen Gesandten v. Rochow[4]) in fieberhafte Tätigkeit, das Gespenst der Ausweisung oder gar Auslieferung rückte Bakunin in greifbare Nähe. Am 20. September gab das Außenministerium Rochows Bericht an das Innenministerium weiter, das soeben in Eichmann einen neuen Chef erhalten hatte, dem wie seinen übrigen Ministerkollegen auf tunlichst rasche Liquidierung des sich immer drohender zeigenden Aufruhrgeistes Regierungsgrundsatz war. Ihn bekam Bakunin sofort zu spüren. Am 25. September forderte das Innenministerium einen Bericht vom Polizeipräsidium an[5]), den Bardeleben am 28. September erstattete, freilich mit Ungenauigkeiten, die zur kritischen Betrachtung auffordern. Während diesmal, entgegen früheren Gepflogenheiten des beseitigten Polizeipräsidenten Minutoli, die Vorgänge vom 21.—23. April nach dem damals abgefaßten Protokoll richtig wiedergegeben wurden, hieß es über den September: „Er (Bakunin) ist in neuerer Zeit wieder in Berlin bemerkt worden und als Anstalten getroffen wurden, ihn zum Zwecke seiner Ausweisung sistieren zu lassen, hat er sich von hier fort nach Schlesien begeben." Damit verschwieg Bardeleben, daß auf der Berliner Polizei erst vor wenigen Tagen, am 21. September, mit Bakunin ein Protokoll[6])

---

[1]) Vgl. darüber eingehend J. Pfitzner: Bakunin und Preußen im Jahre 1848, Jahrbücher f. Kultur u. Gesch. d. Slawen N. F. VII (1931), 231 ff.
[2]) Vgl. unten *a*).
[3]) Vgl. unten *b*).
[4]) Vgl. unten *c*).
[5]) Berlin St. A. Minist. d. Inn. II. Abt. Rep. 77 sect. VI p. Polit. verd. Personen Lit. B N° 240.
[6]) Vgl. unten *d*). Damals wurden auch seine Papiere beschlagnahmt, ergaben jedoch nichts Belastendes, höchstens das eine, daß er mit den Mit-

aufgenommen worden war, in dem Bakunin meistens genaue, zuverlässige Angaben über sein bisheriges Leben machte und erklärte, daß er mit Wissen der Minister Milde und Kühlwetter in Berlin geweilt habe, obwohl er ohne Paß aus Breslau angekommen sei. Gerade diese Angabe macht Bardelebens Haltung erklärlich. Er trachtete das einem politisch Verfolgten gegebene Ministerwort zu halten, auch wenn soeben die alte Regierung abtrat. Blößen wie Minutoli gab sich darob Bardeleben nicht. Er verpflichtete Bakunin am 21. September, Berlin noch am gleichen Abend zu verlassen, was dieser am 22. tat[1]). Am 23. traf er in Breslau ein, wie der dortige Polizeipräsident am 25. nach Berlin meldete.

Eine Episode, die im Anschluß an diese Fahrt die Breslauer Polizei beschäftigte, sei nicht übergangen, da sie lehrt, wie schwer den politischen „Wühlern" die Geheimhaltung gemacht wurde. Meldete doch ein Polizeiorgan die bestimmt verbürgte Tatsache[2]), daß auf der niederschlesisch-märkischen Bahn „ein höchst gefährlicher Russe, Namens Banconin, hier angekommen, jedoch wahrscheinlich weitergereist sei, der nur auf Mord und Leuteschlagen ausgehe, auch wahrscheinlich steckbrieflich verfolgt würde", was eine Zeugin noch dahin ergänzte, er habe zwei mit ihm reisenden Damen schöne Schmucksachen vorgezeigt. „In Lissa wollte er aussteigen, welches ihm aber untersagt wurde, worauf er die Dame um eine Schere bat und ersuchte, sie möge ihm den Bart schneiden." Er habe sich dann einen anderen Rock angezogen und sei in Breslau rasch aus dem Wagen gesprungen. Immerhin könnten diese Angaben Bakunins Varnhagen noch am 22. September gegebene Versicherung, er wolle an die schlesisch-polnische Grenze fahren, etwas näher beleuchten.

Inzwischen fielen die Würfel über Bakunins Schicksal. Schon durcheilten Meldungen von seiner Verhaftung die Weltpresse[3]). Da erhielt Bardeleben ungefähr gleichzeitig die Anfrage wegen des angeblich in Berlin erliegenden Passes Bakunins von der Breslauer Polizei und die Bitte um Stellungnahme vom Innenministerium, so daß ihm kein anderer Ausweg blieb als zu empfehlen, „den Bakunin schleunigst aus den königlich preußischen Staaten schaffen zu lassen"[3]). Das Ministerium schloß sich diesem

---

gliedern der preußischen Linken in reger Korrespondenz gestanden hatte, Berlin St. A. Pr. Br. Rep. 30 Berlin C Pol. Pr. Tit. 94 N° 13, Bericht des Berliner Polizeipräsidiums vom 30. Juni 1849. Dafür richtete Müller-Strübing Bakunin wie der Bakuninforschung erheblichen Schaden durch das allzu rasche Verbrennen sämtlicher Papiere einschließlich eines für Bakunin viel praktischen Wert besitzenden Adressenheftes an, vgl. auch Stěklov: Bakunin I², 312f.

[1]) Varnhagen: Tagebücher V, 203.
[2]) Breslau St. A. Rep. 210 Acc. 32/18 N° 93, 26. September.
[3]) Vgl. z. B. Deutsche allgem. Zeit. 1848, N° 268, 24. September; Reichels Nachricht oben S. 46 bezüglich französischer Blätter; ein Korrespondenzartikel d. Allgem. öst. Zeit N° 178 vom 24. September meldete aus Berlin, Bak. habe sich nur durch rechtzeitige Flucht vor der Gefangenschaft gerettet. Noch am 27. September überzeugte sich ein Polizeiorgan bei Müller von Bakunins Abreise.

Antrage sofort an und schon am 2. Oktober ging mit der Marke Citissime die Weisung nach Breslau: „Durch das hiesige Polizeipräsidium ist es zur Kenntnis des Ministeriums gekommen, daß der russische Untertan Bakunin sich gegenwärtig dort aufhält. Derselbe ist ein legitimationsloser Ausländer und als solcher seine fernere Duldung in den diesseitigen Staaten unzulässig. — Dasselbe wird daher veranlaßt, sofort dem Bakunin ad protoc. eröffnen zu lassen, daß ihm als dem Fremden, welcher einer Legitimation seitens seiner Heimatbehörde entbehre, der Aufenthalt in Preußen nicht gestattet werden könne, daß er daher sofort das Inland zu verlassen und im Falle seiner Rückkehr zu gewärtigen habe, in seine Heimat dirigiert zu werden." Dieser Befehl befand sich schon in Breslau, als das Außenministerium auf neuerliches Drängen Rochows nochmals den Innenminister Eichmann am 5. Oktober ersuchte, doch Bakunin, „der gewiß einer der gefährlichsten Feinde der Ordnung und Sicherheit ist", möglichst rasch zu entfernen, „da seine Anwesenheit in Petersburg notwendig Besorgnis und Mißtrauen erregen muß"[1]). Von russischer Seite legte man besonderen Wert auf die Anwendung der Konvention vom 20./8. Mai 1844, Art. 1c[2]), was denn auch getreulich befolgt wurde. Am 4. Oktober erhielt Bakunin — er war wie immer beim Kaufmann Stahlschmidt abgestiegen — die Vorladung für den 6. Oktober zur Polizei, wo ihm die so lange befürchtete Ausweisung mitgeteilt und ein Paß ausgestellt wurde, der als Fahrtrichtung angab: Liegnitz—Bunzlau—Görlitz—Dresden nach Belgien. Und wie zum Hohne stand darin noch vermerkt, Bakunin habe „den Wunsch ausgesprochen, reisen zu wollen"[3]). Freunde, wie die Brüder Skorzewski, Stahlschmidt u. a. halfen ihm, der so ganz von Mitteln entblößt war, sicher mit Rat und Tat. Stahlschmidt scheint Bakunin auf Anhalt-Dessau als sicheres Asyl aufmerksam gemacht zu haben[4]). All dies vermochte ihm die eine tiefe Überzeugung nicht zu nehmen, daß die Reaktion und Rußland unaufhörlich auf dem Vormarsche seien und daß über Preußen bereits ein scharfer russischer Wind hinwegwehe.

---

[1]) Am 4. Oktober teilte Rochow mit, daß Rußland nicht daran denke, die Rüstungen, wie die Zeitungen melden, rückgängig zu machen, „insbesondre nicht seit den Vorfällen in Frankfurt a. M., den republikanischen Bewegungen in dem südlichen Deutschland.... und seit der Feldmarschall Fürst Paskewitsch sehr beunruhigende Meldungen über den Geist in Posen und vorzüglich über anarchische Zustände in Schlesien mitgeteilt hat, und endlich Mieroslawsky, sowie Bakunin in Berlin ungestört zu treiben scheinen". Am 6. Oktober: „Wie die Sachen jetzt stehen, klagt man hier über die Frechheit der Aufwiegler in Preußen, über die Freilassung des Bakunin, lobt dagegen das zweckmäßige Benehmen der Reichsminister in Frankfurt a. M.; indes man doch so sehnlichst gewünscht und es für die Beruhigung von Deutschland so unentbehrlich gehalten, Preußen in seiner natürlichen Kraft und Energie gegen die unvernünftigen und verbrecherischen Pläne der Volksverführer auftreten zu sehen." Berlin St. A. Ausw. Amt ABi N° 16 vol. I.
[2]) Martens: Recueil des traitès et conventions de la Russie VIII (1888), 339 ff.
[3]) Dresden St. A. Amtsgericht Dresden $Z^u$ N° 1285$^k$ vol. V.
[4]) Graf Skorzewski sandte ihm bereits am 9. Oktober einen Brief von Breslau nach Dessau. Ebenda 1285$^h$ vol. III N° 15.

Dafür hoffte er auf mildere Art in Sachsen, wo er sich in Dresden zunächst auszurasten gedachte[1]). Aber hier erwartete ihn noch Schlimmeres, als er am 8. Oktober ankam und bereits am 9. von der Stadtpolizeideputation den Vermerk in seinen Paß erhielt: „Der Paßinhaber ist in Gemäßheit hoher Kreisdirektorialverordnung vom 24. Mai 1844 auf gradem Wege aus hiesigem Lande zu verweisen. Gültig zur sofortigen Abreise nach Belgien." Am 11. Oktober[2]) scheint er dann Dresden verlassen zu haben und wandte sich über Leipzig nach Anhalt—Dessau—Cöthen, wo er endlich für einige Wochen wieder zur Ruhe kam.

Daß diese Hetze gegen Bakunin nur eine Äußerung des russisch-reaktionären Einflusses sei[3]), stand für die liberale und demokratische Presse fest, der dieser Anlaß gelegen kam, um ihrem Unmut gegen Rußland freien Lauf zu lassen. Daß Ruge seit längerem wieder Bakunins Freund, in seiner Reform[4]) besonders scharfe Töne anschlagen würde, stand zu erwarten. Schon vom 6. Oktober datiert die von Ruge selbst übernommene Nachricht aus Breslau, in der dem Ministerium Pfuel die schwersten Vorwürfe wegen seiner Nachgiebigkeit gegenüber Rußland gemacht wurden. „Ist das nicht ministerielle Reaktion, wenn Herr Eichmann sich zum russischen Polizeiexekutor hergibt? Soll nach der Revolution in Deutschland nie ein Asyl werden für politisch Verfolgte, wie es Frankreich, Belgien und England sind? Die Ausweisung Bakunins gibt uns abermals den Beweis, daß der Polizeistaat noch nicht überwunden ist." Desgleichen meldete sich bald in der Reform eine sächsische Stimme, die in Bakunins Ausweisung wieder „ein Stück deutscher Polizei-Einheit" erblickte. Die Allgemeine Oder-Zeitung[5]) schloß ihre höchst ironischen Bemerkungen gegen die Regierung mit dem Zurufe: „Glück auf! Herr Bakunin. Lassen Sie es sich nicht reuen, aus Preußen ausgewiesen zu sein." Auch die Dresdner Zeitung[6]) blieb nicht zurück. Selbst die Bakunin so wenig gewogene Neue rheinische Zeitung[7]), Marxens Leibblatt, fügte der Meldung von Bakunins

---

[1]) Beichte 56. Er traf hier sicher mit seinen ihm von 1842 her Bekannten, darunter mit Wittig, zusammen. Auch Röckel scheint er bei dieser Gelegenheit kennengelernt zu haben, wie andre sächsische Demokraten. Die damals in Dresden weilenden Polen besuchte er ebenfalls, Aussagen Röckels und Zielińskis, Ebenda 1633 g.

[2]) Zu erschließen aus einem Briefanfang aus Dresden 10. Oktober 2 Uhr nachts.

[3]) Dieser Eindruck verstärkte sich noch, als auch gleichzeitig Polen ausgewiesen und G. Julius, der Redaktor der Zeitungshalle, steckbrieflich verfolgt wurde, vgl. Deutsche allgem. Zeitung 1848, N° 268, 24. September; Allgem. österr. Zeit. 1848, N° 178.

[4]) Exempl. d. Breslauer Stadtbibl. Über Bakunin finden sich Nachrichten in N° 170 (8. Oktober); 173 (12. Oktober); 174 (13. Oktober); 179 (19. Oktober). Varnhagen brach in den Ausruf aus: „Solche Drohung wagt man schon!" (Tagebücher V, 224, 7. Oktober).

[5]) Exempl. d. Berliner Staatsbibl. 1848, N° 235, 7. Oktober.

[6]) Exempl. d. Sächs. Landesbibl. Dresden, 1848, N° 10, 12. Oktober; N° 12, 14. Oktober.

[7]) Jetzt bequem zugänglich im Manulneudruck (1928), 1848, N° 129. 18. Oktober. Meldung aus Dresden vom 10. Oktober.

Ausweisung hinzu: „Man muß gestehn, der Arm des Kaisers Nikolaus ist sehr lang und die deutschen Regierungen sind äußerst gefällig!" Am ausführlichsten nahm die — von G. Julius[1]) nur noch nominell geleitete — Berliner Zeitungshalle[2]) zu dem Falle Stellung, da Bakunins Freund, Hermann Müller-Strübing[3]), einen längeren Artikel schrieb, worin er den in Breslau Bakunin eingehändigten Paß ein „Monstrum eines zivilisierten Passes" nannte.

Bakunin ließ es jedoch bei den genannten Zeitungsstimmen nicht bewenden. Besaß er doch vom vergangenen Herbst, da er aus Paris ausgewiesen worden war, bereits Erfahrung in solch unerquicklichen Lebenslagen[4]). Von Dessau, nicht, wie er vorgab, von Köln aus, richtete er je einen Protest an die preußische Nationalversammlung[5]) — diesen sollte der Abg. Stein überreichen — und an die sächsische 2. Kammer[6]), wo der Abg. Wehner die Mittlerdienste leistete[7]). Nun sollte Bakunins Schicksal wieder der Anlaß zu Kammerdebatten werden, wie im Feber in Paris. Aber nur in der sächsischen Kammer kam es am 2. November zu einer kurzen Wechselrede[8]), die Wehner einleitete, der offensichtlich dem liberalen Ministerium Oberländer keine Schwierigkeiten bereiten wollte. Er gab daher nur seiner Hoffnung Ausdruck, daß das gegenwärtige Ministerium sicher nicht auf der Ausführung eines unter einem entgegengesetzten Regierungssystem geschlossenen Vertrages bestehen werde. Sachsen werde politischen Verbrechern stets ein Asyl gewähren und sich durch keine Großmacht einschüchtern lassen, eine Meinung, der sich Oberländer — über den besonderen Fall war er nicht näher unterrichtet — vollinhaltlich anschloß. Auch der Abg. Tzschirner, mit dem Bakunin sehr bald in gefahrvollster Lage zusammentreffen sollte, schloß sich Wehner an, machte auch noch die Mitteilung, daß er vom Chemnitzer Vaterlandsverein angegangen worden sei, wegen dieses Falles eine Interpellation einzubringen. In Berlin überstürzten sich inzwischen die Ereignisse, die Nationalversammlung wurde aufgelöst, der Fall Bakunin blieb unerledigt.

Preußens Boden hat Bakunin nie wieder betreten[9]), Sachsen hingegen sollte schon in der allernächsten Zeit sein Haupttätigkeits-

---

[1]) Er hatte sich flüchten müssen.
[2]) Exempl. d. Berliner Staatsbibl. 1848, N° 246, 24. Oktober. Übernommen unter der Überschrift „Der Russe Bak. im freien Deutschland", Slavische Centralblätter 1848, N° 143, 28. Oktober. Auch die Krakauer „Jutrzenka" (Exempl. d. Krak. Univ.-Bibl.) 1848, N° 159, 9. Oktober; N° 165, 15. Oktober, nahm für Bakunin Partei und ruft aus: „Wozu ist das Blut in Berlin vergossen worden!" Scharf für Bakunin nahm auch der sehr gut unterrichtete Berliner Korrespondent von Keils „Leuchtthurm" 1848, S. 541, Stellung.
[3]) Vgl. unten S. 91.
[4]) Vgl. oben S. 34 ff.
[5]) Vgl. unten *f*).
[6]) Vgl. unten *g*).
[7]) Das Konzept des Briefes Bak. an Wehner erhalten Dresden St. A. Amtsgericht Dresden 1285ʰ vol. III N° 9.
[8]) Mittheil. über die Verhandl. des außerord. Landtages im J. 1848, II. Kammer, II (1848), 2091, N° 85.
[9]) Außer der An- und Abfahrt zwischen Leipzig—Cöthen.

feld werden, auf dem zugleich sein erster langjähriger freier Aufenthalt in Westeuorpa endete.

### a) Polizeiprotokoll mit Bakunin vom 22. April 1848 in Berlin[1]).

Arrestat Neglinski[2]) beantwortet die ihm vorgelegten Fragen dahin:

Ich bin am 31. März von Paris abgereist, um mich nach dem Großherzogtum Posen zu begeben. Ich wollte mich mit der vermeintlich dort bereits bestehenden provisorischen polnischen Regierung in Verbindung setzen, um zu hören, ob ein Krieg gegen Rußland bereits im Entstehen sei; ich begab mich zunächst direkt nach Frankfurt a. M., weil mir die dortigen Verhandlungen von Interesse waren, traf dort mit Dr. Jacobi[3]) und mit anderen bekannten Männern zusammen und reiste alsdann nach $1^1/_2$wöchentlichem Aufenthalte nach Köln. Dort mußte ich 1 Woche hindurch verweilen, weil meine Effekten sich in Brüssel befanden[4]) und mir von dort aus zugesendet werden sollten. Demnächst reiste ich direkt hierher und kam vorgestern Abends hierselbst an.

Ich begab mich noch in derselben Nacht zu Sigmund dem Sohn[5]), den ich von der Universität her kannte, um ihn nach der Adresse des Dr. Cybulski[6]) zu fragen. Ich fuhr mit ihm zu letzterem hin, besprach mich mit ihm über die polnische Angelegenheit und nahm einen Brief von ihm in Empfang, welcher an einen Herrn in Breslau gerichtet ist, ich erinnere mich aber des Namens nicht mehr[7]). Ich hatte nämlich von ihm vernommen, daß es mir nützlicher wäre, über Breslau nach Galizien zu reisen. Ich beabsichtigte schon am folgenden Morgen um 7 Uhr mich von hier fort zu begeben, verschlief aber die Zeit und machte daher im Laufe des Vormittags einige Besuche, nämlich bei Müller[8]), Cybulski und ging auch zu dem Grafen Zamoyski[9]), welchen ich jedoch nicht traf.

Mein Wunsch ist, über Breslau nach Galizien zu gehen; sollte man mir dies nicht gestatten, so bitte ich mir den Paß nach Leipzig zu visieren. Ich bemerke, daß ich von dem Ministerium Guizot aus Paris ausgewiesen bin und daher bis zur Februarrevolution in Brüssel aufhielt.

---

[1]) Berlin St. A. Pr. Br. Rep. 30 Berlin C. Pol. Praes. Tit. 94, N° 63.
[2]) Dies war der im zweiten, von der französischen Polizei ausgestellten Passe enthaltene Deckname. Als Kommentar zu diesem Protokoll vgl. meine oben genannte Abhandlung.
[3]) Bekannter Liberaler aus Königsberg.
[4]) Noch von der Zeit seines Brüsseler Aufenthaltes vor Ausbruch der Februarrevolution.
[5]) Schwager Herweghs.
[6]) Professor der Slawistik an der Berliner Universität, Pole.
[7]) Wahrscheinlich Prof. Čelakovský in Breslau.
[8]) Müller-Strübing Hermann.
[9]) Bekannter polnischer Revolutionsgeneral, Vertrauter des Fürsten Czartoryski.

### b) Auszug aus dem Polizeiprotokoll vom 21. September 1848[1]).

......Am 23. April reiste ich von Berlin unter Begleitung eines Beamten nach Leipzig und von dort allein nach Breslau. In Breslau blieb ich bis zum Monat Mai, ging dann nach Prag, hielt mich dort 14 Tage auf, kehrte wieder nach Breslau zurück und kam von dort vor nunmehr 6 Wochen[2]) nach Berlin. Ich nahm Wohnung bei meinem Freund, dem Literaten Hermann Müller-Strübing, Marienstraße Nr. 1c, und wohne noch jetzt bei demselben. Bei meiner Ankunft hierselbst wollte ich mich persönlich bei dem Minister Milde, den ich persönlich kenne[3]), melden, traf ihn aber nicht zu Hause, die Abgeordneten Stein aus Breslau und Graf Reichenbach, mit denen ich von Breslau her bekannt bin[4]), übernahmen es daher, meine Anwesenheit dem Herrn Minister Milde anzuzeigen. Dieselben haben solches auch realisiert und mir mitgeteilt, wie Herr Milde ihnen eröffnet habe, daß sie von meiner Anwesenheit den Herrn Minister Kühlwetter[5]) in Kenntnis setzen möchten, was Herr Stein, wie er mir eröffnete, auch getan hat. Weiter habe ich mich hier bei den Behörden nicht melden lassen, und zwar lediglich aus dem Grunde, weil ich ohne Paß von Breslau hier angekommen war. Bei meiner Ankunft in Berlin im April führte ich 2 französische Pässe bei mir, und zwar einen auf den Namen Neglinsky und einen auf meinen wirklichen Namen Bakunin. Den letzteren hat mir der Polizeipräsident von Minutoli mit einigen unbedeutenden Papieren abgenommen (am Rande: das ist, soviel ich mich erinnere, richtig, über das Verbleiben des Passes weiß ich aber nichts zu bemerken), versiegelt und hier zurückbehalten. Den Paß auf den Namen Neglinski habe ich mit nach Breslau genommen und dort zurückgelassen. In Breslau habe ich mich dem Polizeipräsidenten Kuh als Bakunin zu erkennen gegeben, von demselben auch bei meiner Reise nach Berlin vor 6 Wochen eine Karte an den Minister Kühlwetter empfangen, die ich aber nicht abgegeben habe, weil solche mir, nachdem meine Anwesenheit dem Minister Milde und Kühlwetter bekannt geworden, nicht weiter nötig schien. Vor etwa 3 Wochen habe ich mit Müller-Strübing auf 5 Tage eine Besuchsreise nach Neubrandenburg in Mecklenburg gemacht, wo die Mutter und Schwester von Müller-Strübing wohnt.

Wegen Schriften, die ich in Paris verfaßt hatte und in welchen ich die russische Regierung in der polnischen Angelegenheit angegriffen hatte, bin ich von derselben zum Adelsverlust, Verweisung nach Sibirien und Zwangsarbeit verurteilt worden[6]), welche Strafe

---

[1]) Berlin St. A. Pr. Br. Rep. 30 Berlin C Pol. Pr. Tit. 94 N° 63.
[2]) Das ist ein Irrtum. Er kam schon in der zweiten Juliwoche in Berlin an.
[3]) Aus Breslau.
[4]) Reichenbach lernte er schon im Frühjahr zu Frankfurt kennen.
[5]) Dieser war Innenminister, Milde Handelsminister.
[6]) Diese Beweggründe stimmen nicht, da er schon im Herbst 1844 dieses Urteil bekam, sein erster bekannter französischer Aufsatz vom 27. Jänner 1845 stammte.

jedoch nicht zur Ausführung gekommen ist, weil ich mich in Frankreich befand.

Als ich im April nach Berlin kam und nach dem Großherzogtum Posen zu reisen beabsichtigte, erklärte mir Herr von Minutoli, daß er mir solches nicht gestatten könnte. Er forderte mir das Versprechen auf Ehrenwort ab, daß ich nicht nach dem Großherzogtum Posen reisen wolle; ich habe ihm dieses Versprechen gegeben, solches unverbrüchlich gehalten und werde es auch ferner halten, wie ich hierdurch ausdrücklich erkläre.

Ich beabsichtige noch heute Berlin zu verlassen und wieder nach Breslau zurückzukehren, wo ich vorläufig in der Bahnhofstraße Nr. 5[1]) meine Wohnung genommen habe.

Nach Berlin bin ich vor 6 Wochen in der Absicht gekommen, um hier Bekannte aus Paris anzutreffen.

### c) Meyendorff an Arnim[2]).

Kopie                                Potsdam, den 15. Juni 1848.

Herr Staatsanwalt, nach Indizien, die mir nicht völlig aus der Luft gegriffen scheinen, soll sich der Herr Bakunin, der unter dem Namen Neglinsky mit einem von Herrn Caussidière ausgestellten Paß reist, einige Zeit in Breslau aufgehalten haben und dort die Bekanntschaft zweier Polen, der Brüder Wychowsky, gemacht haben.

Wie man mir versichert, soll es ihm vermittels einer ziemlich hohen Summe Geldes gelungen sein, diese beiden Individuen dazu zu gewinnen, sich unter angenommenen Namen ins russische Kaiserreich zu begeben, und zwar über Warschau und Galizien, mit der Absicht, ein Attentat auf das Leben des Kaisers zu begehen.

Ich wäre Euer Ehren außerordentlich verbunden, falls Sie durch Ihre zuvorkommende Vermittlung überprüfen lassen wollten, ob etwas vorliegt, was diese Beschuldigung erhärtet, und mir das Ergebnis der zu diesem Zwecke angeordneten Untersuchungen mitzuteilen.

### d) Rochows Bericht vom $\frac{12.\ \text{Sept.}}{31.\ \text{Aug.}}$ 1848[3]).

Cop.

Einem Königl. hohen Ministerium ist der russische Untertan Bakunin als ein gefährlicher Conspirateur längst bekannt. Man hat denselben im Monat Mai bald in Prag, bald in Dresden[4]) oder Breslau gewußt und kürzlich die Gewißheit erlangt, daß er sich auch ab und zu längst der Preuß.-Poln. und der Preuß.-Russischen Grenze blicken läßt[5]). Es ist ferner ziemlich außer allem Zweifel,

---

[1]) Wohnung Stahlschmidts.
[2]) Berlin St. A. Minist. d. Inn. II. Abt. Rep. 77 VI. Sect. p. Polit. verd. Pers. Lit. B N° 240.
[3]) Ebenda.
[4]) Dort fuhr er nur Ende April durch.
[5]) Davon ist sonst für diese Zeit nichts bekannt. Wohl aber gedachte er Ende September dahin zu fahren.

daß er neuerdings 2 Emissäre gedungen hat, welche nach dem Leben des Kaisers trachten sollen[1]). Diesen beiden Individuen ist man auf der Spur und hofft ihrer habhaft zu werden. Anders ist es mit dem Bakunin, der sich innerhalb der Preuß. Grenzen befindet und bald hier, bald dort erscheint. — Sowohl in besonderer Hinsicht auf die allerhöchste Person des Kaisers, als im Allgemeinen gegen Rußland ist es wünschenswert, daß der Bakunin, von dem die Königl. Regierung jedenfalls nicht ohne Spur sein dürfte, unter irgend einem Vorwand aus den Preuß. Staaten entfernt werde, um ihn dadurch weniger schädlich für die jetzigen Verhältnisse zu machen. Ich habe nicht verfehlen wollen, einem Königl. hohen Ministerio diese Bemerkungen zur weiteren Berücksichtigung ehrfurchtsvoll zu empfehlen.

St. Petersburg $\frac{\text{12. Sept.}}{\text{31. Aug.}}$ 1848.

An ein Königl. hohes Ministerium der Auswärtigen Angelegenheiten zu Berlin.

### e) Bakunin an Reichel[2]).

Orig. Konz.                                           o. O. o. D.[3])

Lieber, warum schreibst Du mir nicht? Du antwortest selbst auf meine Briefe nicht mehr. Zwei Briefe ohne Antwort, ist das nicht eine Schande? Und es ist so wenig in Deiner Art so lange zu schweigen, daß ich manchmal selbst auf den tollen Gedanken komme, als seist Du böse gegen mich; und doch kann ich's nicht glauben, den (!) ich bin mir keiner schlechten That bewußt, nichts habe ich gethan, was Dir irgend eine Veranlassung mit mir unzufrieden zu sein, gegeben haben könnte, — und so muß ich Dein langes Stillschweigen einer uns beiden eingebohrenen Faulheit zuschreiben. — Lieber schreibe mir, ich habe eine so große Sehnsucht nach einem Worte, nach einem einzigen Worte von Dir. — Stelle Dir vor was Müller[4]) gethan hat; neulich wurde ich in Berlin arretiert, und er hat alle meine Papiere anstatt sie zu verstecken, was auch am Ende ganz überflüssig war, da ich keine bei mir hatte, welche irgend einen compromettiren konnten, er hat sie alle verbrannt und mit ihnen ein Heft, wo ich mir alle Adressen aufgeschrieben hatte — nothwenige Adressen, die ich mir mit ungeheurer Mühe eingesammelt hatte — und unter anderm auch die Deinige, so daß ich nicht mehr weiß, ob Du N° 1 oder 2 wohnst. — Ich werde doch alles machen, damit Dir dieser Brief richtig zukommt. — Lieber, es scheint mir, als ob ein ganzes Jahrhundert uns trennte und nur 6 Monathe, aber in diesen [bricht ab].

---

[1]) Vgl. oben *c*).
[2]) Dresden St. A. Amtsgericht Dresden 1285 ʰ vol. III.
[3]) Anf. Oktober.
[4]) Müller-Strübing.

### f) Bakunins Protest an die preußische Nationalversammlung [1]).

Cöln [2]) 12. Oktober 1848.

Hohe Nationalversammlung! Nachdem ich, der ehrerbietigst Unterzeichnete, als politischer Flüchtling aus Rußland, ein halbes Jahr in Preußen verlebt hatte, und zwar mit Wissen und Genehmhaltung der preußischen Polizei, die mir den Aufenthalt ausdrücklich unter der Bedingung, daß ich nicht nach Posen reisen würde, bereits Anfangs d. J. und wiederholt im verwichenen Monate verstattete, erhielt ich plötzlich am 6. Oktober in Breslau, wo ich mich gelegentlich aufhielt, einen Paß, in welchem mir zwangsweise die unverzügliche Abreise und eine Reiseroute nach Belgien vorgeschrieben ist. Dieser Paß ist, der mir gewordenen amtlichen Mitteilung zufolge, ausgefertigt in Gemäßheit einer von Herrn v. Puttkammer unterzeichneten Verfügung des Ministeriums des Innern zu Berlin, welche Verfügung mich als unlegitimierten (d. h. nach der beigefügten näheren Erläuterung nicht von der russischen Regierung mit einem Passe zur Reise ins Ausland versehenen) russischen Untertan bezeichnet.... Feierlichst protestiere ich, im Namen der von allen freien Völkern, in deren Reihen ja auch Preußen durch seine Revolution eingetreten ist, anerkannten Grundsätze der Humanität und der Freiheit, gegen ein solches Verfahren, das, auf die nur dem Despotismus eigene Willkürlichkeit und Gewalttätigkeit gegen unbescholtene freie Männer verkündet, Rußlands noch leider, aber sicherlich nicht mehr Preußens würdig und nur durch den eine Zeit lang unsichtbaren, jedoch im Geheimen wieder erwachsenen und wieder mächtig gewordenen kaiserlich russischen Einfluß erklärbar ist.

Ich protestiere insbesondere:

1. gegen die den Begriffen der Freiheit und den Pflichten einer freien Nation, gegen jede für Freiheitsliebe verfolgten Menschen Hohn sprechende despotische Willkür, welche die Duldung und den Schutz eines Gastes (und eines Gastes, der schon vor 4 Jahren wegen politischer Opposition durch Schriften von Rußland zur Zwangsarbeit in Sibirien verurteilt worden) von der jeweiligen politischen Stimmung der Verwaltungsbehörden anstatt von den Grundsätzen eines alle freien Menschen verbrüdernden Gastrechtes abhängig macht; welche dem freien Aufenthalte des einzigen wegen seiner politischen Gesinnung verfolgten Russen, welcher in Preußen Zuflucht gesucht hat, daselbst Vorschub leistet, solange eine gewisse Unentschiedenheit der Regierung hinsichtlich ihres Verhaltens gegen die russische Regierung bestand — aber sogleich, nachdem diese wieder Boden gewonnen in der preußischen Politik, aus Furcht oder Verehrung für den Despotismus von St. Petersburg ihn dem Machtspruche desselben opfert.

---

[1]) Berliner Zeitungshalle 1848, N° 246, 24. Oktober. Der Anfang eines Konzeptes zu diesem Proteste befindet sich in Dresden H. St. A. Amtsgericht Dresden 1285 c, vol. II.
[2]) Fingiert.

Ich protestiere

2. gegen die dem alten gestürzten Despotismus, aber nicht den ausübenden Behörden eines freien Volkes geziemende Anwendung „russischer Untertan" auf einen freien Mann, der aus Rußland eben deshalb flüchtig geworden, weil seine Gesinnung ihm nicht erlaubt, Sklave zu sein und zu heißen. — Wie es möglich ist, daß auf dem freien Boden, den das zu seiner Souveränität gelangte preußische Volk bewohnt, noch irgend einem Menschen, ein Prädikat der Sklaverei — wie dies die Bezeichnung als „Untertan" wäre — beigelegt wird, dies zu beurteilen gebe ich der von ihrer Würde als Vertretung eines souveränen Volkes ohne Zweifel durchdrungenen hohen Nationalversammlung des preußischen Volkes anheim; kann aber das unsägliche Erstaunen und die tiefe Entrüstung nicht bergen, womit eine solche Beleidigung der Menschenwürde in der Person eines vertrauend auf die Hochherzigkeit und Freiheitsliebe der deutschen Nation in ihre Mitte getretenen Gastes mich erfüllt — und nicht minder die ganze wahrhaft civilisirte Welt erfüllen wird.

Ich protestiere endlich

3. gegen die ungesetzliche und durch nichts zu rechtfertigende Androhung einer Auslieferung an Rußland; welche Androhung sich weder auf den berufenen Kartellvertrag Preußens mit Rußland[1]) gründen kann, da ich nicht wegen solcher Verbrechen, die mich den Kategorien dieses Vertrages unterwerfen würden, sondern wegen meiner politischen Gesinnung von Rußland reklamiert werde — noch sich irgendwie vereinigen läßt mit der von dem vorigen Ministerium zu allem Überfluß ausdrücklich der hohen Nationalversammlung gegebenen Versicherung, daß eine Auslieferung politischer Verbrecher an Rußland preußischer Seits nicht stattfinde. Eine Verschuldung in Preußen aber, die auch nur die Aufhebung des Gastrechtes gegen mich rechtfertigen könnte, ist mir nicht zur Last gelegt worden. Und dennoch geht derselbe Staat, der mich unter einer von mir niemals verletzten Bedingung in seinen Schutz aufnahm, jetzt so weit, nicht nur mich ohne allen Grund wieder von sich auszustoßen, sondern sogar mich mit einem Akte der unerhörtesten Barbarei, zu dessen Gunsten auch nicht der Schatten eines Vorwandes spricht, zu bedrohen.

Die hohe Nationalversammlung, welche die Souveränität des preußischen Volkes in sich darstellt, und deren Beruf es ist, die Interessen der Freiheit im Namen dieses edlen Volkes zu vertreten und zu verteidigen, wird die Gefühle würdigen, mit denen ich die mir in Preußen widerfahrene dreifache Unbill — durch die Vermittlung des Abgeordneten Stein — zu ihrer Kenntnis bringe, und wird ohne Zweifel die Ehre des preußischen Namens, Angesichts der ganzen civilisirten Welt, auch in diesem einzelnen und besonderen Falle zu wahren wissen.

Michael Bakunin,
russischer politischer Verbrecher und Flüchtling.

---

[1]) Von 1844.

### g) Auszug aus dem Proteste an die Sächsische II. Kammer[1]).

Datum und Unterschrift wie oben.

... In Dresden am 8. Oktober angelangt, lieferte ich diesen Paß auf Verlangen an die Polizeibehörde ab, und wurde am folgenden Abend vor den Kreiskommissär Schilling citirt, welcher mir eröffnete, daß er auf hohen Befehl nicht umgehen könnte, mir mein Nachtquartier im Polizeigebäude anzuweisen, es solle dies nicht etwa eine Verhaftung vorstellen, jedoch müsse sich die Polizei meiner Abreise vergewissern. Nur meine energische Protestation gegen eine solche, durch nichts zu rechtfertigende barbarische Gewalttat vermochte diesen Beamten, sich an meinem Versprechen, daß ich am andern Morgen zuverlässig abreisen würde, genügen zu lassen und mich meiner Freiheit nicht zu berauben...

Da mir bekannt geworden, daß die hier angezogene Kreis-Direktorial-Verordnung nur mich persönlich betrifft, ich aber im Jahre 1844 mich gar nicht in Sachsen aufgehalten, sondern nur zwei Jahre früher einmal in Dresden gewohnt hatte, so muß ich vermuten, daß diese Verordnung erlassen worden sei auf Kommando der kaiserlich russischen Regierung, nämlich infolge einer — wie ich längst erfahren habe — im Jahre 1844 von Seiten dieser despotischen Regierung an sämtliche ausländischen Höfe gerichteten, meine Person betreffenden Note, worin ich als ungehorsamer Russe und als ein politisch gefährlicher Mensch bezeichnet worden bin.

Ich gebe hier der hohen Kammer zu erwägen, ob es des freien Deutschlands würdig ist, daß die Regierung eines der freien deutschen Staaten einen von einem russischen Despoten wegen politischer Gesinnung verfolgten Russen, auf dessen Geheiß, ebenfalls verfolge; und zwar, in dem sie dabei auf eine Verordnung sich stützt, welche bereits im Jahre 1844, also unter dem alten, von der kaiserlichen russischen Politik völlig beherrschten Regime, erlassen worden ist; und noch überdies in einem Verfahren von so uncivilisirter Form, wie es in dem Versuche meiner Einquartierung in das Polizeihaus stattgefunden hat.

Es wird der hohen Kammer nicht entgehen, daß ein solches Verfahren nichts anderes heißen kann, als den Beweis führen wollen, daß in Deutschland sechs Monate nach dessen glorreicher Revolution der alte Statusquo schon wieder so weit hergestellt ist, um die Liebedienerei der deutschen Regierungen gegen den Kaiser von Rußland abermals in voller Blüte vor den Augen der erstaunten Welt erscheinen zu lassen, und um die Entwürdigung des edlen deutschen Geistes, welche die stillschweigende Duldung eines derartigen barbarischen Verfahrens in sich schließen würde, mit Entrüstung zu empfinden, wo die hohe Kammer nicht erst des Anreizes bedürfen, welcher darin liegt, daß ein Russe selbst, dessen Seele von Liebe zur Freiheit ergriffen ist, ausdrücklich Protest gegen dasselbe im Namen dieser Freiheit und im Namen der Civilisation und Humanität einlegt.

---

[1]) Berliner Zeitungshalle 1848, N° 246, 24. Oktober.

## 7. Bakunin 1848 in Anhalt-Dessau-Cöthen.

In dem an Sonderformen und Neubildungen so überreichen Revolutionsjahre 1848 vermochte das kleine deutsche Ländchen Anhalt[1]) eine ganz eigenartige Ausnahmsstellung unter allen deutschen Territorien durch seine die Nähe, wie Ferne überraschende demokratische Staatsgesinnung und -verfassung zu erringen, wodurch es wie ein ideales Vorbild allen Um- und Neubaumeistern alter Staatengefüge voranleuchtete[2]). Die demokratische Linke verfügte hier über eine bessere Führung als die Konservativen. Habicht verbürgte die rein demokratische Haltung der Regierung, so daß sich demokratische Gedanken und Formen überraschend schnell durchzusetzen vermochten und dies alles trotz der beängstigenden Nähe Berlins und Leipzigs, trotz der rings das Ländchen umfassenden preußischen Nachbarschaft. Mochte auch konservativer Widerstand nicht fehlen, so gewann er doch erst zu Beginn des Jahres 1849 mehr an Boden. Daher blieb Anhalt auch ein demokratisches Eiland, als ringsum im Herbst 1848 die Wogen der reaktionären Flut anschwollen und emporbrandeten, als vornehmlich Preußen und Österreich mit Rußland im Hintergrunde den Kampf gegen die Revolution und ihre Früchte mit höchster Anspannung und Sammlung der altbewährten Kräfte aufnahmen. Diese heraufziehenden Wetter kündigte dem kleinen Ländchen als Sturmvogel der Revolution Bakunin an[3]). In seinem wechselvollen, an eigenartigen Bildern so reichen Leben wirkt diese Rast, äußerlich besehen, gewiß nur wie eine flüchtige Episode; für seine innere Entwicklung bedeuten diese zweieinhalb Monate Epoche.

Bakunin glich seit Ende 1847 einem gehetzten Wilde, dem die russischen Behörden auf Geheiß Nikolaus' I., unterstützt durch die konservativen Regierungen Westeuropas als Treiber, unausgesetzt voll leidenschaftlichem Ingrimm nachjagten. Als ihn Preußen Anfang Oktober 1848 ausstieß und ihn auch Sachsen nicht duldete, da eilte er über Dresden-Leipzig[4]) nach Dessau[5]), wo er noch vor

---

[1]) Vgl. zuletzt die gründliche Studie von F. Engler: Revolution und Reaktion in Anhalt-Dessau-Cöthen. Ein Beitrag zur Geschichte Anhalts in den Jahren 1848—1861 (1929). Ich verdanke Herrn Rektor Dr. Engler (Dessau) auch sonst einige Hinweise.

[2]) Bakunin: Beichte S. 56: „Anhalt-Cöthen, das seltsamer Weise, ganz von preußischen Gebieten umgeben, damals die freieste Konstitution nicht nur Deutschlands, sondern ich glaube der ganzen Welt besaß." Arnaud Skorzewski lobt Bakunins Entschluß, daß er nach Dessau gegangen ist. „Dessau scheint mir in Deutschland die Initiative zu ergreifen und weiß die Nationalität der anderen Nationen zu achten. Gebe Gott, daß das übrige Deutschland dem nachfolge!" Dresden H. St. A. Amtsgericht Dresden 1285 f.

[3]) Vgl. auch den auf Anhalter Quellen sowie auf Nettlau und Herwegh aufgebauten Beitrag von J. E. Dessauer: Michael Bakunin in Anhalt. Ein Beitrag zur Geschichte der Demokratie, Anhalter Anzeiger (Dessau), 159. Jg., 1922, N° 134, 11. Juni (Exempl. d. Dessauer Landesbibliothek).

[4]) Die Aussage des Wirtes vom „Goldenen Hahn" Werner in Leipzig vom 26. November 1850, bei dem sich Bakunin kurze Zeit aufhielt, ist durchaus ungenau, da er diesen Aufenthalt mit dem zweiten im Jänner-Feber verwechselt, Prag Militärarchiv, Untersuchungsakten gegen Gustav Straka.

[5]) Vgl. auch oben S. 54. Hermann Müller-Strübing schrieb ihm am

Mitte Oktober[1]) eintraf. Dessau-Cöthen waren ihm jedoch keine fremden Namen mehr. Schon während seiner Berliner Universitätszeit fanden sich in seinem großen Bekanntenkreise auch Cöthener[2]): so der Regierungsadvokat Branigk[3]), der sich auch jetzt gern an diese Freundschaft erinnerte und ihr hilfskräftigen Ausdruck verlieh. Über ihn wie über Anhalt 1848 überhaupt dürfte Bakunin in Berlin sichere Kunde durch Enno Sander, den erst 26jährigen Landtagsdeputierten, zugekommen sein. Sander, radikal wie kein anderer in Anhalt, burschikos wie die ungezügeltesten der 1848er Studentenrevolutionäre, dabei erdgebunden, urwüchsig und mutvoll wie nur irgendein wohlpossessionierter Bauernsproß, zog vom elterlichen Pachtgute Trinum, $1^{1}/_{4}$ Stunde auf der Straße nach Bernburg von Cöthen entfernt, in den Cöthenschen, bald in den vereinigten Landtag nach Dessau, wo er die sich noch an strenge Formen haltenden parlamentarischen Sitten in den Augen eines gestrengen Kritikers dadurch störte, daß er den Rednern „jugendlich heiter ins Gesicht lachte und störende Ungeduld in Mienen und Bewegungen darlegte"[4]). Hält man noch das gleiche zeitgenössische Urteil hinzu, Sander sei in seinen Ausführungen sehr unklar und verworren gewesen, dann rundet sich das Bild dieses jugendlichen Feuerkopfs, der sich trotz allem einen führenden Platz in der Anhalter Demokratie gesichert hat. Denn gerade seine jugendfrische Beweglichkeit trieb ihn aus der provinziellen Enge der Heimat hinaus in die lebendigen Mittelpunkte deutschen Demokratentums, wo er im Auftrage der Anhalter Demokraten Verbindungen anknüpfte[5]), Nachrichten hin und her vermittelte. Denn die deutschen Demokraten strebten nach der allein Kraft erzeugenden Verbindung aller, ohne sie zu ihrem eigenen Verhängnis rechtzeitig ausgestalten zu können. Den häufigen Fahrten Sanders nach Berlin verdankte auch Bakunin die Bekanntschaft mit ihm[6]). Im Kreise der Kammermitglieder der preußischen Linken sowie des demokratischen Zentralausschusses trafen sie wohl häufig zusammen. Allerdings ließen die

---

19. Oktober 1848: „Daß Du nach Dessau gehen würdest, hatte ich erwartet und hatte es allen Freunden vorhergesagt, daß wir von da aus nächste Nachricht von Dir haben würden." Vgl. unten S. 91.

[1]) Genauer läßt sich die Zeit kaum bestimmen. Die Handhabe bietet ein Brief Arnaud Skorzewskis vom 16. Oktober aus Breslau, der schon die Antwort auf einen Brief Bakunins aus Dessau darstellt, Dresden H. St. A. Amtsgericht Dresden 1285 f.

[2]) Beichte 56: „Ich traf in Cöthen mehrere alte Bekannte, mit denen ich an der Berliner Universität studiert hatte."

[3]) Dies teilte Branigk dem Dresdner Polizeikommissär Schilling 849 mit, Dresden H. St. A. Amtsgericht Dresden N° 1285c vol. II.

[4]) Die Lichtputze (Exempl. d. Dessauer Landesbibl.), 1848, N° 11, 7. Juli. Huber über den „neuen Landtag".

[5]) Beziehungen bestanden auch zu den Demokraten in Halle, Wittenberg. Mitteilung Sanders an Nettlau, vgl. dessen Bakuninbiographie und Lichtputze, 1848, N° 34, 26. September.

[6]) Aussage Sanders vom 12. September 1849 in Rastatt, Dresden H. St. A. Amtsgericht Dresden 1633a vol. I; Varnhagen: Tagebücher V, 203. Nicht ausgeschlossen wäre, daß Sander Bakunin schon 1841/42 in Berlin kennengelernt hätte.

Bakunin so viel Sorge bereitenden üblen Nachwehen der von Marx bei den deutschen Demokraten in Umlauf gesetzten Verdächtigung, er sei ein russischer Spion, zunächst kein Vertrauensverhältnis zwischen ihm, Sander und D'Ester aufkommen[1]), das endgültig erst in Cöthen hergestellt wurde.

Endlich auf freier Erde stehend, durfte Bakunin sich erst hier sicher fühlen. Rasche Anpassungsfähigkeit und persönlich fesselndes Wesen erleichterten ihm das Heimischwerden in den kleinstädtischen Verhältnissen, zumal sich ihm ein Kreis von Männern eröffnete, der ihn deutlichst an die früheren Zirkel seiner Auslandsjahre erinnerte. Die seit langem blühende „Kellergesellschaft" Cöthens[2]) entfaltete auch jetzt, wo Klub- und Vereinsleben geradezu geboten waren, eine rege Tätigkeit. Sie ragte als sichtbarer Zweig des vormärzlichen philosophisch-idealistisch-realistischen Radikalismus, wie er sich im Kreise der Berliner „Freien" — Beziehungen zu diesen bestanden von Cöthen[3]) — verkörperte, in die neue Zeit herein, formte sich innerlich immer mehr zu einer politischen Tafelrunde im Ratskeller Cöthens um, die zu besuchen für die bedeutenderen Cöthener Demokraten ebenso Pflicht war, wie für durchreisende, freisinnige Fremde. Unter diesen nahm Bakunin wegen seiner fremdländischen Herkunft und seines besonderen Schicksals eine Ausnahmsstellung ein, die er durch seine gesellschaftlichen Fähigkeiten sicher zu behaupten wußte. In Cöthen stand er besonders dem Arzte und Abgeordneten Alfred von Behr nahe, den er vielleicht schon beim deutschen Vorparlamente kennengelernt hatte, der überdies dank seines Bildungsganges Westeuropa ähnlich wie Bakunin gut kannte. Sander und Behr gesellten sich als weitere Freunde Bakunins die Wolter, Vierthaler, aus Dessau die beiden demokratischen Minister Habicht, Köppe u. a. bei. Diesem Kreise verliehen Max Stirner sowie der in Cöthen tätige Carl Schmidt eine besondere philosophisch-radikale Signatur. Bakunin durfte danach trotz aller feuchtfröhlichen Abende in Cöthen und Dessau doch auch geistige Anregungen erwarten, was freilich die von Behr und Sander begründete, auf die Beeinflussung des Volkes berechnete „Lichtputze", die sich trotz der Ankündigung von Mitarbeitern aus aller Welt über ein Lokalblatt kaum zu erheben vermochte, nicht recht widerspiegelt. Ein Vergleich mit der „Berliner Zeitungshalle", Ruges „Reform", der „Allgemeinen Oderzeitung" oder der „Dresdner Zeitung" ließ sich nicht entfernt ziehen. Mußte sich Bakunin auch zeitweilig, wenn Gerüchte wegen politischer Verfolgungen auftauchten — sie gingen meist von Preußen aus — in ein einsames Waldhaus in der Nähe von Trinum zurückziehen[4]), so verbrachte er doch den größten Teil seiner Anhalter Zeit in Cöthen, wo er bei

---

[1]) Aussage Sanders vom 12. September 1849, Dresden H. St. A. Amtsgericht Dresden 1633ᵃ vol. I; Bakunin, Beichte 58.
[2]) Vgl. über diese und zum Folgenden bes. Engler a. a. O.
[3]) Im Kreise der Berliner „Freien" verkehrte besonders Enno Sander, der als besonders lustig sehr beliebt war. Die „Freien" machten im Sommer auch Ausflüge nach Cöthen, vgl. J. H. Mackay: Max Stirner² (1910), 82, 91.
[4]) Diese Mitteilung machte Sander Nettlau a. a. O.

Behr wohnte, oder in Dessau, wo ihm seine Freunde eine Unterkunft verschafften. Dort verkehrten dann auch die Anhalter Minister, so daß sich Bakunin vor der Anhalter Polizei, die im engsten Bunde mit den Demokraten stand, sicher fühlen durfte.

Bakunin bewertete später wie die Berliner Wochen so die kurze Rast in Anhalt als Warte- und Übergangszeit in seinem ungestümen Drange nach einer entscheidenden Tat. Aber dieses ungeduldige Harren war erfüllt von einer **regen geistigen Tätigkeit**, ständigem Beobachten des Ringens zwischen Reaktion und Demokratie, besonders in Österreich, und bedeutete die Vorbereitung zu einem entscheidenden Schlage im Sinne seiner Absichten. Freilich schmiedete er diese Pläne, ohne sonderliche Rücksicht auf die Anhalter Umgebung zu nehmen. Gewannen sie ja an diesem Orte schier riesenhafte Ausmaße, da sie auf ganz Europa berechnet waren. Gerade von solcher Warte aus urteilte er leicht verächtlich über das Cöthener öffentliche Leben. „Ebenso fand ich dort eine gesetzgebende Versammlung, ferner Volksversammlungen, Klubs, Ständchen und Katzenmusik, aber im Grunde befaßte sich niemand mit Politik, und bis Mitte November kannten auch ich und meine Freunde keine andere Beschäftigung als die Jagd auf Hasen und anderes Wild." So kennzeichnete er in seiner „Beichte" ungenau diese Zeit[1]). Mochte auch das Anhalter Volk zu Anfang November über die erlassene freisinnige Verfassung laut jubeln, so sah darin Bakunin doch nur das Provisorische, bedingt Gültige, Flickwerk und Verlegenheitsauskunft[2]). Er haßte die Versammlungen, die endlosen Debatten, die kraftlosen papierenen Proklamationen und Protestationen, Phrasen- und Schlagwortpolitik, die allzu leicht Selbstzweck und der Schein für eine wahre Tat würden. Nie fühlte er tiefer die Kluft, die ihn von der Arbeitsweise und den Zielen der deutschen Demokratie trennte als in den Cöthener Wochen, da sein **anarchistischer Zerstörungswille** zum ungeschwächten Durchbruch kam. Der Drang zur entscheidenden, alles Bestehende, Institutionelle, Reglementierte zerstörenden Tat trieb ihn geradezu zu einer Zerstörungswut, vor der die Anhalter Demokraten ebenso zurückschraken wie die Berliner.

Die große, alles vernichtende, dem gänzlichen Neubau der Gesellschaft freie Bahn schaffende **Revolution** rüstete er in Anhalt. Die deutschen Demokraten sollten ihm dabei als anfängliche Mittel willkommen sein, da er noch immer in den Reihen der Demokratie seine wichtigste Stütze für die Verwirklichung seiner Absichten sah. Schon in den August- und Septemberwochen entfaltete die Berliner Linke eine rege Tätigkeit. Beratungen jagten Beratungen, bei denen insgeheim die **Organisierung des bewaffneten Widerstandes** gegen die immer offener zutage tretende Reaktion betrieben wurde. D'Ester, Jacoby und Stein, alle

---

[1]) Beichte 56.
[2]) Er hat seine Anschauungen der damaligen Zeit am ausführlichsten in dem Briefe an Herwegh vom November und 8. Dezember 1848 dargelegt, Briefe von und an Georg Herwegh, 1848 (1896), 21 ff.; Beichte 56 ff.

drei gute Bekannte Bakunins, sollten ein Revolutionskomitee
bilden, die Landwehr und den Landsturm gewinnen, wofür Breslau
zum Vorbilde dienen konnte[1]). Ebenso faßten die polnischen
Abgeordneten einen bewaffneten Aufstand ernsthaft ins Auge,
worüber Bakunin sehr wohl unterrichtet war. Seine gewaltsame
Entfernung aus Preußen behinderte ihn an einer weiteren aktiven
Anteilnahme. Dennoch besaß er Wege genug, auf denen ihm Kunde
über die Berliner inneren Vorgänge zukam. Müller-Strübing[2])
leistete ihm dabei wertvolle Hilfe. Allgemein schlug die Hoffnung
auf einen baldigen Ausbruch des revolutionären Kampfes gegen
König und Ministerium Wurzel, die deutschen Demokraten son-
derten sich zusehends von Frankfurt ab und verlegten den Schwerpunkt ihrer Tätigkeit nach Berlin. Dennoch fehlten der deutschen
Demokratie wichtige Vorbedingungen für das Gelingen eines Aufstandes: zum ersten eine alle Provinzen und Sonderglieder straff
zusammenfassende Organisation, zum anderen die nötigen Geldmittel. Beide Mängel traten beim Berliner Demokratenkongreß von
Ende Oktober in peinliche Erscheinung. Zudem stellte die Berliner
Straßen- und Klubdemokratie einen ungeregelten Volkshaufen dar,
der da glaubte, mit ein paar Fenstereinwürfen eine Revolution gemacht zu haben. Die Reaktion aber führte Schlag auf Schlag gegen
die Demokratie. Der Belagerungszustand wurde verhängt, die Nationalversammlung aufgelöst, mit dem Ministerium Brandenburg
eine regelrechte Militärherrschaft errichtet und die entscheidende
Tat der Demokratie — blieb ungetan, da man sich nicht einmal
über einen Führer einig war. Wohl scheint man geplant zu haben,
Mierosławski zu gewinnen, Bakunin oder Lipski an die Spitze der
Bewegung zu stellen[3]). Aber alles blieb Plan.

Dennoch lösten die Berliner Zurüstungen der Demokraten
und die Abwehrmaßnahmen der Regierung ein lebhaftes Echo
auch in Anhalt aus. Weilte nunmehr ja auch Sander sehr häufig
und öfter längere Zeit in Berlin, besonders als die Berliner Linke von
der Verlegung der Nationalversammlung nach Brandenburg keine
Kenntnis nahm und in Berlin weiter beriet. Wenigstens regierungsfeindliche Beschlüsse konnte so die Kammerdemokratie fassen,
wenn schon keine Revolution erzeugen. Im Namen der Volkssouveränität sprach man der Krone ein Recht nach dem anderen
ab. So fand der „Steuerverweigerungsbeschluß" vom 15. November
eine entschiedene Mehrheit. Tags zuvor aber hatten die anhalt-
dessauischen Abgeordneten eine Adresse[4]) an die „Vertreter des
preußischen Volkes" erlassen, in der sie ihre Bewunderung für das
mutige Aushalten ausdrückten und mit der Aufforderung zum
weiteren Widerstande gegen das Ministerium verknüpften. Mitten

---

[1]) Vgl. Valentin: Die deutsche Revolution II (1931), 273.
[2]) Vgl. unten S. 76, 90.
[3]) Vgl. H. Szuman: Wspomnienia Berlińskie i Poznańskie z r. 1848,
hg. v. Kraushar (1900), 177. Über die Polen vgl. auch Valentin a. a. O. II, 274;
Stěklov: Bakunin I², 312f.
[4]) Deutsche allgem. Zeitung 1848, N° 325, 17. November, aus Cöthen
15. November.

in die revolutionäre Kampfstimmung Berlins führt Sanders Brief[1]) an Behr vom 22. November ein, wonach man das Losschlagen noch für den gleichen Abend erwartete. Wieder war's blinder Alarm. Dennoch begann jetzt nach dem Bekanntwerden der radikalen Beschlüsse der Berliner das Echo in Anhalt erst an Stärke zu gewinnen, zumal auch Wien durch die Hinrichtung Robert Blums einen gleich bewegten Widerhall unter den deutschen Demokraten auslöste. Auch Cöthen widmete dem Andenken Blums eine Trauerfeier[2]), bei der jedoch kein Einheimischer, sondern ein inzwischen in Cöthen eingetroffener politischer Flüchtling laute Klage im Namen verletzter deutscher Volksfreiheit erhob: Gustav Julius[3]), der bekannte Redakteur der Berliner Zeitungshalle, der wegen eines Preßprozesses ungefähr gleichzeitig mit Bakunin Berlin verlassen mußte und nun von der preußischen Polizei steckbrieflich verfolgt wurde. Gemeinsames Schicksal führte Julius und Bakunin noch mehr zusammen, als es in Berlin bereits der Fall gewesen war. Zugleich trachtete Julius auch von seinem Zufluchtsorte aus nach Möglichkeit gegen die Berliner Regierung zu arbeiten. So ergriff er in einer zu Cöthen von Vertretern der preußischen Provinz Sachsen beschickten Versammlung[4]), in der gegen das Steuererheben durch das Ministerium Brandenburg laut protestiert werden sollte, das Wort und hielt zu dieser Frage eine Rede, deren Inhalt wohl mit der Julius zugehörenden, in Bakunins Papieren gefundenen übereinstimmen mag, welche überschrieben war: „Die Steuerverweigerung in Preußen"[5]). Die gleiche Versammlung beschloß überdies, einen „Zentralverein zur Wahrung der gesetzlichen Volksrechte" zu bilden, der freilich ebensowenig die vorschreitende Reaktion aufzuhalten vermochte wie das demokratische Rumpfparlament in Berlin, von dem ein Teil bald nach der Verhängung des Belagerungszustandes am 12. November das Weite suchte, dessen zweiter Teil nach der Auflösung der Nationalversammlung am 5. Dezember ebenfalls in alle Windrichtungen zerstob. Die Berliner Regierung sorgte nunmehr für die zwangsweise Entfernung der lästigsten Demokratenführer. Zu ihnen gehörten ohne Frage die Mitglieder des demokratischen Zentralausschusses, allen voran D'Ester und Hexamer, die sich in der ersten Dezemberhälfte nebst anderen gleichfalls im Freihafen deutscher Demokraten: Cöthen einfanden und so diesem kleinen Territorium endgültig die Eigenschaft des neuen Hauptquartiers der deutschen Demokratie verliehen[6]). Den wachsamen Organen der konservativen Regierungen entging diese Schwerpunktsverlagerung um so weniger, als auch die

---

[1]) Vgl. unten c).
[2]) Anhaltische Volks-Zeitung (Exempl. d. Dessauer Landesbibl.) 1849, N° 10, 23. Jänner; Deutsche allgem. Zeit., 1848, N° 323, 18. November.
[3]) Berliner Zeitungshalle 1848, N° 225, 230, 248.
[4]) Abgehalten am 23. November. Anhaltische Volks-Zeitung 1848, 7. Dezember.
[5]) Dresden H. St. A. Amtsgericht Dresden 1285i, vol. IV. f. 1—16.
[6]) Deutsche allgem. Zeit. 1848, N° 354, 19. Dezember, Meldung aus Berlin 17. Dezember; vgl. auch Valentin a. a. O. II (1931), 346 f.

Presse die nötigen Aufklärungen bot. Vor allem der österreichische Generalkonsul Grüner in Leipzig verlor Cöthen, Halle, Leipzig, beliebte Versammlungsorte der Demokraten, nicht aus den Augen, da es ihm wesentlich darauf ankam, eine etwaige Beteiligung der zahlreich in Leipzig lebenden österreichischen Flüchtlinge an solchen Versammlungen sicherzustellen. Bald mußte er sich aber überzeugen, daß sich an den „kleinen Konventikeln in der Regel nur einheimische und preußische Demokraten beteiligten. Von letzteren waren D'Ester, Hexamer, Grün, Baader, Rabe und der aus Rußland ausgewiesene Literat Bakunin am tätigsten und es wurden bei diesen Zusammenkünften die Beratungen sehr geheim gehalten"[1]). Sie alle, die sich so im Laufe weniger Wochen in Anhalt zusammengefunden hatten, einschließlich Bakunin, hegten demnach ungebrochene Zukunftshoffnungen. Was der Herbst an Früchten den Demokraten gezeigt, sollte eine kräftige Wintersaat im Frühjahr üppig in die Halme schießen lassen. Neuer Revolutionssamen wurde gesät, im Frühling bereits die Ernte erwartet. Daher griff man nunmehr zu einem neuen, bis dahin nicht geübten wachstumbefördernden Mittel für die neue Revolution: man bildete **Geheimgesellschaften** und -verbindungen, Verschwörerkreise und -nester. Freilich breitet sich über diese Fäden trotz aller Untersuchungskommissionen von 1849 ein bisher wenig durchbrochenes Dunkel[2]). Selbst Bakunin vermochten die Untersuchungsrichter wichtige geheime Beziehungen nicht nachzuweisen, so daß sein Zeugnis in der „Beichte", die Zeit der Geheimverschwörungen habe jetzt erst eingesetzt, um so höher zu werten ist[3]).

Bakunins leider nur äußerst stückhaft überlieferter Briefwechsel dieser Zeit gewährt nur einige wenige Einblicke. Dennoch läßt sich gleich ein Faden fassen, der Bakunin in **Verbindung mit Breslau** zeigt. Gerade die schlesischen Demokraten, zumal die Breslaus, von Männern wie Stein und Reichenbach geführt, schritten bei der einsetzenden schärferen Reaktion im Herbst zielbewußt zur Organisation des bewaffneten Widerstandes, so daß Bakunin dieser preußischen Provinz das Zeugnis, am meisten für die Revolution reif

---

[1]) Berichte **Grüners** vom 5., 11., 24. Jänner und 9. Feber 1849, Wien, Haus-, Hof- und Staatsarchiv.

[2]) **Meyendorff**, der sonst sehr geringschätzig über Bakunin urteilte, faßte sich in seinem Berichte vom 3. und 15. Jänner 1849 an Nesselrode doch wesentlich vorsichtiger, da er meldete, es werde von den Republikanern Frankreichs wie Deutschlands noch einmal ein großer Kampf mit den Regierungen vorbereitet. Die deutschen Demokraten spielten die Harmlosen, hüllten sich ins Geheimnis und wollten erst im geeigneten Augenblick die Maske abwerfen. „Dieses Manöver ist ihnen in Sachsen zustatten gekommen, wo sie durch dieses Zeichen der Mäßigung eine fast ganz republikanische Kammer erhalten haben. Man sagt mir, daß ihnen dieser Rat durch Bakunin gegeben worden ist, der entschieden eine wichtige Rolle zu spielen hat." Briefwechsel II, 144.

[3]) Es ist lehrreich, diesem Urteile Bakunins das des Wiener Stadtkommandanten gegenüberzustellen, das dieser in der zweiten Hälfte Dezember 1848 Windischgrätz berichtete: „Wir treten höchst wahrscheinlich nun in die Stadien der Verschwörungen". Bei H. **Traub**: K politickým poměrům v Rakousku s počátku 1849, Čas. mat. mor. 53 (1929), 175.

zu sein, ausstellte, Zustände, die dem offiziellen Rußland „anarchisch" erschienen[1]). Daß Bakunins Beziehungen nach dieser Seite nicht abrissen und anderer denn bloß schreibseliger Art waren, läßt bereits das Erscheinen des rührigen Breslauer Demokraten Stahlschmidt — er war Bakunins Gastgeber in Breslau — zu Ende Oktober in Dessau, wohin er Bakunin zu Besprechungen bat[2]), vermuten. In welcher Richtung sich diese Verhandlungen bewegt haben mögen, darf gewiß dem Schreiben Stahlschmidts an Bakunin vom 15. Dezember[3]) entnommen werden, wonach in Breslau bereits alles auf die Revolution vorbereitet war. Man erwartete fürs Losschlagen nur noch bestimmte Zeichen aus Berlin. Bakunin aber war bei alledem eine wichtige Rolle zugedacht. Er sollte auf das erste Zeichen aus Breslau die Revolution in Anhalt entfachen, damit dort preußische Truppen festgehalten würden, dann aber sofort nach Breslau eilen. Stahlschmidt, der Mitglied der am 22. November erwählten „Sicherheitskommission"[4]) war, glaubte, bereits am 15. Dezember würde der Aufstand in Breslau losbrechen. Aber nichts rührte sich.

Wenn Bakunin Schlesien auch in Anhalt scharf im Auge behielt, so tat er dies gewiß deswegen, weil Schlesien ihm einstens jenes Land zu sein schien, von dem aus sich die Revolution in die slawischen Länder vortragen ließe. Nunmehr setzte Bakunin längst all seine Hoffnungen auf Böhmen. Um endlich die Demokraten Polens, Ungarns, der Deutschen und Tschechen in eine gemeinsame Abwehrfront gegen die Reaktion zusammenzuführen, arbeitete er in Anhalt fieberhaft. Ein sichtbarer Ausdruck dieses Strebens bleibt sein „Aufruf an die Slawen", der durch seinen Erscheinungsort Cöthen genugsam den Zusammenhang mit Bakunins Aufenthalte in diesem Herzogtum andeutet. Mit D'Ester und Hexamer vor allem spann er ein weitverzweigtes Verschwörungsnetz und beriet er den auf das Frühjahr 1849 berechneten Aktionsplan[5]). Bakunin nahm als Hauptaufgabe dabei auf sich, den slawischen, vor allem den tschechischen Demokraten die Überzeugung beizubringen, daß die deutschen und ungarischen Demokraten keine feindseligen Gefühle gegen sie hegten, vielmehr im Hinblicke auf den großen Endkampf von Revolution und Reaktion ihre Brüder seien. Eine gleiche Auffassung von den slawischen Demokraten sollten D'Ester und Hexamer bei den deutschen Demokraten durchsetzen. Die Tschechen bildeten für beide das Hauptproblem. Auf sie war daher Bakunins Aufruf in erster Linie berechnet. Nach Prag wies ihn alles. Besonders als während seiner Ausweisung aus Preußen und Sachsen

---

[1]) Vgl. oben S. 53; siehe auch Valentin a. a. O. II, 274 f.
[2]) Vgl. unten S. 75.
[3]) Vgl. unten S. 77.
[4]) Dieser Kommission gehörte auch Engelmann an. Sie stand wohl in ganz engem Zusammenhange mit der „Centralkommission der Bürgerwehren und vereinigten politischen Clubs", die beide sich gegen den „Sicherheitsausschuß des Magistrats und der Stadtverordneten" einstellten. Am 15. Dezember fand in Breslau auch ein Bürgerwehrkongreß statt, der mehrere Tage dauerte.
[5]) Bakunin: Beichte 58.

die Wiener Oktoberrevolution losbrach, Jelačić und Windischgrätz mit ihren Truppen zur Hauptstadt eilten, hielt er die Stunde für gekommen, um von Prag aus mit Hilfe der tschechischen Demokraten wie im Juniaufstand eine neuerliche revolutionäre Bewegung in Gang zu bringen[1]). Aber zu lang schon bestanden zu den tschechischen Demokraten keine unmittelbaren Beziehungen, zu zahlreich scharten sich überdies die liberalen und konstitutionellen Tschechen um die Palacký, Rieger, Havlíček. Auch Bakunins Cöthener Freunde — Sander in bäurisch-derber Art[2]) — widerrieten ihm entschieden diese Reise. Bakunin überzeugte sich übrigens selbst sehr bald von der Unmöglichkeit eines so raschen Vorgehens.

Zunächst mußte der Boden besser vorbereitet werden. Dazu trug bereits sehr viel bei, wenn der „Aufruf an die Slawen" einen entsprechenden Widerhall fand[3]). Aber auch die deutsche demokratische Presse vermochte, wofern sie gewonnen wurde, nicht minder nachdrücklich für diese weitgespannten Pläne zu wirken. Wieder traf es sich da günstig, daß Julius mit Bakunin das gleiche Flüchtlingslos teilte. Die „Berliner Zeitungshalle" bedurfte dringendster Krafterneuerung, wozu Bakunin auf Bitten von Julius durch die Geltendmachung seines Einflusses in Bekanntenkreisen ebenfalls mithelfen sollte[4]). Aber auch in die revolutionären Pläne Bakunins und D'Esters dürfte Julius eingeweiht worden sein. Das Einvernehmen zwischen Bakunin und Julius stellte sich um so rascher ein, als auch dieser ein geistiges Opfer des Vormärz gewesen ist. In Cöthen selbst konnte es Bakunin nicht schwerfallen, auf die „Anhaltische Volks-Zeitung" in seinem Sinne Einfluß zu gewinnen[5]). Schon in der zweiten Probenummer wird aus Prag vom 15. Dezember berichtet: „Die Czechen, die als slawischer Stamm bisher im Reichstag zu Kremsier mit der Rechten, welche die Interessen der Slawen gegen die Deutschen vertritt, gestimmt haben, sind seit kurzem zur Linken übergegangen. Jetzt sind ihnen endlich die Augen aufgegangen, nachdem das österreichische Ministerium alle Arbeiterklubs und demokratischen Vereine in Böhmen aufgelöst hat. Die Camarilla in Österreich hat sich der Slawen bedient, bis das deutsche und demokratische Wien besiegt war. Jetzt kehrt sie das Schwert gegen die Demokratie ohne Rückhalt, wo sie sich zeige. Solange sich die verschiedenen Volksstämme untereinander zum Zerfleischen gebrauchen lassen, werden die Tyrannen immer Mittel finden, die Völker zu vernichten. Die Völker aller Zungen müssen ein Bündnis schließen und Hand in Hand gehen im Kampfe gegen die Knechtschaft. Nur so kann die Freiheit Aller gedeihen." Diese Zeilen stimmen so völlig zu Bakunins Wünschen und Plänen, vor allem auch zum „Aufruf an die Slawen", daß Bakunin selbst diese Nachricht Behr oder Sander in die Feder diktiert haben dürfte.

---

[1]) Ebenda 56.
[2]) Vgl. unten S. 75.
[3]) Vgl. unten S. 83 ff.
[4]) Vgl. unten S. 77 f.
[5]) Behr gestaltete die „Lichtputze" zur Anhaltischen Volks-Zeitung um.

Diese Pläne zu schmieden, hätte es kaum ein geruhsameres Plätzchen in deutschen Landen denn Anhalt geben können, sie durchzuführen, war es in jeder Beziehung ungeeignet. Cöthen-Dessau lag vor allem viel zu weit abseits vom großen Verkehr, mochte es auch einer der ersten Eisenbahnknotenpunkte Deutschlands sein, zu weit entfernt auch von den Ländern, auf die Bakunin mit seinen Freunden in erster Linie rechneten. Daher beschloß Bakunin, zu Ende des Jahres nach Leipzig, der alten Hochburg deutscher Demokratie, zu übersiedeln, um so näher an Böhmen herankommen und die sächsischen Demokraten gewinnen zu können, aber auch, damit der in Dresden weilende Andrzejkowicz seine Broschüre rasch ins Polnische übersetze und damit er den Verfolgungen der preußischen Polizei, die auf Anhalt einwirkte, entgehe. Damit überwand er die langen, bangen Wochen des Wartens und Fürchtens und trat hinaus in die frische, freie Luft der Bewegung. Die Cöthener versäumten nicht, Bakunin für den schweren Weg zur Revolution noch gehörig auszurüsten[1]). Am 30. Dezember[2]) traf Bakunin in Leipzig ein. Hexamer und D'Ester folgten Mitte Jänner nach[3]).

Damit rissen Bakunins Beziehungen zu Cöthen nicht ab. Schon daß sich Bakunin durch Sander vom Abgeordneten Wehner das Versprechen des Ministers Oberländer geben ließ[4]), er könne sich in Sachsen durchaus sicher fühlen, die Polizei sei entsprechend unterrichtet, spricht für gewisse Zusammenhänge zwischen beiden Nachbarländern[5]). Sie gewinnen an Farbe durch die Tatsache, daß zu Beginn des Jahres 1849 ein Paket Handgranaten von Dresden über Leipzig an die Adresse Sanders in Cöthen geschickt wurde, das angeblich für Berlin bestimmt war. Im Laufe des Dresdner Maiprozesses wurde eindeutig festgestellt[6]), daß Musikdirektor August Röckel, der zugleich Abgeordneter und Redakteur der „Volksblätter" war, gemeinsam mit Kapellmeister Richard Wagner bei dem Gelbgießer Oehme in Dresden diese Be-

---

[1]) Ausnahmsweise gewinnt in diesem Zusammenhange auch eine erhalten gebliebene Schusterrechnung eines Cöthener Meisters Bedeutung. Dieser hatte Bakunin zu Weihnachten zwei Paar doppelbesohlte starke Stiefel geliefert — sicherlich ein Weihnachtsgeschenk der Cöthener Demokraten, Dresden H. St. A. Amtsgericht Dresden 1285.f vol. I.

[2]) Aussage Gustav Strakas, Prag Militärarchiv, Anklageakten gegen Gust. Straka, Frage 51. Sander gab am 12. September 1849 ungenauer an „an Weihnachten", Dresden H. St. A. Amtsgericht Dresden 1633ª vol. I. Er besuchte am 30. und 31. Dezember das „Museum" in Leipzig, Prag Militärarchiv, Akten gegen Arnold K 4805/11.

[3]) Da es allmählich wegen des preußischen Drängens gefährlich wurde, in Anhalt zu bleiben; vgl. Anhaltische Volks-Zeitung 1849, N° 10, 23. Jänner. Bakunin, Beichte 58 gibt an, Hexamer und D'Ester seien zugleich mit ihm nach Leipzig übersiedelt. Der österreichische Generalkonsul in Leipzig meldet am 24. Jänner 1849, daß nach der Auslieferung Rabes an Preußen nur mehr Grün und Baader in Cöthen zurückgeblieben seien.

[4]) Dresden H. St. A. Amtsgericht Dresden 1285ᶜ vol. II, Aussage Bak. vom 4. Juni 1849.

[5]) Auch dem österreichischen Generalkonsul in Leipzig waren solche Beziehungen bekannt, Bericht vom 24. Jänner 1849, Wien, Haus-, Hof- und Staatsarchiv.

[6]) Dresden H. St. A. 1633ª, vol. I u. IV. Auch zum Folgenden.

stellung gemacht hatten. Damit erhebt sich die Frage nach den Beziehungen der sächsischen Demokratie zur Berliner, die sich um eine straffere Organisation, freilich ohne sonderlichen Erfolg, bemühte. Dennoch gewinnt in diesem Zusammenhange die auch die Diplomatie beschäftigende Tatsache Bedeutung, daß radikale Abgeordnete der sächsischen Kammer, darunter Tzschirner und Helbig, Anfang Oktober in Berlin weilten und mit der dortigen Opposition verhandelten[1]). Zumindest das Vorhandensein der Erkenntnis, überterritoriale, gesamtdeutsche demokratische Zusammenarbeit tue Not, wird damit erwiesen. Röckel aber zählte samt Wagner stets zu den radikalsten Elementen der sächsischen Demokratie. Oftmals verfielen die „Volksblätter" dem Staatsanwalt. In Sachsen erregte überdies die Debatte über die Volksbewaffnung — besonders Röckel führte sie — weitere Kreise; die demokratische Agitation im Heere wies Erfolge auf. Sachsens Boden war daher für Aufforderungen von auswärts, eine gemeinsame Bewegung schüren zu helfen, überaus günstig. Daher begann hier sehr rasch zweckentsprechende Vorarbeit, wozu fraglos die Ausmittlung brauchbarer Munition gehörte. Oehme bemühte sich bereits längere Zeit, brauchbare Granaten herzustellen, und als ihm endlich eine befriedigende Lösung gelang, liefen Röckels Bestellungen ein. Am 6. Jänner, demnach wenige Tage nach Bakunins Ankunft in Sachsen, sandte Oehme zunächst in dem erwähnten Pakete 24—26 Stück Granaten an Born in Leipzig. Damit wird ein zweiter Stützpunkt der Verschwörung sichtbar: Born und der Kreis um die „Verbrüderung"[2]). Sander, der am 10. Jänner schon das Paket erhielt, leugnete später, irgend etwas mit dieser Munition zu tun gehabt zu haben. Sie sei vielmehr für D'Ester bestimmt gewesen, ohne daß er nähere Auskunft über den Verbleib der Granaten machen konnte. Dafür vermochte der den Waldeckschen Prozeß vorbereitende Berliner Untersuchungsrichter festzustellen[3]), daß sie sich im Besitze D'Esters befunden hätten, der sie dem bekannten Berliner revolutionären Schuster Haetzel zur Aufbewahrung übergeben habe. Genug für die vorliegende Frage: Der Weg Dresden—Leipzig—Cöthen—Berlin stellte für die deutschen Demokraten im Herbst 1848 und zu Beginn 1849 eine wichtige Verbindungslinie dar, auf der ein Teil der Verschwörer verkehrte.

Im Laufe des Jänner bildeten dann D'Ester und Hexamer „das Zentralkomitee zum bewaffneten Schutze deutscher Volksfreiheit", eine neue Form des demokratischen Zentralkomitees. Leider verliert sich die Tätigkeit dieses neuen, auf den offenen Kampf hinarbeitenden Bundes vorläufig im Dunkeln. Daß der sachliche und persönliche Kontakt weiterhin bestand, beweist

---

[1]) Vgl. Lüders: Die demokratische Bewegung in Berlin im Oktober 1848 (1909), 48 f.
[2]) Vgl. M. Quarck: Die erste deutsche Arbeiterbewegung 1848/49 (1924), 191 ff.; R. Lipinski: Die Geschichte d. sozialist. Arbeiterbewegung in Leipzig, I (1931), 94 ff.
[3]) Vgl. Stenograph. Bülletin über den Waldeck'schen Prozeß (1849).

der Umstand, daß Sander als Vertreter des Cöthener Arbeitervereines bei einem Arbeiterkongresse im Feber oder März in Leipzig weilte[1]), des weiteren, daß am 2. Mai, demnach einen Tag vor Ausbruch des Dresdener Maiaufstandes, sich in Großdölzig sächsische, thüringische und anhaltische Republikaner versammelten[2]), wo u. a. Tzschirner und Helbig erschienen, wohl um das Nötige wegen bewaffneten Zuzuges aus der Nachbarschaft im Falle des ausbrechenden Kampfes zu veranlassen. Bei diesem stellte sich dann der radikalste Vertreter anhaltischer Demokratie ein: Sander. Er eilte über Leipzig nach Dresden, wo er am 5. Mai ankam[3]), sicher mit Bakunin zusammentraf, da er sich über die Verteidigungsordnung und -pläne bestinformiert erwies, auch darüber, daß ein Polenkomitee den Kampf leite. Aber Sander weilte bereits am 7. Mai[4]) wieder in Leipzig, da er die Überzeugung gewonnen hatte, die Sache Dresdens werde sich nicht halten lassen, da es an Offizieren mangle und keine ausreichende Führung vorhanden sei, auch der Zuzug aus dem zahmen Leipzig viel zu wünschen übrig lasse. Aber der weitverzweigte Plan der internationalen, besonders der deutschen Demokratie umfaßte ja auch noch andere Felder. Sollte doch auch in Westdeutschland, besonders in der Pfalz und in dem stets unruhigen Baden der Kampf losbrechen. Dorthin eilte nun Sander mit manch anderen Dresdener Flüchtlingen. Nur einen kurzen Besuch stattete er noch der Heimat ab. Am 15. Mai verabschiedete er sich von Cöthen mit folgendem Zuruf[5]): „Wer Ohren hat, zu hören und wer in den letzten Wochen nicht ganz ohne Aufmerksamkeit die politischen Ereignisse in den verschiedensten Gegenden Deutschlands an sich hat vorübergehen lassen, der muß zu der Überzeugung gekommen sein, daß jetzt der Kampf mit der Feder nichts mehr nützt. Die hochrothe Reaction, die Rebellion einiger Fürsten gegen das deutsche Volk und die zurecht bestehende deutsche Reichsverfassung, die Gewalt, welche von dieser Seite angewendet wird, um jede Regung der Freiheit zu unterdrücken, zwingt dem deutschen Volke das Schwert in die Hand und der Kampf gegen den Absolutismus scheint unvermeidlich. Bis jetzt habe ich den friedlichen Weg der Belehrung und Besprechung eingeschlagen .... Gegen Gewalt hilft nur Gewalt und so verlasse ich denn jetzt mein geliebtes Anhalt, um dem Rufe zu folgen, den Neigung und Pflicht an mich ergehen ließen."

Anhalt aber vergaß weder Sander, der bald nach Amerika flüchten mußte, noch Bakunin, der den sächsischen Gefäng-

---

[1]) Dresden H. St. A. Amtsgericht Dresden 1633 a vol. I. Sander war schon am 27. September 1848 bei einer Distriktsversammlung der Arbeiterverbrüderung in Leipzig anwesend, vgl. R. Lipinski: Die Geschichte der sozialistischen Arbeiterbewegung in Leipzig, I (1931), 110.
[2]) Generalakten, Dresden H. St. A. Amtsgericht Dresden 1794 vol. VI.
[3]) Anhaltische Volks-Zeitung 1849, N° 54, 8. Mai.
[4]) Ebenda N° 55, 10. Mai.
[5]) Ebenda N° 58, 17. Mai. Damit hörte die Zeitung auf zu erscheinen, da sich Behr dem radikalen Vorgehen Sanders nicht angeschlossen und noch während des Dresdener Maiaufstandes die Redaktion niedergelegt hatte.

nissen verfiel. Denn gerade Cöthener Freunde wie Habicht, Köppe und Branigk[1]) halfen diesem vielfach seine Haft erleichtern. Ja Branigk geriet sogar in den Verdacht, einen Befreiungsversuch für Bakunin vorbereiten zu wollen, wie auch nach Prag Bakunin eine konfidentielle Meldung[2]) verfolgte, welche die österreichischen Behörden vor einem aus Berlin zur Befreiung Bakunins Ausgesandten warnte, der als Losungswort „Von den Freunden in der Wolfsschlucht" gebrauchen sollte. „Dieses mot d'ordre ist noch in alter Zeit verabredet und gilt zwischen Vierthaler und Wolter einerseits und Bakunin andererseits als sicheres Signal."

Die versuchte Verwirklichung der von Bakunin mit seinen Freunden in Anhalt geschmiedeten Pläne setzte so seinem ersten langjährigen Westeuropaaufenthalte ein gewaltsames Ende.

### a) Enno Sander an Bakunin[3]).

Orig.                                                                               o. O. o. D.

Mein Lieber! Du willst nach Prag? Sei kein Ochse! Was willst Du jetzt dort? Dich gefangen nehmen oder in Belagerungszustand erklären lassen? Bleibe in Köthen, ich komme noch diese Woche; denn wenn es da nicht zum Conflikt gekommen ist, so kommt es nie dazu.

Dein Sander.

### b) Stahlschmidt an Bakunin[4]).

Orig.                                       Dessau, 29. Oct. 1848.

Caro!

Ich bin hier und wünsche Dich so bald wie möglich zu sprechen. Komm deshalb hierher zu meinem Schwager.

Dein Stahlschmidt.

Stahlschmidt an Jules Elysard[5]).

### c) Enno Sander an Alfred von Behr[6]).

Orig.                                     Berlin, 22. November 1848.

Lieber Alfred! Du erhältst einen zweiten Brief durch Gelegenheit bis Magdeburg. Heute gegen 11 Uhr war Sitzung. Der

---

[1]) Berlin St. A. Pr. Br. Rep. 30 Berlin C Pol. Praes. Tit. 94 N° 63; Dresden H. St. A. Amtsgericht Dresden 1285a vol. Ia; 1285c vol. II; Briefe von und an Georg Herwegh, 1848 (1896), 361 f.
[2]) Jänner 1851, Wien, Haus-, Hof- u. Staatsarchiv 5906/A.
[3]) Dresden H. St. A. Amtsgericht Dresden 1285h, vol. III N° 3. Der Brief ist in die zweite Hälfte Oktober zu verlegen, wie aus der Beichte 56 hervorgeht. Geschrieben ist der Brief offenbar in Berlin.
[4]) Ebenda N° 17.
[5]) Dies war Bakunins Deckname aus dem Jahre 1842.
[6]) Dresden H. St. A. Amtsgericht Dresden 1285h, vol. III N° 18. Obwohl dieser Brief offenbar Behr zugehört, fand er sich doch unter Bakunins Papieren, ein Beweis dafür, wie sehr Bakunin an den Berliner Schicksalen teilnahm und wie eng er mit Behr befreundet war.

Antrag, das Ministerium in Anklagezustand zu versetzen, ward angenommen. Ein Antrag dagegen sich an die Centralgewalt zu wenden, fand nicht 10 Stimmen Unterstützung. Das Militär durchzieht in zahlreichen Patrouillen die Stadt. Die Einen verweigern den Gehorsam, wenn sie angreifen und die Volkshaufen auseinandertreiben, die Andern greifen mit gefälltem Bajonette an. Unter den Linden sind Soldaten aus dem Gliede gesprungen und haben sich unter das Volk (gemischt). Also schon Desertion. Vielleicht geht es heute Abend noch los. Es sind nämlich 800 Mann Hülfe von Stettin kommend, auf der Eisenbahn in Bernau aufgehalten worden. Von hier sind Mehrere hingereist und holen sie ab. Wenn sie kommen, so müssen sie durchs Hamburger Thor und werden von den stark bewaffneten Voigtländern und Maschinenbauern angeführt werden. Das kann und wird hoffentlich den Kampf herbeiführen, zu welchem Alles vorbereitet ist. Man hat wenigstens ½ Million Patronen.

Grüße bestens Alle und wünsche mir einen vernünftigen Kampf.

Dein Enno.

P. S. Soeben hat das Militär das Schützenhaus, das jetzige Sitzungslokal der Versammlung[1]) vom Militär besetzt, die Abgeordneten waren nicht zugegen.

### d) Hermann Müller-Strübing an Bakunin[2]).

Orig. Berlin, 25. November 1848.

Michel — Lieber Freund — Kein Wort heute von unsern politischen Zuständen — sie widern mich an! Ich weiß recht gut, daß in diesen 14 Tagen eine Saat gesät ist, die mit der Zeit ihre gewaltigen Früchte tragen wird — aber was hilft ein solcher theoretischer Trost für die Stimmung des Moments? So habe ich mich denn kurz entschlossen, in der nächsten Woche nach P.[3]) abzureisen. Der Entschluß war leicht gefaßt, die Ausführung ist schwer, aber ich hoffe dennoch, es wird mir gelingen, die Mittel herbeizuschaffen. Der gute Theodor[4]), der zum Glück etwas Geld in der Lotterie gewonnen hat, ist auch hier der Helfer..... Von Paris aus gebe ich Dir ausführlich Bericht, darauf verlaß Dich! — Hast Du mir noch etwas zu sagen oder Aufträge zu geben, so schreib mir augenblicklich, denn, wie gesagt, am Dienstag Abend denke ich, abzureisen. Liebster — kannst Du unserer Alten Geld schicken[5]) oder Trost, so thu es! Du begreifst, daß ich ihr jetzt auch nichts

---

[1]) D. i. der Berliner Linken.
[2]) Ebenda N° 18. Obwohl der Brief nur unterfertigt ist mit „der Deinige", so ergibt der Schriftvergleich einwandfrei Müllers Autorschaft, was auch Bakunin im Verhör zu Dresden zugab.
[3]) Paris.
[4]) Theodor Mundt, der bekannte Jungdeutsche, Müllers Schwager.
[5]) Er war auch nicht in der Lage, wie aus der späteren Zeugenaussage von Bakunins Berliner Quartierfrau hervorgeht. Die Schuld belief sich auf „einige zwanzig Thaler", Dresden H. St. A. Amtsgericht Dresden 1285c vol. II, Aussage vom 24. März 1849.

geben kann. Von O.¹) (Gouvernement Pensa) habe ich einen Brief
— er verspricht mir Geld zum December. Da der Brief mit der
Post kam, kannst Du denken, daß er sonst Nichts enthält. — Adieu
— adieu, Lieber! Ich muß noch viele Briefe heute schreiben — und
was ich Dir allenfalls sagen könnte, mag ich nicht schreiben.
Grüße die Cöthner Freunde! — Auch Käthchen. Es tut mir leid,
daß ich nicht hinkommen kann, aber es ist nicht möglich. Leb
wohl, bester Freund! In treuer unwandelbarer Liebe der Deinige.

### e) Stahlschmidt an Bakunin²).

Orig.                              Breslau, 15. Dezember 1848.
           An Herrn Dr. Alfred Behr Cöthen.

Lieber, Ich schreibe Dir heute am grünen Tische der Raths-
herrn, ich bin Sicherheitsausschuss³) und regiere mit andern Demo-
craten die Stadt. Wahrscheinlich wird morgen hier losgeschlagen,
wenn nicht solche Nachrichten von Berlin kommen sollten, die es
vorläufig nicht gut heißen. Du kommst noch nicht her, empfängst
aber Nachrichten. Sorge dafür, daß man dort losschlägt. Wir bekommen damit Luft. Die Provinz steht auf.

### f) Gustav Julius an Bakunin⁴).

Orig.                                                    o. D. o. O.
               Cito.

Lieber Freund! Auch ich habe das größte Verlangen nach
einem Gespräche mit Dir in Ruhe. Auch ich bin natürlich nicht
muthlos und hoffnungslos in Betreff der Weltangelegenheiten. Im
Gegentheil. Aber meine besonderen Angelegenheiten stehen höchst
traurig und da will ich Deine Hülfe in Anspruch nehmen. Die See-
handlung hat geklagt und will vorläufig 450 m. restirender Zinsen
executorisch eintreiben, wozu schon die Schritte geschehen sind.
Ich erfahre, daß mein Vater mit dem Directorium dringendst unter-
handelt und so viel erlangt hat, daß, wenn diese 450 m. bis 10. Januar bezahlt werden, ein Arangement eintreten solle, sonst aber
wird man die Forderung mit aller Strenge beitreiben. Nun ist die
Zeitung wieder verboten, keine Möglichkeit diese 450 m. einzuziehen,
da die Post unter diesen Umständen gar nichts auszahlen kann und
darf. Es soll Alles geschehen, um das Forterscheinen der Zeitung
möglich zu machen, entweder in einer preußischen Stadt oder in Anhalt. Aber eine Schmach wäre es doch, wenn das Institut der Zeitungshalle ausgepfändet würde, wobei dann noch ein schmählicher Ban-

---

¹) Bakunins und Herzens Freund Ogarëv.
²) Dresden H. St. A. Amtsgericht Dresden 1285ʰ vol. III N° 20.
³) Mitglied der Sicherheitskommission.
⁴) Ebenda N° 1. Der Brief setzt Bakunins Anwesenheit in Cöthen noch
voraus, muß also vor dem 30. Dezember 1848 sein, aber auch nach dem 8. Dezember, da Bakunin damals seinen „Aufruf an die Slawen" soeben fertiggestellt hatte. Der Brief drehte sich um die „Berliner Zeitungshalle".

kerott für meinen Alten drohte, der mit seinem Vermögen mit darin steckt; denn sobald dieser Eclat eintritt, stürmen natürlich alle Gläubiger heran, die sonst Geduld haben und es muß dann nothwendig das ganze Gebäude brechen, dessen Stützen ja nur der Credit sind.

Nun hat Wigand in Leipzig meine Übersetzung der Consuelo 1847 in zweiter Auflage erscheinen lassen, wonach ich über 300 m. von ihm zu fordern hätte. Außerdem schuldet er mir noch anderes Honorar und die Summe von 450 m. wäre ziemlich da, wenn O. Wigand zahlte. Aber das wird er nicht, Du kennst ihn, wenigstens nicht gleich, vielleicht nicht ohne Prozeß. (Dies natürlich streng unter uns.) — Demnach bin ich für den Augenblick rathlos und es handelt sich darum, ein Darlehen von mindestens 400 m. augenblicklich von Einem oder Mehreren auf unbestimmte Zeit zu erlangen. Ich will, wenn ich nicht anders es tilgen kann, es durch eine literarische Arbeit späterhin abtragen. Eine Schrift von 30 Bogen ist bald geschrieben und in jetziger Zeit nicht schwer unterzubringen (oder 2—3 kleinere Schriften). Ich bitte Dich dringend, besprich diese Sache angelegentlich mit den dortigen Freunden, unter denen ja sehr vermögliche sind. Vielleicht gelingt es, daß Mehrere zusammentreten, um das Darlehen aufzubringen. Es ist wirklich eine Ehrensache für unsre Partei, das Institut der Zeitungshalle, das der Reaction als die eigentliche Wiege der Berliner Revolution gilt, nicht untergehen zu lassen. Schon hat die Kreuz-Zeitung triumphirt, daß ein schmählicher Bankerott bevorstehe und verleumderisch hinzugesetzt: ich habe die Zeitung geflissentlich verbieten machen, damit der Bankerott beschönigt werde. Ich bitte Dich inständigst, wirke für diese Angelegenheit. Das Feuer brennt auf den Nägeln. — Warum hast Du auf Deine Schrift[1]) die Firma „Cöthen" setzen lassen? Sie werden nun Deine Ausweisung verlangen. Nochmals: wirke schleunigst und sodann: komm recht rasch hierher, damit wir die allgemeinen Angelegenheiten besprechen können.

## 8. Entstehung und Verbreitung von Bakunins „Aufruf an die Slawen".

Wollte man Bakunins Bedeutung nach Zahl und Umfang vorhandener Schriften in der vorsibirischen Zeit bestimmen — und die Untersuchungsakten legten ihm immer wieder das Wort „Literat" als Berufsbezeichnung bei —, man käme in eine gewisse Verlegenheit und wäre geneigt, seine Schaffenskraft gering anzuschlagen. Aber gleich von vornherein sei es gesagt: **Bakunin war kein Mann der Feder, sondern des gesprochenen Wortes und der Tat.** Griff er aber einmal zur Feder für die Öffentlichkeit, dann glich die Wirkung der eines entspannenden Blitz- und Donnerschlages oder eines losbrechenden Sturmes. Damit wird an die geheimnisvolle

---

[1]) Aufruf an die Slawen.

Bedeutung seiner Wirksamkeit, an das Wesen seiner spärlichen schriftlichen Erzeugnisse gerührt, die alle in irgendeiner Weise den Charakter von Gelegenheitsschriften an sich tragen und dabei doch überzeitliche Geltung beanspruchen dürfen. Augenblick und Ewigkeit in fruchtbarster Stunde gepaart und wirksamst in kleinen flugblattartigen Schriften ausgedrückt zu haben, verlieh ihm seine weithin reichende geschichtliche Bedeutung und läßt den Inhalt seiner Schriften heute noch nicht veraltet erscheinen.

Zur Erklärung von Bakunins geringer Schreiblust für die Öffentlichkeit stellen sich Gründe allgemeiner wie besonderer psychologischer Natur ein. Zeiten strenger Zensur und Gedankenüberwachung bedeuten für die Freisinnigen stets die Unmöglichkeit, sich dem Literatenleben ganz hinzugeben. Vielmehr verdorren dann viele Absichten im Plane und Entwurfe, wenn nicht schon im Keime und berühren nie das Ohr der Öffentlichkeit. Daher die Erscheinung, daß auch die russische oppositionelle Jugend der dreißiger und vierziger Jahre im allgemeinen herzlich wenig geschrieben hat und die für die Öffentlichkeit bestimmten sämtlichen Werke von Männern wie Čaadajev, Stankěvič, Bakunin, Herzen u. v. a. in einem schmalen Bande Raum hätten. Nichtsdestoweniger ragen sie in der Geistesgeschichte Rußlands im 19. Jahrhundert hoch auf, da ihre Bedeutung zum Gutteil im gesprochenen, daher von der Regierungsgewalt weniger überwachbaren Worte beruht. Auch der Briefwechsel, der mit seltener Intensität gepflegt wurde und sich auf ansehnlicher geistiger Höhe hielt, darf als Ersatz für die sonst versperrte Schaffensmöglichkeit aufgefaßt werden. Diese allgemein wirksamen Hemmnisse, die nur Naturen wie Bělinskij zu überwinden vermochten, verstärkten sich bei Bakunin noch durch ein bedeutendes Maß innerlichen Stolzes, geistesaristokratischer Art, der das Schreiben „um schmutzigen Lohnes willen" geradezu Sünde am heiligen Geiste zu sein schien. Diesem allein zu dienen, scheute Bakunin keine äußere Not, kein Opfer. Daher entschlug er sich auch allen lockenden Angeboten, für das neugierige und lesehungrige Westeuropa ein großes Buch über Rußland zu schreiben, wodurch er mit einem Schlage seine drückenden Schulden hätte tilgen können. So sehr er verschmähte, sich von Fremden für ihm fremde Zwecke gebrauchen zu lassen, so sehr bedurfte er des inneren Dranges und der Überzeugung unvermeidlicher, aus den Bedürfnissen der Allgemeinheit entspringender Notwendigkeit als hinreichenden sittlichen Beweggrundes für die Abfassung eines literarischen Erzeugnisses. Diese Einstellung zum literarischen Schaffen, aus tiefer Sehnsucht nach der Tat allein geboren, schloß eine reiche geistige Tätigkeit nicht aus, der sich Bakunin in Rußland wie in Westeuropa mit voller Leidenschaftlichkeit hingab. Stand zunächst auch die Philosophie im Vordergrunde, so überwogen noch vor 1848 politische Fragen, die alle irgendwie mit dem Slawentum und der Demokratie zusammenhingen, wobei das Hauptproblem Rußland einen Sonderplatz einnahm. Von Vorarbeiten mannigfacher Art drangen jedoch nur einige Zeitungsaufsätze und die Rede vom

29. November 1847 in die Öffentlichkeit, diese gleich mit nachhaltiger Wirkung. Das Sturmjahr begünstigte trotz der Preßfreiheit literarisches Schaffen wenig, da sich allseits Möglichkeiten zu Taten ergaben. Stellte sich dann doch einmal das praktische Bedürfnis nach schriftlicher Festlegung der eigenen Ansichten wie am Slawenkongreß zu Prag über die politische Neuorganisation des Slawentums ein[1]), dann drangen diese Elaborate durch die Fürsorge anderer, womöglich ohne Wissen Bakunins in die Öffentlichkeit. Praktischer Anlaß zum Schreiben kleiner Broschüren schien sich im Sommer 1848 in Berlin zu ergeben, als die Angelegenheiten der Rumänen die europäische Öffentlichkeit lebhafter zu beschäftigen begannen. Aber über Entwürfe kam hier Bakunin ebensowenig hinaus wie bei der im Anschluß an die Affäre mit Marx geplante Rechtfertigungs- und Streitschrift über seine Stellung zu Rußland und Rußlands Stellung zu Europa[2]).

Erst in Cöthen entstand Bakunins beste und wichtigste publizistische Leistung mit seinem „Aufruf an die Slawen", in dem er aus dem praktischen Bedürfnis des Augenblicks heraus all seine Ansichten über die weitere politische Haltung der slawischen Völker, wie der deutschen und ungarischen Demokraten entwickelte. Schon längst beseelten ihn die Gedanken, die er nun im „Aufrufe" formulierte. So gedachte er im September dem Slowakenführer Štúr ein energisches Halt beim Ausbruche des Kampfes zwischen Ungarn und Slowaken — Kroaten — Österreichern zuzurufen[3]), da nach seiner Meinung das gesamte Slawentum durch diesen Krieg zugrunde gerichtet würde. Die Tätigkeit der Tschechen verfolgte er mit seinen politischen Freunden aufmerksamst, besonders seit dem Vormarsch von Windischgrätz und Jelačić auf Wien. Mitten in diesem angespannten Beobachten erreichte ihn ein Brief seines treuesten Berliner Freundes Hermann Müller-Strübing[4]), des kunstsinnigen und politisch im Lager der Demokraten rege tätigen Schwagers Theodor Mundts, vom 19. Oktober, mit dem Müller seinem „schreibfaulen" Freunde Bakunin einen kräftigen „Stoß" versetzte, indem er auf das für die deutschen und magyarischen Demokraten so verhängnisvolle Verhalten der Tschechen hinwies und Bakunin zurief: „Donnere dagegen, Liebster, Du mußt es tun! Ein Slave muß seine Stimme erheben für die Demokratie und muß diese perfiden Nationalitätsritter mit ihrem verlogenen Royalism förmlich(?) brandmarken. Du mußt Dich öffentlich von ihnen lossagen. Mach doch einen Aufruf an die Slavischen Demokraten! Jetzt sei nicht faul!" Damit fällt auch der Titel der recht bald entstehenden Werbeschrift. Zugleich umriß Müller-Strübing aus bester Sachkenntnis heraus in kurzen Strichen die

---

[1]) Statuten der neuen slawischen Politik, Dragmanov: M. Bakunins soz.-pol. Briefwechsel 285 ff.
[2]) Vgl. darüber Pfitzner: Bak. u. Preußen 1848, Jahrb. f. Kultur u. Gesch. d. Slaven, N. F. VII (1931), 273 ff.
[3]) Ebenda S. 278 f.; Polonskij: Materialy dlja biografii Bakunina I, 28.
[4]) Vgl. unten a).

Stellung Bakunins, die ihn moralisch zu diesem Schritte verpflichtete. Er müsse jetzt handeln, nicht jeder beliebige deutsche Demokrat. Denn was er nicht tue, bleibe ungetan. Repräsentiere er doch die slawische Demokratie, verkörpere er doch eine Macht. Besser hätte sich die besondere Art der Lage Bakunins kaum ausdrücken lassen. Auch Herzens Kennzeichnung Bakunins gipfelte drei Jahre später in der gleichen Feststellung[1]). Mag dieser klare und zielbewußte Hinweis Müller-Strübings auch nicht der alleinige Grund für Bakunins Entschluß gewesen sein, zu verstärken vermochte er jedenfalls die in Bakunin bereits zur Reife gediehenen Überzeugungen.

Wann Bakunin die Abfassung des „Aufrufs" begann, läßt sich nur annähernd festlegen, da die Angaben Bakunins zeitlich nicht recht zusammenstimmen. Ein Terminus ad quem für das Erscheinen der Schrift ergibt sich aus dem Briefe an Herwegh vom 8. Dezember 1848[2]), worin er diesem freudig mitteilt: „Hier mein Aufruf an die Slawen, Du wirst aus demselben ersehen, daß ich den Mut nicht im geringsten verloren habe." In seiner „Beichte"[3]) erklärte Bakunin aber, er habe „lange, über einen Monat" an dem Aufruf geschrieben, da er die Niederschrift unterbrochen, die Handschrift wieder vorgenommen, mehrere Male umgearbeitet, schließlich gezögert habe, den Aufruf in Druck zu geben. Für diese wechselvolle Entstehung des Manuskriptes wäre gewiß ein Monat oder etwas mehr keine zu lange Zeit, so daß man, selbst wenn man für den Druck die gewiß zu geringe Zeit von acht Tagen annehmen wollte, in das Ende des Oktobers als des Abfassungsbeginns käme. Wesentlich anders lauten die zeitlichen Angaben in der Aussage Bakunins vom 15. Juni 1850 zu Prag[4]), wonach er die Broschüre zu schreiben begonnen habe, „als Jelachich im Oktober 1848 gegen Wien ging, doch wurde sie erst nach der Einnahme Wiens geendet und ich glaube, daß sie erst gegen Ende Dezember im Druck erschien". Stimmt diese letzte Angabe angesichts des Herweghbriefes nicht, so ergibt sich sonst für die Durchführung des Ausarbeitens, Übersetzens und des Druckes doch ein etwas größerer Spielraum, als es sonst der Fall wäre. Da nun Ban Jelačić schon Mitte Oktober, kaum daß Bakunin in Cöthen angekommen war, vor Wien stand, dieses aber am 30. Oktober sich ergab, so fiele die Herstellung des Manuskriptes in die Zeit von Mitte Oktober bis Anfang November, was wieder mit der Angabe der „Beichte" in Widerspruch steht, wonach Bakunin und seine Freunde „bis Mitte November keine andere Beschäftigung als die Jagd auf Hasen und anderes Wild" kannten[5]). Man dürfte bei all diesen Widersprüchen ungefähr das Richtige treffen, wenn man den Beginn der Abfassung etwa um den 20. Oktober ansetzt, demnach um die gleiche Zeit, da Müllers Brief aus Berlin eintraf. Die weitere Entstehungsgeschichte des

---

[1]) Poln. sobr. soč. VI, 466 ff.
[2]) Briefe von und an Herwegh 225.
[3]) S. 57.
[4]) Prag Militärarchiv, Proz. Bakunin N° 6.
[5]) S. 56.

Aufrufs schildert dann Bakunin ganz richtig. Denn zu Bakunins Schreibeigenart gehörte fraglos die mit Schreibschwerfälligkeit zusammenhängende Gepflogenheit, bei jeder Schrift eine Reihe von Entwürfen, Konzepten und Überarbeitungen anzulegen, die stets leise Abschattungen und Veränderungen untereinander aufweisen. Das gleiche Schicksal teilte der Aufruf[1]). Wieder darf hier zur genaueren Darstellung in der Beichte gegriffen werden, die auch hier die einzelnen Phasen der Entstehung des Aufrufs, zugleich die Schwierigkeit der Abfassung andeutet. Ging es doch um ein höchst politisches Dokument, das sofort in die Praxis umgesetzt werden sollte und daher frei von allem Theoretisieren und Besserwissen das im Augenblicke Notwendige und nicht mehr zu bieten hatte und daher mit möglichster Berechnung aller Nebenwirkungen abgefaßt werden mußte. Die Deutschen zu gewinnen, ohne die Slawen zu verletzen, Magyaren und Tschechen, Slowaken, Serben, Tschechen und Polen, Deutsche und Tschechen unter einen Hut zu bringen, zwischen diesen Lagern zu lavieren, es sich mit keiner Seite verderben, überstieg fast die Verhandlungskunst eines einzelnen, da der Gegensätze allzu viele zu überbrücken waren. Weil es galt den Augenblick zu nützen[2]), drängte Bakunin auf rasches Erscheinen und eine ebenso schnelle Verbreitung, da die Ereignisse nicht auf den Aufruf warten würden und ihn in kürzester Frist gegenstandslos machen könnten. All diese Umstände legten bei der Abfassung als Leitlinien das Vermeiden allzu großer Schärfe, Hervorhebung des Verbindenden, Gemeinsamen nahe.

Daß sich dazu Bakunin erst mit vieler Mühe durchringen mußte, beweist der „Appel aux peuples Slaves"[3]), der ursprüngliche, erste, französisch geschriebene Entwurf, der wie die endgültige Fassung von einem Schwarm Sonderblättern mit verschiedenen Formulierungen begleitet wird. Von diesem Urentwurf ging kaum die eine oder andere Stelle in den späteren Aufruf über. Die meisten Teile weisen eine solche Schärfe, Allgemeinheit und teilweise auch Weitschweifigkeit auf, daß der innere Zusammenhang nicht immer zutage liegt. Aber gerade diese inhaltliche Verschiedenheit beschert in dem Urentwurf der Bakuninforschung eine vorzügliche Erkenntnisquelle, welche wünschenswerte gleichzeitige Einblicke in Bakunins Anschauungen über den bisherigen Verlauf der Revolution von 1848 im allgemeinen, über Einzelereignisse wie den Prager Juniaufstand im besonderen gewährt. Die Mitteilungen über diesen, wie über den Slawenkongreß bedeuten eine Vertiefung und Zurechtrückung bisheriger Erkenntnisse. Nicht zuletzt begrüßt der Bakuninforscher das Eingehen auf soziale Fragen, über die sich Bakunin in dieser Frühzeit sonst weniger ausführlich äußerte.

Auch der schließlich gedruckte „Aufruf an die Slawen", dessen

---

[1]) Die Konzepte hiezu erliegen Dresden H. St. A. Dresden Amtsgericht 1285 i, vol. IV.

[2]) Vgl. unten b).

[3]) Vgl. unten c). Die Konzepte erliegen wie das fertige Ms. Dresden H. St. A. Dresden Amtsgericht 1285g vol. II.

Handschrift sich nicht vollständig erhalten hat, läßt an radikalen Forderungen wenig zu wünschen übrig, mag die Form auch unendlich gemäßigter klingen. Müller-Strübing nahm auch an dem Fortgange des kleinen Werkchens entscheidenden Anteil. Übersetzte er doch das teilweise französische Manuskript[1]) ins Deutsche und besserte wohl auch Bakunins deutschen Stil wesentlich aus[2]). Die Herausgabe übernahm die Slawische Buchhandlung in Leipzig und ihr in demokratischen Kreisen rühmlichst bekannter Inhaber Ernst Keil[3]), der durch seinen „Leuchtthurm" bedeutendes Aufsehen erregte und Bakunin bald sehr nahe trat. Gerade die Herausgabe des Aufrufs scheint die beiden zum ersten Male zusammengebracht zu haben. Auf der Broschüre stand allerdings zu lesen, Bakunin habe sie im Eigenverlage in Cöthen herausgegeben. Er legte jedoch großen Wert darauf, daß die Schrift gleichzeitig in polnischer Sprache (warum nicht in tschechischer?) erscheine, damit sich die Tschechen nicht an der deutschen Sprache stoßen sollten. Durch Müller-Strübing bemühte[4]) er sich um einen ihm bekannten Berliner Polen als Übersetzer und dachte in erster Linie an Henryk Szuman[5]), aber auch an andere, die aber alle ablehnten. Dagegen fand sich für diese Aufgabe ein Getreuer Bakunins: der litauische Pole Julius Andrzejkowicz[6]), mit dem Bakunin schon seit längerer Zeit bekannt war und der ihm während der Frühjahrsaktionen 1849 eine Hauptstütze geworden ist. Er gehörte zur großen Zahl Enttäuschter aus dem Frühjahr 1848, da er mit Magdziński ebenfalls zur Befreiung Polens aus Paris aufgebrochen, dann aber auf halbem Wege stecken geblieben war. Diesem Vielgeprüften traten Tränen in die Augen, als er Bakunins befeuernde Worte zum ersten Male las und sofort mit diesem eines Sinnes war, daß die Schrift unbedingt ins Polnische übersetzt werden müsse. Andrzejkowicz versprach, sofort damit zu beginnen. In wenigen Tagen war die Arbeit zu Ende. Wie freute er sich, daß dieser Aufruf gerade in polnischer Sprache so gut klang! Keil nahm sich auch dieser Übersetzung an. Damit erschlossen sich dem Aufrufe neue Verbreitungsmöglichkeiten.

Die Wege, auf denen der Vertrieb und Versand der Broschüre vor sich ging, sind ziemlich in Dunkel gehüllt. Desgleichen die Größe der Auflage. Klar ist nur das Eine, daß Bakunin der Broschüre vor allem in jenen Gebieten Hauptverbreitung wünschte, wo sie zuerst und sofort politisch wirksam werden sollte: in Böhmen. Gelang es durch den Aufruf die Demokraten Böhmens und Prags insonderheit zu gewinnen, dann durfte Bakunin mit Recht hoffen, einen neuen Ausgangspunkt für seine Aktion gefunden zu haben.

---
[1]) Aussage Bak. vom 11. Oktober 1849 bei Polonskij: Bakunin pered sakonskoj sledstvěnnoj komissi, Proletarskaja revoljucija, 54 (1926), 162 ff., Antwort 76; Verhör vom 14. Mai 1850, Prag Militärarchiv, Bakunin.
[2]) Vgl. unten b).
[3]) Vgl. über ihn Feistkohls Dissert. 1914.
[4]) Vgl. unten b).
[5]) Er tat sich mit Cybulski in Berlin in der Polensache hervor, war auch sonst sehr tätig; vgl. seine Wspomnienia Berlińskie i Poznańskie.
[6]) Polonskij: Materialy I, 25 ff.

Anzeichen sprechen dafür, daß Bakunin nichts unversucht gelassen
hat, um diesem Ziele nahezukommen. Seine eigene Angabe, er habe
den Tschechen „eine Masse Briefe" geschrieben[1]), auf die allerdings noch keine Antwort eingetroffen sei, ebenso die Tatsache,
daß er schon im Oktober nach Prag zu reisen gedachte[2]), um dort
neben der Auffrischung alter Bekanntschaften vom Juni her einen
Aufstand hervorzurufen, deuten solche Versuche an, neuerlich zu
Böhmen Fäden zu spinnen. Der Versand des Aufrufs nach Prag
scheint auf zwei Wegen erfolgt zu sein. Einmal auf dem Umwege
über Keil, den Kommissionär Bakunins. Denn die großen Prager
Buchhandlungen wie Borrosch und André[3]) boten die Broschüre
zum Verkaufe an. Ebenso vertrieben in Polen Buchhandlungen die
Broschüre[4]). Daneben scheint Bakunin privat durch Zusendung von
Exemplaren an jene Demokraten, auf die es ihm in erster Linie
ankam, für die rasche Verbreitung gesorgt zu haben. Entsprechende
Begleitschreiben dürften beigelegen haben. Palacký, obwohl kein
Demokrat, besaß und las die Broschüre noch zu Weihnachten[5]).
Ebenso rasch kam die Redaktion der „Slovanská Lípa", das
Organ des gleichnamigen Vereins, in den Besitz der Schrift, da
bereits am 2. Jänner die erste Fortsetzung des Aufrufs als „Hlas
k Slovanům" erschien, der sich drei weitere Folgen anschlossen.
Damit bemächtigte sich die Presse, die öffentliche Meinung dieses
heischenden Mahnwortes und machte es zum Streitgegenstande der
Tagespolitik, so daß seine Beachtung über das unerbittlich Fordernde des Aufrufs hinaus noch dringender wurde. Bakunins Name
tauchte übrigens nicht zum ersten Male in diesem Organe der
tschechischen Demokratie auf. Enthielt doch gleich die erste Nummer
der Zeitung vom 2. Oktober eine wörtliche Übersetzung der von
Bakunin 1847 in Paris gehaltenen Polenrede, womit vielsagend der
Ideeneinklang des kleinen Häufchens tschechischer Demokraten mit
Bakunins Gedankengängen — sie waren ihnen seit den Junitagen
unmittelbar bekannt — zum Ausdruck kam. Podlipský, der

---

[1]) Vgl. unten *b*).
[2]) Vgl. oben S. 71.
[3]) Prag, Archiv d. Minist. d. Innern 1846—1849 Praes. 16/146, der Statt-
halter an Ambros 15. Jänner 1849. Daneben wurden Exemplare noch bei 8 anderen
Prager Buchhändlern festgestellt. Am 23. Jänner lieferte das Gremium der Prager
Buchhändler 21 Exemplare ab, vgl. darüber V. Čejchan: Bakuninova „Provolání k Slovanům" před tiskovým soudem pražským r. 1849, Slov. přehled
1931 (November), 664 ff. — Zu meinem großen Bedauern bin ich hier zu der
Erklärung gezwungen, daß mir das von Čejchan verarbeitete Material, obwohl
ich nach ihm im Archiv des Ministeriums des Innern arbeitete, nur teilweise vorgelegt worden ist. Vor allem der wichtige Bericht des Preßanwaltes Ambros vom
31. März 1849 wurde mir ohne mein Wissen — denn der Benützer erhält in dem
genannten Archiv entgegen sonstigen Archivgepflogenheiten keinen Einblick in
die Kataloge und ist daher ganz auf seinen Referenten angewiesen — vorent-
halten. Ich bin daher außerstande, für die Vollständigkeit des aus diesem Archive
stammenden Materials irgendwelche Verantwortung zu übernehmen.
[4]) Z. B. Baumgardten in Krakau. Bei ihm kostete ein Odezwa do Sło-
wian 1 Gulden 15 kr., vgl. „Czas" (Krakau), hg. v. Siemieński, im Annoncenteil
Frühjahr 1849.
[5]) Prager Zeitung 1849, N° 22, Beil. N° 11, 22. Februar.

bereits diese Rede übersetzt hatte, besorgte ein gleiches beim Aufruf[1]), fügte allerdings die Bemerkung hinzu, die Zeitung habe ihren Lesern nur Gelegenheit bieten wollen, auch übertriebene politische Ansichten kennen zu lernen, in denen allerdings manch Wahres enthalten sei. Desgleichen fügte die Redaktion ein abschwächendes Postskriptum hinzu, wodurch freilich der aufrührerische Inhalt nur wenig entkräftet wurde. Zu gleicher Zeit aber bemühte sich die Regierung schon lebhaft um einen Vorwand für die Auflösung der Slovanská Lípa, die soeben einen Gesamtkongreß der Zweigvereine in Prag abgehalten hatte. Und viel hätte nicht gefehlt und Bakunins Aufruf hätte sofort seine zerstörende Wirkung geäußert. Allerdings verstrichen noch zwei Wochen — sie mögen mit Verhandlungen hinter den Kulissen ausgefüllt gewesen sein — ehe die offizielle Prager Zeitung den Vorfall am 19. Jänner aufgriff. Sie unterstrich besonders stark Bakunins Bekenntnisse über den Slawenkongreß, als dessen Mitglied sich Bakunin auf dem Titelblatte ausdrücklich genannt hatte, hielt eine Reihe führender tschechischer Politiker für schwer kompromittiert und forderte sie zu einer Rechtfertigung heraus. Damit erweiterte sich der Angriff auf das gesamte staatstreue und freiheitliche tschechische Lager mit Palacký, Rieger an der Spitze. Es lag auf der Hand, daß der Artikel der Prager Zeitung irgendwie offiziös beeinflußt worden war. Damit waren die Voraussetzungen für eine schnell um sich greifende Zeitungsfehde gegeben, an der sich so gut wie alle tschechischen, aber auch deutschen Blätter Prags, die Wiener, südslawische und reichsdeutsche Presse beteiligten, jede nach ihrer besonderen Färbung[2]). Der Widerhall in der tschechischen Presse aber gestaltete sich geradezu zu einer Probe auf die parteimäßige Gesinnung, wobei sich die Radikalen aus Opportunität, da sie die Unterdrückung durch die Regierung vermeiden wollten, vorsichtig und zahm gebärdeten. Die tschechisch-bürgerlichen Abgeordneten brachten sogar eine Interpellation wegen der von Bakunin neuerlich aufgeworfenen Slawenkongreßfrage im Reichstag ein.

---

[1]) Prag Militärarchiv, Proz. K. Sabina, Aussage v. 3. Juni 1849 und 3. Dezember 1849; ebenda Fasz. K/4802 N° 8, Aussage Vavras vom 30. Oktober 1849.

[2]) Vgl. z. B. Nowiny Lípy Slovanské, 1848, N° 1—4; 18, 21. Jänner; 20, 24. Jänner; 21, 25. Jänner; 22, 26. Jänner; Národní Nowiny, 21. Jänner, 27. Jänner 1849; Prager Zeitung, 1849, N° 16, 19. Jänner; 19, 23. Jänner; 22, 26. Jänner; 24, 28. Jänner; 25, 30. Jänner; Slavische Centralblätter, 1849, N° 5, 5. Jänner; 21, 21. Jänner; 24, 24. Jänner; 26, 26. Jänner; 32, 1. Feber; 44, 13. Feber; Constit. allgem. Zeitung aus Böhmen, 1849, N° 17, 20. Jänner; 20, 24. Jänner; 24, 28. Jänner; Constit. Blatt aus Böhmen, 1849, N° 20, 24. Jänner; Deutsche Zeitung aus Böhmen, 1849, N° 19, 20. Jänner; Jahrb. f. slav. Lit., Kunst u. Wissensch., 1849, N° 3; Concordia, 21. Jänner 1849; Südslavische Zeitung, 1849, N° 11, 26. Jänner; 12, 29. Jänner; 13, 31. Jänner; 19, 14. Feber; Augsburger Allgem. Zeit., 1849, N° 24, 24. Jänner; 36, 5. Feber; Grenzboten, IX (1849), 1. Bd., 381; Deutsche allgem. Zeitung, 1849, N° 23, 23. Jänner; Allgem. oesterr. Zeit., 1849, N° 22, 23. Jänner; 24, 25. Jänner; 25, 26. Jänner; 31, 1. Feber; Lloyd, 30. Jänner 1849; Österr. Correspondent 1849 No. 17, 21. Jänner; 19, 24. Jänner; 23, 28. Jänner u. a. m.

Was Wunders, wenn so Bakunins Aufruf in Prag ein Gegenstand des Stadt- und Tagesgesprächs wurde und die Behörden[1]) veranlaßte, gegen die Schrift einzuschreiten. Schon am 8. Jänner 1849[2]) machte der Berliner österreichische Gesandte Trautmannsdorf den Fürsten Schwarzenberg aufmerksam, daß das österreichfeindliche Broschürenschrifttum wieder ein neues Erzeugnis aufzuweisen habe: den von revolutionärem Geiste erfüllten Aufruf des „bekannten Demokraten und Aufwieglers" Bakunin. Etwas später rührte sich das böhmische Gouvernement, das der Inhalt und die Wirkung der Schrift in erster Linie anging. Mecséry machte am 15. Jänner[3]) den Staatsanwalt in Preßgerichtssachen Ambros auf den Vertrieb der Broschüre in den Prager Buchhandlungen und auf das Erscheinen der Übersetzung in den Nowiny Lípy Slovanské aufmerksam und verlangte ein Gutachten, nach welchem Paragraphen des Preßgesetzes gegen Bakunin wie die Nowiny Lípy Slovanské gerichtlich eingeschritten werden könnte. Ambros jedoch schien der Angelegenheit weniger Gewicht beizumessen, da es erst eines Mahnschreibens[4]) bedurfte, ehe er mitteilte, er habe die Beschlagnahme der Schrift für ganz Böhmen verfügt und überdies die Klage gegen den Verfasser und Verleger — formell war beides Bakunin — beim Preßgericht eingereicht. Allerdings hielt er erst eine Änderung des provisorischen Preßgesetzes für notwendig, um auch gegen die Verbreiter der Broschüre vorgehen zu können. Diese Tatsachen meldete dann Mecséry[5]), als bereits der Zeitungsstreit im besten Gange war, an den Innenminister Stadion mit dem Bemerken, das Preßgericht vermöge nichts anderes zu tun, als den Haftbefehl gegen Bakunin für den Fall des Betretens von Böhmen zu erlassen und die Kreisbehörden dringend auf ihn aufmerksam zu machen. Das Verfahren müsse vorläufig wegen Abwesenheit des Angeklagten eingestellt werden. Da dieses Verhalten der böhmischen Behörden nicht von Entschlossenheit zeugte, verhehlte Stadion darüber in seiner Antwort vom 24. Feber sein Befremden keineswegs, wies vielmehr mit Nachdruck darauf hin, es müsse unbedingt, gestützt auf den § 20 des Preßgesetzes, gegen die Verbreiter des Aufrufs ein-

---

[1]) Auch die Russen bekundeten Interesse für den Fall, wie aus einem Bericht Meyendorffs vom 25. Feber und 9. März 1849 an Nesselrode hervorzugehen scheint. Er hält Bakunin für um so ungefährlicher, je ärmer er sei und je mehr er Broschüren schreibe. Man stellt ihn auf eine Stufe mit Mierosławski, denen ein Mazzini oder Itzstein turmhoch überlegen seien, Briefwechsel II, 171.

[2]) Wien, Haus-, Hof- u. Staatsarchiv P. A., Berlin 33.

[3]) Prag, Archiv d. Minist. d. Innern 1846—1849, Praes. 16/146. Der Dresdener österreichische Gesandte Kuefstein verlangte alsbald eine Broschüre von Mecséry, der aber beim besten Willen keine mehr in der Stadt auftreiben konnte, Schreiben Mecsérys an Kuefstein v. 11. Feber 1849. Einige nebensächliche Daten bringt V. A. Jevrejnov: M. A. Bakunin i austrijskija vlasti v 1848—1851 godach, Naučnije trudy russk. nar. univ. v Pragě, IV (1931), 118 ff.

[4]) Vom 20. Jänner, ebenda.

[5]) 24. Jänner, ebenda. Schon am 28. Jänner war Bakunin über die Tatsache des Preßprozesses unterrichtet, Briefe von und an P. Herwegh 1848 (1896), 229.

geschritten werden. Aber in Prag scherte man sich nicht sonderlich um den Wunsch des Ministers. Mochte auch der Vizegouverneur Ende März nach Wien berichten, das Erforderliche sei bereits geschehen — Ambros hatte am 31. März 1849 einen vorläufigen eingehenden Bericht über den bisherigen Verlauf des Verfahrens erstattet —, so reichte doch erst am 26. Mai 1849 Ambros die Anklageschrift gegen Bakunin, den Leipziger Buchdrucker Wiede und Keil ein, demnach zu einer Zeit, da längst der zweite[1]) Aufruf an die Slawen erschienen und Bakunin schon festgenommen war.

Aber Bakunin trachtete auch die internationale **Demokratie des Westens** über die geplante Neuwendung der slawischen Politik auf dem Laufenden zu erhalten und sie für diese zu gewinnen. Saß doch seit Anfang Dezember auch Müller-Strübing in Paris und ließ es sich im Kreise der Turgeněv, Herzen, Herwegh, Viardot, Sand und anderer recht wohl gehen. Gerade an Müller sandte Bakunin zwei Pakete Broschüren[2]) auf dem Umwege über die Adresse von $M^{me}$ Viardot, in denen auch Begleitschreiben an Einzelpersonen[3]) enthalten waren. Müller sollte sie mit Herwegh und Reichel verteilen. In der Tat stellte sich auch das erste Echo in der Öffentlichkeit aus Frankreich ein. Schon am 1. Jänner brachte das große, Bakunin durch Flocon nahestehende Demokratenblatt „Réforme"[4]) eine Übersetzung von Bakunins Schrift. Diese Zeitung stellte sich offen und entschieden auf Bakunins Seite, während die Prager Blätter von dem revolutionären Inhalt hatten abrücken müssen. Zur Réforme trat dann noch der Bakunin gleichfalls nahestehende „Le Peuple" Proudhons[5]), der, wenn schon nicht expressis verbis, so doch inhaltlich von dem Aufrufe Kenntnis nahm.

Viel lag Bakunin auch an der Verbreitung des Aufrufs unter den **deutschen Demokraten**[6]), vornehmlich in Sachsen. Hier

---

[1]) Dieser versetzte die österreichischen Behörden ebenfalls in große Aufregung, da er in Massen verbreitet worden zu sein scheint, vgl. auch unten S. 120. Über den Fortgang des Preßprozesses vgl. unten S. 208.

[2]) Briefe von und an G. Herwegh 229.

[3]) Auf einem Konzeptblatt zum Aufruf sind einige Namen aufgeschrieben, die als Adressaten für den Aufruf in Frage kommen könnten: darunter Flocon, Rybeyrolles, George Sand, Lavison, Reichel, Herwegh, Dresden H. St. A. Dresden Amtsgericht 1285 $^i$ vol. IV.

[4]) Fortsetzungen erschienen in N° 3, 4. Jänner; 6, 7. Jänner; 13, 14. Jänner; aber trotz der Bemerkung: „La fin à un prochain numéro" vermochte ich den Schlußteil der Übersetzung in dem Exemplar der Pariser Nationalbibliothek nicht nachzuweisen. Bakunin hatte Flocon ein langes, nicht erhaltenes Begleitschreiben geschickt, in dem er seine revolutionären Pläne entwickelte und die Hilfe der französischen Demokratie erbat. Aber Flocon schickte keine Antwort, Bakunin aber erfuhr damals nichts von dem Abdruck, Beichte 64 f. Vgl. unten unter d) den Abdruck der redaktionellen Einbegleitung.

[5]) Vgl. oben S. 48 f.

[6]) Auch hier notierte sich Bakunin auf einem Konzeptblatte für den Aufruf eine Reihe von Namen, denen er offenbar Sonderexemplare samt einem Begleitschreiben zusenden wollte, da er sich notierte: „pisat'". Für Breslau schrieb er sich folgende Namen auf: Falk, Engelmann, Rühl, Friedensburg, 1 Name unleserlich; für Berlin: $M^{me}$. Piagot, Sigmund, Oppenheim, Semrau, Kraszewski, Kościelski, Łukaszewicz, Cybulski, Reichel, Herwegh, Varnhagen, dann noch 12 unleserliche Namen für Dresden, vgl. Dresden St. A. Amtsgericht Dresden 1285 g, vol. II.

fand er den günstigsten Boden in der Dresdner Zeitung[1]) wie in Keils Leuchtthurm[2]). Aber auch ein Blatt, von dem ein Eingehen auf die Broschüre nicht ohne weiteres zu erwarten war, die „Neue rheinische Zeitung" Marxens[3]), ergriff das Wort; sie widmete ihr überhaupt die umfänglichste Besprechung, die ihr zuteil geworden ist.

Eine Stimme, der angesehene Demokrata Polski, meldete sich für Polen[4]). Bakunin durfte mit dem Widerhall zufrieden sein. Und dies um so mehr, als es ihm gleichzeitig glückte, in Böhmen Gefolgschaft und Sympathie bei einem bestimmten Teil der demokratischen Jugend zu gewinnen, auf die er dann ebenso seine Hoffnungen gründete wie auf die sächsischen Radikalen.

Und wie stand es um den Widerhall in Rußland, das nicht zuletzt Gegenstand der Kritik im Aufrufe gewesen ist? Auf dieses wollte und konnte Bakunin damals nicht unmittelbar wirken, da es ihm an Wegen für die Verbreitung des Aufrufes in seinem Heimatlande durchaus gebrach, mochte er auch gelegentlich westeuropäischen Fremden gegenüber seine unmittelbaren Beziehungen zu Rußland aus bestimmten Gründen übertrieben groß darstellen[5]). Daher läßt sich so gut wie kein Widerhall in der in Rußland lebenden Gesellschaft wahrnehmen. Ja, es ist fraglich, ob auch nur ein Exemplar des Aufrufes damals in die Hand eines freiheitlich gesinnten Heimatrussen gekommen ist. Dafür bemächtigten sich um so eifriger die Vertreter des offiziellen Rußlands[6]), die Diplomaten und Gendarmen dieser „scheußlichen Broschüre", wie sie gleich der nicht näher bekannte Erste bezeichnete, der sie in die Hände bekam. In den Augen dieses Beamten überraschte sie im Gegensatz zu früheren, sonst ähnlich scheußlichen literarischen Erzeugnissen Bakunins durch die Bestimmtheit, mit dem sie von dem revolutionären Geiste im russischen Heere und von den republikanischen Bestrebungen in Moskau spreche. Die russischen Gendarmen gerieten darüber in um so größere Aufregung, als sie sich rühmen konnten, die russische öffentliche Meinung restlos zu überwachen. Mochte man sich auch gleich mit der vielfach zutreffenden Überzeugung beruhigen, Bakunin besitze zu Rußland so gut wie keine Verbindungen — zu Ogarëv verfügte er über solche —, so sann man doch jetzt noch angestrengter darauf, wie man diesen „Schurken" unschädlich machen könne. Dachte dabei der eine daran, Bakunin Gnade und Verzeihung anzubieten, ihn dadurch zur Heimkehr nach Rußland

---

[1]) N° 18, 1849, 17. Jänner; vgl. auch unten S. 106 ff.
[2]) 1849, S. 65 f. Teile unter dem Titel: „Die Revolution in Rußland" abgedruckt; S. 330, N° 22 bringt Keil noch ein Inserat des „Aufrufs", als Bak. längst gefangen war.
[3]) 1849, N° 222, 223, 15. u. 16. Feber; wiederabgedruckt bei F. Mehring: Aus dem literarischen Nachlaß von K. Marx, Engels u. Lassalle III (1902), 246 ff.
[4]) 17. Feber 1849 teilweise abgedruckt.
[5]) Pfitzner, Jahrb. f. Kultur u. Gesch. der Slaven, N. F. (1931), 272.
[6]) Vgl. dazu die einschlägigen Aktenstücke bei Stěklov: Bakunin I², 324 f.

zu bewegen, wo er dann in einem innerrussischen Gubernium unter strenge Polizeiaufsicht gestellt werden könnte, so schmiedete der einflußreiche Helfer von Nikolaus, Dubelt, einen geradezu teuflischen Plan, den er dem Chef der Gendarmerie Graf Orlov unterbreitete. Entsetzt über die Schwere der im Aufruf enthaltenen Majestätsbeleidigungen, erfüllt von Befürchtungen, die russischen liberalen Kreise könnten noch mehr durch den Zerstörungsgeist des Westens angesteckt werden, „erkühnte" er sich, Orlov zu sagen, daß es geradezu sündhaft für die russischen Botschaften sei, keine geheime Vorsorge zu treffen, damit Bakunin festgenommen und nach Rußland geschafft werde. Daher hielt er es für unbedingt erforderlich, „von hier treue Leute zu senden, damit sie diesen Verbrecher ergreifen". Orlov trug diesen Plan auch dem Kaiser vor, offenbar jedoch ohne den gewünschten Erfolg. Wenn sich aber Bakunin vor den russischen Behörden in acht nahm und sich meist verborgen hielt, dann besaß er dafür triftige Gründe. Der Aufruf verschärfte damit den latenten Krieg zwischen Bakunin und dem offiziellen Rußland noch um viele Grade.

Schon die Eigenartigkeit des Inhaltes weckte starke Wirkung, erklärt jedoch nicht völlig ihren großen Umfang. Da hilft eine Frage, seltener bei Männern der Politik und des politischen Schrifttums gestellt, wesentlich die Raschheit der Wirkung zu erklären: die nach dem Stil Bakunins[1]). Soll dieser im besonderen Hinblick auf den Aufruf richtig bewertet werden, dann muß man gewiß für seine westeuropäische Zeit bedenken, daß es sich um nichtrussische, deutsche oder französische Niederschriften bzw. um Übersetzungen handelt, wobei wohl auch der Stil eine etwas andere Färbung erlangt hat. Aber die Grundelemente blieben doch die gleichen, wie die Briefe der dreißiger und vierziger Jahre sowie die „Beichte" als Vergleichsstücke beweisen mögen. Tiefe Leidenschaftlichkeit und hochfliegender, stellenweise exstatisch anmutender Enthusiasmus, gepaart mit einer unbändigen, naturgewaltigen Kraftfülle und einem schier alles bezwingenden Überzeugungs- und Überredungswille machten Bakunins Wesen aus und beherrschten demnach auch seinen Stil. Als Missionär sein Leben auffassend, predigte er im Dienste einer hohen Sendung: der für alle Völker und Menschen zu erwerbenden Freiheit mit geradezu biblischem Pathos sub specie aeternitatis und mit ins Kosmische weisenden Perspektiven in Rußland wie im Westen. Seine Formulierungen zielen meist auf starke Wirkungen ab, besitzen daher häufig den Charakter von Aphorismen und Pointen. Überall lugt die gute Schulung in Hegelscher Philosophie, die restlose Beherrschung der dialektischen Methoden, überdies genaue Kenntnis rhetorisch wirksamer Mittel hervor, wie ja auch der Aufruf die Art einer Rede, nicht eines politischen Traktates aufweist. Schon die Anrede „Brüder" stellt ein geschicktes stilistisches Mittel dar, das jede trennende Wand zwischen Hörer und Lehrer von vorn-

---

[1]) Für Herzen hat jüngst Ž. El'sberg: A. I. Hercen i „Byloe i dumy" (1930), 206 ff. die Stilfrage angeschnitten.

herein ausschaltet. Gleich wirkungsvoll verwendet er die rhetorische Frage, auf die er sofort ein „nein", „keineswegs" oder „ja" zur Antwort bereit hat. Nicht minder zündete die mehrmalige Wiederholung der gleichen Wendung, die zugleich als gliederndes Mittel von Bedeutung ist. Eine besondere Steigerung erzeugte die Anwendung dreier Hauptwörter oder dreier Sätze für die gleiche Sache, die oftmals tautologisch erscheinen und doch leise Abschattungen untereinander besitzen. An Metaphern herrschte kein Mangel, ebensowenig an sachlich meist übertriebenen, dennoch geschickten Vergleichen. Ein strenges Entweder-Oder ließ für den goldenen Mittelweg keinen Raum. Der Satz „Ich bin ein Russe" nahm stets einen besonders beziehungsreichen Platz ein und hob Bakunin zunächst aus der mit der Anrede „Brüder" geformten Masse heraus und kündigte jene Rolle an, die er sich im Aufrufe wie sonst zuschrieb und von anderen zugeschrieben erhielt: Vertreter und Sprecher von 60 Millionen Brüdern zu sein. Als unbeglaubigter Vertreter der unbeglaubigten Großmacht: russisches und slawisches demokratisches Volk wandte er sich drohend und warnend in direkter Rede an den Zar („verblendeter Czar"), als Prophet und völker- wie menschheitserlösender Visionär rief er den zu Bekehrenden zu: „Ich sage Euch" und dies gleich mehrmals hintereinander. Ist dies nicht urverwandt mit jenem evangelischen „Wahrlich, wahrlich, ich sage Euch"?

So wirkten Inhalt und Stil zusammen, um den Aufruf an die Slawen und gewisse Teile der Beichte zu meisterhaften Leistungen in Bakunins politischem und literarischem Schaffen der Frühzeit zu stempeln.

### a) Müller-Strübing an Bakunin[1]).

Orig. Berlin, 19. Oktober 1848.

Jules Elisar. Antworte mir bald!

Lieber Freund! — Aus der heutigen Reform[2]) wirst Du sehn, daß Dein Brief[3]) nun endlich zum Theil schon gewirkt hat. Du hast Recht, die Sache darf nicht so auf sich beruhen, und es wäre auch schon mehr geschehn, wenn nicht die Wiener und in den letzten Tagen auch die hiesigen Ereignisse alle sonstigen politischen Fragen so ganz zurückgedrängt hätten. Etwas bist Du aber selbst Schuld durch Dein Nicht-Schreiben. Gleich als ich die erste Nachricht von Deiner Ausweisung aus Breslau gelesen hatte, ging ich zu Stein[4]), der auch ganz bereit war, das Minister. zu interpelliren, aber nicht auf einen bloßen Zeitungsartikel hin, er verlangte bestimmtes Material von Dir selbst. Jeden Tag erwartete ich nun einen Brief

---

[1]) Dresden H. St. A. Amtsgericht Dresden 1285ʰ, vol. III N° 16. Daß der Brief von Müller-Strübing stammt, ergibt sich durch Schriftvergleich und aus der Aussage Bakunins.
[2]) N° 179. Ruge nimmt nochmals Stellung zu Bakunins Ausweisung.
[3]) Nicht erhalten.
[4]) Demokratischer Abgeordneter von Breslau.

von Dir, Du Sakramenter! Ich konnte nicht schreiben, da ich ja gar
nicht wußte, wo Du warst! Zuletzt habe ichs in der Ungeduld
doch gethan (unter der alten Adresse[1]) nach Breslau), Du wirst den
Brief aber wohl nicht bekommen haben[2]). (Hierbei erhältst Du
einen Brief aus Paris, den mir Mad. Piagot gegeben und den ich
Dir in der Ungewißheit, wo Du warst, nicht zu schicken wagte). —
Heute will ich zu Stein und D'Ester[3]) usw. und das Weitere mit
ihnen besprechen, ich will auch versuchen, ob ich einen Artikel für
die Zeitungshalle veranlassen kann, über Deine Affaire, (ich will mich
sogar selbst erbieten, ihn selbst zu schreiben!!![4]) — das scheint
mir gut wegen Paris, wo die Zeitungshalle mehr gelesen zu werden
scheint als die Reform. — Ich will gleich alles Geschäftliche ab-
machen, und Dir denn sagen, daß ich Mad. P.[5]) Deinen Brief,
wenigstens das sie Betreffende drin, gezeigt habe — sie hatte aber
das Geld auch nicht, sie will es schaffen. Und dann muß ich leider
sagen — ich weiß nicht, ob unsre alte Wirthin[6]) den Frachtbrief
über Deine Sachen[7]), den sie in Händen hat, und den sie als eine
Art Unterpfand betrachtet, Behufs der Einlösung herausgeben wird
(ich war nämlich nicht zu Haus, als der Mann damit kam und so nahm
sie ihn in Empfang). — Ich hoffe sie indes zu bewegen, da ich für
mein Theil mit ihr ziemlich auseinander gekommen bin (ich habe
nämlich den sauren Schritt getan und an den alten E. in Dresden
geschrieben, der denn auch Erfolg hatte). Ich beruhige und vertröste
sie nun und es geht so ziemlich, da sie in der That ein Faible für
Dich hat. Jedesmal, wenn sie in der Zeitung etwas über Dich
findet, kommt sie mit Thränen herein: ach der arme Mensch! Ein
juter Mann! — Außerdem habe ich noch mancherlei Besuche gehabt,
die nach Dir fragten — außer jenem Schneider am Schauspielhaus
hat sich noch einer gefunden[8]) — dann Gerold etc. — „wer nennt
die Völker, zählt die Namen"[9]) —. Der „Teuerste"[10]) ist zurück,
grüßt Dich herzlich — aber weiter auch nichts, angekommen ist
noch nichts. So! Das wäre ja wohl das Geschäft. Aus — Daß Du
nach Dessau gehn würdest, hatte ich erwartet und hatte es allen
Freunden vorhergesagt, daß wir von da aus nächstens Nachricht von

[1]) Kaufmann Stahlschmidt, Bahnhofstr. 5.
[2]) In Bakunins Papieren nicht vorhanden.
[3]) Demokratischer Abgeordneter aus Köln.
[4]) Er scheint es getan zu haben, vgl. oben S. 54.
[5]) Piagot.
[6]) Die Witwe Dreier in Berlin.
[7]) Es waren die Effekten, die er beim Prager Slawenkongreß zurückgelassen hatte.
[8]) Darin glich Bakunin ungemein dem ihm in manchem geistesver-
wandten Richard Wagner, vgl. W. Lippert: Richard Wagner und der Leipziger Schneider Karl Metsch, Neues Arch. f. sächs. Gesch. 52 (1931), 30 ff.;
es gibt sogar ein eigenes Buch „Richard Wagner der Schuldenmacher" (1914)
von L. Karpath.
[9]) Übrigens besaß auch Müller-Strübing den Ruf eines „Archipum-
parius", vgl. K. H. Schaible: Erinnerungen an Dr. H. Müller-Strübing, ersch.
in der Schrift: Dr. phil. Hermann Müller-Strübing (1894). Hercen: Poln. sobr.
soč. XIV, 315 ff.
[10]) Wohl Theodor Mundt.

Dir haben würden. Daß sich die Centralgewalt in diese Angelegenheit mischen wird, glaube ich nicht[1]), so wirst Du denn dort in Sicherheit bleiben können, bis ... ja, was? — Nun, bis hier bessere Zeiten sind, die, wie mir scheint, mit Sturmschritt herannahn; die Entscheidung wird plötzlich, unerwartet über uns hereinbrechen. Am Montag fehlte wenig!, Du weißt, der Befehl, das Militär zur Unterstützung der Bürgerwehr war schon gegeben — wäre es nicht zurück gekommen, ich versichre Dich, Liebster, es wäre ein allgemeiner Brand entstanden — der bei weitem größere Theil der Bürgerwehr hätte sich mit dem Volk vereinigt, sowie eine bunte Jacke sichtbar geworden wäre. Ich war mit meinem Corps, dem Handwerkerverein, Anfangs im Schloß, nachher in der Rosenthalerstraße zum Schutz des bedrohten Hauses des Bäckermeisters Schulz. Für uns war die Sache leicht, denn wie populär der Verein ist, das habe ich selbst bei dem Anlaß erst recht erfahren. Wo wir erschienen, wurden wir mit Jubel und Lebehoch empfangen, das Volk that Alles, was wir wollten, öffnete sogar die Barrikaden für unsere Patrouillen, wir seien „rüstige Jungens, propre Kerls" — in der Rosenthalerstraße wäre es ohne uns unfehlbar zum heftigen Kampf gekommen — so aber stellten wir uns zwischen Bürgerwehr und Volk auf und hinderten den Zusammenstoß und damit unnützes Blutvergießen, das in diesem Augenblick, da wir ja noch nicht einmal wissen, wie die Dinge in Wien sich gestalten werden, höchst unheilvoll hätte wirken können. In Wien! Man möchte aus der Haut fahren vor Ungeduld — immer, jeden Tag, wenn ich in gespanntester Erwartung nach der Zeitungshalle komme, dieselbe Leier: Die Stunde der Entscheidung naht! Sapperlot, wo bleibt sie denn? und wo bleiben die Ungarn! Es wäre das Haar sich herauszuraufen, wenn dieser edle großartige Aufschwung des Volks wieder verloddert, verdiplomatisirt würde! Die erste Nachricht aus Wien zündete hier wie ein Blitz — jetzt stirbt das Interesse dafür im Volke nachgerade schon ab. Aber ich hoffe, der muthige Instinkt der Wiener wird die Diplomatenkünste des Reichstags durchhauen! und dann wachsen auch uns wieder die Schwingen! — Wie schlecht benehmen sich aber Deine Freunde, die Czechen! Donnre dagegen, Liebster — Du mußt es thun! Ein Slave muß seine Stimme erheben für die Demokratie und muß diese perfiden Nationalitätsritter mit ihrem verlogenen Royalism förmlich(?) brandmarken. Du mußt Dich offen von ihnen lossagen. Mach doch einen Aufruf an die Slavischen Demokraten! Jetzt sei nicht faul! Du wirst mir darüber sagen c'est le diable etc. — aber, Liebster, ob ich faul oder thätig bin, darin liegt nicht viel, ich bin Einer unter Vielen — was ich nicht thue, das bleibt deshalb nicht ungethan, andre können es ebenso gut und besser — Deine Stellung ist eine exceptionelle, was Du nicht thust, das geschieht überhaupt nicht, denn Du repräsentirst die slavische Demokratie, Du bist eine puissance oder kannst es sein! — „Gefällt auch das, Berliner?" sagt

---

[1]) Ist offenbar die Antwort auf eine brieflich von Bakunin geäußerte Befürchtung.

Wrangel — ich habe aber Recht! Ja ist es nicht wahr? — Noch nie habe ich den provisorischen Charakter, den alle unsre Zustände haben, so deutlich empfunden, wie jetzt. Das muß benutzt werden. Bedenke, Liebster — doch was soll ich noch viel sagen! Du weißt das Alles so gut wie ich. — Aus Frankreich habe ich kurz hintereinander 2 Briefe gehabt, gute, gute[1]). Man erwartet mich sicher im November avec une impatience joyeuse. Ha wenn ich nicht hin könnte! Und doch, wenn diese elektrische Spannung unsrer politischen Zustände dauert, daß man jeden Augenblick den Blitz erwarten kann, dann gehe ich nicht weg. Ich müßte mir ja die Augen aus dem Kopf schämen, wenn ich in Paris in den Zeitungen lesen müßte, daß meine Freunde sich hier schlagen! Das geht nicht. Auch aus dem Grunde sehne ich mich nach Entscheidung. — Le pauvre Tourg.[2]) ist noch immer leidend, sa nevralgie ne lui laisse pas un moment de tranquillité. Il est degouté de lui même, triste par consequent — aber doch bon comme un angel. Mich dünkt, mit einer großen politischen Entscheidung müßte sich auch die andre, die äußere Möglichkeit zur Reise von selbst finden. — Fahr wohl, Liebster! Wir sehen uns gewiß bald wieder und dann mündlich mehr. Von meiner Mutter habe ich seit ihrer Abreise von hier noch keine Nachricht, was mich etwas beunruhigt. Adieu! Dein F. M. N.

### b) Bakunin an Müller-Strübing[3]).

Konz.                                                      o. O. o. D

Lieber Hermann! Ich hoffe, daß Du die deutsche Übersetzung schon begonnen hast und daß Du Schritte unternommen hast, um einen polnischen Übersetzer zu finden... Du könntest Dich, in meinem Namen, an den jungen Schuman[4]) [an Lipski[5]), auch an Kościelski[6]), an Berwinski[7])], einen Neffen des Abgeordneten wenden, der, wenn er nicht selbst übersetzen kann, Dir vielleicht einen anderen Übersetzer zeigen könnte. Ich bitte Dich, beeile Dich; die Zeit drängt. Dieser Aufruf müßte schon in Prag sein, denn die Ereignisse warten nicht auf uns und nehmen keine Rücksicht auf unsere Faulheit. — Er muß in Deutsch und Polnisch zugleich erscheinen, damit die Tschechen mir nicht vorwerfen können, daß ich mich in Deutsch an sie gewandt habe und folglich ein schlechter Slawe bin. Ich habe ihnen massenhaft Briefe geschrieben[8]), aber bisher noch keine Antwort erhalten. — Darüber werde ich Dir noch einen langen Brief schreiben[10]).

---

[1]) Von Pauline Garcia-Viardot. Sie lud Müller nach Paris ein.
[2]) Tourgenév, der Dichter, Freund Viardots.
[3]) Dresden H. St. A. Amtsgericht Dresden 1285g vol. II.
[4]) Henryk Szuman.
[5]) Polnischer Abgeordneter in Berlin.
[6]) Polnischer Freund Bakunins, vgl. unten S. 141.
[7]) Polnischer Literat.
[8]) Pantaleon Szuman.
[9]) Bisher hat sich keiner gefunden.
[10]) Nicht bekannt.

## c) Appell an die slawischen Völker durch einen russischen Patrioten[1]).

Brüder! Man täuscht Euch, man verrät Euch! Ihr wollt unabhängig und frei sein und man will Euch zu knechtischen Werkzeugen der infamsten Reaktion machen. Unsere Sache stand so gut im letzten Juni, als Windischgrätz kam, um ihr brutal ein Ende zu bereiten. Was sage ich? Er kam, um die Arbeiten unseres Kongresses zu krönen[2]). Das war also die mächtige Versammlung einer mächtigen Rasse, einer Rasse von 80 Millionen Seelen, aus ihrem irdischen Schlummer gerissen durch den Lärm einer Revolution, die die Welt erschüttert. Das war die Erhebung der Slawen, das war für uns alle der erste Tag eines neuen Lebens. Vereint in Prag als Repräsentanten unserer Völker haben wir uns als Brüder getroffen, die sich nach einer langen Trennung wiedersahen. Wir haben uns unwiderruflich vereint gefühlt durch die Bande der Geschichte und des Blutes, wir haben die brüderliche Solidarität erkannt, die unter allen Kindern der gleichen Rasse herrschen muß. Und stark durch unsere Einheit, voller Glaube an unsere Zukunft, nachdem wir einander gegenseitig versichert hatten, unsere Geschicke nicht mehr zu trennen, haben wir scharf protestiert gegen die infame Unterdrückung, deren Opfer wir so lange gewesen sind, haben unser Recht auf vollständige Unabhängigkeit gefordert, unsere Würde als Nationen, unseren Platz unter den freien Völkern Europas. Um unsere Sache stand es also gut! Denn überall war die Gerechtigkeit auf unserer Seite, überall war sie gegen unsere Gegner. Was verlangen wir? „Die Gleichheit, Freiheit und Brüderlichkeit aller Völker[3])". Den Ungarn, den erbitterten Feinden unserer Rasse, die, kaum 4 Millionen, sich einbildeten, ihr Joch 8 Millionen Slawen aufzwingen zu können, haben wir vorgeschlagen, mit uns zu konföderieren. Wir haben die Unabhängigkeit Böhmens und Mährens proklamiert, und wir haben mit Verachtung die absurden Anmaßungen des lächerlichen Parlaments in Frankfurt zurückgewiesen, das heute zum Gespött der ganzen Welt geworden ist, und das in seiner unverschämten Machtlosigkeit beanspruchte, aus uns allen Deutsche zu machen. Aber weit davon entfernt, gegen das deutsche Volk feindliche Gefühle zu hegen, haben wir ihm alles Gute gewünscht, hoffend, daß es, sittlich erneuert durch die Revolution, selbst größer und freier geworden, auch gerechter gegenüber seinen Nachbarvölkern werden wird. Wir haben unsere brüderlichen und lebhaften Sympathien unseren slawischen Brüdern erklärt, die noch unter dem Joch der Türken seufzen. Wir haben feierlich gegen die kriminelle Politik protestiert, die Polen in Fetzen gerissen hat, und wir haben der Hoffnung Ausdruck verliehen, daß die Erhebung dieses edlen und heiligen Märtyrers bald das Signal unserer allgemeinen Befreiung sein wird. Wir haben einen Aufruf an das russische Volk

---

[1]) Dieser Urentwurf, in schwer leserlicher Schrift geschrieben, erliegt mit einer Reihe von Notizen und Schmierzetteln, die alle im vorliegenden Entwurfe ihre Vollendung fanden, in Dresden H. St. A. Amtsgericht Dresden 1285g, vol. II. Wesentlichere Abweichungen von anderen Konzepten sind unter dem Strich vermerkt, von der Wiedergabe unwesentlicher Varianten wurde abgesehen. Auch Verbesserungen in der Schreibung, die Bakunin als Russen verrät, unterblieben ebenso, wie sprachliche Korrekturen.

[2]) Slawenkongreß, Anfang Juni 1848 in Prag.

[3]) Mit diesen Worten endete das Manifest des Slawenkongresses. Das ist richtig. Es handelt sich um das Manifest an die europäischen Völker, vielfach gedruckt; vgl. z. B. T. Wislocki: Kongres slowianski (1928), 198.

verfaßt[1]), das allein unter den slawischen Völkern seine Unabhängigkeit bewahrt hat; und wir haben es daran erinnert, was ihm heute auch nicht gefällt, daß selbst diese Unabhängigkeit nur illusorisch ist, solange es nicht seine Freiheit erobert hat, solange es nicht aufgehört hat, eine Geisel für das polnische Volk und eine Bedrohung der Zivilisation und Freiheit Europas zu sein. Wir haben schließlich die unauflösliche Solidarität aller slawischen Völker proklamiert, die künftig nur noch einen einzigen politischen Körper bilden, föderalistisch gegründet auf den demokratischen Grundlagen von Nationalität, Freiheit, Gleichheit und Brüderlichkeit.

Dies waren die Wünsche des Slawenkongresses (!), dieses sind die Prinzipien, die in seinem Manifest für Europa aufgestellt wurden. Die Despoten ziehen ab. Sie hatten zuerst gehofft, daß der Slawenkongreß ihnen als Mittel dienen könne, die Revolution in Europa zu paralysieren, und sie hatten ihn protegiert. Aber als sie sahen, daß er, weit davon entfernt, ihnen zu Hilfe zu kommen, sich offen gegen ihre Politik erklärte, indem er das unantastbare Recht aller Völker proklamierte, da befahlen sie Windischgrätz, rücksichtslos gegen ihn vorzugehen. — Nach einer heroischen fünftägigen Verteidigung, verraten von denen, die es verteidigen sollten, war Prag gezwungen nachzugeben. — Der Tempel, in dem wir den ersten großen Akt unserer gemeinsamen Unabhängigkeit vollendet haben, wurde geschändet durch eine brutale Soldateska, der Slawenkongreß aufgelöst. Aber unsere Sache hatte nichts verloren, denn unsere Union, geheiligt durch das Blut der auf den Barrikaden erschlagenen Brüder, war dadurch noch stärker geworden. Unter dem Feuer der österreichischen Kanonen haben wir den Verfall der Tyranneien und den Beginn der slawischen Demokratie verkündet. Wir haben auf unserer Seite das Recht, die Gerechtigkeit und natürlich das Interesse ganz Europas — wir müssen die Sympathien aller Demokraten haben und wir können in naher Zukunft auf die unwiderstehliche Kraft von 80 Millionen Aufständischen zählen. Die Herzen voller Glauben, haben wir uns getrennt, um — jeder auf seiner Seite — die Bestandteile unserer nahen Befreiung vorzubereiten und am großen Tag unserer Erhebung werden wir uns alle wiedertreffen.

Brüder! Was hat man, was habt Ihr aus unserer heiligen Sache gemacht? Wer verteidigt, wer vertritt sie heute? Wo sind die Slawen? Überall sehe ich nur die österreichische Sache, überall die Knechte des Kaisers! — Jelachicz hat die schönste Rolle, die es auf der Welt gab, verachtet, er hat die erhabene Mission, die die Geschichte ihm vorzubehalten schien, nicht begreifen können: die des Rächers und Befreiers einer großen unterdrückten Rasse. Der Krieg der Slawen in Ungarn war legitim und gerecht, ein Volkskrieg, ein äußerst demokratischer Krieg; das war der heilige Krieg des slawischen Bauern, dem man alles nehmen wollte: Freiheit, Eigentum, sogar bis zur Muttersprache, gegen eine Handvoll arroganter Ungarn, die den Wahnwitz soweit trieben, die Existenz der slawischen Nationalität leugnen zu wollen. Jelachicz mußte die Erhebung der Slowaken im Norden Ungarns unterstützen. Warum hat er es nicht getan? Nein, er zog es vor, auf Wien zu

---

[1]) Unbekannt. Vielleicht identisch mit den sogenannten Statuten der neuen slawischen Politik. Abgedr. bei Bakunin Briefwechsel, hg. v. Dragomanov (1896), 285 ff., auf die im folgenden deutlich Bezug genommen wird.

marschieren und dort der Revolution den Krieg zu erklären. Dort ließ er die Maske fallen und erklärte plötzlich, er kenne keine slawische Armee, nur die kaiserlich-österreichische; er will nicht mehr der Anführer der Slawen sein, sondern ein einfacher österreichischer General, der die Mauern der Hauptstadt erreicht hat, um die Rechte seines Kaisers und die Einheit des Staates zu erhalten. Brüder! Wißt Ihr, was ein österreichischer General ist? Das ist ein Mensch ohne Vaterland, ohne Glauben, ohne Ehre! Es ist ein Jesuit, an der Spitze einer Armee, die zu allen Verbrechen, zu allen Lügen, zu allen Gemeinheiten fähig ist, um die Interessen eines habgierigen Hofes und einer infamen Aristokratie zu verteidigen!

Und was macht Prag? Das alte, glorreiche Prag!, die heilige Stadt, die Heimat von Hus und Žižka, die Stadt, der der unsterbliche Ruhm gehört, uns das erste Signal der Emanzipation der slawischen Völker gegeben zu haben?[1]) Prag, sagt man, ist eine österreichische Stadt geworden, das Asyl aller Feiglinge, die gefällige Freundin ihres Henkers Windischgrätz, der Sklave eines schwachköpfigen Kaisers! — Diese heroische Bevölkerung, die im Juni so tapfer auf den Barrikaden gekämpft hat für diese edle Jugend, deren begeisterte Lieder uns noch in den Ohren klingen und die wir gesehen haben, belebt von den größten und großmütigsten Gefühlen. Sie wird, so sagt man, ausgebildet von unwürdigen Führern, die sich am Tag der Gefahr feige versteckt haben. Sie haben alles vergessen, die Beschießung Prags, die Brutalität der Soldaten, den Verrat von Windischgrätz, die Zerschlagung des Slawenkongresses, den Racheschwur und alle jene tödlichen Ungerechtigkeiten, die eine Nation, die sich achtet, niemals verzeiht. Sie haben nicht befürchtet, sich ihre reinen Hände zu besudeln, als sie die noch blutigen Hände des Mörders ihrer Brüder ergriffen. Windischgrätz ist heute ihr Held! Sie haben ihm versprochen, mit ihm zu marschieren, unter seinem Kommando gegen die Revolution von Wien.

Brüder! Laßt Euch nicht täuschen durch Menschen, die nur unter dem Schutz österreichischer Bajonette zu reden verstehen. Sie sagen Euch, daß die Erhebung von Wien durch das Geld der Ungarn erkauft wurde. Sie lügen! Sie lügen unverfroren, um Euch auf einen unheilvollen Weg zu führen; sie lügen, um ihre eigene Feigheit zu entschuldigen, zu verstecken. Das ist ein alter Trick, ebenso erbärmlich wie unverschämt, in der Tat würdig derer, die sich seiner bedienen, um alle Revolutionen, alle großen Änderungen, die sich auf der Welt ereignen, mit ein bißchen Geld zu erklären, das unters Volk geworfen wird. So hat man auch die letzte Erhebung von Prag polnischem Geld zugeschrieben. Nein, Ihr wißt es sehr gut, alles Geld des reichsten Landes würde nicht ausreichen, um eine Revolution zu erzeugen, wenn die Revolution sich nicht im Herzen eines jeden befindet. Jugend von Prag! Ihr, die Ihr die Jugend und das Volk von Wien kennen müßt, da einige von Euch selbst an der ruhmreichen Märzrevolution teilgenommen haben, legt die Hand aufs Herz und sagt, ob Ihr wirklich glaubt, daß diese Jugend und

---

[1]) Hier ist eine Seite im Ms. gestrichen, dann aber neu stilisiert in der oben wiedergegebenen Fassung wiederholt. Auf der gestrichenen Seite ist dafür folgende nicht unmittelbar zum Text gehörige Bemerkung Bakunins angebracht: „Hißt die Fahne der demokratischen Revolution. Sagt den Deutschen von Prag, daß ihr keinen Krieg gegen das deutsche Volk führen wollt, sondern nur gegen die Anmaßung von Frankfurt."

dieses Volk gekauft sein können? — Nein, Ihr seid zu edel, um Euch zum Komplizen einer solchen Lüge, einer solch infamen Verleumdung zu machen!
Und glaubt auch nicht, daß diese zweite Revolution eine anti-slawische Revolution ist. Die Feinde unserer Sache, die von dem kriminellen Verhalten Jelachicz' und der allgemeinen Verdammung, die sich in ganz Europa gegen sie erhebt, profitieren, würden ihr gern einen solchen Charakter verleihen. Aber die Wiener haben nichts unternommen, was eine ähnliche Meinung rechtfertigen könnte. Im Gegenteil, waren sie nicht die ersten, die zugunsten Polens protestierten, zugunsten des unglücklichen Galiziens? Und ist Polen kein slawisches Land? Es ist wahr, daß sie zuerst, verwirrt durch perfide Berichte, zögerten, welche Partei sie ergreifen sollten, im Juni, bei den Prager Ereignissen. Aber das war das Zögern eines Augenblicks, und während E u e r   g u t e r, Euer edelmütiger Herrscher, der taub ist für unsere Bitten und die heiligsten Versprechen bricht, sich nicht damit begnügt, in Prag Euren Quälgeist Windischgrätz einzusetzen, sondern ihn auch noch mit einer unbegrenzten Machtbefugnis ausstattete; während im Namen Eures Kaisers dieser General ohne Ehre, der heute Euer Freund ist, Eure Stadt den tausend Schrecken eines Militärregimes unterwarf, während man Euch entwaffnete, während man Eure Gefängnisse mit den besten Mitbürgern bevölkerte, was machte da das Revolutionskomitee in Wien? Es schickte Abgeordnete in das Lager des Diktators, um die Wahrung Eurer Rechte und Eurer Freiheit zu fordern. — Schließlich, im Krieg der Slawen gegen die Ungarn, trotz der schwerwiegenden Vermutungen, die sich von Anfang an gegen Jelachicz erhoben, trotz der gedämpften beunruhigenden Gerüchte, die über die reaktionäre Natur seiner Mission zirkulierten, bewahrten die Wiener strikteste Neutralität, solange der Krieg die Grenzen Ungarns nicht überschritt, solange er den Charakter eines Kampfes zwischen zwei Nationalitäten bewahrte. Sie ergriffen nur Partei für die Ungarn aufgrund zweier eklatanter Tatsachen: die Korrespondenz, die durch Jelachicz selbst veröffentlicht wurde und seine Nominierung durch den Kaiser zum militärischen Chef von ganz Ungarn, was ausreichend bewies, daß er keinesfalls der Führer einer großen unterdrückten Nation war, um die Rechte seiner Mitbürger zu verteidigen, sondern der Knecht des österreichischen Hofes, der G e n e r a l   d e r   R e a k t i o n. Pesth war für ihn nur eine Etappe, um nach Wien zu marschieren, die slawische Nationalität nur ein Vorwand, die Wiederherstellung des Despotismus sein wahres Ziel. — Wien hat, indem es sich erhob, seine Revolution gerettet, die Revolution Europas. Wien hat sich um die gesamte Menschheit verdient gemacht!

Und Ihr könnt Euch gegen Wien aussprechen! Wollt Ihr damit beweisen, daß Eure Sache, daß die slawische Sache der Sache der Menschheit entgegensteht? Daß Ihr nur unter dem Schutz des Despotismus zu marschieren versteht, daß die Slawen geboren sind, Slawen zu sein und den Despoten als Werkzeug gegen die edlen Kinder der Freiheit zu dienen? Wenn das wahr wäre, mein Gott, daß wir nur eine degenerierte und nichtsnutzige Rasse sind, eine Schande und Geißel der menschlichen Gattung! Sind wir wirklich tot für alle großmütigen Instinkte, für alle großen Dinge, die die Herzen der freien Menschen erschaudern und beben lassen, und haben unsere Feinde recht? Und alle unsere Träume, unsere schönen Träume vom Juni, unsere Pläne, unsere Projekte, die wir zusammen in Prag für unsere gemeinsame

Zukunft entworfen haben, das alles wäre nur Lüge und wir hätten keine andere Bestimmung als schändliche Sklaverei und Verachtung der ganzen Welt! — Brüder! Die Stunde hat für die Slawen geschlagen, große Ereignisse bahnen sich an, ihr haltet unsere Ehre in den Händen, die Ehre und das Heil von 80 Millionen Menschen. Bedenkt das gut und entscheidet Euch!

Heute, mehr als zuvor, ist Europa in zwei Lager gespalten. Die Revolution hat der alten Politik einen furchtbaren Schlag versetzt, einen Schlag, von dem sie sich nie mehr erholen wird. In der alten Ordnung ist überall ein beängstigendes Knistern zu vernehmen, überall erheben sich die Völker, überall fordern sie mit lauter Stimme ihre Rechte, die so lange verachtet wurden, und ihre Freiheit. Alle absoluten Herrscher Europas, mit Ausnahme eines einzigen, sind wie durch ein Wunder konstitutionelle Monarchen geworden; sie sind es aus Angst geworden und nicht aus freiem Willen, denn im Frühling war ihre Angst so groß, daß, wenn die zu Recht erzürnten Völker ihnen bedeutet hätten zu gehen, sie geflohen wären ohne den geringsten Versuch von Widerstand. Das Messer an der Gurgel hat man sie gezwungen, großzügig die weitgehendsten Zugeständnisse zu machen. Eine außerordentliche Angelegenheit! Unter den monarchistischen Regierungen wurden Pressefreiheit, das Recht, sich zu versammeln und Volksversammlungen einzuberufen, allgemeine Bewaffnung und allgemeines Wahlrecht einmütig als unveräußerliche Rechte der Völker anerkannt. Alle diese Konzessionen wurden sozusagen durch einen einzigen revolutionären Windstoß errungen, und die verängstigten Könige, erstaunt, daß man ihnen nicht nach dem Leben trachtete, beeilten sich, alles zuzugestehen.

Die Könige haben allem zugestimmt, aber sie wollen alles zurück, und sie haben recht, denn eine so große Freiheit ist unvereinbar mit dem monarchistischen Prinzip. Die Macht der Fürsten beruht auf der Unterdrückung und dem Elend der Völker, auf den Mißverständnissen, die zwischen ihnen bestehen, auf dem moralischen und politischen Isolement der Individuen, der Klassen und Nationen. Teile, um zu herrschen! Eine alte Maxime, so alt wie die Verbrechen der Könige! Jedoch gut genug und immer wirksam in den Augen derer, die keine andere Mission auf der Welt haben als die Verblödung der Menschheit. Nun gut, diese systematische Verdummung ist unmöglich geworden, seit die Freunde der Völker frei in der Presse und auf Volksversammlungen reden können. Die Freiheit aller Völker ist einsam, ihre Interessen sind es auch, und die Menschen, wenn sie sich in großen Massen versammelt haben, besitzen einen fast untrügbaren Instinkt, die Wahrheit mit Blitzesschnelle zu begreifen. Kaum sind sieben Monate vergangen, seit die Revolution in Frankreich ausbrach und seht, welch immense Veränderungen sich seitdem auf der Oberfläche Europas abgespielt haben. Erkennt Ihr das alte Deutschland, das alte österreichische Reich? Die Revolution und das Chaos sind überall! Der neue Geist, der zunächst als ein destruktiver Geist erscheint, ist in die tiefen Schichten eingedrungen, auch in jene, die der Existenz des Volkes am weitesten entfernt sind; er quält die Nationen. Er leitet und formt die revolutionäre Bewegung; die Bewegung hat erst begonnen und jeder spürt, daß alle diese Konstitutionen, die man sich heute geruht zu machen, nur Spielzeuge sind, die man bei der ersten besten Gelegenheit zerbrechen wird. Es kommt gegenwärtig darauf an zu zerstören, diese alte Welt zu zerstören, die unter der Last ihrer eigenen Ungerechtigkeit zusammenbricht. Man muß tabula rasa machen, Platz schaffen für eine neue Welt. Die neue Welt, Brüder! Das ist die vollständige und wirkliche Emanzipation aller Individuen und Nationen; das ist die Erlangung politischer und sozialer Gerechtigkeit, das ist die Herrschaft der Liebe, der Brüderlichkeit, die absolute Herrschaft der Freiheit!

Die Völker, bewegt von dem Vorgefühl dieser großen Zukunft, zittern vor Ungeduld, und was machen die Könige? Was können sie tun? Sie verschwören sich, sie müssen sich verschwören, denn der Augenblick unserer Befreiung wird der ihres Sturzes sein. Sie verschwören sich mit den Adeligen, mit den Privilegierten aller Nationen: die Geldprivilegierten, die Amtsprivilegierten, die Geburtsprivilegierten, alle haben sich um sie geschart, sie kennen kein Vaterland, keine nationalen Vorurteile mehr, sie bilden heute nur noch eine einzige kompakte Masse: das Lager der Reaktion. Was die Reaktionäre um Schlechtes zu tun, können wir es nicht für das Gute tun? Wenn die Reaktion in Europa solidarisch ist, ist es die Revolution auch; und ist es nicht unser aller Pflicht, Demokraten und Revolutionäre aller Länder, uns zu vereinen, uns zu verstehen und unsere Reihen zu schließen, um die Feinde der Menschheit zu bekämpfen und niederzuwerfen?

Brüder![1]) Diese große reaktionäre Konspiration ist keine Fiktion, sie existiert. Die Könige, zunächst suspendiert durch die Ereignisse vom Februar und März, fanden sich nach und nach wieder, als sie die extreme Unerfahrenheit, Langsamkeit und Unentschlossenheit der Männer sahen, die an der Spitze der Bewegung standen. Sie beschlossen, daraus Nutzen zu ziehen. Die Revolution hat alle überrascht; niemand war darauf vorbereitet. Es gab nicht einmal die Umrisse einer Organisation, kein fest gestecktes Ziel, nichts, was einem Plan ähnlich sah. Die Ideen und Vorhaben der Volksführer stießen, durchkreuzten und lähmten einander; die Völker, die jeglicher Führung entbehrten wurden nur durch ihren eigenen Instinkt geleitet, und das war noch der bessere Führer, denn ihm haben wir alle wichtigen Abmachungen zu verdanken, die wir den Despoten schon abgerungen haben. Im übrigen redete man viel, schrie, sang, betrank sich, gratulierte sich gegenseitig und befürchtete nicht, kostbare Zeit zu verlieren, so sicher war man sich des Sieges!

Was machte die Reaktion? Sie war besiegt; sie heuchelte, noch mehr zu sein; sie demütigte sich zutiefst; sie warf sich auf die Knie: „Mein Gott!", sagte sie, „hier liege ich auf der Erde, Ihr seid meine Bezwinger! Hier ist mein Kopf, Ihr könnt ihn abschlagen; Ihr könnt mir meine Krone nehmen, mich meines Schwertes und meines Zepters entledigen... Aber laßt mir diese unschuldigen Kleinigkeiten, erhaltet sie mir als Andenken an Euren Sieg, als historische Sehenswürdigkeiten! Oh! Das Volk ist großartig! Es ist großzügig, es kann verzeihen!" — So war danach also die Sprache der Reaktion.

---

[1]) Die zwei folgenden Abschnitte verkürzte Bakunin in einer erneuten Redaktion so: „Brüder! Diese große reaktionäre Verschwörung ist keine Fiktion, sie besteht. Die Könige, zuvor suspendiert durch die Ereignisse von Februar und März, gewannen nach und nach an Selbstvertrauen, als sie die extreme Unerfahrenheit, die Langsamkeit und die Unentschlossenheit jener sahen, die sich an die Spitze der Bewegung gestellt hatten! Die Revolution hatte alle überrascht, der Sieg war uns wie vom Himmel gefallen; niemand hat es verstanden, die nötigen Konsequenzen zu ziehen. Man hätte die alten Mächte zerschlagen müssen; man begnügte sich überall damit, sie zu demütigen. Man vergaß, daß es Menschen und Parteien

Und während das Volk, noch völlig betäubt von seinem eigenen Sieg, sich wie verrückt an dem Schauspiel dieses tiefen Falles berauschte, während es sich vergnügt diese gefährlichen und perfiden Worte anhörte — hatte dieser infame Intrigant, beschlagen in der höllischen Kunst, die Versklavung der Nationen zu ersinnen, schon einen Plan verfaßt, um die Macht wieder zu ergreifen und sie einem noch härteren Regime zu unterwerfen als jenes war, das sie gerade zerstört hatten.

Seit April entstand eine große Bewegung in der diplomatischen Welt. London war nun der Treffpunkt aller Fürsten, aller geflohenen Staatsmänner; London wurde das Zentrum der konterrevolutionären Konspiration, die bald ganz Nordeuropa umfaßte und aktiv bis Innsbruck, Potsdam und Petersburg auf einmal vorgeschoben wurde. Das war die Erneuerung der Allianz; das Ziel war das gleiche geblieben, nur die Mittel hatten sich etwas geändert: man konnte die Völker nicht mehr brüskieren, man mußte sie auf seine Seite ziehen, indem man sie verwirrte. Im übrigen hatten die Könige, dank der dummen Großzügigkeit der Massen und der wirklich einzigartigen Nachlässigkeit ihrer Führer, fast intakt alle alten Unterdrückungsinstrumente in ihren Händen behalten: überall existierten die gleichen Armeen mit ihren alten Offizieren, die der Revolution feindlich gesinnt waren; die alte Diplomatie, eine permanente Konspiration gegen Freiheit und Heil der Völker; dieselben reaktionären Beamten in fast allen Zweigen der Administration; und, eine unbegreifliche Sache, selbst in der Direktion der Polizei hatte man die Agenten und Spione des alten despotischen Regimes belassen!

Von Kopf bis Fuß bewaffnet, machte sich die Konterrevolution ans Werk. Ihr Plan war ganz einfach und er war durch die Natur der Revolution, die sich in Europa abgespielt hatte, entworfen!

Zwei schwerwiegende Probleme hatten sich wie von selbst seit den ersten Tagen des Frühlings gestellt: Die soziale Frage und die Unabhängigkeit aller Nationen[1]), die Emanzipation der Völker im Inneren und Äußeren zugleich. Es waren nicht irgendwelche Individuen und auch keine Partei, sondern der bewundernswerte Instinkt der Masse, der diese beiden Fragen über alle anderen erhob und dafür eine sofortige Lösung forderte. Jeder hatte begriffen, daß die Freiheit dort nur eine Lüge ist, wo die überwiegende Mehrheit der Bevölkerung gezwungen ist, eine erbärmliche Existenz zu fristen, dort wo sie, beraubt jeglicher Bildung, Muße und Brot, sich sozusagen dazu bestimmt sieht, den Mächtigen und Reichen als Fußsoldaten zu dienen. Die soziale Revolution stellt sich also als natürliche und notwendige Konsequenz der politischen Revolution dar. Auch hatte man gefühlt, daß, solange es in Europa eine einzige verfolgte Nation gäbe, der entscheidende und vollständige Sieg der Demokratie nirgendwo möglich sei. Die Unterdrückung eines Volkes oder auch nur eines einzigen Individuums ist die Unterdrückung aller und man

---

gibt, die sich nicht bessern, für die leben gleichbedeutend mit unterdrücken ist und die durch gewaltige Privilegien so korrumpiert sind, durch ihre angeborenen Vorurteile und selbst durch die Notwendigkeiten ihrer außergewöhnlichen Position, daß sie nur dann aufhören, Schlechtes zu tun, wenn sie aufhören zu existieren. Man vergaß die einfachsten Vorsichtsmaßregeln; man wollte großzügig sein gegenüber jenen, die es nie gewesen sind; man legte einen Deckmantel über ihre Verbrechen, man vergab, man verschonte zuviel! Dies war ein großer Fehler, und unsere Feinde haben daraus nur ihren Nutzen gezogen!"

kann die Freiheit eines Einzelnen nicht verletzen, ohne die Freiheit aller zu verletzen. Diese so einfache und so lange verachtete Wahrheit ist zu einem Volksaxiom geworden; der erste Schrei der Revolution war überall auch ein Schrei des Hasses gegen die alte Unterdrückerpolitik Europas. Man war der Lügen, der Verrätereien und der Verbrechen der Diplomatie müde; man schämte sich, daß man sich so lange hatte verwirren lassen können durch den Macchiavellismus der Fürsten; man wollte nicht länger der Henker, man wollte der Freund und Bruder aller Unterdrückten, Völker wie Individuen, sein. Diesmal wollte man die Freiheit für alle, eine echte und vollständige Freiheit, ohne Grenzen und ohne Ausnahmen: „Nieder mit den Unterdrückern, es leben die Opfer! Es leben die Polen! Es leben die Italiener! Es leben alle verfolgten Völker! Keine Eroberungskriege mehr, sondern nur noch ein guter revolutionärer Krieg für die Befreiung aller unterdrückten Völker! Nieder mit allen künstlichen und scheußlichen Grenzen, die gewaltsam auf den Kongressen der Despoten beschlossen worden sind nach sogenannten historischen, kommerziellen und strategischen Notwendigkeiten! Wir wollen keine andere Begrenzung zwischen den Völkern mehr als die eine natürliche, gerechte, demokratische, die auf dem souveränen Willen der Völker und ihren unterschiedlichen Nationalitäten beruht!" — Dies waren die edlen Rufe, die fast gleichzeitig in Paris, Wien und Berlin ertönten! Brüder! Ihr habt diese großmütigen Rufe gehört, Ihr habt sie in Wien gehört, wo Ihr inmitten deutscher Barrikaden, selbst für das Recht aller Nationen kämpfend, die große slawische Barrikade mit der Fahne unserer künftigen Freiheit errichtet habt.

Dies war das Ende der alten Welt und der Beginn einer neuen Politik, der brüderlichen Politik aller emanzipierten Völker. Indem sie allen Unterdrückern den Krieg erklärte, indem sie die Befreiung aller Unterdrückten verkündete, proklamierte die Revolution die Auflösung aller alten Staaten, die sich aus heterogenen Volkgruppen zusammensetzen; die Auflösung des preußischen Staates durch die Entlassung seiner polnischen Provinzen; das österreichische Imperium, eine monströse Agglomeration der unterschiedlichsten Nationalitäten; das türkische Reich, wo 700 000 Osmanen kaum eine Bevölkerung von über 12 Millionen, die sich aus Slawen, Walachen und Griechen zusammensetzt, unterdrückt halten können; schließlich die Auflösung des russischen Reiches, wo es, ohne von den anderen kleinen Volksstämmen zu reden, die sich in der Größe verlieren wie Wassertropfen im Ozean, drei große verschiedene slawische Nationen gibt: die G r o ß r u s s e n, die K l e i n r u s s e n und die p o l n i s c h e N a t i o n, alle drei von sehr verschiedenem Ursprung mit einer Geschichte, die alle notwendigen Bedingungen für eine getrennte Existenz aufweist, die heute alle drei unter dem Zepter des schrecklichsten aller Despoten stöhnen. — Indem sie den Unterdrückern den Krieg erklärte, proklamierte die Revolution die Veränderung, den Umsturz des gesamten Nordens, des gesamten östlichen Teils Europas, die Emanzipation Italiens und als Endziel: d i e  a l l g e m e i n e  F ö d e r a t i o n  d e r  e u r o p ä i s c h e n  R e p u b l i k e n !

Also die soziale Emanzipation der Massen und die Befreiung der unterdrückten Nationen: so war von Anfang an die doppelte Richtung unserer erhabenen Revolution. Und genau auf diese Doppelrichtung der Geister

---

[1]) Die der Befreiung aller unterdrückten Nationen.

bauen die Feinde des Volkes ihre konterrevolutionären Operationen.

Die soziale Frage, eine sehr schwierige Frage, voller Gefahren und großer Stürme, kann weder durch eine vorgefaßte Theorie noch durch ein isoliertes System gelöst werden. Um sie zu lösen, braucht man guten Willen und einmütige Zusammenarbeit, braucht man den Glauben eines jeden in das Recht aller auf gleiche Freiheit. Man muß die materiellen und moralischen Bedingungen unserer jetzigen Existenz umstürzen, man muß diese altersschwache soziale Welt, die impotent und steril geworden ist, von Kopf bis Fuß umkrempeln. Sie könnte ein so großes Ausmaß von Freiheit weder fassen noch zulassen. Vorher muß man noch die Atmosphäre reinigen und das Milieu, in dem wir leben, vollständig verändern, denn es korrumpiert unsere Instinkte und unseren Willen, es läßt unsere Herzen und unsere Intelligenz verkümmern. — Die soziale Frage erscheint also zunächst als Umsturz der Gesellschaft.

Unsere Gegner[1]) mußten sie bei dieser negativen Seite packen, um sie gegen die Revolution auszunutzen. Heute gibt es unglücklicherweise dank der so bewunderten und gelobten Zivilisation des neunzehnten Jahrhunderts viele, viele Menschen, die absolut gleichgültig dem gegenüber sind, was Wohlsein, Glück und Würde unserer Gattung betrifft. Man könnte sagen, daß alle diese brennenden Fragen, die den Rest der Menschheit bewegen, sie nichts angehen, daß die Ereignisse sich außerhalb und weit entfernt von ihnen abspielen, ohne auch nur ihre apathische Existenz zu streifen. Diese Menschen haben weder eine Meinung noch eine Religion, noch Überzeugung oder Vorliebe: Monarchie, Republik, Freiheit, Sklaverei, Vaterland, nationale Unabhängigkeit oder fremdes Joch, Ehre, Unehre, all das ist ihnen völlig egal, vorausgesetzt, daß man sie in Ruhe läßt. Die Ruhe, das ist ihr Gott; Eigentum und Geld ihre einzige Leidenschaft; aber eine solch fanatische Leidenschaft, daß diese sonst so friedlichen Menschen, so schüchtern und sanft in gewöhnlichen Zeiten, wild werden wie Tiger, wenn sie es angegriffen glauben. Dann fällt ihnen keine Gemeinheit schwer, sie wären sogar fähig, das Leben von zehn Menschen zu opfern, um einen Taler zu retten. Wir haben alle den unbeschreiblichen Schrecken dieser Leute gesehen, als die Revolution ausbrach. Natürlich konnten sie nichts begreifen weder von der Größe noch von der erhabenen Schönheit der Zukunft, die sich vor uns auftat; sie sahen nur den Verlust ihrer geliebten Ruhe und alles dessen, was sie besaßen; und bald, vom Schrecken zum Haß übergehend, wurden sie überall zu erbitterten Feinden der Revolution. — Die Reaktion wäre sehr dumm gewesen, wenn sie dies nicht ausgenützt hätte. Dies war eine so ausgezeichnete Gelegenheit, die Klassen zu teilen, um Zwietracht zu schüren, um die Harmonie der revolutionären Bewegung zu stören. Sie versäumte es nicht, sich sofort ans Werk zu machen; sie verteilte mit vollen Händen Geld, sie bemächtigte sich mit tausend Stimmen der Presse, um den Kreuzzug der Bourgeoisie gegen das Proletariat zu predigen. Sie nahm zu ganz unglaublichen Kunstgriffen Zuflucht, um die schon ganz zerrüttete Phantasie der guten Bourgeoisie zu erschrecken und während das Volk, wie immer erfüllt von großmütiger Begeisterung, überall nur daran dachte, sich für das Wohl

---

[1]) Die monarchistischen Verschwörer.

aller zu opfern, verleumdete sie es in schändlicher Art und stellte es als blutrünstig, plünderungsgierig hin, nur von Raub, Vergewaltigung und Mord träumend!

Die Früchte dieser Verleumdungen wurden überall sichtbar. In allen großen Städten Europas kühlten die Beziehungen zwischen Arbeitern und Bürgern, die zuerst so offen, so herzlich, so völlig frei von jeglichen schlechten Hintergedanken waren, zusehends ab. Der Bürger begann, das Volk zu fürchten und ihm wachsendes Mißtrauen zu zeigen. Das Volk fühlte sich zurückgestoßen, isoliert; es fühlte sich in seiner Ehre angegriffen und wurde seinerseits mißtrauisch. Unsere Feinde rieben sich vor Freude die Hände; ihr Plan schien aufgegangen zu sein, denn der Abgrund zwischen beiden Klassen, deren Verständigung entscheidend für den Triumph der Revolution sein mußte, vergrößerte sich täglich mehr. Die erste Konsequenz dieser fatalen Teilung war, daß an Stelle der allgemeinen Bewaffnung, die überall als das erste aller natürlichen Rechte verkündet worden war und die man feierlich versprochen hatte, in Deutschland wie in Frankreich, nur die Bourgeoisie bewaffnet wurde. Das Volk wurde ohne Waffen gelassen. Damit hatte die Reaktion einen großen Sieg davongetragen. Sie wußte sehr wohl, daß an dem großen Tage des Kampfes es nicht die Mittelklasse sein würde, deren Wut und deren Schläge sie fürchten mußte, sondern das Volk. Das Volk, der für die Freiheit geborene Soldat, ist immer die natürliche Verteidigung der Bourgeoisie gegen den Despotismus gewesen, und die liberalen Bourgeois haben auch, wenn man sie ihrer Waffen beraubte, gehandelt wie ein General, der angesichts des Feindes einwilligt, seine Soldaten entwaffnen zu lassen.

Wir haben selbst dafür in Prag einen Beweis gehabt. Wer hat sich gegen Windischgrätz geschlagen? Die Studenten und die Arbeiter. Und was hat der Großteil der Bürger gemacht? Die einen haben sich feige in ihren Kellern versteckt, während die anderen uns an Windischgrätz verraten haben, um ihre Häuser vor den österreichischen Bomben zu sichern. Das Rathaus, daran erinnert ihr euch noch gut, wurde zum Zentrum schmutziger Intrigen und des infamsten Verrates. (Das Rathaus wurde zu einem Verrathaus.) (M. B. deutsch im Orig.) — Die Revolution stand kurz vor ihrem Triumph, Ihr wißt es. Denn nach einem dreitägigen Kampf auf Leben und Tod, in dem Windischgrätz viele Männer und seinen Sohn verloren hatte — etwas, was er nie verzeihen wird —, war er gezwungen, sich zurückzuziehen. Seine Soldaten waren erschöpft, ohne Munition, ohne Brot und völlig demoralisiert. Die Landbevölkerung, alarmiert durch den Lärm der Kanonen, erhob sich massenhaft, um uns zur Hilfe zu eilen. Wenn Windischgrätz zwischen zwei Feuer geräte, wäre er verloren. Eure Bürger liefen davon. Kaum war er aus der Stadt verschwunden, da erschienen sie wieder, die Aufschneider — nun, da die Gefahr verschwunden zu sein schien —, sie, die sich noch tags zuvor als feige erwiesen hatten; den Mund voller patriotischer Reden und lächerlicher Worte. Sie besetzten alle Tore von Prag und ihre erste Maßnahme war, denen, die ihr hinausschicken wolltet, um den Kontakt mit der Landbevölkerung herzustellen, den Durchlaß zu verwehren. Mit einer beispiellosen Verräterei haben sie während zwei verhängnisvoller Tage die Bauern zurückgehalten, die nur auf das erste Signal warteten, um das österreichische Heer zu zerschmettern; sie haben sie daran gehindert, indem sie ihnen sagten, alles sei glücklich beendet und man brauche ihre Hilfe nicht mehr. Danach haben sie sich entschuldigt mit der Furcht vor Plünderungen, die Schändlichen! Es heißt, sie hätten ihre Schamlosigkeit sogar soweit getrieben, Windischgrätz zu bitten, er möge ein Bataillon Soldaten senden, um ihr Eigentum gegen die Arbeiter zu verteidigen, die doch nur daran dachten, für die Freiheit und Ehre Prags zu sterben! Die Tatsache ist, daß, seit dem ersten Tag seines Rückzugs, sie sich mit ihm in Verbindung gesetzt und diese schändlichen Verhandlungen begonnen haben, die mit der Übergabe der Stadt an den brutalen Windischgrätz endeten, der, beruhigt hinsichtlich der Situation auf dem Lande und sehend, daß die Bürger nicht mehr wollten, als sich ergeben, uns nun bombardieren konnte, wie es ihm gefiel. Ihr wißt den Rest ... Ihr wißt, wie man kapitulierte, wie er, ohne den geringsten plausiblen Grund, nur um sich der Verpflichtung zu entziehen, einige unbedeutende Bedingungen, die er unterzeichnet hatte, einzuhalten, die Beschießung gegen abend den 16. Junis wieder aufnahm, als schon alle wichtigen Barrikaden weggeräumt waren. Ihr erinnert Euch an unsere ohnmächtige Wut, unsere vergeblichen Versuche, den Kampf wieder aufzunehmen ... und Ihr habt sicher noch nicht die Schändlichkeiten und Demütigungen des Belagerungszustandes vergessen, die diesem widerwärtigen Verrat folgten!

Dies waren die unglücklichen Ergebnisse der Teilung, die die Feinde der Bewegung überall zwischen die Mittelklasse und das Volk gelegt hatten. In Paris trat diese Trennung überall auf in den fatalen Juniereignissen, die beinahe zum Tod der Revolution geführt hätten. Seitdem haben wir, statt voranzuschreiten, sehr viele Rückschritte gemacht: überall entstanden reaktionäre Gesetze und Maßnahmen, und man konnte sogar einen Augenblick befürchten, daß die Bourgeoisie, verstört durch einen panischen Schrecken, den abgesetzten Despotismus zur Hilfe rufen würde. — Aber die Gefahr ist, Gott sei dank, vorüber! Die Revolution hat sich als stärker erwiesen als die Intrige und die Intriganten haben die Rechnung bezahlt. Denn die Bourgeoisie selbst, einem mächtigen Impuls nachgebend, der sie gegen ihren Willen vorantreibt, hat sich schließlich endgültig in zwei Lager geteilt: das reaktionäre und das revolutionäre Bürgertum. Letzteres marschiert erneut gemeinsam mit dem Volk, und vereint werden sie unschlagbar sein. — Um den Sommer zu charakterisieren, der gerade zu Ende gegangen ist, könnte man sagen, daß es die Epoche der bürgerlichen Reaktion gegen das Volk war. Aber es war auch die der n a t i o n a l e n R e a k t i o n gegen die Demokratie, gegen die Freiheit.

Im Frühling entstand eine große Bewegung unter den Nationen. Italien, Polen, die Deutschen von Limburg und Schleswig-Holstein, alle Slawen, die Ungarn, die Walachen von Österreich, sowie die der Türkei, alle Völker letztlich, die unter den Ketten eines fremden Jochs gestöhnt haben, haben sich, bebend und elektrisiert von dem Atem der Revolution, erhoben. Die Realisierung der gewagtesten Träume deutete sich an! Der erdrückende Stein des Despotismus, der seit Jahrhunderten auf dem Grab ihrer Unabhängigkeit lastete, wurde mit einem Schlag wie durch eine unsichtbare Hand emporgehoben. Das magische Skelett wurde zerstört und das Ungeheuer, der Wächter der schmerzlichen Bewegungsunfähigkeit so vieler lebendig begrabener Nationen, wurde seinerseits niedergeschlagen von dem flammenden

Ruhm des Genius Freiheit und blieb umgestürzt und sterbend liegen ... Dies war die Erhebung der Völker! — War der Despotismus einmal tot, hatten die Völker scheinbar nichts mehr zu befürchten. Sie hatten keinen Feind mehr, denn es schien unmöglich, daß sie, ihre Pflicht, ihre teuersten und traurigsten Lektionen der Vergangenheit vergessend, begännen, sich untereinander zu schlagen. Müßte die heilige Sache der Revolution sie nicht zu gemeinsamer Aktion einen und, da sie in ihrer Sklaverei, ihrem Leiden und ihrer Schande solidarisch waren, warum nicht auch in ihrer Freiheit, ihrem Glück und ihrem Ruhm?

#### d) Einleitung der „Réforme" zum Abdrucke von Bakunins „Aufruf"[1]).

Es ist ein Werk voller Mut und Energie. Unsere Freunde erinnern sich an den russischen Flüchtling Michail Bakunin, der kurz vor Februar aus Frankreich ausgewiesen wurde, durch die Politik Louis Philippes, die der des Zaren unterworfen ist. Seit der russische Demokrat Bakunin dem Slawenkongreß von Prag beigewohnt hat, verfolgt er, wie er uns immer gesagt hat, den Plan einer großen slawischen demokratischen Föderation, deren brüderliche Bande gleichzeitig die slawischen Völker Österreichs, Rußlands (emanzipiert) und die Polens, auferstanden und befreit von der Tyrannei, umfassen würde. Aber dieser Mann von unerschütterlicher Überzeugung, Mut und außergewöhnlicher Aktivität, an dem wir bewundern, was uns noch als großer Traum und Enthusiasms erscheint, dieser Mann flößte Nikolaus Angst und Mißtrauen ein.

Nachdem er ihn vergeblich durch die Hand Guizots hatte verfolgen lassen, die Revolution war inzwischen eingetreten, wandte der Zar eine andere ruchlose Taktik an, die der Moskauer Politik wohl würdig ist. Von Petersburg aus verlieh man zahlreichen Geheimagenten in Frankreich, Deutschland und Polen das Wort; und die Lüge verbreitete sich überall, die besagte, daß der russische Demokrat Bakunin, dessen Güter durch Nikolaus eingezogen worden waren, ein russischer Agent sei ...

Eine erbärmliche Verleumdung, die durch die Taten unseres Freundes dementiert wird und die er heute beschämt mit seinem **Appell an die Slawen**, in dem er jene aufruft, zu den Waffen zu greifen, um den wahren **Panslawismus** zu verwirklichen. Er zeigt ihnen den russischen Erbfeind von Nationalität, Freiheit und der slawischen Rasse. In der Schrift, die zu lesen sein wird, umreißt unser Freund die Europäische Frage, die in diesem Augenblick in Österreich und an den Ufern der Donau von euch mit großer Gründlichkeit diskutiert wird, unter einem für uns neuen Aspekt; gleichzeitig lehrt er den Slawen die revolutionäre Praxis. Wir deutschen und französischen Demokraten, die wir uns äußerst für den Kampf interessieren, der an der Donau begonnen hat, können daraus Lehren schöpfen.

### 9. Bakunin und die „Dresdner Zeitung".

Bakunin, von der Macht der Presse und der öffentlichen Meinung überzeugt, rechnete stets mit ihnen als notwendigen Mitteln für die Verwirklichung seiner im „Aufrufe an die Slawen" soeben dargelegten Absichten, die auf eine Massenbewegung und Volkserhebung abgestellt waren. Besonders die Tschechen, die durch ihre eigenartige Stellungnahme Teile der internationalen

---

[1]) N° 1, 1. Jänner 1849. Der Abriß ist offenbar beeinflußt von dem anfänglichen Begleitschreiben Bakunins an Flocon, das nicht erhalten ist. Es scheint in rohen Strichen das Leben Bakunins dargestellt zu haben.

Demokratie wesentlich mit zu nationalen Demokratenlagern umgestalten halfen, bereiteten Bakunin große Sorge. Die **Einstellung der deutschen Demokratie zur Slawenfrage** im allgemeinen wies während des Jahres 1848 mannigfache Wandlungen auf. Allgemeine Begeisterung für die Sache der Slawen, insonderheit der Polen, wich allmählich kühler Beurteilung, wandelte sich sogar gegenüber den Tschechen seit dem Juni in leidenschaftlichen Haß. Tschechische Demokraten und Liberale fühlten sich damit zu einer Schicksalsgemeinschaft zusammengeführt und teilten getreulich den Haß gegen Deutsche wie Magyaren. Um die **Wiener Oktoberrevolution** knoteten sich schließlich all die Fragen zusammen, über welche die einzelnen nationalen Demokratenlager so verschieden urteilten. Vor allem die Tschechen, die im Kampfe der Wiener wie der magyarischen Demokraten eine nationale, keine demokratische Angelegenheit erblickten, lieferten damals Europa den Beweis, daß die Nationalität höher als Demokratie und Freiheit stehe. Treue Bundesgenossenschaft leisteten darin den Tschechen Slowaken wie Kroaten, die alle in Ban Jelačić schwärmerisch den allslawischen Heiland verehrten.

Die Antwort der Demokraten aller Länder, einschließlich der Polen, kam der Verhängung des moralischen **Boykotts** gegen die **tschechischen Demokraten** gleich. Diesem Bannspruch schlossen sich vor allem die deutschen Demokraten an. Groß war das Vorhaben Bakunins, diese fundamentalen Gegensätze zu überbrücken. Den Herbst 1848 und das Frühjahr 1849 füllte er vornehmlich mit dieser Versöhnungsarbeit aus. Gerade dabei bediente er sich nach Tunlichkeit der Presse, die umzustimmen er sich besonders angelegen sein ließ. Die sichtbarsten Erfolge erzielte er bei der „**Dresdner Zeitung**", dem Hauptorgane der sächsischen Demokratie.

Die **sächsischen Demokraten** verfolgten die **tschechische Frage** mit besonderer Aufmerksamkeit, da die freundnachbarschaftlichen Beziehungen zwischen Sachsen und Deutschböhmen sich besonders eng gestalteten[1]). Damit übernahmen sie zugleich die genaue Kenntnis von den dauernden nationalen Zwistigkeiten zwischen Deutschböhmen und Tschechen, wobei sie sich entschieden gegen diese stellten. Wesentlich anders verhielten sie sich zu **Polen**. Sachsen, insonderheit Dresden, schon überlieferungsgemäß verlockender Aufenthalt für westwärts reisende Polen, bewährte den polnischen Emigranten 1848 und vordem ebenso seine Sympathien wie andere deutsche Landschaften. Hilfskomitees für die heimkehrenden Polen entstanden in Leipzig wie in Dresden[2]). In Sachsen stauten sich die Kolonnen der Emigranten, als Preußen seine Grenzen sperrte. In Sachsen versammelten sich aber auch die flüchtig gewordenen polnischen Teilnehmer des Prager Slawenkongresses[3]), als

---

[1]) Vgl. unten S. 173 ff.
[2]) Vgl. dazu bes. Dresden H. St. A. Minist. d. Innern 242ᵏ: Polnische Emigranten vol. 10 (1848).
[3]) Vgl. darüber die eingehenden Ankunftslisten von Reisenden im Dresdner Journal 1848.

dieser durch den Juniaufstand plötzlich unterbrochen worden war. Dresden wie Bad Schandau gehörten zu den bevorzugten Schlupfwinkeln der polnischen Aristokraten. Sehr bald freilich begannen sich die sächsischen Behörden gegen diesen so plötzlich sich erhöhenden Zustrom der Polen zu wehren, mochte auch Minister Oberländer möglichst lange die Hand schützend über sie halten. Auch Bakunin dachte übrigens damals daran, sich nach Dresden zu begeben, da er sich in seinen Prager Passierschein schreiben ließ, er stamme aus Dresden[1]). Trotz des Mißtrauens der Behörden blieben die polnischen Hilfskomitees weiterhin tätig, gingen wohl auch das Ministerium um Unterstützungen an. Hielten doch die in den sächsischen Vaterlandsvereinen zusammengeschlossenen Demokraten samt den Republikanern im Gegensatz zu den verbürgerlichten Demokraten und Liberalen Sachsens die polnische Frage weiterhin baldiger Lösung für dringend bedürftig. Polenfreundschaft und Tschechenfeindschaft kontrastierten merkwürdig in den Überzeugungen der sächsischen Demokraten.

Darnach konnte die Haltung der sächsischen Demokratie gegenüber den Tschechen bei Ausbruch der Wiener Oktoberrevolution nicht zweifelhaft sein, zumal die Tschechen bei dieser Gelegenheit nichts taten, um das seit dem Juni auf ihnen lastende Odium, unverbesserliche Deutschen- und Freiheitsfeinde zu sein, von sich zu streifen. Im Zusammenhange mit den Klärungs- und Reinigungs- vorgängen im Herbst innerhalb der sächsischen liberaldemokratischen Kreise[2]) schufen sich die Demokraten, vor allem der Dresdner Vaterlandsverein, ein eigenes Organ in der „Dresdner Zeitung", die am 28. September 1848 erstmalig erschien, vom Dresdner Vaterlandsvereinsausschuß herausgegeben und von Lindeman und Ludwig Wittig redigiert wurde. Volle Freiheit für den einzelnen, die Gemeinde, „jeden Staat", „jede Nation" zu fordern, die Volkssouveränität dabei obenan zu stellen, so lauteten Hauptleitsätze des neuen demokratischen Organs[3]), das sich entgegen so vielen anderen Neugründungen des Sturmjahres zu ansehnlicher Höhe entwickelte und sich neben den alteingelebten Organen Sachsens wie Deutsche allgemeine Zeitung, Dresdner Journal ebenso zu behaupten vermochte wie neben den großen deutschen Demokratenblättern Berlins, Breslaus und des Westens.

Mit der kaum flügge gewordenen Zeitung verbindet sich sofort Bakunins Schicksal. Traf er doch soeben als politischer Flüchtling in Dresden ein, ohne Verständnis bei den sächsischen Behörden zu finden, so daß ihm kein anderer Weg übrig blieb, als sich an das neu gegründete Demokratenorgan zu wenden, um durch

---

[1]) Vgl. Kersten: Bak. Beichte 50. Er dürfte dann jedoch über Ostböhmen direkt nach Breslau gefahren sein.

[2]) Vgl. darüber C. Geyer: Politische Parteien und öffentliche Meinung in Sachsen von der Märzrevolution bis zum Ausbruch des Maiaufstandes 1848/49, Diss., Leipzig (1914); W. Schinke: Der polit. Charakter des Dresdener Maiaufstandes 1848 u. d. sächs. Parteien, Diss., Leipzig (1917).

[3]) In der Probenummer. Ich benützte die Exemplare der Dresdner Landesbibliothek und des Stadtarchivs.

dieses dem freiheitlichen Europa seine laute Klage verkünden zu lassen. Dabei traf es sich für ihn überaus günstig, daß ein guter Bekannter aus seiner ersten Dresdner Zeit, Ludwig Wittig[1]), in der Redaktion saß, der sich seines Schicksals, eingedenk der geistig fruchtbaren Stunden im Kreise Ruges, wärmstens annahm und in der Dresdner Zeitung sofort eingehend schilderte[2]). Bakunin lieferte ihm dabei genaue Angaben über sein bisheriges Leben, so daß der Bericht der Dresdner Zeitung sich vor allen anderen, diesem Fall gewidmeten Pressestimmen durch große Sachkenntnis auszeichnete. Die Freundschaft mit Wittig, dem ewigen Studenten und Literaten, gewann damit wieder Leben, für Bakunin wie Wittig gar bald höchste Bedeutung.

Inzwischen verbarg sich Bakunin in Anhalt, von wo er aufmerksam die Haltung der demokratischen Presse verfolgte, in erster Linie die Beurteilung der slawischen Frage. Schon bei seiner Durchreise durch Dresden lernte Bakunin flüchtig die Stimmung des Dresdner Vaterlandsvereines kennen. Die Dresdner Demokraten waren entschlossen, nach Wien zu eilen, um dort für die Sache der Freiheit zu kämpfen. Sogar eine Freischar bildete sich, Wittig eilte gleich dem bürgerlich gesinnten Demokraten Wuttke ebenfalls nach Wien. Daraus ergab sich zwangsläufig die schärfste Verurteilung des Tschechentums. „Trauriges Czechenthum, das von der demokratischen Sache abfällt, um eine kleine nationale Größe durch das Haus Habsburg zu werden, durch das es ins Nichts gestürzt worden ist. Keine Gedanken mehr an die Prager Blutbank von 1621?!!"[3]) Dieses Leitmotiv kehrt während des Oktobers in den mannigfaltigsten Variationen wieder. Nationale und demokratische Töne schlugen dabei gleich kräftig an, wie z. B. in einer Adresse des Dresdner Vaterlandsvereines[4]) an die Wiener, wonach der Kampf nicht nur die Volksunterdrücker niederwerfen, sondern auch darüber entscheiden sollte, „ob im österreichischen Lande der Deutsche herrschen soll oder der Slawe". Ein ander Mal war es ein Kampf der „Freiheit gegen den Despotismus", der „Demokratie gegen Absolutismus", der „deutschen Civilisation gegen croatische Barbarei". Und gar als die sächsischen Liberalen, geführt von Göschen und Wuttke, ihre Mißbilligung über die Wiener Vorfälle ausdrückten und geneigt schienen, in der Revolution einen sozialen Kampf, eine blutige Auseinandersetzung von Besitzlosen und Besitzenden zu erblicken, da fand die Dresdner Zeitung kein Maß an verurteilenden, scharfen Worten[5]). Ja Wittig zieh Wuttke in einem Wiener Demokratenvereine, in dem sie beide als Gäste weilten, öffentlich des Verrates an der Demokratie. Wenn daneben unaufhörlich Österreich das Lebensrecht abgesprochen, sein Zerfall sehnlichst herbeigewünscht wurde, dann konnte Bakunin eher zu-

---

[1]) V. Polonskij, Proletarskaja revoljucija 54 (1926), 171.
[2]) Vgl. oben S. 54.
[3]) Dresdner Zeit. N° 14, 17. Oktober, aus Prag 10. Oktober.
[4]) N° 19, 22. Oktober.
[5]) N° 23, 27. Oktober.

stimmen, als zu der alle Tschechen einmütig verurteilenden Sprache, da er überzeugt war, daß nicht alle Tschechen Verräter der Demokratie seien gleich Palacký.

Da meldete sich am 2. November[1]) eine Korrespondentenstimme aus Prag, die wesentlich anderes berichtete, als man bisher in der Dresdner Zeitung lesen und im Vaterlandsvereine hören konnte. Plötzlich verschwindet jenes Bild des parteimäßig einheitlichen Tschechentums, das dem fernerstehenden Betrachter die inneren Gegensätzlichkeiten verbarg. Die offensichtlich deutschdemokratische Stimme aus Prag stellte im Gegensatz zu den gegenteiligen, weit verbreiteten Auffassungen die Lage der Deutschen Böhmens und Prags rosiger dar, kehrte die Fortschritte hervor, die das Deutschtum bereits gemacht habe, hielt nur die „gelehrten slowakischen Halbwilden Hurban, Štúr und Gen." samt ihrem tschechischen Anhange für die ärgsten Feinde, denen aber unter den Tschechen eine Gruppe des Vereines „Slovanská Lípa" gegenüberstehe, die es offensichtlich mit den Deutschen nicht verderben wolle. In diesem Verein gebe es einen Flügel, der die Kräftigung und Aufrechterhaltung des slawischen Elementes verlange, dessen zweiter aber dem demokratischen Prinzip huldige. Möge ursprünglich auch die slawische Frage obenan gestanden haben, so sei jetzt durch das Verhalten der tschechischen Abgeordneten während des Wiener Oktoberaufstandes, durch das entschieden demokratische Auftreten des Prager Deutschen Vereines und die ruhige Haltung der Deutschen Zeitung der demokratische Teil der Slovanská Lípa eines Besseren belehrt worden, ohne daß er deswegen bereits für Frankfurt schwärme, dafür bereit sei, in den demokratischen Deutschen seine Brüder zu sehen im Gegensatz zum deutschenfressenden Vizepräsidenten der Slovanská Lípa K. Havlíček. Sie wagen, mögen sie auch in dem genannten Vereine noch die Minderheit besitzen, ihre Meinung bereits öffentlich auszusprechen, und beginnen schon mit dem Deutschen Verein in Prag zusammenzuarbeiten. Nehmen die Deutschen die dargebotene Bruderhand an, dann werden sie ihrer Sache nur nützen. Solche Nachricht mußte Bakunin nach den Wochen des Mißklangs im Verhältnis von deutschen Demokraten und Tschechen ein wahrer Ohrenschmaus sein. Unternahm doch jetzt ein anderer den Versuch, deutschen Demokraten den Unterschied zwischen liberal-konstitutionellen und demokratischen Tschechen klar zu machen, worum er sich zu Ende Juni bei den Breslauer Demokraten vergeblich bemüht hatte[2]). Diese sich in der Dresdner Zeitung schüchtern ankündigende neue Auffassung der tschechischen Frage galt es für ihn möglichst zu befestigen und zum Siege zu führen. Daher ergibt sich für die Zeitung in den nächsten Monaten ein bemerkenswertes Schwanken, so daß die verschiedensten und einander widersprechendsten Stimmen gleichzeitig zu Worte kamen und die Dresdner Zeitung ebenso zum getreuen Spiegelbilde

---

[1]) N° 28.
[2]) Vgl. darüber Pfitzner: Jahrbücher f. Kultur u. Gesch. d. Slawen, N. F. VII (1931), 263 ff.

gegensätzlicher politischer Auffassungen wurde, wie so viele andere führende deutsche Blätter, nicht zuletzt die Augsburger Allgemeine Zeitung z. B. in der Polenfrage. Stak doch die politische Presse damals noch in den Kinderschuhen und rang um die Ausbildung fester Grundsätze und Gepflogenheiten. Die Freude über das große Geschenk Preß-, Rede- und Gewissensfreiheit beherrschte sie noch so sehr, daß auch ein demokratisches Organ nicht wagte, ihm zugegangene gegensätzliche Stimmen zu verschweigen. Höchstens wurden sie durch redaktionelle Bemerkungen abgeschwächt. Vor allem geschah das heute schier Unmögliche, daß sich bestellte Korrespondenten nicht an die Richtung der Zeitung hielten, ja mit dem Blatte förmlich polemisierten. So kam es, daß auch die Dresdner Zeitung weiterhin Korrespondentenartikel aufnahm, die das genaue Gegenteil dessen für wahr hielten, was in der Nachricht vom 2. November enthalten war. Das Bild der in einem politischen Blatte sich kreuzenden Meinungen gestaltete sich durch die untereinander uneinigen politischen Sondergruppen derselben Parteirichtung noch bunter. So konnte es geschehen, daß im Dresdner Vaterlandsverein die Meinungen geteilt waren, was sich in der Zeitung sofort auswirkte. Ein ander Mal stimmten die Auffassungen des Dresdner und Leipziger Vaterlandsvereines nicht zusammen. Während z. B. die Leipziger den Einmarsch von Reichstruppen in Wien forderten, die verhindern sollten, daß aus Österreich ein die Deutschen unterdrückender slawischer Staat werde, verkündete die Dresdner Zeitung nach der Einnahme Wiens durch Windischgrätz den Sieg der „roten Monarchie" und folgerte: „Was ist deshalb unser Prinzip? Unser Prinzip heißt Radikalismus, denn wir sind überzeugt, daß die alte Welt mit ihren Einrichtungen zerschlagen werden muß, damit aus ihren Trümmern eine neue Welt entsteht." „Österreich war die größte Lüge Europas." So könnte auch Bakunin gesprochen haben. So schrieb er gleichzeitig in seinem Aufruf an die Slawen.

Indessen fuhr der Prager Korrespondent in der Einsendung national versöhnlicher Artikel fort, die allerdings auch das Eine erkennen lassen, daß es mit der Verbrüderung von Tschechen und Deutschen noch gute Weile hatte. Denn auch nach den Berichten dieses Korrespondenten verbanden sich Deutscher Verein und Slovanská Lípa nur gelegentlich zu gemeinsamen Schritten. Ansätze zur Verständigung, z. B. die von tschechischer Seite geäußerten Sympathien für Robert Blum, waren genug vorhanden. Ja, es lief sogar das allerdings bald berichtigte Gerücht um, der Reichenberger deutschböhmische Zentralverein wolle sogar Vertreter der Slovanská Lípa zum deutschböhmischen Kongreß in Eger laden, um damit die nationale Eintracht öffentlich zu bekunden. Gerade diese Tatsache erregte die Aufmerksamkeit der Redaktion, die an den Korrespondenten die Frage richtete[1]: „Wie ist denn jetzt das Verhältnis der Deutschen Prags zum Reichenberger Zentralausschuß?"

Neben dieser versöhnlichen Stimme lief die ältere, schärfere

---

[1] N° 46, 23. November.

Tonart einher. Sie kam zum Vorschein, als ein Posener Korrespondent die dortigen Deutschen und die Frankfurter beschuldigte, die Slawen so sehr gereizt zu haben, daß diese noch eine schwere Schuld mit Deutschland auszugleichen hätten. Auch die böhmischen Deputierten seien nur der unduldsamen Deutschen wegen aus Wien entwichen. Gerade hier fällt die Reaktion dem Korrespondenten berichtigend ins Wort: „Wir sind der Ansicht nicht, wir stimmen vielmehr dem Urteil eines freisinnigen Russen bei, daß diese tschechischen Deserteure als Verräter an der allgemeinen Demokratie von allen demokratischen Slawen mit dem Bann belegt werden sollten. Wer möchte auch Palazky für die verkörperte Freiheitsidee halten, wer möchte glauben, daß beim Untergange der allgemeinen Völkerfreiheit die tschechische allein respektiert werden würde!"[1]) Nach Lage der Dinge kann unter dem „freisinnigen Russen" nur Bakunin verstanden werden. Fraglich bleibt, in welcher Form er diese Äußerung an die Dresdner Zeitung hat kommen lassen. Möglich, daß er bereits von Cöthen aus mit Wittig in schriftliche Verbindung getreten ist, da der „Aufruf an die Slawen" zu dieser Zeit noch nicht erschienen war. Hochbedeutsam für ihn blieb, daß die Dresdner Zeitung sich das Wissen um die Scheidung in tschechische Konstitutionelle und Demokraten zu eigen machte. Zu dieser Linie passen dann durchaus die Berichte aus Prag, in denen gegen die Národní Nowiny ebenso scharf vorgegangen wird, wie die Zeitungen „Slovanská Lípa" und „Večerní list" warm in Schutz genommen werden[2]). Dennoch hält die Unentschiedenheit der Dresdner Zeitung auch im Dezember vor.

Die Hauptentscheidung erwartete Bakunin mit den deutschen Demokraten im Frühjahr. Bis zu dieser Frist mußte er mit den slawischen Demokraten zur Stelle sein. Dazu war es die höchste Zeit, mit den tschechischen Demokraten in unmittelbare Beziehungen zu treten. Daß dabei der sächsischen Demokratie eine bedeutende Mittlerrolle zufallen sollte, erhellt bereits aus Bakunins Übersiedlung nach Leipzig. Trachtete er hier die deutschen demokratischen Organe durch Hexamer und D'Ester überwachen zu lassen, so übte er auf die Dresdner Zeitung sehr bald seinen unmittelbaren Einfluß aus[3]). Dies tat um so mehr not, als die Dresdner Zeitung zu Beginn des neuen Jahres von den Umgruppierungen der tschechischen Parteien zur Opposition hin so gut wie keine Kenntnis nahm, vielmehr eher zur Haltung vom Oktober 1848 zurückkehrte. Mochte sie auch noch den bekannten sächsischen Abgeordneten Wigard am 3. Jänner 1849 dem nationalen Drängen des Slawismus Erfolg verheißen lassen, so schlug doch der nun sich neu meldende „N"-Korrespondent aus Prag[4]) wesentlich andere Saiten wie sein Vorgänger an. Wohl berichtet auch er über die tschechischen und deutschböhmischen Angelegenheiten, aber

---

[1]) N° 49, 27. November.
[2]) N° 50, 28. November.
[3]) Polonskij: Proletarskaja revoljucija 54 (1926), 171.
[4]) N° 4, 5. Jänner.

mit dem offensichtlichen Bestreben, die politischen Unternehmungen
der Tschechen lächerlich zu machen, das sich einstellende und
wechselseitige Vertrauen zu untergraben. Damit stellt er sich als
**Anhänger der liberal-konstitutionellen Partei in Deutsch-
böhmen** vor[1]). In seinen Augen bedeutet die Slovanská Lípa, deren
Zweigvereine sich soeben in Prag zusammengefunden hatten, wenig.
Habe sie doch auch nicht den eindeutigen Beweis erbracht, daß
ihre Mitglieder Demokraten seien, ja er bezweifelt, „ob diese Leute
überhaupt ehrliche Demokraten sein können". Desgleichen spricht
er den jetzt täglich erscheinenden „Nowiny Lípy Slovanské" jede
Bedeutung ab und prophezeit ihren Untergang schon für Ende
Jänner. Dafür rühren sich endlich die Deutschböhmen gegen die
Tschechen. Haben sie doch eine eigene Deputation mit einem
Glückwunsch zu des Kaisers Thronbesteigung nach Olmütz gesandt,
da der Prager Bürgermeister Strobach allein von der „Hauptstadt
Czechiens" dort gesprochen habe. Die Dresdner Zeitung rückt von
ihrer tschechenfreundlicheren Haltung auch dadurch sichtlich ab,
daß sie die Magyaren mit Lobeshymnen überschüttet — „Kossuth,
der wohl heute der größte Mann Europas ist" —, sich in der Slawenfrage auch sehr von der Neuen Rheinischen Zeitung Marxens ins
Schlepptau nehmen läßt[2]). Gerade diese Zeitung verharrte in dieser
Frage auf einem betont deutschen Standpunkte und hielt die
Tschechen im Hinblicke auf die Slovanská Lípa für Pedanten, die
von einem „ebenso albernen als brutalen Dünkel" beseelt seien.
Wohl wird ein andermal Österreichs Finanzlage als katastrophal,
unmittelbar vor dem Bankerott stehend, hingestellt, gleichzeitig
aber von dem „verblendeten Slawenthum" gesprochen, das weiterhin den Kaiserstaat stütze und erst nach schweren Enttäuschungen
in der „sozialen Revolution" mit den Deutschen gegen „ihren gemeinsamen Unterdrücker" zusammengehen werde[3]). Ehe Stimmen
aus dem Lager der Tschechen eintrafen wie die vom 12. Jänner
aus Galizien[4]), die von dem auf den Gipfelpunkt gestiegenen Hasse
der Polen gegen Österreich berichtete, verstrich noch geraume
Zeit. Die Polen hingegen wußten sich in diesen Fragen eins mit
Bakunin. „Slawische Soldaten sind gebraucht worden, um die
junge Volksfreiheit mit Kartätschen- und Flintenschüssen zu be-
willkommnen; Slawen müssen daher auch das Vergeltungsrecht an
einer Regierung ausüben, die in den Zeiten der Not alles versprochen
hat, um hinterher nichts zu halten. Schon sind die slawischen
Stämme aus ihrem Todesschlafe aufgerüttelt, und stehen sie sich
auch heute noch feindlich gegenüber, wir wissen, es wird die Zeit
kommen, wo sie sich als Brüder die Hand reichen und ihre gemein-

---

[1]) Bakunin gibt später u. a. als Grund für seine Übersiedlung nach Dresden
an, er wollte auf Wittig einwirken, „weil er für sein Blatt in Prag einen Korrespondenten der sogenannten deutschen Partei hatte", Prag Militärarchiv,
Untersuchungsakten gegen Bakunin, Verhör vom 16. April 1851.

[2]) Für den außenpolitischen Teil zeichnete Friedrich Engels verantwortlich.

[3]) N° 12, 13. Jänner.

[4]) N° 15, 18. Jänner.

schaftlichen Unterdrücker vernichten werden." Auch die Südslawen und Tschechen werden sich endlich eines Besseren belehren lassen. „Der Panslavismus ist eine Fata morgana, aber er wird ein gewaltiges, unbesiegbares Schwert in der Hand der Freiheit werden." Diese Gedankengänge klingen stark an Bakunins „Aufruf" an, dem Wittig in der gleichen Nummer eine überaus anerkennende Besprechung angedeihen ließ. Freilich erregten Wittigs Hinweise auf Bakunin vom Oktober und jetzt die Aufmerksamkeit des Staatsanwalts, der ein Preßverfahren gegen ihn anstrengte[1]). Mehr als Kuriosum, denn als begrüßenswerte Tatsache meldete zwischendurch der „N"-Korrespondent[2]), die Unzufriedenheit der Tschechen wachse, man höre sogar republikanische Lieder und gleichzeitig werde des „Polen" Bakunin Schrift in tschechischer Übersetzung mitgeteilt. Scharf nahm dagegen die auch von der Dresdner Zeitung abgedruckte[3]) Adresse der polnischen Demokraten von Paris an die Tschechen gegen diese Partei und forderte sie auf, endlich dem Dienste für die Kamarilla und die Reaktion abzuschwören und in das Lager der Freiheit zu treten[4]). Wieder fügt hier die Schriftleitung die vielsagende Nachschrift hinzu: „Wahrlich, wenn Bakunins Aufruf an die Slawen, wenn die Ansprache der polnischen Demokraten, wenn die Treubrüche des ‚konstitutionellen' Ministeriums Stadion den Slawen Österreichs nicht die Augen öffnen — so sind sie blind geboren."

Bakunin, von dem Hin- und Herschwanken der Dresdner Zeitung, vor allem dem unentschiedenen „N"-Korrespondenten wenig entzückt, glaubte von Leipzig aus unmittelbar eingreifen zu sollen. Vor allem wegen der Tonart der Prager Korrespondentenartikel setzte er sich mit Wittig in unmittelbare Verbindung. Angesichts dessen bisheriger Einstellung zu Bakunin konnte es nicht schwer werden, ihn zu gewinnen. Ganz offenkundig trat Bakunins Einfluß am 18. Feber in Erscheinung. In dem Berichte vom 13. Feber aus Prag hieß es u. a.: „Seit einigen Tagen liegt auf Veranlassung der Slovanská Lípa an öffentlichen Orten ein Vertrauensvotum an den Reichstag zur Unterschrift auf und wird auch abschriftlich zu gleichem Zweck aufs Land versandt. Jetzt wo die Czechenpartei allein als der reaktionäre Bestandtheil des Reichstages gelten kann, dürften sich die Deutschen schwerlich bei einer solchen Kundgebung des Vertrauens beteiligen, besonders da sie nicht wie die Tschechen, und namentlich deren Vertreter, den Reichstag im Oktober verleugneten und deshalb auch jetzt nichts gut zu machen haben." Hier fügte die Reaktion folgende Nachschrift an: „Unser Korrespondent scheint die Sache etwas zu sehr vom einseitig deutschen Standpunkte aufzufassen. Wenn auch die

---

[1]) 19. Feber 1849.
[2]) N° 24, 28. Jänner.
[3]) N° 23, 24; 28. Jänner.
[4]) Wie unklar sich die Tschechen über sich selbst waren, erhellt kraß aus der Behauptung des Prager Korrespondenten der Südslavischen Zeitung vom 31. Dezember 1848 (1849, No. 3, 8. Jänner): „Bei uns Tschechen ist ‚slawisch' und ‚demokratisch' beinahe eine Tautologie."

tschechischen Deputirten im Oktober und später viel an der Freiheit gesündigt haben, so scheinen sie doch jetzt eine klarere Einsicht in die Stadionsche Politik zu erlangen und sind in der Umkehr begriffen. Die Monstreadresse halten wir für sehr zweckdienlich." Damit beginnt das Ringen zwischen „N"-Korrespondenten und Redaktion bzw. Bakunin innerhalb der gleichen Zeitung. Denn auf den unter Bakunins Einwirkung gemachten Einwand der Schriftleitung replizierte der Korrespondent schon am 24. (21.) Feber. Wieder zählt er das Sündenregister der Tschechen seit 1848 auf und hält ihre jetzige zeitweilige Schwenkung nicht für aufrichtig, „während die deutsche Linke . . . in der Erhaltung des Deutschtums allein die einzige Garantie für das künftige Durchgehen freisinniger Institutionen erblickt. Wenn sie übrigens in dieser Beziehung in einem Irrtum befangen ist, so bedauert ihr Korrespondent, diesen Irrtum mit ihr zu teilen, er selbst aber ist sich bewußt, in Sachen des Fortschritts nicht auf dem einseitig nationalen Standpunkte zu stehen." Übrigens ließ der Berichterstatter auch in den Folgezeit von seinem Mißtrauen gegen die Tschechen nicht ab[1]) und die Schriftleitung entschloß sich ebensowenig, diese Artikel gänzlich zurückzuweisen. Sie beschränkt sich weiterhin auf redaktionelle Zusätze, die an Zahl zunahmen und Bakunins Stil geradezu erkennen lassen, als dieser gegen Mitte März 1849 nach Dresden übersiedelte, bei Wittig wohnte, die Dresdner Zeitung förmlich zu seinem publizistischen Instrumente erkor und in den Redaktionsräumlichkeiten die Propagandamittel vor allem für Böhmen unterbrachte. Von nun ab beherrschte Bakunin nach eigenem Geständnis die Dresdner Zeitung vollkommen. Als am 11. März, dem Jahresgedächtnistage der ersten Volkserhebung in Böhmen, zugleich dem Trauertage für die oktroyierte Verfassung und die Auflösung des Reichstages, der Prager Korrespondent die Niedergeschlagenheit und den Ingrimm auch der tschechischen Liberalen schildert und sogar der Vermutung Raum gibt[2]): „Wenn nicht von früher her Argwohn die deutschen und tschechischen Freigesinnten auseinanderhielte, wer weiß, ob nicht schon eine Vereinigung zur Förderung der deutschen Sache stattgefunden hätte", da verstärkte Bakunin diese Vermutung sofort zur Gewißheit: „Diese Vereinigung wird da sein, aber zur Förderung der demokratischen, der Sache der Menschheit werden weder Deutsche noch Tschechen den Blick auf Frankfurt richten."

Aber Bakunin begnügte sich in Dresden nicht mehr mit gelegentlichen Berichtigungen, sondern brachte eigene Aufsätze unter, wie er ebenso Konzepte zu solchen entwarf, die dann wohl Wittig ausgearbeitet hat[3]). Inzwischen war Bakunin in den Besitz unmittelbarer Kunde über die böhmischen Zustände durch Arnold, wie die Brüder Straka gekommen, die ihm die Gewißheit gaben,

---
[1]) Z. B. N° 48, 55, 59.
[2]) N° 63, 15. Jänner.
[3]) Bakunins Aussage vom 3. August 1849 bei Polonskij: Proletarskaja revoljucija 54 (1926), 171.

daß die sich in der Slovanská Lípa sowie einem Teil der Studentenschaft vereinigende, tschechischdemokratische Bewegung im steten Anwachsen begriffen sei. Diesem seinem Wissen trug denn auch ein sichtlich auf Grund seines Konzeptes gearbeiteter Leitartikel vom 16. März „Die czechische Demokratie"[1]) Rechnung. Wäre vor einem halben Jahre bei dieser Überschrift noch ein Hohngelächter durch die Reihen der deutschen Demokraten gegangen, so setzten sich jetzt vornehmlich die sächsischen Demokraten allen Ernstes für die Vereinigung von deutschen und tschechischen Demokraten ein[2]). Gegen den Bestand einer tschechischen Demokratie erhob sich in Dresden kein Zweifel. Gleichzeitig trachtete Bakunin die Wirksamkeit des „N"-Korrespondenten möglichst einzuschränken. So klafft für die Zeit vom 11.—24. März eine bedeutsame Lücke in der Prager Berichterstattung. In der Zwischenzeit versorgte sich die Dresdner Zeitung mit radikal gefärbten Prager Korrespondenzen aus der Breslauer Zeitung[3]); eine drohende deutschböhmische Stimme aus Komotau[4]), dann aber ein Abschnitt aus einem angeblichen Originalbriefe eines Prager Schwarzgelben, in dem der Ausbruch der Revolution in Prag als nahe bevorstehende Gefahr in grellen Farben angekündigt wurde[5]), fand Raum. Damit wollte die Schriftleitung mittelbar auch von gegnerischer Seite die Auffassung, daß Unruhen im Anzuge seien, bestätigen lassen. Schaudernd teilte der Schwarzgelbe seinem vermeintlichen Dresdner Freunde auch mit, daß in Prag die Begeisterung für die Magyaren wachse, „Eljen-Kossuth"-Rufe nichts Seltenes seien, so daß die Dresdner Zeitung mit den üblichen Ungenauigkeiten und Übertreibungen feststellte[6]): „Die Serben und Croaten und selbst die blöden Czechen stellen sich auf die Seite der Magyaren, sie wollen von nun an mit ihnen kämpfen, die Freiheit erobern." Der Prager „N"-Korrespondent gab jedoch das Spiel nicht verloren. Wohl überging er die bedeutsame Versöhnungsfeier zwischen Deutschen und Tschechen Prags gelegentlich des Fackelzuges für Rieger und Borrosch nicht, hauptsächlich verteidigte er aber die „Deutsche Zeitung", das Organ des Prager Deutschen Vereines[7]). Er nahm beide vor allem in Schutz gegen den oben genannten Leitartikel „Die czechische Demokratie", da gerade diese seit ihrem Bestehen für die Sache der Freiheit eingetreten seien. Als aber der Korrespondent die Umwandlung des Deutschen Vereines in eine Kasinogesellschaft damit begründete[8]), der Verein habe, seit er sich als

---

[1]) Vgl. unten a).
[2]) Sogar in Havlíčeks Nár. nowiny schlich sich am 20. März 1849 (N° 67) diese Auffassung ein, als der Dresdener Korrespondent unter dem 16. März meldete, der Nationalhaß sei verschwunden, man lasse den Tschechen Gerechtigkeit widerfahren.
[3]) Z. B. N° 64, 16. März.
[4]) N° 68, 21. März.
[5]) Ebenda Nachricht vom 17. März.
[6]) N° 66, 18. März.
[7]) N° 73, 27. März.
[8]) N° 80, 4. April.

demokratischer Verein erklärt habe, alle Wurzeln in der Prager deutschen Bevölkerung verloren, da konnte die Schriftleitung die bissige Bemerkung nicht unterdrücken: „Da muß er (der Verein) auch vorher wenig getaugt und wirklich viel Natur zu einer Kasinogesellschaft gehabt haben."

Bakunins Einfluß auf die Zeitung wuchs Ende März noch höher und erreichte im April seinen Gipfelpunkt. Daß der Leitartikel vom 29. März, „Der russisch-deutsche Krieg" benannt, auf ihn zurückgeht, dürfte dem Inhalte gemäß außer Frage stehen. Auf das russische kriegerische Rüsten müsse das deutsche Volk mit einem revolutionären Kriege gegen den russischen Kaiser, nicht gegen das russische Volk antworten. Vielmehr sei Verbindung des deutschen Volkes mit dem polnischen und russischen unerläßlich. „Despotismus der Freiheit, das ist die Losung, richtet euch darnach, ihr seid gewarnt." Als die Russenfurcht des Westens im April den Höhepunkt erklomm und sich der Wahn von der unzerstörbaren Kraft Rußlands, von seinen Riesenarmeen und der inneren Schlagkraft verfestete, entschloß er sich, Wittig eine Artikelserie, überschrieben „Russische Zustände"[1]), in die Feder zu diktieren[2]), die dann in fünf Fortsetzungen vom 11.—18. April erschien, viel Beachtung fand und noch 1849, um einen Abschnitt vermehrt, als Sonderschrift unter dem gleichen Titel anonym herauskam. Ähnlich wie Golovin — just am 11. April brachte die Dresdner Zeitung einen Auszug aus dessen Schreiben an Thiers — verfocht auch Bakunin die Ansicht, daß die russische Armee, denkbar schlecht gerüstet, zahlenmäßig bei weitem nicht so stark sei, wie man sich gemeinhin einbilde. Damit formuliert Bakunin neuerdings Gedanken, wie er sie teilweise schon in der Polenrede von 1847, beim Slawenkongresse in Prag 1848 und im „Aufruf" vorgetragen hatte und deren ausführliche Darstellung er in einem mehrmals begonnenen Werke über Rußland plante. Wieder war diese Artikelreihe ein aus der Gegenwartsnotlage geborenes literarisches Erzeugnis, frei von jedem geschäftlichen Interesse. Die Demokraten des Westens mutvoll für den Krieg gegen Rußland zu stimmen, war seine einzige Absicht. Daher sparte er dunkle Farben nicht, die dennoch seine wahren Anschauungen genugsam deutlich werden lassen, so daß der Vergleich mit der „Selbstverteidigung" und der „Beichte" eine wesentliche Bereicherung und Vertiefung erzeugt.

Auch an der böhmischen Front trat eine wesentliche Verschärfung und Radikalisierung ein, da sich am 4. April als

---

[1]) Gedruckt von Nikolaevskij: Anonimnaja brošjura M. A. Bakunina „Položenie v Rossii", Letopisy marksizma IX—X (1929), 72—92.

[2]) Dies bestätigt der Leipziger Student Schanz in seinem Verhöre vom 6. Dezember 1850. Er erklärte, von dem Studenten Thieme aus Leipzig zu wissen, „daß Bakunin dem Redakteur der Dresdner Zeitung Wittig mehrere Artikel über Rußland, die ungefähr im Monat März 1849 in der Dresdner Zeitung gestanden und das Correspondenzzeichen O geführt haben, in die Feder diktiert hat", Cop. Prager Militärarchiv, Akt gegen Straka. Auf umständlichem Umwege kommt zu der gleichen Ansicht Nikolaevskij: Vzgljady M. A. Bakunian na položenie děl v Rossii v 1848 g., Letop. marksiz. IX—X (1929), 38 ff.

Gegengewicht gegen den „N"-Korrespondenten ein neuer unter
dem Zeichen „G" meldete, worunter sich der demokratisch gesinnte
Geschäftsführer der Slovanská Lípa Gauč verbergen dürfte. Gegen
die Palacký-Havlíček und ihre Partei zog er sofort vom Leder[1]).
Am 8. April schon stellte er sich mit einem ausführlichen Briefe
über die parteipolitischen Verhältnisse im tschechischen Lager ein[2]),
was bei den extremen Demokraten Sachsens großes Aufsehen erregte
und sie vergewisserte, daß bei den Tschechen Prags tatsächlich etwas
sehr Ernstes im Werden sei. Durch diesen Korrespondenten sprach
die demokratische Jugend, die soeben in der Slovanská Lípa die
Mehrheit erlangt hatte. Unbarmherzig rückt er Havlíček zu
Leibe. Die Redaktion klatschte Beifall. Havlíček freilich blieb in
seinen Národní Nowiny bei diesen Angriffen nicht ruhig[3]), wachte
nunmehr scharf über den sächsischen Vorgängen und verbreitete am
17. April die auch sonst in der außertschechischen Presse[4]) nach-
gedruckte Nachricht, Bakunin weile in Dresden und trachte von
dort aus im Bunde mit den sächsischen Ultrademokraten Böhmen
durch Pamphlete und Emissäre zu insurgieren. Den im verborgenen
lebenden Bakunin traf dieser Angriff wohl auch deswegen, weil er
soeben persönlich in Prag geweilt hatte, um sich von dem Stande
der Vorbereitungen zu überzeugen. Sie waren wenig erhebend.

---

[1]) Gegen Havlíček polemisierte die Zeitung schon am 28. März, N° 74.
Daß die Dresdner Zeitung einen tschechischen und einen deutschen Korrespondenten in Prag hatte, gibt auch Bakunin an, Polonskij: Proletarskaja revo-
ljucijja 54 (1926), 167 ff., Antwort 46.

[2]) Vgl. unten b). Dieser Bericht gilt auch Frič lehrreich und kennzeichnend,
vgl. J. V. Frič: Paměti IV² (1891), 153.

[3]) Nár. Nowiny, 1849, N° 90, 17. April: „Damit die Unsern auch eine
Kleinigkeit von dem Geiste der Partei kennen lernen, die sich gern die Linke
der Slov. Lípa nannte, geben wir diese getreue und wörtliche Übersetzung
eines Artikels, welcher einer von ihnen an eine deutsche Zeitung schickte, wo
sie wirklich gedruckt wurde." Nun folgt die Übersetzung des Artikels, der
Havlíček hinzufügt: „Weil nun jeder Gute all diese Umstände kennt, glaube
ich, ist es nicht notwendig, von unserer Seite auch nur ein Wort dagegen zu
verlieren. Dieser Artikel selbst gibt das beste Zeugnis von dem Geiste einiger
dieser Herren ab." In der gleichen (!) Nummer teilt Havlíček aus der Sitzung
der Slov. Lípa vom 4. (!) April mit: „In der Sitzung des Ausschusses der Slov.
Lípa sprach der Führer der slowakischen Freiwilligen Zach über die materielle
Lage der slawischen Völker und Gauč verkündete, daß er zwar 100 Gulden
zur Unterstützung der slowakischen Freiwilligen habe, daß er sie aber morgen
in die Vereinskasse zurückgeben werde. Denn sie werden kein Geld mehr gegen
die Magyaren schicken." Auch diese Nachricht, die auch in der Dresdner Zeitung N° 84, 8. April, enthalten war und die deutlich auf Gaučs Urheberschaft
hinweist, übersetzte Havlíček aus der Dresdner Zeitung. Vgl. auch Bakunin:
Beichte 69. Im übrigen verlangten die Mitglieder der Slovanská Lípa, gegen
diese Denunziation protestierend, von Havlíček Beweise für seine Behauptung, Pražský večerní list 1849, N° 108, 19. April. Gauč hat freilich trotz jahre-
lang sich hinziehender Verhöre seine wahre Einstellung der Gerichtskommission
zu verheimlichen verstanden, so daß er auch mit einem geringeren Strafausmaße
(6 Jahre) davonkam. Dennoch gab er zu, daß er mit den slowakischen Freischaren-
führern in enger brieflicher Verbindung stand, ihnen das von der Lípa gesammelte
Geld ausbezahlte, auch mit ihnen persönlich zusammentraf. Von den obigen
Angaben den Zeitungen verlautet während des Verhörs nichts. Vgl. Untersuchungsakten gegen Gauč, Prag, Militärarchiv.

[4]) Z. B. Schles. Zeitung 1849, N° 94, 22. April.

Dennoch blieb Bakunin, der selbst die Fäden der Verschwörung in der Hand behalten wollte, neu auftauchendem Kräftezuwachs gegenüber kritisch. Als daher der Prager „N"-Korrespondent, der sich sichtlich um die Anpassung an die Richtung der Dresdner Zeitung bemühte, auch unter den tschechischen Liberalen einen Tugendbold der Freiheit und Demokratie in der Person Riegers — dieser fuhr gerade über Dresden nach Paris — entdecken wollte[1]) und ihm noch am ehesten Freiheitsstreben nachrühmte, winkte die Schriftleitung, die von Riegers Aufenthalte in Dresden in Kenntnis war, sofort ab: „Rieger ist hier, und wir wollen zugeben, daß er unter den Palackyanern noch der Beste ist, aber zu tun wollen wir nichts haben mit einem Mann, der im Oktober v. J. die ungarische Deput. im Reichstage verhöhnte, am 6. vor der Freiheit davonlief und dann in Kremsier die verratenen Kämpfer derselben verspottete. Das ist eine Herzlosigkeit, die keines begeisterten Aufschwunges fähig ist, und selbst wenn er heute von der früheren Bornirtheit geheilt wäre, müßten wir für seine Führerschaft danken." Diese scharfe Sprache führt fast auf die Vermutung, Rieger habe Fühler in Dresden zu den sächsischen Demokraten ausgestreckt[2]). Sicher hingegen ist nach der Tonart der Zeitung das andere, daß die Dresdner Demokraten Riegers Aufenthalt in Dresden für einen politischen hielten, was sicher irrig war.

Mehr Freude erregten bei Bakunin fraglos die Berichte des „G"-Korrespondenten, wenngleich diese eher die Wünsche und Pläne der Prager demokratischen Jugend, denn tatsächliche Fortschritte widerspiegelten. Hochwillkommen mußte ihm in der Zeit, da er gerade auf dem Umwege über Baron Bayer und Graf Teleki mit Kossuth in Verbindung zu kommen trachtete, die Mitteilung[3]) sein, der Freiwilligenführer Janeczek sei mit 1200 Tschechen und Slowaken zu den Magyaren übergegangen. Ein gleiches verlautete von dem Blaudekschen slowakischen Freischarenkorps. Damit sollte erhärtet werden, daß endlich in der Slowakei zwischen Slowaken und Magyaren die alte Feindschaft abbröckle und der Freiheitsgedanke alle nationalen Gegensätze überbrücke. „Solche Hinneigung zu den Magyaren findet man jetzt auch hier (in Böhmen) auf dem Lande, seitdem es sich von den ehemaligen Deputierten losgesagt hat, aber nicht allein unter dem Volke, sondern auch unter dem Militär. Bei den in Ungarn stehenden Truppen herrscht die größte Demoralisation, so daß bei dem gänzlichen Mangel an Vertrauen zu den Führern und bei dem Hinblicke auf die glänzende Führung der Magyaren unter Dembinski und Bem die Soldaten zu

---

[1]) N° 95, 21. April.
[2]) K. Kazbunda: Pobyt Dra F. A. Riegra v cizině r. 1849/50, Zahraniční politika 8 (1929), 745 führt an, daß Rieger in Dresden nur Professor Náhlovský und den österreichischen Legationsrat besucht habe. Er hielt sich in Dresden vom 18.—20. April auf.
[3]) N° 96, 22. April. Wie Janeček über dieses Gerücht dachte, erhellt aus seiner Aussage vom 4. Juni 1849: „Das ist ein Unsinn. Ich würde zu Kossuth gehen! Dort würde ich aufgehängt." Prag, Militärarchiv, Hochverratsakten 1849 gegen Janeček.

ihren Gegnern übergehn." Nun schien es Bakunin höchste Zeit zu sein, einen letzten schon Anfang März geschriebenen, feurigen Aufruf an die Tschechen, auf die jetzt viel ankam, schnellstens zu verbreiten, den sogenannten zweiten „Aufruf an die Slawen"[1]), der nur ein Flugblatt, keine Broschüre darstellte, auf den Einmarsch der Russen unmittelbar Bezug nahm, die Tschechen beschwor, den letzten Augenblick, die Freiheit der Slawen und der Welt vor dem Moskowiter zu retten, zu nützen und mit dem Aufstande zu antworten. Diesen Aufruf druckte die Dresdner Zeitung am 20. April ab, stellte überdies viele Sonderdrucke her, die dann durch Wittig und die sächsischen Demokraten in Böhmen verteilt werden sollten[2]), was auch wahrscheinlich in weit größerem Umfange geschah, als die amtliche Untersuchung dann festzustellen vermochte. Aber viele Meldungen aus Böhmen[3]) hatten nicht der Wahrheit entsprochen, daher blieb auch der gewünschte Widerhall des „Aufrufs" aus. Weder die aus der „Neuen Allgemeinen Oderzeitung" übernommene Nachricht, die Magyaren ständen bereits vor Wien, noch die andere, in der mährischen Hanna erwarte man sehnsüchtig die Magyaren[4]), bewahrheitete sich.

Ende April strotzte geradezu die Dresdner Zeitung von radikaler Schärfe. Eine Steigerung war kaum mehr möglich. Gipfelte doch Häfners und Ottendorfers, des engen Mitarbeiters Bakunins, Aufruf „An Wien" vom 26. April — die Dresdner Zeitung druckte ihn am 1. Mai — in den Worten: „Der Augenblick der Entscheidung ist gekommen. Der Freiheitskampf, den ihr im März v. J. so glorreich begonnen habt, wälzt sich zurück zu euren Toren ... An die Siege der Magyaren, an die Erhebung der Slawen knüpfe Du, o Wien, die deutsche Revolution an." Schließlich brach am 3. Mai der Dresdner Maiaufstand aus. Wie eine Farce klingt angesichts dieses Umstandes und der tatsächlichen Vorbereitungen in Prag die Meldung eines vierten Korrespondenten[5]) aus Prag mit dem Zeichen „X" vom 28. April, den die Zeitung am 2. Mai brachte und der lautete: „Seien sie ganz außer Sorge, in Prag bricht so bald nichts aus.... Alles erfreut sich der größten Ruhe, und sie wird noch lange nicht gestört werden. Der Ausbruch im vorigen Juni war übereilt, zu einseitig und hat die Parteien zu sehr gegen-

---

[1]) Gedruckt bei Čejchan: Bakunin v Čechách (1928), 193 ff.
[2]) Die Dresdner Zeitung gab dem Aufruf den Titel: „Die Russen in Siebenbürgen. Eine Ansprache an die Czechen." Er ist als Flugblatt schon vor dieser Zeit in Umlauf gesetzt worden, da schon Mitte April die böhmischen Behörden davon Kenntnis hatten, vgl. Čejchan, Slov. přehled 1931 (November), 676.
[3]) Vgl. Dresden H. St. A. Amtsgericht Dresden 1285 c vol. II. Bakunin berichtet hier auch, die Brüder Straka hätten den Aufruf sofort ins Tschechische übersetzt. Bisher hat sich kein Exemplar dieser Übersetzung auftreiben lassen. Über die Verbreitung im Hohenelber Gebiet vgl. Prag Militärarchiv, Untersuchungsakten gegen die Burschenschaft Markomannia, Fasz. I. Man scheint es besonders auf die Verbreitung im Bunzlauer Gebiet abgesehen zu haben, wo nicht weniger als 64 Exemplare beschlagnahmt wurden.
[4]) N° 99, 26. April; 100, 27. April.
[5]) Wittig bemühte sich übrigens in jenen Tagen, Eduard Wünsche in Prag als Korrespondenten zu gewinnen. Ein dahin zielender Brief Wittigs ist erhalten und unten unter c) abgedruckt.

einander mißtrauisch gemacht, als daß überhaupt an eine gemeinschaftliche Schilderhebung zu denken wäre." Daß in diesem Augenblicke die Schriftleitung gänzlich anderer Meinung war, wird nicht wundernehmen: „Und doch, denken wir, wird die russische Hilfe den Aufstand bringen." Als sollte unmittelbar vor dem Beginn der Dresdner Maiunruhen nochmals dokumentiert werden, wie eng Bakunins Schicksal mit der Dresdner Zeitung verflochten sei, brachte diese am 3. Mai noch eine Meldung aus dem Vogtlande, daß in Böhmen viele Aufrufe Bakunins an die Tschechen gefunden würden und daß darüber die Schwarzgelben, die den sächsischen Demokraten daran alle Schuld gäben, außer sich seien. „Die Stimmung unserer böhmischen Nachbarn wird immer schwieriger, und obwohl das lange niedergehaltene Volk noch immer einen bedeutenden Anstrich der Feigheit behalten hat, so könnten doch bedeutende Ereignisse zu erwarten stehn, zumal das ganze Land von Militär entblößt ist."

Während in Dresden der Kampf bereis begann, der König auf den Königstein geflohen und eine provisorische Regierung soeben in Bildung begriffen war, am 4. Mai um die Mittagsstunde, eilte Bakunin nochmals zu Wittig und betraf ihn in der Druckerei, wie er soeben langatmige Artikel für sein Blatt redigierte, worauf ihm Bakunin spottend und doch wahr zurief: „Die Gegenwart verlangt kurze, auf die Bewegung bezügliche Artikel"[1]), woran sich Wittig auch hielt.

Damit hört die Einflußnahme Bakunins auf die Dresdner Zeitung[2]), am 6. Mai auch ihr Erscheinen auf. Als sie am 12. Mai wieder zum Vorschein kam, befanden sich Wittig und Lindeman nicht mehr in Sachsen, Bakunin bereits in den Händen der sächsischen Behörden. Trotz aller Reaktion — sie nahm in Sachsen nie ganz scharfe Formen an — behielt die Zeitung auch unter der Leitung Neumanns, bei dem Bakunin zeitweilig gewohnt hatte, die alte Richtung bei, pries die eingekerkerten Freiheitshelden, trat für ihre bessere Behandlung ein und brachte schließlich, wohl aus der Feder Wittigs, eine längere Würdigung des bisherigen Lebens Bakunins[3]), der sich durch seine eigenartige Stellung zur Dresdner Zeitung einen eigenartigen Platz in der Geschichte des sächsischen Pressewesens gesichert hat. Die Dresdner Zeitung aber wurde aus dem örtlichen Interessenkreise zeitweilig zu größeren Fragen emporgeführt und machte unter Bakunins Einfluß die Wandlung von der Tschechengegnerschaft zur Tschechenfreundschaft während eines entscheidenden halben Jahres europäischer Demokratie durch.

---

[1]) Aussage Bak. vom 20. September 1849, Dresden H. St. A. Amtsgericht Dresden 1285a vol. Ia.

[2]) Bakunin beabsichtigte, Gustav Straka Wittig als Helfer für die tschechische Frage in der Redaktion an die Seite zu geben, aber dieser Plan wurde durch die Maiereignisse überholt, Prag Militärarchiv, Akten gegen Bakunin, Verhör vom 16. April 1851.

[3]) N° 26, 14. November 1849. In russischer Übersetzung bei Nikolaevskij: Bakunin epoki jego pěrvoj emigracii v vospominanijach němcev-sovrěmennikov, Katorga i ssylka 8/9 (1930), 92 ff.

### a) Die czechische Demokratie[1]).

Das Wort des greisen Pillersdorff, kein Minister habe mehr die Axt an den Thron gelegt als Wessenberg, ist in vollster Bedeutung durch des letzteren Nachfolger, Stadion, in Erfüllung gegangen: die österreichische Gesamtmonarchie hat durch die wahnsinnigen Maßnahmen der Kamarilla die tiefsten Wunden erhalten, und gerade das Volk, scheint es, ist auserlesen, ihr den Todesstoß zu geben, von dem sie ihre Rettung hoffte, das sich ihr zum Retter wiederholt anbot, in diesem Irrtum sich selig träumte — das czechische. Das wird, trotz der jüngsten Zeitungsnachrichten aus Prag (siehe die Korr. v. dort)[2]) unsere Leser wundern, ist aber doch so, wie wir folgend kurz zum Verständnis unserer Zeit anzudeuten versuchen.

Als in der vorjährigen Maienblüte der allgemeinen Völkerfreiheit der slawische Kongreß zu Prag sich versammelte, der zu so vielen Mißdeutungen, Zerwürfnissen und Feindschaften Anlaß gab, bestanden unter den Czechen zwei Parteien mit sich geradezu widersprechenden Grundsätzen, eine **demokratische** und eine **staatsmännische** mit dem Liberalismus kokettierende. Diese, an deren Spitze die czechischen Welcker, Bassermann u. Kons. diese Palacký, Strobach, Brauner etc. standen, glaubte sich für alle Fälle gedeckt zu haben, da ihr eigentlicher Zweck auf Begründung eines nationalczechischen Königreichs, und nur erst im Falle dieses unmöglich, auf Gewinnung der Oberhand für die Slawen im österreichischen Gesamtstaate ging. Ihre Gegner, die Demokraten, hatten nur die Befreiung der slawischen Stämme im Auge, sie wollten freundschaftliches Bruderbündnis mit den Deutschen, aber nicht länger willenlose Werkzeuge des österreichisch-deutschen Gesamtstaates sein. Die Freiheit für alle Stämme, sich nach ihrem wahren Volkswillen an die größeren Nachbarstämme, den deutschen, magyarischen, slawischen anzuschließen, war ihre Losung; die föderative Republik ihr Zweck. Leider unterlag diese Parthei durch den elenden Abfall der Czechenthum heuchelnden aristokratischen Schwarzgelben, eines Leo Thun, Auersperg etc., durch den Verrat der Staatsmänner, die, als sie ihren eigenen Nutzen durchschauten, ihre Pläne zugunsten Habsburgs erkannt haben, ohne Bedenken die echte Volkspartei als Hochverräter denunzirten und durch Windischgrätz mit Bomben und Raketen bewerfen ließen. Sie unterlagen aber auch durch die unseligen Nationalitätsverschiedenheiten, in dem die Deutschen Gefahr für sich von den Czechen, diese durch die deutsche Volkserhebung außerhalb Böhmens Gefahr für sich erblickten, obwohl wahre Demokraten aller Nationen vereint auf den Barrikaden gegen die „väterlichen Liebesgrüße" Kaiser Ferdinands fochten. Dazu kam die Befürchtung, daß deutsche Reichstruppen einrücken könnten, um die „czechischen

---

[1]) 1849, N° 64, 16. März.
[2]) Z. B. N° 63, 15. März.

Rebellen" zu Paaren zu treiben, die wohl durch die Wuttkesche Dankadresse an den Mordbrenner Windischgrätz gerechtfertigt war. Gleichzeitig wirkte aber zu dieser immer einseitigeren nationalen Abneigung noch ein anderer Umstand mit, die Ereignisse in Ungarn. Wir können hier nicht auf den verwickelten Streitpunkt zwischen Kroaten, Serben und Magyaren eingehen, wir wollen blos darauf hinweisen, daß das slawische Nationalitätsgefühl die Czechen ebenso notwendig auf Seite der Südslawen hinwies, wie die Deutschen auf die der Schleswig-Holsteiner. Diese Südslawen hatten zu ihrem Führer den Jellachich gewählt, trotz der höfischen Ungnade in der er gerade stand; aber nicht lange und die Czechen erkannten aus Instinkt der Freiheit, daß dieser Hofmann sie mit glatten Worten täuschte, die Kroaten im Interesse der Hofpartei betrog und so die gesammte Demokratie der slawischen Völker verriet.

Jellachich rückte vor Wien, und hier beginnt das dritte Stadium, das die Czechen im vorigen Jahre durchliefen. Von Wien, dem Mittelpunkte des Kaiserstaates, von diesem Zusammenfluß aller seiner Nationalitäten, war im März die Erhebung ausgegangen, deren Früchte gleichmäßig an der türkischen Militärgrenze wie in Böhmen mit Jubel begrüßt wurden; man wußte wohl, daß Slawen, Deutsche und Ungarn dort brüderlich für das gleiche Ziel, den Sturz des alten Systems gewirkt hatten. Der alten Habsburgerpolitik war es aber gelungen, die noch lockeren und ihr doch so gefahrdrohenden Fäden der Völkerverbrüderung zu zerreißen, die Konsequenzen der Märzerrungenschaften als staatsgefährlich, ihre Freunde als Wühler und Feinde des Kaiserhauses darzustellen. Die feigen czechischen Ausreißer vom Reichstage, wie Palacký, Strobach, Brauner, Rieger, Trojan, Hawliczek usw. vollendeten, was die Regierung begonnen; um ihre Flucht zu beschönigen, erzählten sie der erstaunten czechischen Jugend von den persönlichen Gefahren, in denen sie als Czechen geschwebt, und schilderten die Erhebung des 6. Okt. als eine deutsche slaven-fresserische. Der Zweifel, ob nicht Jellachich doch ein Verräter an der Sache der Freiheit sei, erstarb in der Flut von hochtrabenden Worten, durch die jene Helden ihren Mangel an Tatkraft, in der Flut von nationalem Geschwätz, in dem sie ihre politische Blindheit und ihren Verrat versteckten. Die auf dem Reichstage so unbedingt geforderte Beschickung Frankfurts auch durch die Czechen, das war das Thema, das in allen Tonarten variiert, endlich die czechische Jugend verführte, nochmals die Nationalität höher zu stellen als die Demokratie. So ließ man Wien nicht nur fallen, so gestattete man sogar die Verhöhnung der Freiheitskämpfer durch czechische Abgeordnete im öffentlichen Reichstagssaale. Das Schlimmste von Allem aber war die Wahl des Hawliczek, eines bornirten Menschen und Pudels des schwarzgelben Kathederhelden Palacky, in den Ausschuß des slawischen Vereins zur Linde (slovanská lípa). Durch ihn wurde dieser ursprünglich demokratische Verein unsicher gemacht in seinen Überzeugungen und ließ sich zum Werkzeuge der Regierungspartei benutzen. Aber im Herzen Tausender blieb doch der nagende Wurm sitzen, und als Jellachich mit den Kroaten nach Ungarn zog, um auch dort die letzten Freiheitsreste des Jahres 1848 zu vernichten, als die Reaktionspartei wieder frech das Haupt erhob, da fiel die Binde von den Augen noch vieler, und die treugebliebenen, so lange überstimmten Demokraten durften wieder offener hervortreten. Dies geschah zunächst durch die Presse, und hier ist eben der Ort, auf diese näher einzugehn.

Die scheinbar konstitutionellen, in der Tat aber jesuitisch schwarzgelben Zeitungen: das Constitutionelle Blatt aus Böhmen und die Allgemeine constitutionelle Zeitung für Böhmen, sowie das Organ Palackys, die von Hawliczek redigierten Slowanske noviny[1]) und Jordans slawische Centralblätter wirkten czechischer-, die Deutsche Vereinszeitung, ein reines Bourgeoisblatt, deutscherseits, trotz zeitweiliger nationaler Opposition gegen einzelne Maßregeln der Regierung, im Sinne, im Interesse des österreichischen zuchtruthlichen Gesamtstaates gegen die Demokratie. Diese besitzt nur zwei Blätter, die Slow. Lípa Sabinas, das Organ des Vereins, und besonders Arnolds, des Verfassers des Jesuitenbüchleins, rein demokratisch-soziale Obcanské noviny (Staatsbürgerzeitung), die in klaren, energischen Aufsätzen besonders auf die Heranbildung und Aufklärung der Bauern wirkte. Einen bedeutenden Anstoß zu der Umgestaltung des politischen Bewußtseins unter den Czechen, eines richtigeren Verständnisses der ungarischen Kriegszustände und der Kamarilla, gab aber der Aufruf des Russen Bakunin an die Slawen, worin in glühender Bildersprache die gemeinsame Gefahr gezeichnet wurde, die der Freiheit aller Völker Österreichs aus dem Siege der Hofpartei erwächst. So vermögen wir uns die Ermahnung der Slow. L. zu jener Riesenadresse an den Reichstag gegen das Ministerium Stadion, die Herausreißung von Jellachichs Bilde aus dem Saale des Lindenvereins, die Lebehochs auf Kossuth und die Deutschen, so nur bei Auflösung des Reichstages die Verbrennung der oktroyierten Verfassung erklären. Diese Anschauung der Dinge ist aber nicht auf czechischem Boden stehen geblieben, sie hat auch bei den Südslawen, besonders den Serben, tiefe, weitverzweigte Wurzeln geschlagen; der Haß gegen Ungarn ist im Erlöschen, seit man in diesem Volke den letzten Hort der allgemeinen Volksfreiheit erkannte. Von Prag aus kann das Zeichen für alle slawischen Stämme gegeben werden, und wir hoffen, daß dies der Fall sein werde, wie es die Regierung bereits zu fürchten scheint, da sie die Slow. L. auflösen, beim ersten Anlaß den Belagerungszustand über die Hauptstadt Böhmens verhängen will.

Dürfen wir nach diesen Zeichen auf ein energisches Auftreten der Czechen rechnen, so liegt uns als deutschen Demokraten noch die heilige Pflicht vor, unsere Brüder in Böhmen dringend zur Mitwirkung an diesem Kampfe für die Freiheit aufzufordern. Dazu aber ist es nötig, daß sie die nationale Eifersucht, die Furcht vor den Czechen aufgeben. Das gemeinsame Bündnis im Kampfe wird

---

[1]) Sie hießen Národni now.

die Kämpfer nach dem Siege nicht mehr entzweien. Leider ist dieses Mißtrauen, abgesehen von manchen Dingen, besonders auch durch den Umstand genährt und erhalten worden, daß die meisten bestehenden deutschen Vereine Töchter unserer sächsischen deutschen Vereine, und als solche konstitutionell-reaktionär sind. Aber in ihnen leben noch demokratische Stoffe, und diese gilt es sowohl unter sich als mit den czechischen zu verbrüdern, um so gemeinsam gegen den gemeinsamen Feind siegen zu können. So nur kann der alte Zwiespalt gelöst werden, der bisher die Demokraten zweier Nationalitäten auseinanderhielt, denn vorwärts werden die Czechen gehen, unbeirrt durch die Deklamationen Palackys und seiner Anhänger, die übertäubt sind von der Sprache der „vollendeten Tatsachen", in denen die Kamarilla durch Stadion-Bach zu den betrogenen Völkern redet. Glück auf!"

**b) Prager Stimme vom 3. April 1849 über die tschechische Demokratie**[1]).

Gestatten Sie mir, Ihnen das Getriebe in der czechischen Partei kurz zu entwickeln, es wird gut sein, wenn die deutsche demokratische Presse die Personen und die jetzige Lage der Dinge kennen lernt, um eines Teiles später ein klares Urteil zu haben, dann aber auch unserer Demokratie Unterstützung zu leisten. Infolge des Stadionschen Associationsgesetzes, dessen freiheitsmörderische Paragraphen Ihnen bekannt sind, zog natürlich auch die Slov. Lípa ihr einzuschlagendes Verfahren in Beratung. Die Gelegenheit war günstig für die Clique, die bisher in Böhmen das große Wort führte und uns an den Rand des Verderbens geführt hat, für die Partei der jesuitischen Aristokraten und Professoren und Karl Havlíček, der Schildknappe Palackys, erhielt deshalb den nötigen Befehl. Auf sein Anraten sollte die Lípa sich, um ihre Existenz zu sichern, in einen Leseverein, ein Casino umwandeln, wie dies aus angeborenem Instinkt der Deutsche Verein bereits getan hatte. Das schlug aber fehl, obschon nicht rein demokratisch, und noch manch unklare Köpfe zählend, beschloß die Lípa doch, ihren politischen Charakter zu wahren, und wies so den ersten Angriff jener Clique zurück. Die Natur dieser kann ich Ihnen nicht kürzer nennen, als wenn ich sage, es sind deutsche Professoren, die zufällig — tschechisch reden. Dieselbe gespreizte Hohlheit, dieselbe Dachstuben- und Kathederweisheit wie in Frankfurt hat auch bei ihnen den Vorsitz. Zu ihr gehören jene elenden Pfuscher in der Politik, die mit liberalen Phrasen im Munde allen reaktionären Schritten der Minister zustimmten, die im Reichtage schulmeisterten und intriguierten und, als die Theorie der Freiheit Praxis werden sollte — feig und verräterisch davonliefen, ein Palacky, Strobach, Brauner, Trojan etc. Jetzt, wo die Wirklichkeit all die bunten Seifenblasen tschechischer Hoheit ohne Freiheit zerplatzt hat, mit denen sie die Jugend täuschten, wo das Olmützer Kabinett diese bis zum letzten Tropfen ausgepreßten Zitronen wegwirft und sie

---
[1]) Dresdner Zeitung 1849, N° 84, 8. April.

der Verachtung des Volkes preisgibt, jetzt strengen sie an, ihre politische Bedeutung zu behaupten. Dem Zorne des betrogenen Volkes gegenüber adoptieren sie das System des passiven Widerstandes und das Volk hat Recht, wenn es sie als Verräter ansieht, wenn es offen behauptet, seine Kremsierer Deputierten hätten bloß nach Orden und Stellen gejagt, und den Reichstag als Milchkuh benutzt, um monatlich 200 Fl. von ihr zu pressen. Diese Clique aber, die Macht und Einfluß der Lípa als politischer Verein sehr wohl kennend, jetzt aber, wo sie in ihrer Nacktheit dastehen, ohne Einfluß auf dieselbe, möchte sie in ein bloßes Casino umgestalten, in dem ihre Kreaturen den Vorstand bilden sollen. Ihnen entgegen steht nämlich die tätige demokratische Partei unter Arnold, Sabina und in jüngster Zeit Franz Havlíček. Der erste hat durch sein junges Journal (Obč. now.) die Sympathie des Volkes durch offene klare Aussprache über dessen Rechtsansprüche im Fluge an sich gerissen, das ihn bereits als seinen natürlichen Führer, als den Vorkämpfer seiner Sache betrachtet. Mit ihm wirkt Sabina, der jetzt ebenfalls auf den neuen Standpunkt, den der sozialen Demokratie sich erhoben hat, und als Redakteur der Slov. Lípa in diesem Sinne den regsten Eifer entwickelte. Endlich hat sich ihnen der seinem vorher erwähnten Namensvetter ganz fremde Franz Havlíček angeschlossen, den die Ereignisse in der Gesamtmonarchie zum richtigen Verständnis der Lage Böhmens geführt haben mögen. Die Verbitterung und die Scheu vor diesen Männern ist in der Professoren- und Staatsmännerclique gleich groß, besonders ist ihr Arnold der Pfahl im Fleische, den sie um jeden Preis heraus haben will. Das geht so weit, daß der große Palacky schon geäußert hat, wenn hier Ruhe bleiben solle, müsse Arnold eingesperrt werden; es scheint aber, als ob die Regierung diesmal die Volksmeinung von der Ehrenhaftigkeit dieses Mannes teile oder — die Volksstimme fürchte. Indes ist Palacky noch klug genug, hinter den Culissen zu bleiben und von da seine Puppen zu dirigieren; dasselbe möge auch Rieger tun, unter den Schlechten noch der Beste, ein liberaler Konstitutioneller ohne Charakter und Selbständigkeit, aber voll Leidenschaftlichkeit, ein durch Rednergabe momentan gefährlicher Komödiant, aber unschädlich, sobald man die Reden kritisiert und die Zeitphrasen vom faulen Kerne abhält. Auch ist er ohne Einfluß auf das Volk, denn das Volk verlangt Aufopferungsfähigkeit, und Herr Rieger hat von seinem großen Vermögen für die Sache des Volkes noch keinen Kreuzer geopfert. Zu den Puppen dieser Partei gehört zunächst Karl Havlíček, der Redakteur der Nar. now., der seit seinem verunglückten Rate aus der Lípa halb austrat, halb unter Lachen ausgetreten wurde, Lambel, Fingerhut und Consorten. Mit dem Lambel haben wir es vornehmlich zu tun. Diesem geistlosen Kritiker und Liebediener, einer Art Dr. Gabler, den man jetzt um jeden Preis poussieren möchte, obschon er eben nur als Werkzeug benutzt wird. Es handelt sich nämlich darum, die Zeitung der Lípa unter die Redaktion des Karl Havlíček zu bringen; geradezu geht das aber nicht, und so schiebt man einstweilen den Lambel vor, der dann nach einiger Zeit zurücktreten würde. Zu diesem Zwecke hat man eine schändliche Intrigue losgelassen, eine kümmerliche Minorität habe den bisherigen Redakteur Sabina abgesetzt und diesen Beschluß sofort in den Blättern veröffentlicht. Das hat natürlich die gerechte Erbitterung erzeugt, und in der heutigen Sitzung der Slov. Lípa wird es zu Stürmen kommen, über die ich später berichten werde. Sabina, glaubt man, wird die Kaution von 10.000 Fl. nicht stellen können, die unser kostbares Preßgesetz fordert, für Lambel aber würde sie die Professorenpartei auftreiben, damit dann K. Havlíček diese so würdig verdorbene Zeitung in vergrößertem Maße erscheinen lassen kann. Ihm, der ja in gleicher Weise auch zur Redaktion der Narodní nowiny gelangte, kann man die Zustimmung zu diesem Plane wohl zutrauen. Spielte er doch jetzt vor Quartalschluß den Liberalen und brachte ein paar Aufsätze in diesem Sinne, um sich neben Arnold zu stellen. Gleichwohl verleugnete er auch dabei seine und die wahre Natur seines Blattes, als eines Denunciantenjournals nicht, indem er den gehaßten und gefürchteten Sabina so niedrig und gemein angriff, daß die Studenten diese Nummer öffentlich verbrannten. Und das sind die Leute, die sich in ihrem Dunkel anmaßen, die freiheitsstrebende Jugend leiten zu wollen! Mit Palacky und den Führern haben wir schon abgeschlossen, daß aber junge Leute wie Lambel etc., die im vorigen Jahre Hoffnungen erregten, sich vom Gelde der aristokratischen Partei zum Verrate an Vaterland und Demokratie, denn beide sind für uns nur eins, erkaufen lassen, ist schmerzlich und diese Wunde blutet noch. Sie kennen jetzt das innere Wesen unserer Parteien, sie werden sich nun die Handlungsweise derselben aus meinen späteren Berichten deuten können.

(Nachschrift: Mit Freude haben wir diesen Brief veröffentlicht und erklären hiemit, daß, sooft wir auch mit Nachdruck die antidemokratische Haltung der Tschechen behaupten, dieser Kampf nie den Tschechen als Nation galt. Dem demokratischen Tschechentum reichen wir die Bruderhand. d. Red.)

### c) Ludwig Wittig an Eduard Wünsche[1]).

Orig. Dresden, 3. Mai 1849.

Bürger! Mit Vergnügen sehen wir aus Ihrem freundlichen Briefe vom 25. v. M., daß die Versuche, die wir zur Annäherung der deutschen und tschechischen Demokratie, zur Zerstörung der albernen Vorurteile und Unkenntnis gemacht haben, mit der von

---

[1]) Wünsche oder auch Wunsche und Wunsch geschrieben war Mitglied der Slovanská Lípa. Der vorliegende Brief erliegt Prag Militärarchiv, Hochverratsakten 1849, N° 8 (Fasz. K/4802), hat jedoch ein merkwürdiges Schicksal gehabt. Er erreichte den Adressaten nicht, ging nach Dresden zurück und wurde dort von den Behörden unter der Poste restante gefunden. Irrig berichtet T r a u b : Květnové spiknutí (1929), 123, dieser Brief sei Anfang April an Sabina gerichtet worden. Auch J. Frič hatte sich am 12. April 1849 Wittig als Korrespondent angeboten, Prag Militärarchiv, Hochverratsakten gegen Fritsch, 1849.

hier aus Böhmen betrachtet wird, Anerkennung in der Parthei[1]) gefunden hat. Sie haben ganz recht, wenn Sie den Verfasser der czechischen Correspondenzen[2]) in unserer Zeitung wohlwollend nennen, was dagegen das nicht Wohlunterrichtete betrifft, so sind wir sehr erfreut, daß Sie uns durch Übernahme von Correspondenzen in Stand setzen wollen, diesen Mangel zu verbessern. Wir nehmen daher Ihr Anerbieten mit bestem Danke an und bitten Sie, uns regelmäßig Bericht über alle wichtigen Vorkommnisse zu erstatten, im Sinne der demokratischen Brüderlichkeit, die keine Bevorrechtung irgend einer Nationalität kennt. Als Honorar kann Ihnen unsere nur erst 7 Monate alte Zeitung für den Brief über 20 Druckzeilen freilich nur einen Thaler bewilligen, bis erst das befreite Österreich uns seine Grenzen öffnet. Grüßen Sie bestens Arnold, hier wäre Alles wohl und thätig.

## 10. Bakunin und die Polen im Frühjahr 1849.

Nicht Anhalt, nicht Sachsen, nicht Deutschland, aber Europa und die Welt standen Bakunin seit Beginn seiner politischen Tätigkeit und besonders 1848/49 vor der Seele, da ihn als sicheres, durch die Erfahrung gewonnenes Wissen die Überzeugung erfüllte, daß das In- und Gegeneinanderspielen der lebendig werdenden politischen Kräfte der verschiedensten Länder und Völker die Weltgeschehnisse engst verflechte und von den Politikern Weltpolitik erheische[3]). Weltdemokratie und Weltanarchie, diese mit wechselnder Stärke und Leidenschaft angestrebten Hochziele Bakunins, entführten Blick und Sinn dem vielfach kleinbürgerlichen Sonderdasein deutscher Kleinstaaterei, schlossen die restlose Hingabe an Einzelfrage, Einzelort und Einzelperson völlig aus, drängten zur Erkenntnis des Wesentlichen in Sonderfall und Einzelbeispiel, nährten wohl auch mitleidigen Stolz gegen Schaffen und Planen am Kleinen im engeren Kreise. In diesen denkbar weitesten Grenzen politischen und sozialen Forderns und Stürmens behauptete die slawische Welt für Bakunin allzeit einen bevorzugten Platz, da diese zuerst und gründlichst umzugestalten, sein mit warmer Liebe umhegter Herzenswunsch blieb, nicht der letzte Ursprung manchen Widerstreites in seinem Lebenswerke. Und nun sah er sich im Herbst 1848 und im folgenden Frühjahr dicht in den deutschkleinstaatlichen anhaltischen, wie sächsischen Parteienzwist eingesponnen, der ihm nur höchst unzulängliche Waffen und Mittel

---

[1]) Offenbar der Slovanská Lípa.
[2]) Richtet sich offenbar gegen den oben S. 118 genannten „G"-Korrespondenten.
[3]) Bakunin in seiner „Verteidigungsschrift": „Nun gebe ich ... zu bedenken, daß heutzutage die Schicksale aller europäischen Völker auf eine so wundersame Weise ineinander verflochten sind, daß keine menschliche Macht sie voneinander zu trennen vermag. Es giebt in unserer Zeit nicht viele Geschichten, sondern nur eine einzige große, in der eine jede Nation ihre Rolle hat, welche von dem Streben und Wirken aller übrigen unmittelbar bedingt ist", bei Čejchan: Bakunin v Čechách (1928), 140.

für seinen großen Weltumformungsplan bereitzustellen schien. Nur einen Flügel vermochten die deutschen Demokraten in der zu werbenden großen Armee mobiler Revolutionselemente darzustellen, die zunächst Osteuropa von unterst zu oberst zu kehren bestimmt sein sollten. Bundesgenossen in der Welt zu werben, wurde so zur wichtigsten Aufgabe Bakunins in Leipzig, von wo er seine Blicke auf das große Sammelbecken europäischer revolutionärer Elemente: auf Frankreich und damit auf die mit diesem Lande fast gänzlich verwachsenen Polen lenkte. Die Politik der französischen Demokraten, die so reiche Hoffnungen unter den Demokraten Europas geweckt hatten, war längst von ihren europäisch-revolutionären Ausmaßen zu einer französisch-gemäßigten zusammengeschrumpft. Eine gegenläufige Entwicklung nahm die Einstellung der Polen zu den plötzlich rege gewordenen Hauptfragen europäischer Politik, um deren Lösung sie sich so lange teilnahmsvoll bemühten, als sie mit ihrer Hilfe ihr beinahe mit religiösem Zauber umwobenes konkretes politisches Ziel: Wiederherstellung und Selbständigkeit Polens durchzusetzen vermeinten. Nach wenigen Wochen voller Hoffnungen trieb bitterste Enttäuschung und Verzweiflung sie wieder in das Lager der internationalen Revolutionäre, die, überall und nirgends zu Hause, Teilhaber aller Aufstandsversuche in Europa wurden. In Glück, wie Unglück bekämpften sie jedoch vornehmlich einen Hauptfeind: Rußland, genauer das Zartum, mit dem nur eine Handvoll Polen innerlich einen Ausgleich zuwege brachte. Ergab sich damit ein bedeutsamer Meinungseinklang mit Bakunin, so wußten sie sich von den allslavischen Absichten der Tschechen, Südslawen, wie Bakunins frei, die jene besonders wegen der Freundschaft zu den Magyaren unter die nationalen Egoisten zählten. An dieser Verurteilung der Polen hielten zu Ende 1848 freilich nur mehr die österreichischen Slawen fest, während Bakunin der Polen Handeln laut billigte und als vorbildlich pries. Die Wege zur Zusammenarbeit zwischen ihm und den Polen gestalteten sich während des Winters 1848/49 zusehends ebener, zumal sie zum gleichen Ziele wiesen: die europäische Freiheit durch die Zerstörung der konservativen Hauptstützen Österreich und Rußland zu erkämpfen.

Dennoch dauerte es geräume Zeit, ehe Bakunin unmittelbare Verbindungsfäden zur polnischen Demokratie zu knüpfen vermochte. Dies wundert den nicht, der seine Beziehungen zu den Polen während des Jahres 1848 und noch früher kennt[1]). So nahe er ihnen geraume Zeit getreten war, so gründlich hatte er viele von ihnen hassen gelernt, da sie ihn unausgesetzt mit den niedrigsten Verdächtigungen verfolgten und jedes seiner Unternehmen zu lähmen suchten. Zudem zerriß Uneinigkeit, Haß und Neid die eigenen Reihen der Polen in eine Zahl von Sondergruppen, die gemeinsames Handeln tunlichst vereitelten und daher ihre

---

[1]) Vgl. Pfitzner: Bakunin und Preußen 1848, Jahrb. f. Kultur u. Gesch. d. Slaven N. F. VII (1931), 248 f., und oben S. 27.

Bündnisfähigkeit und -wertigkeit wesentlich abschwächten. Denn die Polen ließen sich nicht als Volk, sondern nur als Partei, Klub oder Provinzialverband gewinnen. Die frische Stoßkraft vom Frühjahr 1848 war längst Geschichte geworden. Eine bedeutende einigende Kraft bewies allein die ungarische Frage, die konservative wie demokratische Polen zu der ihren machten und um derentwillen sie die Feindschaft der österreichischen Slawen auf sich luden. Mit diesen gerade Polen und Magyaren wie Deutsche zu versöhnen, nahm sich Bakunin ernsthaft vor, so daß das Suchen einer Verbindung mit den Polen notwendig wurde.

Nach den üblen Erfahrungen vom Mai und Juni 1848 mit den Polen traf Bakunin erst in Berlin wieder auf eine geschlossene Gruppe[1]), die ihm ihr Vertrauen schenkte. In diesem Kreise fanden sich die Gründer der Liga Polska[2]) zusammen, deren Schwerpunkt im Posenschen lag, die daher auch im wesentlichen posensche Provinzialinteressen betreute und den Blick vom Ganzen und Allgemeinen abwandte. Vor allem neigte die Mehrzahl der Ligamitglieder, voran ihr Schöpfer Cieszkowski, der Auffassung zu, die revolutionären Methoden hätten sich überlebt, zur erfolgreichen Weiterarbeit sei die Anerkennung des gegebenen Zustandes und die Wahl gesetzlicher Mittel unerläßlich. Evolution, nicht Revolution, Friede, nicht Krieg lautete so die Losung des Hauptteils der Ligamitglieder, denen jedoch eine beachtliche Minderzahl als Opposition gegenübertrat, die an den alten revolutionären Methoden weiterhin festhielt und Männer wie Libelt, Lipski, H. Szuman, Kościelski zu den ihren zählte. Daß Bakunin diesem revolutionären, gerade im Herbst 1848 auf eine Erhebung im geheimen hinarbeitenden Flügel nähertreten würde, lag auf der Hand[3]). Aber die posenschen Sonderwünsche überwogen auch hier vielfach, so daß ein Zusammenarbeiten der Liga mit den im Westen weilenden Emigranten kaum recht in Frage kam. Zudem dauerte die Emigrantenhetze in Österreich, Preußen wie Rußland ungeschwächt fort. Nur Sachsen hielt noch seine schützende Hand über sie[4]). Daher hegte Bakunin die berechtigte Hoffnung, in Sachsen neben den deutschen Demokraten Polen für seine weitausschauenden Pläne gewinnen zu können.

Zunächst gedachte er im Herbst 1848 durch seinen „Aufruf

---

[1]) Pfitzner a. a. O. 276 f.

[2]) Vgl. über die Geschichte dieser nationalen Organisation St. Karwowski: Historya wielkiego księstwa Poznańskiego I (1918), 516 ff.; W. Knapowska: W. Ks. Poznańskie przed wojną krymską (1923), 13 ff.; J. Szmańda: Polska myśl polityczna w zaborze pruskim (1920), 174 ff.; A. Wojtkowski: Pod rządami pruskiemi do r. 1848, Roczniki historyczne I (1925), 170 f.; W. Kohte: Deutsche Bewegung und preußische Politik im Posener Lande 1848/49, Deutsche wissenschaftliche Zeitschr. f. Posen 21 (1931), 150 ff.

[3]) Auch Meyendorff wußte sehr wohl darum, der am 17./29. September 1848 nach Petersburg als Ergebnis der Hausdurchsuchung bei Bakunin mitteilte, er besitze die engsten Beziehungen zur republikanischen polnischen Partei und werde bei einem in Berlin etwa ausbrechenden Kampfe eine hervorragende Rolle spielen, vgl. I. Stěklov: Bakunin I², 312 f.

[4]) Vgl. unten S. 135 f.

an die Slawen" auch unter den Polen, den in der Heimat wie in der Emigration lebenden, eine nachhaltigere Wirkung hervorzubringen, wobei er die größten Hoffnungen auf das an die Redaktion des Demokrata Polski, des Hauptblattes der polnischen emigrierten Demokraten, gesandte Werbeexemplar setzte. Das von dieser Seite zurückschallende Echo wäre Bakunin, wofern es ihn erreicht hätte[1]), eine Ermunterung gewesen, da sich dieses Demokratenorgan mit dem „aus reinster slawischer Brust" kommenden Zurufe einverstanden erklärte[2]). Immerhin meldete sich diese Stimme unter allen zeitgenössischen Beurteilern am spätesten, konnte sich überdies nicht versagen, an Bakunins allseits tieferstehenden „Freund" Ivan Golovin zu erinnern, der schon bei der letzten Jahresfeier der Polen am 29. November zu Paris ähnliche Gedanken ausgesprochen habe[3]). Bedeutsam war, daß sein Aufruf auch ins Polnische übersetzt wurde, wofür er ja seinen damals gerade in Sachsen lebenden Freund Andrzejkowicz gewann[4]).

Die Möglichkeit, unmittelbar unter Polen werbend zu wirken, ergab sich Bakunin zu Beginn 1849 in Leipzig, freilich in geringerem Ausmaße, als er erwartet haben mochte. Wohl blieb 1848 und früher Leipzig, dieser wichtige deutsche Demokratenhort, in der Polenschwärmerei hinter anderen deutschen Großstädten nicht zurück[5]). Aber bei den Polen stand Dresden stets in höherem Werte. Dennoch erschloß sich Bakunin gleich bei seiner Ankunft in Leipzig ein Kreis slawischer und slawenfreundlicher Studenten[6]), in dem das Allslawentum eifrige Pflege fand und das Polentum durch Roman Vogel, einen mit Jordan gelegentlich zusammenarbeitenden, in der Slawenfrage schriftstellerisch tätigen[7]) und in der Buchhandlung des slawenfreundlichen Bussenius beschäftigten Handlungsgehilfen, durch Heimberger, auch Lassogorski geheißen, der seit dem Sommer 1848 am Leipziger Konservatorium studierte und einer hohen, in Wien lebenden Beamtenfamilie entstammte, und schließlich durch den Emigranten Zawisza. Besonders auf diese Polen vermochte sich Bakunin bei seiner Werbearbeit in diesem kleinen Slawenkreise zu stützen, als er ihnen, getreu dem Inhalte seines Aufrufes an die Slawen, begreiflich machen wollte, daß die Slawen sich mit den Magyaren und Deutschen verständigen, ja verbünden müßten, wogegen die Tschechen, Slowaken und Wenden dieses Kreises den gegenteiligen, mit den Ansichten ihrer Landsleute in der Heimat übereinstimmenden Standpunkt vertraten, daher die Erhaltung Österreichs im In-

---

[1]) Beichte 64.
[2]) 17. Feber 1849 (Ossolineum).
[3]) Vgl. L. Limanowski: Historya demokracji polskiej II² (1922), 324 f.
[4]) Vgl. oben S. 83, 88.
[5]) Vgl. Pfitzner a. a. O. 243.
[6]) Vgl. darüber die Aussagen Bakunins in Dresden und Prag, die Aussagen Gustav Strakas in Prag (Militärarchiv) sowie die bei den Prager Bakuninakten erliegenden Zeugenverhöre mit Teilnehmern dieses Kreises; vgl. auch Bakunin: Beichte 58 f.
[7]) Vgl. z. B. Jahrbücher für slavische Literatur, 1848, S. 16.

teresse der Slawen forderten, den deutschen Demokraten aber wenig gewogen waren. Die Polen, durch das Bündnis mit den Magyaren von vornherein den Bakuninschen Gedankengängen zugetan, wären demnach berufen gewesen, seine ersten Jünger zu werden. Dennoch teilte das Schicksal den Tschechen diese Rolle zu. Denn Roman Vogel, von seinem Berufe sehr in Anspruch genommen, konnte an den gemeinsamen Debattenabenden und geheimen Konventikeln in den Behausungen einzelner Studenten oder bei Bakunin nicht mehr teilnehmen. Auch die Wenden fielen ab, während Zawisza von Bakunin ausgestoßen wurde, da er nach dessen Zeugnis viel zu eitel und geschwätzig, somit für die erforderliche Geheimhaltung der Besprechungen geradezu gefährlich war. So blieb ihm von den Polen allein Heimberger übrig, der am bedingungslosesten auf seine Pläne und Gedanken einging. Ihn warb er daher samt Gustav Straka als Emissär für Böhmen. Eine erste Erkundungsfahrt unternahm Heimberger noch im Feber 1849, als er zu seinen Eltern nach Wien über Prag fuhr, wo er sich auf der Rückreise kurz aufhielt, um die Lage für eine etwaige revolutionäre Erhebung zu prüfen. Bakunin war mit seiner persönlich in Leipzig erstatteten Meldung zufrieden und bewog ihn, entsprechend seinen eigenen Wünschen, dauernd nach Prag zu gehen und dort vor allem die Studenten in Bakunins Sinne zu bearbeiten. Heimberger, der am 21. März nach Prag reiste, entfaltete großen Eifer, vermochte aber die tatsächlich vorhandenen Kräfte zu einer Erhebung nicht richtig abzuschätzen, so daß seine Berichte Bakunin ein völlig falsches, viel zu rosiges Bild von den revolutionären Vorbereitungen in Böhmen vorgaukelten, weshalb Bakunins späterer Groll gegen Heimberger vollkommen verständlich wird.

Bakunin, durch die ersten Erfolge in Leipzig ermutigt, strebte sofort seine Beziehungen über den dortigen kleinen Slawenkreis hinaus, aber mit seiner Hilfe allseits auszuweiten, vor allem den **Anschluß an die polnischen und tschechischen Demokratenführer** in der Heimat zu erreichen und sie mit Vertretern der deutschen Demokratie persönlich bekanntzumachen. Daher lud er Tschechen und Polen zu einem Treffen nach Leipzig ein. Während aus Prag sich wenigstens Arnold einstellte, blieb sein Schreiben an die polnischen Bekannten in Posen trotz bestimmter gegenteiliger Hoffnungen ohne Erfolg[1]). Nur der in Dresden lebende Andrzejkowicz dürfte sich auch in Leipzig eingestellt haben.

Diesem Mißerfolge im Posenschen gesellte sich das **Scheitern** seiner geplanten **Pariser Reise** zu, die ihm vor allem die Hilfe der französischen, aber auch der polnischen Demokraten sichern sollte. Aber da ihm weder der tatsächliche Widerhall in der Réforme, noch im Demokrata Polski zu Ohren drang, verzichtete er vorläufig entmutigt auf die moralische wie geldliche[2]) Stützung von

---

[1]) Beichte 59.
[2]) Besonders diese wäre ihm damals sehr erwünscht gewesen, da er, wie Schröder am 14./26. Feber 1849 aus Weimar nach Petersburg meldete, in seiner Werbearbeit wegen Geldmangel gehindert werde und daher weit hinter seinem Rufe zurückbleibe, bei Stěklov: Bakunin I², 345.

dieser Seite her und begnügte sich damit, im engeren Umkreise Sachsens für seine Absichten zu werben. Kostete es ja noch ein gutes Stück Arbeit, die deutschen Demokraten der slawischen, darunter auch der polnischen Sache geneigt zu machen. Mochte es noch so schwer sein, deutsche Demokraten und Tschechen zu versöhnen, so gelang die Weckung der **freundschaftlichen Gefühle für die polnische Nation** nach den Vorgängen von 1848 um so leichter. Bakunin, in Cöthen wie Leipzig die stärkste Kraft der deutschen Demokratenkreise[1]) und mittelbarer Berater und Leiter der Werbearbeit des deutschen demokratischen Zentralkomitees[2]) — D'Ester und Hexamer verkehrten mit Bakunin in Leipzig aufs engste —, erreichte, daß die deutschen Demokraten in den slawischen Angelegenheiten auf seine Seite traten. Seiner Anregung dürfte so die Sympathiekundgebung des Zentralkomitees vom 24. Feber an die Zentralisation der polnischen Demokratie in Paris zuzuschreiben sein[3]). Da in Österreich Magyaren, demokratische Deutsche und Polen einträchtig zusammenwirkten, die Demokraten des Reiches aber der Wiener Revolution und den Magyaren warme Teilnahme entgegenbrachten, verstand sich diese Freundschaftsbeteuerung der deutschen Demokraten von selbst.

Bakunin hatte den **Polen** in seinem Frühjahrsplane[4]) von 1849 die **Sonderaufgabe** zugedacht, die Verbindung zwischen Magyaren und ungarischen Slawen herzustellen und Geld und Offiziere zu liefern, während er die Deutschen und Slawen, besonders die Deutschen und Tschechen selbst zu versöhnen strebte. Dann sollte unter tätigster Mitwirkung der deutschen, französischen und magyarischen Demokraten die slawische Bewegung neu aufgenommen, das Zartum und Österreich niedergerungen werden. Aber nicht wie 1848 stellte er Polen in den Mittelpunkt des Unternehmens, sondern Böhmen. Denn nach seiner Überzeugung hatte sich Polen in allen Stücken unfähig erwiesen. Auch besaß Polen nicht die Gunst der staatlichen Verhältnisse wie Böhmen, da es, in drei Reiche aufgeteilt, sich viel schwerer zu einem einheitlichen Vorgehen entschloß und damit den siegreichen Verlauf der europäischen Revolution mit lähmen, Rußland mittelbar erhalten half. Zudem gedachte Bakunin auch um dessentwillen den Polen diese neue Chance nicht in die Hand zu spielen, weil sie sich 1848 selbstisch benommen, nur auf die Wiedererrichtung Polens zugesteuert und für die Fragen des gesamten Slawentums nichts übrig gehabt hätten. Die ukrainische Wunde blute gerade wegen Polen noch immer am Körper des Slawentums.

Durch diese weitausgreifenden Bestrebungen ließen sich die **Polen** nicht hindern, ihrerseits Pläne für die **Zerstörung Ruß-**

---

[1]) Vgl. auch Peter v. Meyendorff: Briefwechsel (hg. v. Hoetzsch) II, 144: Bericht Meyendorffs an Nesselrode vom 15. Jänner 1849, und oben S. 70 ff. Vgl. dazu schon Meyendorffs Bericht vom 17./29. September 1848 bei Stěklov: Bakunin I², 313.
[2]) Beichte 64.
[3]) Demokrata Polski 24. März 1849.
[4]) Beichte 59 f.

lands und die Wiederaufrichtung ihres Vaterlandes „von Meer zu Meer" zu schmieden, worüber die wildesten Gerüchte die Weltpresse wie die Diplomatenkreise[1]) durchschwirrten, die auf den wahren Kern zurückzuführen, auch heute noch schwer fällt. Bleibt für den Bestand deutscher politischer Geheimgesellschaften zu Ende 1848 das Zeugnis Bakunins heute noch der stärkste Beweis, so spricht bei den Polen schon die langjährige revolutionäre Erfahrung für die Wahrscheinlichkeit des Entstehens geheimer Verschwörerkreise auch im Sturmjahre, so daß die Nachrichten der Regierungsagenten und Konfidenten, die den Regierungsstellen verschiedener Länder zuflossen, an Glaubwürdigkeit gewinnen, wird auch immer ein bestimmtes, leider nicht eindeutig feststellbares Maß an Übertreibungen abzurechnen sein. Der Historiker bewegt sich bei der Entschleierung dieser geheimen Fäden auf überaus schwankendem und dornigem Boden[2]), dessen unwegsames Gestrüpp auch der Untersuchungsrichter nur selten hinwegzuräumen vermochte. Gleich schwierig bleibt es, die internationale Seite des politischen Verschwörertums, jene zwischen den einzelnen großen Revolutions- und Verschwörungsherden hin und her laufenden Fäden bloßzulegen und dies schon um dessentwillen, weil diese Komitees meist mündlich miteinander verkehrten, das geschriebene Wort tunlichst mieden, so daß kaum ein bestimmter Anhalt in die Hände der Gerichte fiel. In einigen allgemeinen Sätzen seiner Beichte hat Bakunin[3]) auf diese Zusammenhänge hingewiesen, ohne die für die Erkenntnis und das Werturteil des Historikers unerläßlichen Einzeltatsachen mitzuteilen. Daher begrüßt die Forschung jeden Beitrag, der wenigstens zur teilweisen Aufhellung dieser Zusammenhänge führen kann. Immer noch entstammten die zuverlässigsten Berichte aus den Reihen der Verräter. Auch die polnische Emigration besaß sie. So hatte Jan Bzowski, ein in russischen Diensten stehender polnischer Agent in Brüssel, offenbar die Möglichkeit, die Zurüstungen der demokratisch-revolutionären polnischen Emigranten näher kennenzulernen, worüber er dann dem russischen Geschäftsträger Ocerov in Karlsruhe eingehende Nachrichten zukommen ließ. Sie verdienen hier um so eher Beachtung, als auch Bakunin darin einen besonders bevorzugten Platz einnahm. So wollte Bzowski schon im November 1848 wissen[4]), die polnischen Revolutionäre arbeiteten eng mit Tschechen und Südslawen zusammen, während Bakunin die Aufgabe zugeteilt sei, die Unterwühlung Wolhyniens, der Ukraine, Podoliens, der Moldau und Walachei zu besorgen. Der Waffenschmuggel zwischen Fiume und Odessa sei bereits im besten Gange[5]), Vertrauensleute vielerorts aufgestellt[6]).

---

[1]) Vgl. z. B. Meyendorff: Briefwechsel II, 150.
[2]) Daß den Historiker auf diesem Felde noch manche Weiterarbeit erwartet, erhellt auch aus Valentin: Geschichte der deutschen Revolution II (1931).
[3]) Beichte 57.
[4]) Valentin a. a. O. II, 184, 630.
[5]) Daß über Fiume Waffen nach Ungarn geschmuggelt werden sollten, ist bekannt.
[6]) Wie die Verbindung zwischen den einzelnen Lagern vor sich ging, erhellt

Mochte auch der russische Gesandte die Hilfeleistung Bzowskis nicht besonders hoch im Werte anschlagen, so mußte er doch zugeben, daß diese Berichte nicht ganz unwahrscheinlich seien. Und was Bakunins Rolle betrifft, so darf man an eine Mitteilung des ehemaligen Berliner Polizeipräsidenten Minutoli vom August 1848 erinnern[1]), der aus London nach Berlin ganz Ähnliches berichtete. Vielleicht liegt alldem nur die Bekanntschaft Bakunins mit den auf dem Prager Slawenkongreß weilenden Ukrainern zugrunde. Aber doppelt auffällig bleibt doch in diesem Zusammenhange die Beschäftigung Bakunins während des Sommers 1848 mit der Frage Moldau-Walachei[2]).

Bzowski meldete sich im März 1849, demnach zu der Zeit, da die Vorbereitungen für eine Erhebung im Frühjahr bestens im Gange waren, neuerdings in Karlsruhe[3]). Ocerov teilte diesmal die Nachrichten Bzowskis auch den beteiligten Regierungen, vor allem Österreich und Preußen, mit, die ihrerseits die Provinzialbehörden[4]) unterrichteten. Handelte es sich doch diesmal um eine von den polnischen Pariser Demokraten neugegründete „Société des amis des peuples slaves, polonais et allemands", die nach den Satzungen des ehemaligen preußischen Tugendbundes, der Carbonari und Maurer eingerichtet und in internationale und nationale Sektionen eingeteilt sei. Zunächst sollten die einzelnen Völker ihre eigenen Interessen betreuen, durch die eigene Befreiung aber auch die der übrigen Völker beschleunigen helfen. Jede nationale Sektion sollte 1 oder 2 Mitglieder in die Pariser Zentrale entsenden, der vier Komitees unterstanden: 1. zu Breslau für die Angelegenheiten Polens; 2. in Dresden für Galizien, alle russischen Provinzen und Zentraldeutschland; 3. in Brüssel für Rheinpreußen, Frankreich und England; 4. zu Chambéry in Sardinien für Italien, Illyrien, Dalmatien. Als oberstes Ziel schwebte nach Bzowskis Bericht dem Bunde die Einführung der Republik und die Bekämpfung Rußlands vor. Wieder weiß er die als Emissäre bereits tätigen Vertrauensleute zu nennen. Darnach saßen in Krakau deren drei, denen einer aus Paris die entsprechenden Weisungen überbrachte. In Breslau empfing die Korrespondenz Dombrowski, ein Posener, der sie unter Vermittlung von Frau Rudnicka nach Kalisch weiterbeförderte. Die Korrespondenz nach Südrußland vermittelte ein Geschäftsmann über Wien, Hermannstadt, Walachei und Moldau. Alle für neue Empörungen in Polen bestimmten Hilfsmittel wurden in Posen, Krakau und Tarnow gesammelt. Bakunin, der von Bzowski irrig in Lemberg vermutet wird, soll seinen oben mitgeteilten Plan

---

aus der Fahrt Falkowskis aus Ungarn über Galizien, Breslau, Dresden nach Paris zu Ende 1848, vgl. J. Falkowski: Wspomnienia z r. 1848 (1879).
[1]) Pfitzner a. a. O. 282.
[2]) Ebenda 273 ff.
[3]) Bericht des österreichischen Gesandten aus Karlsruhe vom 23. März 1849, Wien, Haus-, Hof- u. Staatsarchiv.
[4]) Z. B. Breslau, Staatsarchiv Rep. 201 c Acc. 16/23 N° 1; vgl. auch das Reskript Schwarzenbergs an Kuefstein in Dresden vom 15. April 1849, Wien, Haus-, Hof- und Staatsarchiv.

wegen der Oktroyierung der Verfassung und der Umstellung der
Völker in Österreich abgeändert haben. Schließlich soll für den
26. bis 30. April in Brüssel ein Kongreß von Polen, Deutschen
und Ungarn geplant gewesen sein, um eine gemeinsame Aktion zu
verabreden. Gerade dieser vielfach phantastisch anmutende, Bakunin gleichfalls einen bestimmten Posten innerhalb des von Polen
angeregten großen Bundes zuweisende Bericht erhält durch anderwärts bezeugte Tatsachen so bedeutsame Stützen, daß der Hauptinhalt als berechtigt gelten muß. Schon die aus Schlesien und
besonders aus Breslau für diese Zeit erwiesenen Tatsachen reden
eine sehr bejahende Sprache. Breslau galt seit je als wichtiger
Stützpunkt der polnischen Propaganda. Schon 1848 nisteten sich
eine Reihe von Emissären ein[1]), die auch im Frühjahr 1849 noch
dort tätig waren[2]). So hielten vor allem Klopffleisch, Jan Nepomuk
Janowski, Rupniewski, Fink, Kraiński die Verbindung mit der
Pariser demokratisch polnischen Zentralisation, wie mit Kongreßpolen und den anderen Teilgebieten aufrecht. Die seit dem Frühjahr 1848 wesentlich wachsamer gewordene Breslauer Regierung
wußte um diese Zustände, sorgte für Überwachung und erhielt so
zu Ende April 1849 einen zuverlässigen Bericht eines Polizeioffiziers[3]), in dem es hieß: „Es ist bekannt, daß die Polen in Krakau
mit denen Breslaus und diese mit denen im Großherzogtum Posen
und im Königreich Polen in beständiger Korrespondenz stehen und
daß durch diese durch Zwischenpersonen vermittelte Korrespondenz
die revolutionären Fäden weitergesponnen werden, welche von
Paris nach Krakau herübergeleitet werden."

In das Wesen dieser Nachrichten führt freilich erst ein unten
mitgeteilter Brief des gleich noch zu nennenden polnischen Emigranten Wiktor Heltman an Janowski[4]) ein, in dem vor allem die
eine bedeutsame und hier besonders aufklärende Tatsache überliefert wird, daß in jenen Frühjahrsmonaten 1849 von dem polnischen Demokratenbunde und seiner Exekutive: der Zentralisation
ein „Allgemeiner Demokratenbund" ins Leben gerufen und
organisiert worden sei. Heltman teilt aus einer Kopie einen Teil
der Satzungen dieses großen internationalen Bundes, der mit der
oben genannten „Société" identisch sein dürfte, mit, der bestimmte
praktische Erfolge zu verzeichnen hatte. Nach § 1 dieser Satzungen
sollte unter Demokratie im politischen Sinne verstanden werden
„der lebendige Anteil aller Bürger an den öffentlichen Angelegenheiten ohne Unterschied von Geschlecht, Herkunft, Religion, Vermögen und gegenwärtiger sozialer Lage. Daraus ergeben sich republikanische Staatsform, zeitliche, wählbare, verantwortliche Staatslenker, allgemeines Wahlrecht, unbeschränktes und unbeschwertes
Druck-, Versammlungs-, religiöses Bekenntnisrecht usw." Auch der
soziale Teil kam in den Satzungen zu seinem Recht. Daher als

---
[1]) Vgl. Pfitzner a. a. O. 246 ff.
[2]) Vgl. Knapowska a. a. O. 83, 94, 96.
[3]) Breslau, Staatsarchiv Rep. 201c Acc. 16/23 N° 52.
[4]) Unter b).

Forderung: „Lebendiger Anteil aller Bürger ohne Ausnahme an der Nutznießung aller aus dem Gemeinschaftsleben erfließenden Gewinne, daher Aufhebung aller bestehenden Privilegien und Aufrichtung einer neuen Eigentums- und Arbeitsorganisation". Da aber die Unterschiede auf diesen Feldern bei den einzelnen Völkern sehr groß seien, solle eine Abänderung nach den Bedürfnissen der Einzelglieder erlaubt sein. Nachdruck wird auf das Begehren gelegt, es mögen alle Klassenunterschiede aufgehoben und damit der Grundsatz der Gleichheit endlich verwirklicht werden. § 2 verfügte über die Grundrechte zwischen den einzelnen Bundesgliedern: „Alle gemäß den hier vorgetragenen Grundlagen der Demokratie sich bilden wollenden Völker sind solidarisch. Jedes von ihnen hat das Recht, von den anderen jede Hilfe zu verlangen:.. Diese Solidarität soll so lange bestehen, als eine Nation von äußeren und inneren Feinden nicht ledig ist und sich nicht zu einer unabhängigen Nation nach den Grundsätzen der Demokratie konstituiert." Dieser von den polnischen Demokraten geplante Bund zur Befreiung aller politisch und sozial unterdrückten Völker sah demnach zwei voneinander etwas abweichende Arbeiten vor: zum ersten, die Arbeit jedes Volkes an seiner eigenen Befreiung, zweitens die Befreiung aller Völker durch solidarisches Vorgehen und die allgemeine Verbreitung der demokratischen Grundsätze. Sache der polnischen Demokraten war es, auf beiden Feldern vorbildlich voranzuschreiten. An dem Erfolge mußte vor allem Bakunin, dem die gleichen Ziele vorschwebten, hauptinteressiert sein.

Wieder vermitteln die vorläufig über die **Werbearbeit der Polen** vorliegenden Zeugnisse nur ein allgemeines Bild mit manchen Ungenauigkeiten und Übertreibungen, die wieder auf das Schuldkonto der geschwätzigen und gern aufbauschenden Konfidenten zu buchen sind. Der Wiener Berichterstatter in Paris wollte am 22. März 1849 wissen, daß die polnische Pariser Zentralisation **zwei Komitees** eingesetzt habe: ein mobiles (Comité ambulant) und ein permanentes. Das Wanderkomitee bestand angeblich aus Wiktor Heltman, Albert Darasz und General Sznajde. Wiktor Mazurkiewicz sollte die Rolle eines Verbindungsoffiziers zur Pariser Zentrale spielen. Nach dieser Meldung sollte sich damals Heltman und Darasz in Breslau befinden, mit dem dortigen demokratischen Nationalgardekommandanten Engelmann wie mit Krakau in Verbindung stehen. So unrichtig an dieser Meldung auch die Einzelheiten waren — Heltman befand sich damals z. B. noch in Paris —, so sehr stimmen diese Andeutungen doch zu dem, was Bakunin sogleich mit den Polen erlebte. Daher ist ein gewisses Zutrauen auch zu den weiteren gerade durch ihre Genauigkeit überraschenden Angaben des Konfidenten berechtigt, wonach die Polen auch mit den französischen Demokraten, geführt von Flocon, sowie mit den deutschen in enger Verbindung standen. Denn in **Deutschland** beginne man jetzt die **demokratischen Vereine** zusammenzufassen und zu organisieren, worum sich vor allem der radikaldemokratische Abgeordnete Zitz aus Mainz verdient mache. Durch

Zählungen sei bereits festgestellt, daß die demokratischen Vereine Deutschlands nicht weniger als 72.000 eingeschriebene Mitglieder, die Turner deren 62.000 besäßen. Auf ihre Vereinigung werde von Paris, Frankfurt, Leipzig, Halle, Breslau, Berlin, Königsberg hingearbeitet, was übrigens zu Anfang April auch der durch Prag reisende Konfident Reißmann dem böhmischen Vizegouverneur Mecséry mitteilte[1]).

Aber um Bakunins Sonderarbeit im Frühjahr 1849 ins richtige Licht zu rücken, genügt es nicht, ihr nur die Bestrebungen der polnischen Demokraten entgegenzustellen. Die Beantwortung der Frage nach der Berechtigung und politischen Klugheit stellt sich für Bakunin noch wesentlich günstiger, hält man noch die gleichzeitig ins Werk gesetzten Unternehmungen des polnischen konservativen Lagers, nach wie vor durch den schon hochbetagten Fürsten Czartoryski geführt, hinzu. Die Konservativen trachteten wie die Demokraten die für die Polen günstig scheinende Gelegenheit auszunützen[2]), daß polnische Freiwillige und Generäle in Sardinien wie in Ungarn fochten. Czartoryski, ein Meister im Anknüpfen weiträumiger Beziehungen, plante[3]), Rußland vom Kaukasus wie von der Ukraine aus anzugreifen, damit sich dann auf Rußlands wie Österreichs Trümmern ein großes föderatives Staatengebilde, allerdings mit wesentlich anderem sozialem Aufbaue, als sich Bakunin vorstellte, erhebe. Da Czartoryski über größere Geldmittel als die Demokraten und Bakunin verfügte, vermochte er auch ein weiter gespanntes Propagandanetz auszubreiten, das sich besonders in Polen mit dem der Demokraten räumlich deckte, ohne daß es zu einer Zusammenarbeit beider gekommen wäre. Freilich arbeitete Czartoryski erst im Mai und Juni nachdrücklicher, als die Russen bereits in Siebenbürgen eingerückt waren. Wollte er doch diesmal besonders vorsichtig zu Werke gehen, sich mit den Ungarn verständigen, die Erhebung in Polen möglichst gut vorbereiten und sich auf dem Umwege über Rieger mit den Tschechen verbünden. Dennoch warben schon im März seine Agenten eifrig für diese den Plänen der Demokraten und Bakunins gleichgeartete Vereinigung. Als Agent in Breslau hatte er Czaplicki gewonnen, der das Pseudonym de Bolmin führte und mit dem Grafen Kisielnicki zusammen arbeitete, der in Czartoryskis Auftrage Posen zu betreuen, für die Beförderung der dortigen Freiwilligen nach

---

[1]) Ganz ähnliche Nachrichten durcheilten vielfach die Presse, vgl. z. B. die Meldung vom 18. Feber 1849 aus Wien in den Nowiny Lípy slowanské 1849, 19. Feber.

[2]) Vgl. zum Allgemeinen M. Handelsman: Les éléments d'une politique étrangère de la Pologne 1831—1856, Comptes-rendus de l'Académie des sciences morales et politiques 1930, Juli, August; derselbe: La question d'Orient et la politique yougoslave du Prince Czartoryski, ebenda 1929, November, Dezember.

[3]) Vgl. darüber Acta betreffend die Vorbereitung und den Ausbruch einer neuen polnischen Insurrektion in Verbindung mit dem Aufstand in Ungarn, Berlin, Staatsarchiv, Minist. d. Inn. Rep. 77 CCCLXXIX N° 20 vol. I; vgl. auch K. Kazbunda: Pobyt dra L. Riegra v cizině, Zahraniční politika 8 (1929), 755 ff., 913 ff. und passim.

Ungarn sowie für Waffentransporte zu sorgen hatte, die das Breslauer Kaufhaus Molinari nach Galizien weiterbeförderte.

So kreuzten sich im Frühjahr 1849 die verschiedenartigsten Bestrebungen der Polen, die Bakunin gern für seine den polnischen so ähnlichen Zwecke dienstbar gemacht hätte. Lähmende Eifersucht und gegenseitiges Mißtrauen ließ jedoch derlei, wie sich bald zeigte, nicht zustande kommen. In Dresden kam es an den Tag. Verschiedene Gründe — Verfolgung durch die österreichischen Behörden, das Streben nach Zusammenarbeit mit den Dresdner Demokratenkreisen, die günstigen Nachrichten aus Prag u. a. — bewogen Bakunin, Mitte März Leipzig zu verlassen[1]). Dresden zog als parlamentarischer und Vereinsmittelpunkt die führenden Männer der sächsischen Demokratie besonders stark an, so daß das früher im politischen Leben führende Leipzig wesentlich zurücktrat. In Dresden sammelten sich aber auch nach wie vor mit besonderer Vorliebe die vom Osten zum Westen und umgekehrt eilenden Polen, die Elbathen noch aus der Zeit der sächsischen Könige schätzten. Schon der erste Quartiergeber Bakunins in Dresden, Thaddäus Dembiński[2]), war ein polnischer Emigrant, der im Dienste der Pariser Zentralisation arbeitete, in Breslau tätig gewesen war und sich nunmehr schon seit dem Sommer 1848 in Dresden aufhielt. Zählte er doch zu jenen 52 Polen, die am 19. Juni 1848[3]) die weitere Aufenthaltsbewilligung bei der sächsischen Regierung erbeten und ehrenwörtlich versprochen hatten, sich von jeder politischen Demonstration und Verschwörung fernezuhalten. Unter dieser Zahl begegneten Namen, die 1849 in der polnischen Emigrantenliste Sachsens wiederkehren wie Stanislaw Poniński, Carl Brzozowski, Josef Accort u. a. m. Accort[4]) war wohl am 8. August mit Stanislaw Tchorzewski ausgewiesen, dann aber mit ihm gegen die Versicherung weiter geduldet worden, daß sie sich selbst den Lebensunterhalt verdienen würden. Zu diesen seit Sommer 1848 in Dresden seßhaft gewordenen Emigranten gesellten sich fluktuierende Elemente, besonders als die letzten Emigranten zu Beginn 1849 aus Galizien gedrängt wurden. Da bot immer wieder das gastfreie Sachsen Unterschlupf, so daß die tägliche Tafelrunde der Polen im Hotel de Luxembourg oder bei Torniamenti zu Dresden stets 14—20 Köpfe zählte[5]). Zu den geistig bedeutend-

---

[1]) Aussage Bakunins, Prag, Militärarchiv.
[2]) Knapowska a. a. O. 94.
[3]) Dresden St. A. Minist. d. Inn. 242k vol. 10, auch zum Folgenden.
[4]) Vgl. über ihn auch die Aussage seiner Quartierfrau, ebenda Amtsgericht Dresden 1633g.
[5]) Aussage Strakas, Prag, Militärarchiv. Viele Nachrichten über diesen Kreis verdanken wir dem Dresdener Polizeikommissär Schilling, der mit Accort und anderen Polen bekannt war, sein Bericht Dresden St. A., Amtsgericht Dresden 1633g. Das im Lemberger Ossolineum unter I. 4514 erliegende Tagebuch, das nach dem von Kętrzyński besorgten Handschriftenverzeichnis und nach der Eintragung auf dem ersten Blatte: „24° stycznia 1849 Drezno" gerade der hier in Frage stehenden Zeit angehören soll und daher manche Einblicke in das gesellschaftliche Leben der Polen in Dresden erwarten ließe, gehört jedoch, wie sich aus dem Inhalte der folgenden Eintragungen ergibt, dem Jahre 1850

sten Köpfen dieses Kreises zählten Julius Andrzejkowicz[1]), Bakunin eng verbunden und in seinen Anschauungen nahe verwandt, und der schon 1848 beim Posener Aufstande tätig gewesene Priester Josef Wasilewski. Besonders eifrig besuchte diesen Kreis auch der fanatische Accort, der bald in Bakunins Plänen eine bestimmte Rolle spielen sollte, damals aber, da stets von größter Armut geplagt, durch den noch weiter bestehenden Unterstützungsverein für die Polen — Postsekretär Martin verwaltete ihn — ausgehalten wurde. Daneben hielten sich damals auch Albin Gorecki aus Nakel, Anton Grabski, Roman Zieliński, Kutzelmann, der Sprachlehrer Johann Krause aus Jaroslau[2]), der Dichter Olizarowski[3]), Constant Lipinski, ein Verwandter des Bakunin wohlbekannten Dresdner Konzertmeisters Lipinski u. a. m. auf. Dieser Kreis beschäftigte sich vorwiegend mit politischen Fragen, besprach eifrig den Krieg in Ungarn, die Lage in Österreich, erwies sich bestunterrichtet über Neuigkeiten aus weiter Ferne und sagte vielfach das Richtige voraus. Man schloß sich jedoch ziemlich streng ab, vor allem auch gegen die deutschen Demokraten. Nur Ludwig Wittig, dem man wohl auch aus diesem Grunde eine dauernde Verbindung mit der Pariser polnischen Zentralisation nachsagte[4]), und Martin, zwei bekannte polenfreundliche Radikale der Dresdner Demokratie, zählten zu den regelmäßigen Gästen. Bakunin aber mied in Dresden den Umgang mit diesen Polen so gut wie gänzlich, trug auch seinen Mitarbeitern auf, diesen gegenüber strengstes Stillschweigen zu bewahren[5]).

Aber mit den Genannten erschöpfte sich die Zahl der Dresdner Polen keineswegs. Vielmehr stellten sich eine Reihe polnischer Adliger, Gutsbesitzer und Intellektueller[6]), die Geschäften wie persönlichem Vergnügen nachgingen, bald auf kürzere oder längere Zeit ein. Sie pflegten dabei, wie die Bakunin von Breslau her bekannten Grafen Skorzewski[7]), eine rege Geselligkeit, an der auch Bakunin, wie seine Bekanntschaft mit der Gräfin Czesnowska beweist, gelegentlich teilnahm. Unter den im März nach Dresden reisenden Polen fallen die Namen dreier polnischer, aus dem Posenschen stammender Abgeordneter in der preußischen Nationalversammlung auf: Jankowski-Nostitz, Klinski-Rautenberg und

---

an, steht überdies auf verhältnismäßig geringer Höhe. Es enthält zum 10.Feber 1850 nur die Eintragung, man habe über die Dresdner Maiereignisse und Bakunin gesprochen, „als ob er sich zufällig in Dresden befunden habe und als Artillerieoffizier zur Führung berufen worden sei". Auch einige Anekdoten über seine Gefangennahme in Chemnitz werden erzählt.

[1]) Aussage Bakunins, Dresden, ebenda 1285ᵃ.
[2]) Ebenda.
[3]) Vgl. auch A. Giller: Tomasz Olizarowski (1879), 25.
[4]) Dies tat der Student Schanz, Untersuchungsakten gegen Bakunin, Prag, Militärarchiv.
[5]) Aussage Strakas, ebenda.
[6]) Man erfährt zahlreiche Namen aus den Fremdenlisten im Dresdner Journal 1849, März, April.
[7]) Diese besaßen in Dresden einen Palast, der von der Polizei bewacht wurde.

Lipski, die am 17. März eintrafen[1]). Die Ankunft dieser drei Abgeordneten, von denen Bakunin mindestens Lipski seit dem verflossenen Sommer sehr wohl kannte[2]), gewinnt an Bedeutung durch die Tatsache, daß Bakunin knapp vorher nach Dresden gekommen war und daß er von Leipzig aus wegen Anknüpfung politischer Verbindungen nach Posen geschrieben hatte. Zum anderen erhält in diesem Zusammenhange ein Bericht des Grafen Kisielnicki aus dem März 1849[3]) an die polnische Zentralisation besondere Bedeutung, da er die oben bereits angedeutete Einstellung der **Liga Polska** aufs neue bestätigt. Mochte auch Paskěvič mit Meyendorff in der Meinung einig sein[4]), die Liga sei eine revolutionäre Brutstätte, die auch die außerposenschen Landschaften angesteckt habe, so versicherte doch der unangenehm überraschte Kisielnicki, die Liga gehe Sonderwege, wolle mit der Zentralisation nichts zu schaffen haben — ein neuer Beweis für den schon länger währenden Gegensatz der Heimat und Emigration[5]) —, wehre sich, nach einigen mit der Prager Slovanská Lípa gewechselten Briefen, weitere Verbindungen mit slawischen Völkern anzuknüpfen, beschränke sich völlig auf Posen, ohne sich um die übrigen polnischen Teillandschaften zu kümmern, sei also durchaus eine posensche Lokalorganisation. Nur Libelt und Lipski, die rühmlichen Ausnahmen von der allgemeinen Entwicklung, seien bereit, da weiterhin in Opposition verharrend, mit der Zentralisation in Fühlung zu treten. Und nun kam zumindest Lipski nach Dresden. Bakunin versprach im April seinen Mitarbeitern oftmals, er werde, sobald die Lage aufstandsreif sei, nach Posen um Offiziere schreiben, da ihm solche von dort versprochen worden seien. Die Untersuchungskommission vermochte später seine Beziehungen zu Posen nicht aufzudecken, wie auch er sich in seiner „Beichte" nach dieser Richtung ausgeschwiegen hat. Trügt nicht alles, dann schmiedete er in jenen Märztagen mit den Vertretern der demokratischen Opposition der Liga Pläne und traf mit ihnen in der angegebenen Richtung Abmachungen, die zu verwirklichen, sich niemals Gelegenheit ergab.

Aber jene Dresdner Märztage erhielten noch eine wesentlich höhere Bedeutung durch das **Zusammentreffen Bakunins** mit **Alexander Krzyżanowski**, einem polnischen Emigranten, den er seit 1847 kannte[6]), der im Vereine mit Wiktor **Heltman**[7]) seit April 1848 tatkräftigst im Sinne des demokratisch-polnischen Gedankens in Galizien geworben und zuletzt an den Arbeiten der Lemberger Rada narodowa teilgenommen hatte. Besonders der

---
[1]) Dresdner Journal, 18. März.
[2]) Pfitzner a. a. O. 276.
[3]) Berlin St. A. Minist. d. Inn. Rep. 77 CCCLXXIX N° 20 vol. I. Die Berichte stammen vom 17. und 28. März.
[4]) Meyendorff: Briefwechsel II, 162 f.; vgl. auch M. Handelsman: Pomiędzy Prusami i Rosją (1922), 174.
[5]) Über frühere Stadien vgl. M. Handelsman: Emigracja i kraj, Przegląd wspólczesny IV, 15 (1925), 331 ff.
[6]) Polonskij, Prol. revolj. 1926 N° 7, Antwort 81.
[7]) Vgl. über diesen Limanowski: Szermierze wolności (1911), 112 ff.; Pfitzner a. a. O. 244, 277.

Herbst 1848 traf beide in fieberhafter Tätigkeit, da sie noch im
letzten Augenblick eine einheitliche Erhebung unter den Polen
zustande bringen wollten, die in enger Zusammenarbeit mit Ungarn
Österreich in seinen Grundfesten erschüttert hätte, auch Rußland
gefährlich geworden wäre. In dem von Heltman mit anderen gegründeten **Dziennik Stanisławowski**[1]) erhoben sie radikaldemokratische politische wie soziale Forderungen im Sinne, vielfach auch
mit dem Wortlaute der Rugeschen Reform, vergaßen dabei jedoch
nicht, die nationalen Postulate der Polen nach Wiederherstellung
des Reiches in den alten Grenzen. Besonders nahe kamen sie dem
Bakuninschen politischen Programm durch die Verurteilung der von
den Tschechen zur Zeit der Wiener Oktoberrevolution betriebenen
Politik. Wäre Bakunin, wie er wohl eine Zeitlang erwog, im Herbst
1848 von Breslau nach Galizien gegangen, dann hätte er schon damals in Heltman und Krzyżanowski Bundesgenossen gefunden.
Aber der Lauf der Ereignisse überholte solche Pläne, trieb vielmehr Heltman und Krzyżanowski wieder außer Landes, in die
Emigration nach Paris, wo Heltman, eine Hauptstütze der polnischen
Demokratie und Zentralisation schon vor 1848, am 6. März 1849
eintraf. Krzyżanowski folgte ihm auf diesem bitteren Wege Mitte
März nach und durchquerte bei dieser Gelegenheit Dresden, wo er
und Bakunin in Erinnerung an frühere Zeiten zu einem lebhaften
Gedankenaustausche kamen[2]). Die nächsten Zukunftsfragen standen
im Mittelpunkte. Neben der Aufwärmung all jener Verleumdungen,
die bisher von polnischer Seite gegen Bakunin erhoben worden
waren — die Demokraten Galiziens, vor allem Krzyżanowski und
Heltman, teilten sie nicht — und neben der Versicherung, sie hätten
Bakunins etwaige Reise nach Galizien sehr begrüßt und sie wohl
auch selbst angeregt, wäre ihnen seine Anschrift bekannt gewesen,
entdeckten sie zu ihrer freudigen Überraschung einen weitgehenden
Ideeneinklang in den Hauptpunkten ihrer Pläne für die nächste
Zukunft, so daß Bakunin beschloß, Krzyżanowski in seine auf das
Frühjahr 1849 berechneten Absichten einzuweihen. Rasch war ein
**Pakt** für das **gemeinsame Handeln** entworfen, wofür Bakunin
schon 1847 die theoretischen Grundlagen geschaffen hatte. Seine
**Hauptbestimmungen** lauteten ungefähr so: **Zum ersten**
sollte die Zentralisation in Paris zwei beglaubigte Personen nach
Dresden entsenden, damit sie mit Bakunin für die böhmische Erhebung werben und nach deren etwaigem Gelingen in das allgemeine slawische Zentralkomitee eintreten sollten, in dem auch
für die übrigen slawischen Völker Plätze vorgesehen waren. **Des
weiteren** sollte die Zentralisation die Stellung polnischer Offiziere
übernehmen, Geld besorgen und überdies die Verbindung mit den
Ungarn derart herstellen, daß ein Beauftragter Telekis, des Kossuthschen Gesandten in Paris, nach Leipzig käme. Als **Abschluß** sah
man ein in Dresden zu bildendes deutsch-slawisches Komitee vor,

---
[1]) Ich benützte das Exemplar des Ossolineums in Lemberg; vgl. über
diese Zeitung auch W. Zawadzki: Rok 1848. Dziennikarstwo w Galicyi (1878), 132.
[2]) Bakunin: Beichte 74.

das die Verbindung der Bewegung Sachsens und Böhmens herstellen sollte. Mit diesen Bedingungen in der Tasche fuhr Krzyżanowski nach Paris. Bakunin traf bald darauf mit einem von Krzyżanowski erhaltenen, auf den Namen Anderson lautenden englischen Passe seine Prager Reise an, um sich persönlich von dem Stande der Zurüstungen zu überzeugen, über die ihm Heimberger allzu schön gefärbte Berichte erstattet hatte. Kaum erkannte er die Übertreibungen seines Agenten, ließ er ihn auch schon so gut wie gänzlich fallen, da er ihm vorwarf, er habe sich in Prag wie ein Kind benommen[1]), mochte ihm auch entgegengehalten werden, Heimberger sei einer der Getreuesten seiner Getreuen. Um den Prager Verschworenen Mut einzuflößen, gab er ihnen neuerlich das Versprechen wegen der beizustellenden polnischen Offiziere ab.

Ende März befand sich jedoch neben Heimberger noch ein Pole in Prag, der voll brennender Ungeduld auf die Gelegenheit zum baldigen Dreinschlagen wartete, Josef Accort[2]), der schon oben genannte polnische Emigrant und Offizier, dem Mut und Draufgängertum allseits zuerkannt werden, Eigenschaften, die ihn Bakunin für die schwierige Arbeit der Bildung des Verschwörerkreises ungeeignet erscheinen ließen. Daher widersprach Bakunin noch vor seiner Prager Reise, da er von Accorts Absicht, sich an den dortigen revolutionären Vorbereitungen beteiligen zu wollen, hörte, diesem Plane auf das energischeste, ohne daß er den gewünschten Erfolg gehabt hätte. Bakunin dürfte sich im letzten Augenblick durch Accorts Äußerung, von Prag nach Ungarn gehen und Kossuth um Geld für die Prager Revolution bitten zu wollen, bestimmen haben lassen, einzuwilligen, da er ihm sogar ein Empfehlungsschreiben an Arnold mitgegeben haben soll. Durch diesen kam Accort rasch mit dem jungen Frič in Verbindung, der durch ihn das erste von einem vorzubereitenden Umsturz gehört und erst dann das Českomoravské bratrstvo entsprechend eingeweiht haben will. Auch die übrigen Hauptverschworenen lernte Accort rasch kennen. Die Brüder Straka machten an ihm bald die Wahrnehmung, daß er ein entschiedener Sozialist, ja geradezu Anarchist sei, dem es nur auf Zerstörung ankomme, wodurch er sich in Prag nicht gerade Freunde und Vertrauen erwarb. Vor allem Arnold fiel er lästig, da er nicht deutsch verstand, meist polnisch und russisch sprach und dadurch sehr leicht die Aufmerksamkeit der Behörden auf sich und Arnold lenken konnte. Daher hätte ihn dieser am liebsten in die Prager Umgebung entfernt, damit er dort bis zum Ausbruch des Kampfes zuwarte, wor-

---

[1]) Aussage Strakas, Prag, Militärarchiv. Heimberger kam unerwartet noch vor Ostern (8. April) nach Dresden, wo er bei Röckel wohnte, damit er in seinem Verkehre überwacht werden könne und nichts aus der Schule plaudere. Bakunin sagte in Prag über ihn aus: „Heimberger hat ohne meine Einwirkung Prag verlassen und ich vermute, daß ihn Arnold von Prag weggeschickt hat, jedenfalls war ich über seine Rückkehr nach Dresden sehr überrascht, und ich stand dann mit ihm in keinen weiteren Verbindungen mehr, da er krank war und sich durch alle Andeutungen für mich unbrauchbar erwiesen hatte", Prag, Militärarchiv.

[2]) Vgl. über ihn schon oben S. 139 und die Aussagen Bakunins, Strakas und Fričs in Prag, Militärarchiv.

über sich Accort nicht wenig erregte. Er blieb und veranlaßte, daß
Frič, von Eifersucht gegen Arnold wegen der Führung bei dem
Erhebungswerke erfüllt, mit ihm am 12. April nach Dresden zu
Bakunin fuhr. Beide hielten sich auf der Elbfahrt möglichst voneinander getrennt. Frič wollte Bakunin in Kenntnis setzen, daß
Arnold nichts tue. Dafür sei er, Frič, bereit, sich ganz dem Umsturze zu weihen. Auch diesmal mißfiel Accort Bakunin, da er
nichts Besseres zu tun wußte, als sich in jenem oben gekennzeichneten
Polenkreise in Dresden laut mit revolutionären Vorbereitungen in
Prag zu brüsten, während Bakunin seinen Mitarbeitern doch möglichstes Schweigen anbefohlen hatte. Und wenn Accort am 14. April
mit Frič wieder nach Prag reiste und dieser den Eindruck hatte,
Accort sei ihm von Bakunin als militärischer Berater beigegeben
worden, dann lag dem lediglich die Absicht Bakunins zugrunde,
Accort nur in einer untergeordneten Stellung bei der Erhebung zu
gebrauchen.

Indessen hatten die Ostern — der Ostersonntag fiel diesmal
auf den 8. April — wesentliche Fortschritte in der Verwirklichung
von Bakunins Plane gezeitigt, da gerade jetzt viele Demokraten,
Polen wie Deutsche, nach Dresden eilten. Mochte der Untersuchungskommission auch vieles verborgen bleiben, so steht doch
außer Frage, daß damals ernste **Besprechungen zwischen Bakunin, den sächsischen, Berliner und Altenburger Demokraten** gepflogen worden sind. Auch die Ankunft polnischer Abgesandter aus Paris erwartete Bakunin damals täglich und stündlich; und dies um so mehr, als er einem zufällig nach Paris reisenden
Polen nochmals die schon Krzyżanowski aufgetragene Bitte an die
Zentralisation mitgab[1]), sie möge sofort Geld senden, da er inzwischen
dessen Notwendigkeit in Prag doppelt klar erkannt hatte. In Paris
fanden Bakunins mit Krzyżanowski besprochenen Pläne und Bedingungen umso ernstere Beachtung, als sich ja, wie oben gezeigt
wurde, der Polen Pläne mit den seinen vielfach deckten. Vor allem
bot sich den Polen die Möglichkeit, unmittelbar Anschluß an die
slawisch-demokratischen Kreise Böhmens zu erlangen. Zum andern
blickten sie nunmehr tiefer in das Treiben Bakunins, den viele polnische Demokraten nach wie vor für verräterisch und polenfeindlich
hielten und dessen Pläne und Erfolge sie daher in schlecht verstandenem nationalem Egoismus gern geschädigt hätten. Diese
Bakunin höchst unbequemen gefühlsmäßigen Einstellungen wirkten
auch auf die beiden Abgesandten der Zentralisation, Alexander
Krzyżanowski und Wiktor Heltman, ein, die beide zur Elite
polnisch demokratischen Emigrantentums zählten. In Dresden
dürften sie am 13. April eingetroffen sein[2]), als soeben Gustav

---

[1]) Daß es nicht, wie Straka angab, Andrzejkowicz gewesen ist, versicherte
Bakunin bestimmt; vgl. Aussagen Strakas und Bakunins in Prag, ebenda.

[2]) Dieses Datum gab Straka an, Aussage Prag. Bakunin und Röckel vermochten nur ungefähre Zeitangaben zu machen, Polonskij, Prol. revolj. 1926
N° 7 H. 81; Dresden St. A. Amtsgericht Dresden 1633ᵈ, vol. IV. Wenn Nordberg im April 1849 nach Wien berichtete, das Polenkomitee sei von Breslau nach
Dresden übersiedelt und Bakunin leite von Dresden aus die Bewegung der Slawen,

Straka, von Bakunin zur Fahrt nach Prag bestimmt, dann Frič und Accort in Dresden weilten. Bakunin, der Strakas schon zu Ostern mögliche Reise bis zur Ankunft der Polen hinausgezögert hatte, atmete erleichtert auf. Erst jetzt gedachte er, seinen Mitarbeitern entsprechende Weisungen zu geben. Aber da bereiteten ihm die Polen neuerdings eine große Enttäuschung. Von all den mit Krzyżanowski vereinbarten Bedingungen ging nur eine in Erfüllung, daß zwei Abgesandte kamen. So wichtig Bakunin die Anwesenheit zweier gewiegter internationaler Revolutionäre und Barrikadenkämpfer sein mochte und so wertvoll ihm das Bewußtsein war, Paris wenigstens moralisch im Hintergrunde zu haben, so sehr sah er sich in den wesentlichsten Hoffnungen enttäuscht. Schöne Worte des Lobes und der Schmeichelei war alles, was ihm diese beiden Polen von der Pariser Zentralisation mitbrachten. Sie versagten demnach in der wichtigen Geldfrage vollkommen, was sie damit entschuldigten, die polnischen wie französischen Demokraten seien noch vom Vorjahre her geldlich völlig erschöpft. Wohl gebe es in Frankreich wie Posen eine Reihe polnischer Offiziere, die bereit seien, zu kommen, aber man müßte ihnen vorher das Reisegeld verschaffen. Von Kossuths Pariser Vertreter, dem Grafen Teleki, war trotz der reichen, ihm zur Verfügung stehenden Mittel auch nichts zu bekommen. Wohl scheint Krzyżanowski im Sinne der oben angeführten Meldung über das mobile Komitee mitgeteilt zu haben, daß General Sznajde kommen wolle. Aber Bakunin zeigte sich darüber wenig erfreut, da er Sznajdes militärische Kenntnisse nicht hoch anschlug, dafür um so lieber gewußt hätte, wo sich General Dwiernicki aufhalte[1]). Merkwürdig, daß ihm nicht längst durch seine Prager Vertreter zugetragen worden war, daß dieser schon seit mehreren Monaten als Privatgelehrter Kraszewski in Prag weile und in der Slovanská Lípa Vorträge über das polnische Drama halte[2]). Bakunin dachte ihm nachmals die militärische Führerstellung in der Prager Erhebung zu.

Bakunin sah sich bei der durch die Ankunft der Pariser Vertreter geschaffenen Lage auf rein theoretische Erörterungen beschränkt, so daß er in der Beichte mit Recht behauptete, er habe damals mit ihnen überhaupt keine auf eine bestimmte Tat abzielende Verbindung besessen. Daß bei solch hoffnungsloser Lage das alte Mißtrauen raschest aufkeimte, die Polen mit Aufklärungen über die polnischen Sonderpläne zurückhielten, Bakunin ihnen mit gleicher Münze heimzahlte, war nur zu begreiflich. Obwohl dieser fast täglich mit Heltman und Krzyżanowski zusammenkam[3]),

---

dann könnte dies mit den obigen Vorgängen zusammenhängen, Wien, Haus-, Hof- und Staatsarchiv. Daß das Polenkomitee nach Dresden gezogen sei, erfuhr auch der Prager Gouverneur aus einem Konfidentenberichte, den der Saazer Kreishauptmann am 2. Mai 1849 weitergab, Prag, Archiv des Ministeriums des Innern 1846—1849 Praes. 15a 28.

[1]) Aussage Bakunins, Prag, Militärarchiv.

[2]) [K. Sabina]: Desátý květen 1849, Svoboda III (1869), 299; darnach Traub: Květnové spiknutí 1849 (1929), 68.

[3]) Sie trafen sich oft bei dem rumänischen Gutsbesitzer Ghika. Alles ging möglichst geheimnisvoll vor sich. Krzyżanowski trug den Decknamen Boutillier.

unterrichtete er sie doch nur im allgemeinen über die Verhältnisse Prags, teilte ihnen auch vielfach nicht den wahren Sachverhalt mit, da er allein die Korrespondenz mit Prag führte. Zudem merkte Bakunin gleich nach der Ankunft der beiden, daß sie nur darnach strebten, die böhmische Bewegung in ihre Hände zu bekommen und sie für ihre eigenen, ihm nicht näher bekannten polnischen Pläne zu benützen, d. h. Bakunin sanft beiseite zu schieben. Zu diesem Behufe knüpften die Polen ihre besonderen Verbindungen in Dresden an, über deren genaueres Ziel Bakunin keine Kenntnis bekam. Nur über einen Punkt verständigten sie sich: daß beim Ausbruche der Prager Unruhen sofort ein allgemeines slawisches Komitee einzusetzen sei, in dem jedoch Bakunin die Führung behaupten zu können hoffte, um alle polnischen Sonderbestrebungen zunichte zu machen.

Dieser, von Bakunin in seiner Beichte gegebene Bericht über seine Beziehungen zu den Polen in Dresden erhält nun von polnischer Seite eine erwünschte Bestätigung und vielfache Ergänzung durch den unten mitgeteilten Rechenschaftsbericht[1]), den Krzyżanowski und Heltman nach Beendigung ihrer sächsischen und deutschen Sendung der inzwischen nach London übersiedelten demokratischen Zentralisation erstatteten, der zugleich für die deutsche Revolutionsgeschichte im Mai 1849 bedeutenden Wert besitzt und die Möglichkeit an die Hand gibt, geheime Verbindungsfäden, deren Vorhandensein man bisher nur vermuten konnte, aufzudecken. Nicht zuletzt hilft dieser Bericht Entstehung und Verlauf der schon so oft besprochenen Dresdner Maiunruhen in wesentlichen Punkten erhellen. In dem Berichte waltet aber auch sichtlich das Streben vor, Bakunins Person und Verschwörertätigkeit möglichst zurücktreten zu lassen, dafür den polnischen Einfluß bei den revolutionären Vorbereitungen in Sachsen und Böhmen als den allein ausschlaggebenden hinzustellen[2]). Da die beiden bei

---

[1]) Vgl. unten unter a). Wo im folgenden nichts Näheres angegeben ist, dient er als ausschließliche Quelle.

[2]) Noch deutlicher kommt dieses Streben in Heltmans unveröffentlicher Autobiographie zum Ausdruck, die dieser 1868 für Zienkowicz' Biblioteka pisarzy polskich schrieb, wo sie jedoch nie erschienen ist. Daher seien hier die auf das Jahr 1848/49 bezüglichen Abschnitte mitgeteilt:

„Nach Scheitern des Aufstandes wurde er nach seiner Rückkehr nach Frankreich erneut in die Zentralisation berufen (1846), genau wie bei den folgenden Wahlen 1847. Als deren Mitglied und deren Bevollmächtigter begab er sich daraufhin wieder ins Land (nach Polen, Anm. v. Übersetzer) zurück. Die Posener und Krakauer nominierten ihn zu ihrem Vertreter im Nationalrat von Lemberg (Lwow). Zusammen mit Franciszek Smolka, Seweryn Smarszewski, Prof. Quellenbauer und einigen anderen gründete er dort ein geheimes Komitee, welches das Ziel verfolgte, wegen der Nationalen Frage bewaffnet vorzugehen. Gleichzeitig gründete er mit Jan Podolecki und Teofil Januszewicz den ‚Dziennik Stanislawowski‘, das Organ der demokratischen Emigranten.

Nach der Bombardierung Lembergs (Nov. 1848) bemühte er sich drei Monate lang vergebens um eine konspirative Organisierung Galiziens, um die Nationale Frage nicht ihrem blinden Schicksal zu überlassen. Erst nach Ausrufung des Belagerungszustandes kehrte er nach Paris zurück (6. März 1849).

Unterdessen konstituierte sich beim Frankfurter Parlament die Demokratische Partei (1848) mit Tschirner, dem Deputierten von Berlin D'Ester, dem Deputierten von Frankfurt Schlöfel, Schlutter, Dr. Willich, Struve etc.; diese bereiteten sich auf den allgemeinen Auf-

ihrer Ankunft in Dresden Straka und Frič trafen, erkundigten sie sich eingehend über die Zustände Böhmens und gaben später an, Straka und Frič Instruktionen für Böhmen erteilt zu haben, obwohl diese nur von Bakunin ihre Weisungen erhielten. Aus den Erzählungen der Tschechen, Bakunins und der deutschen Demokraten in Dresden sowie aus den vielerorts umlaufenden Gerüchten hätten sie wohl erkannt, so berichteten sie später, daß sich in Böhmen eine Revolution vorbereite, zumindest Stimmung für eine solche vorhanden sei. Aber sie hätten Gewißheit statt bloßer Vermutungen und Gerüchte haben wollen. Erst wenn sie über den wahren Stand der Vorbereitungen und der zur Verfügung stehenden Kräfte unterrichtet seien, wollten sie sich in den Dienst der Revolution stellen. Aber gerade bei diesem Forschen wollten sie die Beobachtung gemacht haben, daß die durch Bakunin getroffene Organisation der Verschwörung unpraktisch sei, daher sofort geändert werden müßte. Die Emissäre seien anzuweisen, die Propaganda zu beschränken und die Jugend vor vorzeitigem Losschlagen zu warnen. Zugleich regten sie ein Treffen mit Arnold und Sabina in Dresden an. Daraus ergibt sich bereits die Art der Meinungsverschiedenheiten über den Vorgang der Zurüstung auf die Revolution. Während Bakunin nicht müde wurde, die Vorbereitungen möglichst zu beschleunigen, wollten die Polen alles auf die lange Bank schieben und nur dann losschlagen, wenn hundertprozentige Sicherheit für das Gelingen gegeben war. Dieses Zaudern war bei den Polen angesichts der Mißerfolge von 1848 durchaus verständlich, aber im Augenblicke das Verkehrteste. Denn revolutionäre und konservative Kreise waren allgemein davon überzeugt, daß sich nur noch e i n e große Chance, dafür die entscheidende, für das gesamte Freiheitsjahr ergeben werde, die für das Frühjahr allenthalben erwartet und schließlich von den mit den Vorbereitungen nicht rasch genug vorwärtsschreitenden Demokraten nur schwächlich ausgenützt worden ist. Die Beziehungen zu Arnold und Sabina hatte überdies Bakunin angebahnt, der auf eine längere persönliche Besprechung mit ihnen den größten Wert legte — Sabina hatte er nur kurz Ende März gesprochen — und ihnen durch Straka und Frič entsprechende Weisungen zukommen ließ. Die Polen planten wie Bakunin, mit den Ungarn zusammenzuarbeiten, die Südslawen zu beeinflussen und auch die Stimmung in den deutschen Provinzen zu beachten, um so jenen schon in Paris beschlossenen allgemeinen Demokratenbund in die Tat umzusetzen. Aus diesem Grunde hielten sie auch Golebiowski, wohl identisch mit dem Baumeister gleichen Namens in Krakau, in Dresden zurück, als er sich soeben zu Kossuth begeben wollte. Er sollte zunächst

---

stand in Deutschland, der von den Führern der Zentralisation geleitet werden sollte, vor. Man kam überein, mit gegenseitiger Hilfe für einander zu bürgen. Infolge dieser Vereinbarung wurde Heltman nach Dresden gesandt (1849). Von dort hätte er sich nach Prag begeben sollen, um erst einmal mit dem österreichischen Macchiavelismus vertraut zu werden und die gemeinsame Arbeit mit den deutschen Republikanern vorzubereiten.

Doch in Dresden brach unterdessen überraschend ein Aufstand los (Mai 1849). Heltman wurde mit zwei anderen (Krzyzanowski, Alex. und Golebiowski) vom Revolutionsrat in die Führung berufen, um die Stadt gegen die angreifenden Preußen zu verteidigen.";
Warschau, Militärzentralbibliothek (Rapperswyler Bibliothek), Nr. 994.

die Ergebnisse der Besprechungen mit den genannten tschechischen Demokratenführern abwarten, damit er dann Kossuth um so genauer über die wahre Lage unterrichten könne. Zum andern versuchten sie durch die deutschösterreichischen Demokraten und Emigranten Häfner, den bekannten, von der österreichischen Regierung scharf verfolgten Wiener Redakteur von 1848, und Ottendorfer, der nach wie vor Bakunins Mitarbeiter blieb, auf die Wiener Demokraten im Sinne der geplanten Erhebung einzuwirken, was insofern nicht ganz erfolglos war, als die beiden tatsächlich einen vom 26. April datierten äußerst radikalen Aufruf an die Wiener erließen, worin sie diese zur Revolution aufforderten. Von den Tschechen wußten die Polen überdies, sie verfügten über Beziehungen zu den Südslawen, mochte auch Janeczek kein Südslawe sein, wie Heltman und Krzyżanowski offenbar glaubten. Auch die Bewegung in den deutschen Landschaften beobachteten sie und wußten so darum, daß die Demokraten Sachsens, Thüringens und Schlesiens nur auf das Zeichen aus Böhmen für den Aufstand warteten. Dann freilich, als der Sturm sich durch die Kammerauflösungen allseits ankündigte, wollten wieder die zwei Polen die Urheber und Auftraggeber gewesen sein, daß August Röckel nach Prag fahre und nach dem Rechten sehe. Und doch ließ Röckel bei seinen Verhören kein Wort von einer Beteiligung der Polen fallen, was er wohl um so lieber getan hätte, als er dann nicht hätte Bakunin belasten müssen. In Wahrheit trug er jene verhängnisvolle schriftliche Empfehlung Bakunins, nicht aber eine der Polen in der Tasche. Auch hier also eine arge Entstellung der Tatsachen im polnischen Bericht. Diesem ist jedoch die wertvolle Bemerkung zu entnehmen, die mit den Bekenntnissen Bakunins wie der sächsischen Demokraten übereinstimmt, daß die sächsischen Demokraten so gut wie keine ernsthaften Vorbereitungen zur Revolution betrieben hatten. Dafür schilderten die Polen ihren Auftraggebern um so genauer jene von den sächsischen Untersuchungsbehörden nicht enthüllten, von Bakunin erst in seiner Beichte mehr allgemein und kürzer angedeuteten Besprechungen, die am 1. Mai zwischen den deutschen Demokraten in Dresden zustande kamen, als der Abgeordnete Schlutter[1]) aus Frankfurt, D'Ester aus Berlin, damit wichtigste Vertreter der demokratischen Linken in Frankfurt wie Berlin, eintrafen. Damit ist erwiesen, daß zwischen den einzelnen deutschen Demokratenlagern der Versuch gemacht worden ist, ein einheitliches Vorgehen zustande zu bringen. Zugleich wird die Tatsache erhärtet, daß nicht erst die Zeitungen, sondern rasch eilende Verbindungsmänner die Nachrichten von einem Bewegungszentrum ins andere trugen. Schlutter scheint von seinem Altenburger Parteifreunde und Parlamentskollegen Erbe, der Bakunin sehr nahestand, an diesen gewiesen worden zu sein, damit ihm dieser eine Empfehlung an die polnische Pariser Zentralisation wegen Werbung polnischer Offiziere für den westdeutschen Aufstand gebe.

---

[1]) Er war Abgeordneter für Poris.

Bakunin brauchte ihn jedoch nur an Heltman und Krzyżanowski zu empfehlen. Die Polen berichten nun glaubwürdig, daß es am 1. Mai zwischen Schlutter, D'Ester, Bakunin, Wittig und ihnen an einem festgesetzten Orte zu einer Zusammenkunft gekommen sei, in der Schlutter sich als Beauftragten der Frankfurter Linken ausgab und sich des Auftrags wegen der polnischen Offiziere entledigte. Daraufhin entwarf Schlutter ein allgemeines Bild von den Mitteln und der Art der Revolution, die aus den breiten Schichten des Volkes von selbst entstehen müsse. Die Mitglieder der Linken würden dann die entsprechende Leitung dieser Volksbewegung in die Hand nehmen und sie der demokratischen Republik als Ziel zuführen. Gerade die Angehörigen der republikanischen Linken böten die Gewähr dafür, daß der Aufstand eine Angelegenheit ganz Deutschlands werden und sich mit dem für den Anfang nützlichen und zugkräftigen Schlagworte von der Einheit Deutschlands nicht beruhigen, sondern europäische Ausmaße annehmen würde, da allen unterdrückten Nationen, Ungarn wie Polen und Italienern geholfen werden müsse. Dabei dachten die Frankfurter Abgeordneten zunächst an die Erhebung am Rhein. Sie scheinen aber ebenso gewünscht zu haben, daß alle deutschen Landschaften losschlagen sollten, da es gerade zwischen D'Ester und Schlutter zu einem Zusammenstoß kam[1]). Denn dieser verteidigte die Meinung, auch die preußischen Demokraten müßten in Preußen bleiben und für die Erhebung sorgen, während diese sich lieber nach Westdeutschland flüchten wollten. Schlug doch D'Ester die Bildung eines großen demokratischen Parlamentes in Frankfurt vor, in dem alle demokratischen Abgeordneten der aufgelösten Kammern vereinigt werden sollten. Bakunin behielt von dieser unfreundlichen Auseinandersetzung zwischen Schlutter und D'Ester den Eindruck zurück, daß der Gegensatz zwischen Nord- und Süddeutschland in der deutschen Demokratie sehr groß, daher diese sehr schwach sei. Die Polen aber erhoben auch jetzt wieder wie kurz zuvor bei den Verhandlungen mit den tschechischen Emissären die zweifelnde Frage, wie weit die Revolution vorbereitet sei, wie stark die Kräfte wären usw. Schlutter blieb darauf die Antwort vielfach schuldig und verwies nur auf die Haltung des Militärs in Württemberg, das bereits den Eid auf die deutsche Reichsverfassung geleistet habe. Die ungläubigen Polen lenkten daraufhin die Debatte auf die beiden Fragen hin, ob die Linke imstande sein werde, die Volksbewegung in die ihr wünschenswerte Richtung zu leiten, und ob das Volk genügend stark sein werde. Überdies verlangten sie Aufklärung darüber, was man unter „Linke" zu verstehen habe, da jetzt alle politischen Begriffe geradezu chaotisch anmuten. Schlutter klärte die Polen rasch dahin auf, daß es sich nicht um die alte Linke, sondern um den aus ihrem Schoße hervorgegangenen revolutionären Klub handle. Dieser fordere die polnischen Offiziere an. Die Polen gaben sich mit dieser Antwort zufrieden und waren bereit, mit

---

[1]) Davon berichtet nur Bakunin, Beichte 83.

Schlutter einen entsprechenden Vertrag zu schließen, woraus folgt, daß sie von Paris aus weitgehende Vollmachten besaßen, die dem entsprechen, was man unter einem mobilen Komitee begreifen könnte. Für die Beteiligung an einem fremdnationalen, wenn auch demokratisch-revolutionären Unternehmen pflegten die Polen bestimmte Forderungen zu stellen, wobei im Mittelpunkte gewöhnlich das Verlangen stand, daß der aufzunehmende Kampf bis zur Befreiung Polens fortgeführt werden müsse. Zu derlei besaß Schlutter keine Vollmacht, so daß Heltman und Krzyżanowski beschlossen, ihren Landsmann und Mitemigranten Adolf Chrystowski, schon früher ein führendes Mitglied der Pariser Zentralisation, nach Frankfurt zu schicken, damit er, da sie sich von den in Sachsen soeben laufenden Angelegenheiten nicht trennen konnten, sich über die näheren Umstände unterrichte. D'Ester hatte Schlutters Begehren kräftigst durch den Hinweis unterstützt, ein solcher Vertrag würde ganz bestimmt in Frankfurt im demokratischen Geiste abgeschlossen werden. Die Angelegenheit sei von höchster Wichtigkeit, auch für die Polen nicht zu umgehen, da neben den Rheinlanden auch Süddeutschland, besonders Bayern, längst organisiert seien. Schlutter, mit diesem Ergebnis zufrieden, versprach, von Frankfurt sofort Geld für Chrystowski und die polnischen Offiziere schicken zu wollen. Schon am 2. Mai eilten D'Ester und Schlutter nach Frankfurt, während die Sachsen noch immer keinen festen Plan für ihr Handeln besaßen, dieses vielmehr noch immer nach dem Handeln der Gegenseite einrichteten. Für Bakunin mußte die Beratung vom 1. Mai die größte Wichtigkeit deswegen besitzen, weil er nunmehr auf die Bewegung auch in anderen Landschaften rechnen durfte, so daß die Röckel nachgesandten Mahnschreiben, besonders das Richard Wagners und die Eile Karl Zimmers[1]), erst recht verständlich werden.

Die erhöhte Volksbewegung Dresdens trug am Nachmittag des 3. Mai bereits revolutionären Charakter und steigerte sich noch mehr durch das Gerücht, die Preußen würden um $4^h$ nachmittags in Dresden einziehen. Die Polen und Bakunin gerieten wegen ihres endgültigen Entschlusses, zu dessen Fassung nur noch wenige Stunden übrig blieben, in einige Verlegenheit. Am Nachmittag des 3. Mai kamen sie zusammen, wobei Bakunin zunächst den Gedanken äußerte[2]), sie sollten alle drei die Stadt verlassen und an der böhmischen Grenze Nachrichten aus Prag oder die Rückkehr Röckels abwarten. Aber gleich überwogen andere Rücksichten. Die sächsischen Demokraten forderten die Polen auf, unmittelbar an der Bewegung teilzunehmen. Diese lehnten vorläufig ab, da sie in dem erregten Treiben nur eine örtliche Erscheinung der Revolution sahen und daher abwarten wollten, ob sie sich in natürlicher Fortentwicklung auf die Nachbarschaft, vor allem auf Preußen, Sachsen, Schlesien und Thüringen ausdehnen und auch Böhmen beeinflussen werde. Zudem harrten sie stündlich auf Nachrichten über den Los-

---
[1]) Vgl. unten S. 184.
[2]) Beichte 85.

bruch des Aufstandes im Westen. Ließen solche Erwägungen ihren weiteren Aufenthalt in Dresden ratsam erscheinen, so wurden sie darin noch durch die Überzeugung bestärkt, ihr Weggang würde gleich anfangs Demoralisation hervorrufen und die durch sie immer gepredigte Idee der Völkersolidarität würde empfindlich leiden. Ungefähr in dieser Richtung bewegten sich auch Bakunins Gedankengänge, die noch an Eindringlichkeit durch die Tatsache gewannen, daß er die deutsch-tschechische Zusammenarbeit angeregt hatte. Er war daher wohl schon am Abend des 3. Mai entschlossen, zu bleiben und überredete dann auch Heltman und Krzyżanowski, die schon für den 4. Mai reisefertig waren, zum Ausharren, während Andrzejkowicz — er hatte an der Beratung am Nachmittag des 3. Mai teilgenommen[1]) — samt dem Gutsbesitzer Ghika aus Rumänien angeblich[2]) das Weite suchten (5. Mai). Bakunin, am 4. bereits fest zum Bleiben entschlossen, traf mit Andrzejkowicz noch zum Mittag bei der Gräfin Czesnowska zusammen. Nachmittag — es war ein Freitag — griff er bereits tätiger in den Gang der Ereignisse ein[3]), eilte vielmals auf das Rathaus und riet dem Haupte der eben gewählten provisorischen Regierung Tzschirner, er solle sich auf den von den Truppen angebotenen Waffenstillstand nicht einlassen, dafür tunlichst schnell, noch vor dem Eingreifen der Preußen, das Zeughaus stürmen lassen. Zu diesem Zwecke erbot er sich, er wolle die ihm bekannten Polen in Dresden sammeln und mit ihnen das Waffen fordernde Volk gegen das Zeughaus führen. Aber erst am Abend kam Tzschirner auf Bakunins Vorschlag zurück[4]) und bat ihn, er möge ihm, da er nun den Sturm auf das Zeughaus unternehmen lassen wolle, einen Polen als Führer nennen, da Heinze, der nominelle Oberkommandant, dafür untauglich sei. Bakunin suchte sofort Heltman auf, traf ihn aber ebensowenig wie Krzyżanowski an. Daraufhin eilte er ins Café nationale, wo sich die Polen auch oft zu versammeln pflegten, traf dort auch einige, die er nach einem tüchtigen Offizier fragte, worauf ihm Stanislaw Poniński als bedeutendster unter den in Dresden weilenden Polen genannt wurde. Die Darstellung Heltmans und Krzyżanowskis weicht von diesen, den Ereignissen zeitlich etwas näher stehenden Angaben Bakunins insofern ab, als sie berichten, die provisorische Regierung habe sich gleich nach ihrer Konstituierung, demnach am frühen Nachmittag an Bakunin wegen ihrer, der Polen, persönlichen Beteiligung gewandt, worauf sie die Aufmerksamkeit auf Poniński gelenkt haben wollen, zu dem sie sich mit Bakunin begeben hätten. Daß dieser Weg jedoch schon in die Abendstunden fiel — sie geben 9 Uhr an —, darin stimmt Bakunins und ihr Bericht überein. Bakunin will Poniński, den er

---

[1]) Aussage Bakunins in Dresden, St. A. Amtsgericht Dresden 1285ª.
[2]) Vgl. unten S. 159, Anm. 1.
[3]) Beichte 87.
[4]) Bakunins Aussage in Dresden. Heubner versichert, daß Tzschirner nach Bakunin und den Polen schon am Nachmittag geschickt habe. Dresden St. A. Amtsgericht Dresden 1417ª, vol. I.

vordem nie gekannt habe, auf das Rathaus geführt und dort im
Zimmer der provisorischen Regierung samt Tzschirner und Heinze
mit ihm wegen des Angriffes auf das Zeughaus verhandelt haben,
was Poniński mit den Worten ablehnend beendet habe, es sei für
diesen Angriff bereits zu spät, während Heltman und Krzyżanowski
den Verlauf der Verhandlungen so darstellen, daß Poniński zunächst nicht rundweg die Beteiligung abgelehnt, daher auch einige
Ratschläge z. B. die die Alt- und Neustadt verbindende Brücke
sofort zu besetzen, gegeben, die endgültige Zusage aber auf den
5. Mai verschoben habe, demnach auf einen Zeitpunkt, da sich die
Lage bereits grundlegend zuungunsten der Aufständischen verändert hatte. Denn inzwischen hatten die Regierungstruppen die
Brücke und das Schloß sowie die Hofkirche besetzt, worauf dann
Poniński dem von der provisorischen Regierung zu ihm gesandten
Postsekretär Martin die ablehnende Antwort gegeben habe. Bakunin
hingegen will Heltman und Krzyżanowski nicht mehr Freitag
nachmittags und abends, sondern erst Samstag den 5. in der Früh
getroffen haben. Als Tzschirner ihm erneut die Bitte vorgetragen
habe, ihm Polen zu verschaffen — er kann diese Bitte erst nach
Pońinskis Absage wiederholt haben, die Darstellung Heltmans und
Krzyżanowskis dürfte daher eher der Tatsachen entsprechen —,
da wandte er sich an diese beiden und brachte sie, nachdem er das
ihm von Tzschirner angetragene Oberkommando abgelehnt hatte,
um die Mittagszeit auf das Rathaus. Mit Tzschirner vereinbarten
nun die Polen in üblicher Weise[1] einige **Vertragspunkte**, die
dahin lauteten, daß ihre Wirksamkeit eine geheime bleiben und
man ihnen daher ein besonderes Zimmer einräumen solle, daß Bakunin zwischen ihnen und Tzschirner die Verbindung herzustellen
habe, der dann die Befehle an Heinze weitergeben sollte; zum
andern, daß beim glücklichen Ausgange der Revolution dafür gesorgt werde, daß die Republik eingeführt und der Aufstand in
Böhmen und Polen unterstützt werde. Im Falle schließlich das
Unternehmen unglücklich ausginge, versprach ihnen Tzschirner
Geld und Pässe für die Flucht zu verschaffen und ihnen alle die
Mittel zu gewähren, die auch der provisorischen Regierung zur Verfügung stehen würden. Daraufhin nahmen sich die beiden Polen
noch den im Straßenkampfe bewanderten Landsmann Gołębiowski
zur Seite. Da sich nun aber zeigte, daß für diese militärischen Berater kein Sonderzimmer verfügbar war, verschanzten sie sich
hinter einem, später bei der Zeugeneinvernahme berühmt gewordenen
Ofenschirm im Zimmer der provisorischen Regierung. Damit war
der **revolutionäre Generalstab**[2] — denn das war der Beirat —

---

[1] Vgl. als Seitenstück den Vertrag der polnischen Legion in Italien vom
27. April 1849 bei Limanowski: Historya demokracyi II, 316.

[2] Aussage Heinzes vom 13. August 1849: „Diese Herren waren Mitglieder
des von Tzschirner gebildeten Generalstabes, zu dem auch Bakunin gehörte",
Dresden St. A. Amtsgericht Dresden 1633g. Daß dabei Bakunin eine führende
Rolle spielte, geht aus der Generalvollmacht Tzschirners hervor, welche lautet:
„Der Bürger Bakunin wird von der provisorischen Regierung ermächtigt, alle

mit Bakunin an der Spitze gebildet, freilich in einem Augenblick, da die besten Gelegenheiten für die Aufständischen bereits vorbei waren. Seine Arbeit wurde doppelt schwer, als sich klar zeigte, daß der Oberkommandant Heinze den Verfügungen dieses geheimen Operationskomitees möglichst entgegenarbeitete.

Bakunin und die Polen, die alle Maßnahmen kollegialisch beschlossen[1]) und durch Bakunin der provisorischen Regierung zwecks Ausstellung des schriftlichen Befehls an den Oberkommandanten mitteilen ließen, trachteten zunächst einen **Überblick über die vorhandenen Kräfte**, über ihre Verteilung und die Stärke des Feindes zu erlangen. Anfragen über diese Punkte belehrten die militärischen Führer, daß die Regierung über diese wichtigen Fragen völlig im unklaren sei. Starke Patrouillen sandte man daher aus, ließ die Barrikaden wegen Bauart und Besatzung visitieren, entwarf eine Barrikadenordnung, die Krzyżanowski und Bakunin ins Deutsche übersetzten, worauf sie gedruckt verteilt wurde[2]). Schon nach flüchtigem Einblick in die Gesamtlage entstand bei den Polen die Überzeugung, der Barrikadenkampf lasse sich nicht halten, da zu wenig dauernde Voraussetzungen hiefür vorhanden seien. Sie gaben daher schon am 5. nachmittags den Rat, man solle den Krieg in die sächsischen Berge verlegen, worin sich eine völlige Verkennung des Wertes der Hauptstadt für jede Revolution ausspricht. Obwohl sie sich sofort einen Plan von Dresden verschafft und sich darin die Standorte der Barrikaden eingetragen hatten, so kannten sie sich darin doch nur wenig aus. Bakunin scheint indessen stets zum Angriff gedrängt zu haben, um die Begeisterung der Freischärler auszunützen, während Heltman erst das Eintreffen weiterer Verstärkungen abwarten wollte. Und dies an dem letzten Nachmittage, ehe preußische Truppen in Dresden einrückten. Ein Angriffsplan wurde überhaupt nicht entworfen. Sie versuchten, Sturmabteilungen aufzustellen, aber es meldeten sich keine Freiwilligen hiezu. Immerhin kam insofern eine Ordnung unter die Kämpfenden, als sich neuankommende Zuzügler im Rathause bei Bakunin zu melden hatten, der dann die Zuteilung vornahm. Des weiteren gelang es, auf dem eine weite Rundsicht gewährenden Kreuzturm eine Wache einzurichten, die zeitweilig auch Richard Wagner betreut hat[3]). Freudig begrüßte man am Abend des 5. Mai das Einlangen von 4 Kanonen für die Aufständischen, welche die Bergknappen aus Burg mitgebracht hatten. Bakunin visitierte sie sofort mit Heltman und sorgte dann für entsprechende Munition. Diese soeben eingetroffenen Verstärkungen ermutigten den Generalstab zu dem Entschlusse, es sollte der Hauptstützpunkt des Militärs, das

---

ihm nötig erscheinenden Kommando-Angelegenheiten anzuordnen", ebenda 1285[a], vol. I. Heubner nennt ihn den „Chef des Generalstabes", ebenda 1417[a], vol. I.

[1]) Aussage Heubners.
[2]) Aussage Heubners. Es sind tatsächlich zwei gedruckte Barrikadenordnungen überliefert.
[3]) Vgl. darüber zuletzt G. H. Müller: Richard Wagner in der Mairevolution 1849 (1919), 26; W. Lippert: Richard Wagners Verbannung und Rückkehr (1927), 17 f.

Schloß, in die Luft gesprengt werden. Damit wäre mit einem
Schlage den Regierungstruppen ein Verlust von nahezu 1000 Mann
zugefügt, die Verbindung mit dem rechtselbischen Ufer zerstört
worden. Mit der Explosion sollte ein Angriff der Truppen verbunden
werden. Diesen Plan, der in der Tat geeignet gewesen wäre, dem
Kampfe der Aufständischen einen anderen Verlauf zu geben, hatten
Heltman und Krzyżanowski gegen den Einspruch Bakunins und
Golębiowskis durchzusetzen vermocht. Die angekommenen Bergleute
machten sich schon um $5^h$ nachmittags mit Feuereifer an
die Minierarbeit, da sie um $11^h$ nachts mit allem fertig sein
wollten. Aber ungeahnte Schwierigkeiten verlangsamten die Arbeit.
Überdies waren die Freischärler bereits sehr ermüdet. So konnte
das Werk in der Nacht vom 5. auf den 6. Mai nicht zu Ende gebracht
werden. Daher zerstreuten sich auch die zum Angriff bestimmten
Sturmabteilungen.

Sonntag den 6. scheint man es unterlassen zu haben, die
Unterminierung fortzusetzen. Der Kampf entbrannte heftig. Die
provisorische Regierung beschloß, eines ihrer Mitglieder — **Heubner**
wurde dazu ausersehen —, begleitet von **Bakunin**, zu den **Barrikaden**
zu entsenden, damit er an die Kämpfer eine zum weiteren
mutigen Aushalten aufmunternde Ansprache halte. Zwischen
9—$10^h$ vormittags machten sich Heubner und Bakunin, begleitet
von dem Leipziger Studenten Ferdinand Goetz[1]), auf den
Weg. Schon griffen die Preußen energisch in den Kampf ein, die
Erregung und Unsicherheit auf seiten der Aufständischen stieg,
Nachrichten vom Kampfplatze blieben aus. Nur die des Kreuzturms
gingen regelmäßig ein. Todt hatte während des Brandes des Zwingers
schon das Weite gesucht — er fühlte sich durch diese Roheit
zu sehr verletzt — und nunmehr verlor auch Tzschirner samt den
zurückgebliebenen Polen den Mut. Die Nachrichten vom Kreuzturme
lauteten zusehends ungünstiger, etwa so, daß die Preußen
in der Übermacht seien, Barrikaden bereits gestürmt würden. Da
begann Tzschirner die Papiere der Regierung zusammenzuraffen
und zu verbrennen, womit zugleich der Auftakt zur allgemeinen
Demoralisation gegeben war. Golębiowski eilte sofort dem Ausgange
des Regierungszimmers zu. Während Heltman und Krzyżanowski
noch einen Augenblick standhielten, kam Tzschirner und
erklärte ihnen, das Ende des Aufstandes sei nahe. Es werde ihm von
Freunden versichert, daß auf keine Verstärkung mehr zu hoffen
sei, Freischärler, die schon in der Stadt gewesen seien, hätten kehrt
gemacht, die kämpfenden Scharen seien entmutigt und gebrochen,
alle Munitionsvorräte erschöpft. Tzschirner dankte den Polen für
ihre Hilfe. Sie stellten ihm noch vor, daß doch der Kampf anderwärts
noch fortgeführt werden könnte, wo sich vielleicht günstigere
Bedingungen, als sie dermalen Dresden biete, zeigen könnten.
Tzschirner nannte Altenburg als solchen Ort, so daß sie sich dahin
ein Stelldichein gaben. All dies ging um die Mittagszeit vor sich.

---

[1]) Vgl. H. Rühl: Ferdinand Goetz (1921), 38.

Um 1ʰ waren Tzschirner und die Polen spurlos verschwunden. Der Abgeordnete Jäkel und andere Getreue überbrachten Heubner und Bakunin auf ihrem Rundgang diese Nachricht, die sie geradezu niederschmetterte. Denn ahnungslos und im guten Glauben an die Volkssache feuerten sie die Freischaren zum Kampfe an, während sich in diesem Augenblicke niemand von der provisorischen Regierung mehr auf dem Rathause befand und der polnische Teil des Generalstabes längst geflohen war. Daß Tzschirners und der Polen Verhalten nicht von Mut zeugte, darüber waren sich alle Eingeweihten einig, am meisten Bakunin, der über die Feigheit seiner „Freunde" errötete und dem später nochmals zurückkehrenden, aber bald wieder entfliehenden Tzschirner nicht mehr ins Gesicht sehen konnte. Voll bitterer Ironie bemerkte 1851 Bakunin über das Verschwinden der Polen in seiner Beichte[1]): „Sie glaubten wohl, sich für das polnische Vaterland erhalten zu müssen. Seit dieser Zeit habe ich keinen einzigen Polen mehr gesehen. Es war mein Abschied von der polnischen Nation." Am 6. Mai trat nunmehr auch die Versuchung an Bakunin heran, die Flucht zu ergreifen. Denn Heubner, in selbstloser Pflichterfüllung entschlossen, auf seinem Posten auszuharren, stellte Bakunin das Reisegeld zur Verfügung. Dieser wies im Vollbewußtsein der ihm drohenden Gefahr und unter dem unmittelbaren Eindrucke des Beispiels seiner Freunde diese Zumutung jedoch mit Entrüstung zurück und gelobte Heubner, bis zum Ende durchzuhalten. Während die Polen nur 24 Stunden dienten, erfüllte Bakunin getreulich sein Versprechen.

Wahrhaft beschämend klingt der Bericht Heltmans und Krzyżanowskis über ihre ferneren Schicksale in Sachsen. Denn kaum hatten sie Dresden verlassen und sich nach Cöthen gewandt — vielleicht bestimmte sie Sander, dahin zu gehen —, da hörten sie auf ihrer Flucht Nachrichten des Inhalts, die Dresdner Aufständischen hätten Verstärkungen erhalten und Erfolge errungen. Die beiden übernachteten nichtsdestoweniger in Cöthen, kehrten also nicht wie Tzschirner zurück. Dafür entwarfen sie einen papierenen Aufruf, in dem sie das „ganze Volk" zum allgemeinen Aufstande aufriefen. Sie ließen den Aufruf rasch drucken und fuhren am nächsten Tag mit zwei deutschen Patrioten nach Leipzig, um dort die revolutionären Elemente zusammenzufassen. Aber hier herrschte längst die Reaktion, so daß ein solches Beginnen aussichtslos war. Aber auch von Altenburg verlautete, das preußische Militär sei bereits eingerückt. Dennoch gewannen Heltman und Krzyżanowski aus den in Leipzig mit den Deutschen aufgenommenen Beratungen die Überzeugung, daß das Gebiet um Zwickau und an der böhmischen Grenze durchaus aufstandsbereit sei, so daß sie sich am 8. Mai früh mit zwei deutschen Offizieren dahin begaben, am 8. und 9. dreimal die Revolutionäre in Zwickau und Umgebung versammelten und sich überzeugten, die tüchtigsten Männer weilten in Dresden, wo sich dank des großen Kriegsmutes den Aufständischen

---

[1]) S. 88.

ein deutsches Saragossa vorbereite. Am 10. Mai gedachten sie nach Freiberg zu fahren, ohne zu wissen, daß dieses von den Aufständischen soeben durchquert worden, Heubner mit Bakunin in die Gefangenschaft gefallen war. Ein ähnliches Los wäre auch diesen wenig mutvollen Polen noch beschieden gewesen, hätte sie nicht ein Zufall gerettet. Denn in Zwickau unternahmen die Reaktionäre ein Gleiches wie in Chemnitz. Man durchsuchte das Haus, in dem sich die Polen aufhielten, verfehlte aber zufällig ihr Zimmerchen. Inzwischen kam ihnen sichere Kunde von den Schicksalen des aufständischen Heeres zu; sie hörten aber nichts davon, daß sich bedeutendere Abteilungen nach Böhmen gewandt oder daß hier gar ein Aufstand ausgebrochen sei. So waren sie wieder der Notwendigkeit enthoben, am Kampfe teilnehmen zu müssen, und konnten sich daher noch am 10. Mai nach Frankfurt begeben.

In Böhmen hatten unterdessen unter Vermittlung der Brüder Straka, Frič's und Accorts die Vorbereitungen zur Revolution ihren Fortgang genommen. Die Beteiligung der Polen — man sprach von zweihundert — spielte dabei eine große Rolle. Gustav Straka, bemüht, den Mut der Prager Verschworenen zu heben, verkündete, die Polen lägen bereits in Sachsen und warteten nur auf ein Zeichen aus Böhmen[1]). Der Einfluß Accorts wuchs von Tag zu Tag, da man seines militärischen Rates dringend bedurfte und er unermüdlich im Entwerfen neuer kühner Pläne war. Sein ungestümes, vielsprecherisches Wesen ließ seinen polnischen Nationalstolz noch angriffslustiger erscheinen, als er sich schon in seiner Deutschenverachtung ausdrückte. Immer wieder klang es auch den Tschechen gegenüber durch, daß nur die Polen Revolution zu machen verstünden. Helleres Licht über die Verbindungen, die zwischen den polnischen Demokraten Galiziens und Posens sowie den Aufständischen in Böhmen, Dresden bestanden, scheint eine spätere Darstellung Sabinas[2]) zu bieten, der es verstanden hat, sich bei den Gerichtsverhören gründlich auszuschweigen, obwohl er als eines der tätigsten Mitglieder unter den Prager Verschworenen gelten muß. Damit bekommen mehrfache Andeutungen Accorts erst Gewicht, der immer und immer wieder Bakunin ersuchte, doch endlich nach Posen um Offiziere zu schreiben. Am 9. Mai kam Accort zu Arnold und Sabina und teilte ihnen mit, daß Waffen bereits am Wege seien, es müsse sofort jemand nach Breslau fahren. Sodann übergab Accort an Sabina einen Brief von Borkowski, worunter nur Leszek Dunin Borkowski gemeint sein kann, der 1849 auch in Dresden und Posen weilte. Er zählte zu den bedeutendsten demokratischen polnischen Abgeordneten im Wiener und Kremsierer Reichstag[3]) und darf daher als wohlunterrichtet über die internationalen Pläne der europäischen Demokratie gelten. Der

---

[1]) Aussage Girgls, Prag, Militärarchiv. Auch zum Folgenden.
[2]) Desátý máj r. 1849, Svoboda III (1869), 257 ff.
[3]) Vgl. W. Feldman: Stronnictwa i programy polityczne w Galicyi 1846—1906, I (1907), 32ff.; Korbutt: Literatura polska III. Er war 1811 in Gródek am Dnjestr geboren.

lange Brief Borkowskis zerfiel in zwei Teile, deren erster die allgemeine Organisation der europäischen Demokratie beschrieb. Daraus ging soviel hervor, daß die Hauptfäden Bakunin, Mierosławski, Ledru-Rollin, Mazzini, Kossuth und Ruge in der Hand hielten. Damit scheint Borkowski auf den von der polnischen Pariser Zentralisation schon im März geplanten allgemeinen Demokratenbund hingedeutet zu haben. Sagte er damit Sabina und den anderen nicht viel Neues, so waren die Mitteilungen über Röckels Sendung bereits überholt. Der zweite Teil des Briefes enthielt einen neuen Plan für eine polnisch-tschechische demokratische Liga und einige Verbesserungsvorschläge im System Bakunins. Dieser Teil bezog sich auf die künftige Verfassung Böhmens und war ausschließlich für die in Aussicht genommene provisorische Regierung bestimmt. Der chiffrierte Schlußteil des Briefes enthielt die Namen und Beschreibungen einiger polnischen Emigranten, die in das böhmische Heer eintreten und dem General Dwiernicki unmittelbar zuhanden sein sollten. Dies der Inhalt der Weisungen des internationalen, ganz unter polnischem Einflusse stehenden Komitees, das teilweise Bakunins Kreise zu stören suchte. Accort und Sabina mußten zugeben, daß Borkowski in die böhmischen Dinge gut eingeweiht sei[1]). Bei Dwiernicki stellten sie sodann fest, in dem chiffrierten Teile des Briefes werde noch angeregt, daß Lemberg am gleichen Tage wie Prag aufstehen und durch Schlesien sich eine neue Propagandakette nach Böhmen ziehen solle, worunter man vor allem die gegenseitige militärische Hilfeleistung verstand. Dwiernicki griff diesen Gedanken sofort auf, suchte auf einer Karte geeignete Stützpunkte für eine solche Verbindung nach Schlesien auf und wollte schon Accort als Agenten ausschicken. Denn auch Dwiernicki wußte bereits um die Waffen in Breslau. Zum andern drängte er Sabina zur raschen Fahrt nach Dresden, da Teleki schon warte und die Konvention mit den Magyaren im Augenblicke das wichtigste sei. Der in der Nacht vom 9. auf den 10. Mai in Prag verhängte Belagerungszustand vernichtete dann sofort alle angesponnenen und beabsichtigten Verbindungen — mit einer Ausnahme. Accort gelang es noch rechtzeitig, zu entkommen und den ernsthaften Versuch zu unternehmen, den Wünschen Bakunins, aber auch des Generals Dwiernicki Genüge zu tun. Er schlug den Weg nach Ungarn ein, der angesichts der bedrängten Lage Kossuths und der Besetzung Oberungarns durch die kaiserlichen Truppen und die slowakischen Freischaren keineswegs leicht war. Accort gelang es, bis zu dem magyarophilen Regierungssekretär Johann Ludwig vorzudringen, der Accort am 22. Mai unmittelbar an Kossuth so empfahl[2]): „Der Überbringer meiner Zeilen ist ein un-

---

[1]) In diesem Zusammenhange gewinnt auch die Tatsache Bedeutung, daß Borkowski offenbar Anfang Mai mit den auf eine Erhebung im nördlichen Böhmen sinnenden deutschen Abgeordneten in irgendeiner Verbindung war, vgl. den Brief Kudlichs vom 6. Mai aus Leipzig, unten S. 192.

[2]) Wien, Kriegsarchiv FA (HA) 1849 N° 13/339 c. Es handelt sich um einige interzipierte Briefe Ludwigs, die ins Deutsche übersetzt wurden. Der Name

ermüdeter Demokrat, welcher der Demokratie wegen die ganze Welt unzählige Male durchreisen würde. Er ist ein tätiges Mitglied des Wysockischen Bundes und kommt jetzt von Prag. Der Arme spricht bloß tschechisch, polnisch und russisch. Er sah die russischen Armeen, welche gegen uns gesendet werden, und hat in Prag die Studenten und Proletarier im Interesse der Demokratie und der Ungarn angeeifert. Näher kenne ich ihn nicht, daher ich ihn nach Debreczin weise, wo Du durch Wysocki oder andere Polen die nähere Auskunft erhalten kannst.

Er wünscht Dir die Data wegen Hervorbringung einer Revolution in Prag vorzulegen. In Prag wollte man die Studenten entfernen, um sie dann in ihrer Heimat zum Militär zu stellen, was er dadurch zu vereiteln wußte, daß er sie über den Zweck Österreichs aufklärte. Er behauptete, daß in Prag eine Volksrevolution eintritt, sobald Du ihn mit Geld unterstützt. Er will kein Geld in seine Hand nehmen, sondern dasselbe soll einem solchen übergeben werden, den Du kennst, übrigens ist er zu jedem Dienste bereit. Er sagt, wenn Ungarn 150.000 Fl. zur Herbeiführung einer Revolution in Böhmen und Mähren opfere, so wandern die Waffen aus dem Prager und Olmützer Zeughaus nach Ungarn. Er wünscht bloß, daß ihm ehrliche Emissäre aus Ungarn beigegeben werden... Einen Aufstand in Böhmen und Mähren halte ich für möglich, wie derselbe jedoch einzuleiten ist, das mußt Du beurteilen." Daraus erhellt zur Genüge Accorts Aushalten bei dem alten Plane, der durch die inzwischen eingetretenen Ereignisse so gut wie gegenstandslos geworden war.

Die sächsischen und österreichischen Untersuchungsbehörden verwandten während der ausgedehnten Zeugenverhöre viel Mühe auf die Erhärtung ihrer auch von der breiten Öffentlichkeit geteilten Vermutung, daß in Dresden wie in Prag Polen die Hauptverschwörer und Führer im Kampfe gewesen seien. Viele wollten vor den wetterharten Gesichtern dieser Berufsrevolutionäre erschrocken sein. Die Oberpräsidenten von Posen und Breslau forschten im Interesse der ihnen anvertrauten Provinzen sofort eifrigst nach den gleichen Zusammenhängen[1]). Und dennoch wollte es weder in Dresden noch in Prag gelingen, außer den oben Genannten auch nur einen am Kampfe beteiligten Polen ausfindig zu machen. Unter den Hunderten von Gefangenen in Dresden befanden sich wohl vier Polen, gegen die jedoch das Verfahren wegen mangelnder Beweise sistiert wurde[2]). Nur Heimberger kämpfte in Dresden mit[3]), entkam dann aber wohl rechtzeitig. Die übrigen Polen Dresdens enthielten sich jedoch jeder tätigen Teilnahme und

---
Accorts wird nicht genannt. Aber nach Einsicht in alles Vorausgegange kann kaum ein anderer gemeint sein.

[1]) Vgl. Breslau, St. A. Rep. 14 PA. V 17$^k$, vol. V und Dresden St. A. Justizminist. N° 453 vol. II.

[2]) Gedr. Generalakten den vom 3. bis 9. Mai 1849 in Dresden stattgefundenen Aufruhr betreffend, S. 150 ff.; vgl. auch Dresden St. A. Minist. d. Inn. Rep. 30 N° 58.

[3]) Vgl. G. H. Müller: Richard Wagner in der Mairevolution 1849 (1919).

flüchteten nach der Niederschlagung des Aufstandes möglichst rasch[1]). Ähnlich Heltman und Krzyżanowski scheinen sie geneigt gewesen zu sein, erst beim winkenden Siege hervorzutreten, um noch rechtzeitig Vorteil zu gewinnen. Da die Früchte ausblieben, zogen sie es vor, die Rolle unbeteiligter Ausländer zu spielen. Das so viel und laut verehrte Ideal der demokratischen Völkersolidarität trug einen Rostfleck mehr, den die Polen erst in der anschließenden badischen Erhebung teilweise zu tilgen vermochten.

Bakunin aber überdachte voll Bitterkeit hinter den Kerkermauern das Wollen und Wirken des letzten halben Jahres viele Male und kam über die schwere Enttäuschung nicht hinweg, die ihm auch diesmal trotz seiner anfänglichen hoffnungsfreudigen Stimmung die Polen bereitet hatten[2]). Und doch offenbarte sich in diesem Gegen- und Nebeneinanderarbeiten Bakunins und der Polen im Frühjahr 1849 zum Gutteil der nur teilweise überbrückbare Gegensatz von nationaler und internationaler Demokratie, wobei Bakunin mehr dieser, die Polen eher jener zuneigten. Daß sich russische und polnische Demokratie nur bedingt in einer slawischen Demokratie, diese ebenfalls nur bedingt in einer internationalen Demokratie auflösen lassen, diese Tatsache erhält durch dieses Sonderkapitel eine bedeutsame Stütze.

### a) Bericht Krzyzanowskis und Heltmans über die Sendung nach Sachsen und Böhmen im April und Mai 1849[3]).

Bericht von der Mission nach Böhmen und Deutschland.

Erster Teil.

Aktivitäten betreffs Böhmens und Deutschlands von April bis 10. Mai 1849.

Angekommen in Dresden trafen wir zwei Abgesandte aus Prag an: Straka und Fritsche, die von ihren Aktivitäten berichteten und von uns weitere Anweisungen erwarteten. Nach der Darstellung des ihnen bekannten Standes der Sache erwarten die Volksmassen in Böhmen ungeduldig einen Augenblick zur Erhebung und nur den Bemühungen Arnolds, der bei ihnen uneingeschränktes Vertrauen genießt, ist es zu verdanken, daß es bisher noch nicht zum Aufstand gekommen ist. Die Jugend der Hauptstadt, im stetigen Einverständnis mit vielen anderen Städten, erwartet das Signal zur Revolution. Übrigens nehmen diese Nachrichten an Wahrscheinlichkeit zu, denn

---

[1]) Erst am 10. Mai verließ Andrzejkowicz Dresden, am 12. folgten Olizarowski und Brzozowski, Akten gegen Frič, Prag, Militärarchiv. Nichtsdestoweniger gab es zu Ende 1849 in Dresden 14 Polen russischer Untertanenschaft, 9 aus Preußen und 11 aus Österreich, Dresden St. A. Minist. d. Inn. 242ᵏ, vol. 11.

[2]) In der „Selbstvertheidigung" findet er wesentlich freundlichere Worte für die Polen, gliederte sie wohl auch besser in Sondergruppen als in der Beichte, wo es dem Zaren gegenüber von Vorteil war, die Polen verächtlich zu machen.

[3]) Der Bericht erliegt in Warschau, Militärzentralbibliothek (Rapperswyler Bibliothek) N° 1173. Die beiden sich anschließenden Teile über die Erhebung in Baden und die Flucht in die Schweiz werde ich andernorts veröffentlichen. Zum folgenden Bericht ist die vorausgehende Darstellung als Kommentar heranzuziehen, sowie das Personenregister. In der Schreibung des Originals wurden keine Veränderungen vorgenommen.

außer dem Bericht Bakunins, der vor einigen Tagen in Prag war und dem der Deutschen aus Dresden, die an dieser Angelegenheit interessiert sind, verbreitet sich die Behauptung von einer Revolution in den Gebieten, die an Böhmen angrenzen.

Dennoch hießen uns alle diese Berichte, echte und unechte Symptome, zu der wahren Überzeugung zu kommen, entschlossen etwas zu unternehmen und erst nach ausreichender Versicherung alle Kräfte auf die Leitung der Revolution hinzulenken. Auch urteilen wir nach einer näheren Untersuchung der Unterredung mit Bakunin, daß die durch ihn bewerkstelligte konspirative Organisation aus Anlaß von Komplikationen sich als unpraktisch erweist und einer Veränderung unterzogen werden muß und daß von nun an die Instruktionen, die den Geheimboten mitgegeben werden, sich auf Propaganda beschränken müssen, die empfiehlt, die Jugend von einer vorzeitigen Erhebung abzuhalten. Gleichzeitig halten wir die Absendung von Arnold und Sabine nach Dresden für unerläßlich, mit denen die Konferenz schließlich den ganzen verwickelten Prozeß erörtern und abschätzen soll. Zwei Menschen, die, wie bekannt an der Vorderfront der revolutionären Meinung und des Vertrauens stehen, leisteten uns eine verläßliche Bürgschaft. Ohne Zeitverlust fuhren folglich beide Abgesandte unter dem Gedanken an eine ordentliche Leitung der Sache mit einem Brief zu Arnold.

Inzwischen richtete sich unser Interesse auf die Untersuchung verschiedener Fragen, die sich aus der tschechischen Revolution ergaben. Bei dem Kraftaufwand Österreichs bei seinem Kampf mit den Ungarn — versetzte die tschechische Bewegung damals in der hellsten Periode ihrer Erfolge dem österreichischen Staat den letzten Schlag. Folglich fiel es uns zu, die Schwierigkeiten bei der Durchführung der Revolution zu ermessen, was auch der Gegenstand unserer ständigen Überlegungen war. Die Ausdehnung der Bewegung im richtigen Verhältnis auf die Ungarn, Südslawen und die deutschen Provinzen und die Propagierung des Hauptgedankens, alle diese Provinzen zum Nutzen der demokratischen Revolution zusammenzufassen, analysierten wir vor der stattfindenden Konferenz. Dennoch mußte ihre Abhaltung nützlich sein als Mittel zur Vereinigung der entzweiten Nationalitäten. Zu diesem Zweck hielten wir Golebiowski zurück, sich zu den Ungarn zu begeben, um ihn nach dem Ereignis von der Konferenz mit einer Mision zu Koszut zu schicken, die jenem das Streben der ganzen Bewegung erklären sollte und um sich mit unseren Gesandten zu treffen. Gleichzeitig riefen wir Häfner, einen ehemaligen Zeitungsredakteur in Wien und Ottendorfer (beide österreichische Emigranten) herbei, um die revolutionären Elemente der Hauptstadt zu erforschen und möglicherweise vorzubereiten. Von Böhmen knüpfte man konspirativ Beziehungen an zu den Südslawen und zwar mit Janiczki.

Auf der anderen Seite eröffneten uns die Deutschen die Perspektive eines mit uns solidarischen Vorgehens, sie erwarteten nur einen Impuls aus Böhmen, um sich in Thüringen, Sachsen und Schlesien zu erheben. Die Verbitterung, die in Deutschland herrscht, über die erlebte Enttäuschung mit dem Frankfurter Parlament, die Vernichtung aller Träume von Einheit, ließ im Volk demokratische Ideen entstehen, die einer Erschütterung gleichkom-

---

[1] Häfner.
[2] Ottendorfer.

men; — notwendig wäre eine mutige Initiative, die in der Zerschlagung des österreichischen Staates durch die Tschechen zu liegen schien. Inmitten solcher Vermutungen und Umständen, die sich jeden Augenblick entzünden konnten, erhielten wir einen Brief aus Prag, der uns nicht nur die Ankunft Arnolds und Sabines mitteilte, sondern auch, daß die Gärung zugenommen und ihren Höhepunkt erreicht hatte. Mit Ende April stellten sich alsdann Verzögerung und Unsicherheit als Belastung ein und als folglich die Bedürfnisse für ein Zusammentreffen zunahmen, schickten wir Roekl nach Prag, schon um die revolutionären Elemente an Ort und Stelle zu untersuchen und — um die Konferenz mit den oben Erwähnten zu erweitern.

Aber zu dieser Zeit hatte der preußische König in einem Rundschreiben allen Unterdrückern bewaffnete Hilfe versprochen, wo immer eine Revolution ausbrechen möge, und dies reizte die schon durch viele andere Gründe entzündete Meinung der Deutschen. Nachrichten über Unruhen in Berlin, das Auseinandertreiben des dortigen Parlaments, die Verfolgung und Flucht der radikalsten Abgeordneten, — auch die gleichzeitige Auflösung der sächsischen Kammer weckte und bewegte Dresden. Doch trotz der allgemeinen Empörung in fast allen Schichten der Stadt, gab es noch keine bestimmten Anzeichen — erst das nächste Zusammentreffen der Umstände löste die Revolution aus. Der Vorstand der demokratischen Partei war auf die Revolution nicht vorbereitet, er steckte keinen Weg ab, er hielt die Gärung für vorübergehend. Wir richteten unsere Aufmerksamkeit darauf, daß, wenn schon nichts anderes, wenigstens eine bewaffnete Demonstration die Einheit aller Deutschen gemacht werden sollte. In dieser Angelegenheit wurde auf Versammlungen verschiedener Genossen der Linken beschlossen, daß die Volksgarde diese Demonstration machen solle. Sie sollte sich am 3. Mai bewaffnet versammeln und dem König den Wunsch unterbreiten, für das Frankfurter Statut einzutreten.

In einer solchermaßen angespannten Lage erkundigten wir uns nach der Ankunft D'Esters und am 1. Mai kam Schluter aus Frankfurt mit einer Ankündigung, die für uns von höchstem Interesse war. Bei der Versammlung am verabredeten Platz mit der durch hinreichende Information glaubwürdiger Leute garantierten Person Schluters, erklärte dieser uns, daß seine Mission, die aus der radikalen Linken von Frankfurt hervorginge, die Forderung der polnischen Offiziere beinhalte, in der vorbereitenden Bewegung die Heereshierarchie einnehmen zu können. Über Mittel und Natur dieser Revolution befragt, umriß er in groben Zügen die Zusammensetzung der revolutionären Elemente im ganzen Rheingebiet und auch die Unumgänglichkeit des Ausbruchs durch den eigenwilligen Druck der Volkskräfte, mit denen sich seine Kollegen eng verbunden hatten (der äußerst linke Flügel des Parlaments) für die Aufgabe der Leitung und Durchführung des Zieles der demokratischen Republik. In der Vorderfront der Bewegung stehen also Leute, die eine Gewähr dafür bieten, daß wirklich die Sache der Deutschen, trotz des anfänglichen Erscheinens unter der Losung der Einheit, die durch das Frankfurter Parlament repräsentiert wurde, aufgeht in der Dimension europäischer Solidarität, daß sie allen erniedrigten Völkern die Hand geben, besonders den Polen, Ungarn und Walachen und sie werden in ihrem Streben nicht einhalten, bis die Demokratie in allen Punkten entschieden über die Reaktion gesiegt hat. In soweit erregte die allgemeine Charakteristik der

Stimmung der Volksmassen im westlichen Deutschland keinerlei Zweifel, jedoch ging es uns darum, wie weit die Dinge schon vorbereitet waren, wie stark sie seien und in welchem Zeitraum sie durchgeführt werden könnten. Auf diese Fragen konnte Schluter keine ausreichenden Erklärungen liefern. Er äußerte sich lediglich über das Heer in Württemberg, daß schon seit einiger Zeit beabsichtigt, der Regierung Widerstand zu leisten und einen Schwur zugunsten der Einheit leistete. — Bevor eine Abmachung zustande kommen konnte, legten wir zwei Fragen vor, die in der Aufeinanderfolge ihrer Lösung die Bedingungen der Konferenz erhellen sollten.

Kann der linke Flügel des Parlaments eine echte Führung der Revolution gewährleisten? Zwei Dinge, zwei Widersprüche — und da durch das gesellschaftliche Leben einzig und allein die Schattenseiten der jeweiligen Kräfte miteinander verbunden sind, können sie den Grundsätzen der Sache nicht genüge tun. Um diese komplexen Fragen zu analysieren, führten wir die Vergangenheit der Linken an, ihre Taten, ihre verschiedenen politischen Ideen, die sich unter den damaligen Umständen völlig chaotisierten und negierten. Daraus ergab sich nicht nur ein Mangel an Vertrauen in eine künftige Führung der Linken, sondern wir drückten auch unsere Zweifel darüber aus, daß unter dem Einfluß dieser parlamentarischen Partei eine Revolution hervorgerufen werden könnte. Nach kurzer Verhandlung antwortete er uns schließlich, daß es nicht die Linke in ihrer einstmaligen Gestalt, sondern ein revolutionärer Klub, der von einigen von ihr abgespaltenen Elementen gegründet worden war, der die Forderung der Offiziere erneuert. — Nach der Beseitigung dieses wichtigen Problems der die Bewegung leitenden Macht konnten wir unsere Hilfeleistung nicht verwehren, — dennoch wollten wir das politische Prinzip unserer Beteiligung darlegen, um dem Aufstand des Volkes den Weg des Bündnisses zu bahnen. Zu einem ähnlichen Vertrag hatte Schluter weder Anweisung noch Befugnis, deswegen stellten wir auch den Antrag, daß der Bürger Chrystowski nach Frankfurt gehe zwecks näherer Untersuchung der Angelegenheit, weil wir von anderen Angelegenheiten unabkömmlich waren. — Indem wurden wir durch D'Ester ins Nebenzimmer gerufen und erhielten die Versicherung, daß mit der Anwesenheit Chrystowskis in der Stadt die von uns geforderte Abmachung leicht zu bewerkstelligen sei und selbst um die Wichtigkeit einer solchen wissend, würde man sie unverzüglich in demokratischem Geiste unterstützen. Übrigens ist das Ausmaß der revolutionären Elemente jetzt gewaltig, die sofortige Zustimmung unserer Teilnahme ist erforderlich, um so mehr, als außer den Rhein-Deutschen auch die Südprovinzen, nämlich Bayern, durch eine Organisation vorbereitet sind. — Schluter nahm unseren Antrag mit Befriedigung auf und versprach, unverzüglich Geld für die Berufung Chrystowskis zu senden und darauf für die polnischen Offiziere.

Am folgenden Tag des Jahres verließen D'Ester und Schluter Dresden. Es war der Vorabend der sächsischen Revolution, — obwohl noch niemand den gewaltsamen Sturm voraussah. Außer den Maßnahmen der Demokraten für die Veranstaltung von Manifestationen und der Verdoppelung der Bewegung durch das Zusammenziehen von Menschen aus verschiedenen Orten, bewahrte die Hauptstadt ihr übliches heiteres Bild. Keine wahrsagenden Zeichen waren zu sehen und kein Eilbote der jenes verkündete, und der Vorstand vertrieb gleichgültig den Gedanken an Revolution. Niemand stellte auch die Frage, wie man im Falle der Ablehnung des Königs handeln solle, ob man der Schande erliegen oder sich mutig auf die Seite des revolutionären Kampfes begeben sollte. Aufs Geradewohl, was die Demonstration angeht, und ohne abgesteckten Plan näherte sich der dritte Mai, an dem sich um 12 Uhr Mittags der Kommandant der Garde persönlich zum König begab, um diesem die allgemeinen Wünsche darzulegen. Menschenmassen bedeckten die Umgebung des Schlosses. Die im Rathaus versammelten Patrioten und Stadtbeamten erwarteten die Antwort des Königs, die binnen kurzem in einem nichterdachten Sinne erfolgen sollte. Gleichzeitig verbreiteten sich wie der Blitz Gerüchte, um vier Uhr sollten die Preußen einmarschieren und folglich wurde sofort ein Sicherheitstrupp bestimmt, der einen energischen Protest gegen diesen Einmarsch ankündigte und zu einem gewaltsamen Zurückdrängung des fremden Überfalls aufforderte.

Die allgemein aufgebrachten Gefühle gegen den König entzündeten sich durch den Zorn des Volkes und die Begierde zu handeln; durch den Anblick der jeden Augenblick zunehmenden angekündigten Gefahr durch das anrückende Heer, wurden Revolutionsgedanken erweckt. Die einen stürzten sich auf die Eisenbahnschienen, um den Zug der Preußen zu blockieren, die anderen versahen sich mit Waffen und als daran ein großer Mangel entstand, umzingelten Menschenmassen, gemischt mit der entlassenen Garde, das Arsenal. Eingedeckt mit Kartäschenfeuer erkauften sie sich blutig ihre nationale Sache. Einige blieben auf dem Platz liegen, noch einmal soviele wurden verletzt. Auf diese Nachrichten hin brauste die Stadt auf und man zäunte sich mit Barrikaden von dem Heer ab, das den königlichen Palast und das Arsenal besetzt hielt. Dies geschah um vier Uhr nachmittags, der Stunde, in der die Preußen einrücken sollten. Die Glocken wurden geläutet, um die Feierlichkeit der Revolution und die Bereitschaft zum Kampf zu signalisieren. — Nun plötzlich machten alle Umstände, die sich aus einem Sturzbach ergossen, auf der Höhe des Geschehens halt, und zwar des unvorhergesehenen, daß nichtsdestoweniger durch die Kraft der Volksstimmung erzeugt worden war und durch irgendwelche kleinen Reibungen an Kieselsteinen hatte sich der verborgene Funke sofort entzündet als revolutionärer Brand.

Kurze Zeit darauf kamen wir zusammen, um den neuen Stand der Sache zu beurteilen. Mit uns war Bakunin. Sein erster Gedanke war, man müsse sofort die Stadt verlassen, um an der tschechischen Grenze den Bericht aus Prag oder die Rückkehr Roekls abzuwarten, er rechnete selbst nicht mit der Wirksamkeit dieser Bewegung. Obwohl wir zu einer unmittelbaren Beurteilung dort beauftragt waren, war es unsere Aufgabe, uns mit dem örtlichen Anlaß der Erscheinung der Revolution vertraut zu machen, die in ihrer tatsächlichen Entwicklung ein Aufstand war, der nach in den Provinzen ausgearbeitetem Material strebte. Sachsen, Preußen, Schlesien und Thüringen, durchdrungen von revolutionärem Geist, hatten angemessene Zeit für Benutzung und Eingliederung ihrer Arbeiten in die Initiative Dresdens. Eine solche Kombination nahm auch später die provisorische Regierung in ihren Aktivitäten an. Jedoch auch auf Böhmen wurde ein günstiger und entschlossener Einfluß ausgeübt von uns, sehr bald in Aussichten und Entwicklung ausgedehnt, konnte die Dresdener Revolution sich auf den Osten stützen, dessen Explosion wir seit der obenerwähnten Konferenz mit Schluter und D'Ester jeden Augenblick erwarteten. Darüberhinaus würde unsere Abreise in den

11*

Menschen, die mit uns verbunden waren, eine ungünstige Demoralisierung hervorrufen und die große Idee von Solidarität würde durch uns zerschlagen. Gegen abend standen zahlreiche Barrikaden, und die Nacht verlief, außer vereinzelten Schüssen von beiden Seiten, ruhig. Beträchtliche Verstärkungen aus der Umgebung trafen ein und hoben den Mut der Leute, die sich, mangels Waffen, mit Picken und Sensen versehen hatten. Am Morgen des 4. Mai erfuhren wir von der Flucht des Königs. Das sächsische Heer in der Stärke von gemäß den einen 2000, gemäß anderen 4000, das zur Hälfte auf der anderen Seite des Flusses Neustad verteilt war, hielt die Verteidigung der gestern eingenommenen Positionen: das Königsschloß, das Arsenal und die Brücke, auf der sechs Abteilungen Kavallerie und Fußtruppen standen. Das Heer war durch Verstärkungen aus Lipsko vergrößert worden.

Vormittags wuchs die Unzufriedenheit der Menschen durch die Wirkung der Unordnung und Untätigkeit. Der Mangel an Waffen und Munition und vor allem an Führung und einem revolutionären Organ schwächte die Sache und bewirkte eine vorzeitige Niederlage. Unzählige Häuflein der Garde feierten hier und da, der Rest würde mit Sicherheit heute verschwinden. Im Rathaus beriet man über die Niederlage der Regierung und schickte Parlamentarier zum Heer. Der im Arsenal befindliche Teil, der vom Volk belagert wurde, folglich ohne Kommunikation mit dem Oberkommando war, gab, überdies gezwungen durch den Bedarf an Nahrungsmitteln, das Versprechen, sich neutral zu verhalten. Auch verbreiteten sich Meldungen darüber, daß man das Arsenal eingenommen habe und daß jener Teil des Heeres auf die Seite des Volkes übergegangen sei. Daraus entstand die allgemeine Meinung, daß sich das Heer nicht mehr mit dem Volke schlagen würde. Gegen zwei Uhr nachmittags wurde dem Volk die Zusammensetzung der provisorischen Regierung mit den Vertrauensleuten Tschirner, Heubner und Todt bekanntgemacht und es verbreiteten sich Aufrufe betreffs der Fraternisation mit dem Heer. Die Freude war wunderbar und so verging der vierte Mai.

Nachdem die Regierung sich konstituiert hatte, forderte sie durch Bakunin Hilfe, besonders unter militärischem Gesichtspunkt. Denn in den Reihen der Aufständischen gab es keinen militärisch starken Mann, der den Bedingungen der Revolution hätte genüge tun können. Da wir niemand hatten, der im Kriegshandwerk erfahrener wäre als Stanislaw Poninski, wandten wir uns an ihn. Anfangs hielt Poninski die ganze Bewegung für einen zufälligen Aufruhr, der nichts erreichen würde und wollte folglich nicht daran teilnehmen. Jedoch nach einem längeren Gespräch verneinte er die Möglichkeit nicht, daß für den Kampf der Aufständischen dauerhafte Gewinne zu erzielen seien und er gab die einleitenden Ratschläge, sofort durch eine Besetzung der Brücke die Verbindung mit dem anderen Teil der Stadt zu durchschneiden. Dies war gegen neun Uhr abends. Am nächsten Morgen in der Frühe wollten wir uns abermals treffen, um eine entschlossene Antwort auf Poninskis Überlegung zu erzielen. Der erwähnte Rat war am 4. Mai unausführbar, am Tag der Fraternisation und — der Täuschung, daß das ganze Heer auf die Seite des Volkes übergehe, — und schon in der Dämmerung am 5. bezog das Heer vor der Brücke und der katholischen Kirche Stellung und verband sich eng mit der Besatzung, die sich im Schloß und im Arsenal befand.

Auf der anderen Seite wurde das Volk durch immerfort eintreffende Verstärkungen gefestigt und sein Mut wuchs. Angesichts der drohenden Stellung des Heeres, überzeugt von dem Verrat der Fraternisation, vertraute es auf seine Kraft und ging zum Offensivkampf über. Auf den lose zusammengetragenen Barrikaden verschwanden die dreifarbigen Fahnen, an ihre Stelle wurden rote und schwarze gestellt, die einen schrecklichen, verbissenen Kampf symbolisierten und den Bruch mit der Vergangenheit. Und tatsächlich wußten die ernsten Gesichter der Aufständischen um ihre Lage, sie strebten durch leidenschaftliches Handeln zu ihrem Ziel, sie symbolisierten die Feierlichkeit und die moralische Stärke, die nur dem Volk eigen ist, und sich auch nur selten in seinen Taten äußert.

Inzwischen beharrte die Regierung darauf, daß wir ihr Hilfe leisteten. Ein Abgesandter, der direkt von der Regierung zu Poninski geschickt worden war, kehrte mit einer abschlägigen Antwort zurück. Gleichzeitig ließ sie durch Bakunin melden, daß sie mit uns persönlich reden wolle. Darauf erklärte die Regierung, auch durch Tschirner, daß sie unseren Rat und unsere persönliche Hilfe verlange. Dieses nicht abschlagend, suchten wir jedoch eine Gewähr dafür, was das Bestreben der Regierung in Bezug auf die sich zeigende Bewegung anging und in Bezug darauf, welche Grundsätze sie gegenüber der Revolution beabsichtige. Aber sich völlig solidarisierend, was den Hauptgedanken in der deutschen Sache und ihrer Leitung angeht, fanden wir die gleiche Übereinstimmung auch in der Auffassung unserer Sache, also des Standpunktes der Idee der Solidarität. Folglich mußte sich aus diesen Grundsätzen eine Verbindung der Seiten zu revolutionärem Nutzen ergeben. Außerdem mußten wir den kurzen Vertrag, der mit der ersten Konsequenz der Revolution ihr Ziel realisierte, formal abschließen, — die Regierung versprach uns ausdrücklich, alle nur mögliche Hilfe für unsere weiteren Bemühungen, sowohl in Böhmen als auch in Polen; — und im Fall eines Mißlingens Pässe und die notwendigen Geldmittel. Dies geschah gegen zwölf Uhr mittags des 5. Mai. Eine halbe Stunde später holten wir Golebiowski zu Hilfe, der uns sehr vertraut in militärischen Dingen zu sein schien, so daß er in der Lage war, einen Straßenkampf zu leiten und wir nahmen im Rathaus den Platz ein, der uns in der Regierung bestimmt war.

Unsere erste Aktivität war, zu fordern, so viel und so genau wie mögliche Nachrichten über Stärke, Verschiebungen und Mittel sowohl der Aufständischen als auch des feindlichen Heeres zu melden. Die Regierung war nicht in der Lage uns irgendwelche Erläuterungen in Bezug darauf zu geben, konnte uns jedoch das Versprechen liefern, daß sich fortwährend von allen Seiten bewaffnete Verstärkungen zusammenzögen und jeden Augenblick einträfen. Wir sandten dagegen sofort eine starke Patrouille und einige Einzelkundschafter aus, um die Barrikaden, ihre Konstruktion, die bewaffneten Streitkräfte und die Lage des Feindes zu erkunden; — auch äußerten wir der Regierung gegenüber, daß der Barrikadenkampf keine dauerhaften Bedingungen habe und daß man einen geeigneten Augenblick ins Auge fassen müsse, in dem man die zusammengezogenen aufständischen Truppen in die sächsischen Berge übersiedeln lassen könne. Gemäß den von den Patrouillen eingehenden Berichten ergänzten wir die Oberteile der Barrikaden unter dem Gesichtspunkt ihres Baus und der Einteilung der Streitkräfte.

Jedoch die kurze Zeit hinderte uns an der organisatorischen Vollendung, denn gegen drei Uhr nachmittags entwickelte sich an allen Punkten ein Kampf, der alle durch seine Heftigkeit in Anspruch nahm. Gruppen, die noch nicht aktiv gewesen oder an noch unbenutzten Barrikaden plaziert waren, wurden an Punkten eingesetzt, die ungefährlich waren für einen wirksamen Angriff und Widerstand der feindlichen Heere. Aber der inständig erwünschte Angriff, der von der allgemeinen Leitung hervorgerufen wurde, erwies sich als ungeeignet, schon aufgrund der unzureichenden Truppen, darüberhinaus, weil man nichts Stabiles zu seiner Ausführung zur Hand hatte. Die Aufständischen, die durch die geringe Anzahl von 48 Stunden begeisternd selbständig waren, die nichts fühlten aufgrund ihres großen Ungestüms und einer geschickten Leitung, so plötzlich im Feuer gehärtet, waren zum Teil ungeschickt. Wir schlugen daher der Regierung einen Aufruf vor, zur Einberufung von Freiwilligen zwecks Bildung mobiler Kolonnen, die von der Organisation abgesandt werden sollten. Jedoch war niemand am ausgemachten Ort. Darüberhinaus plazierten wir auf einem der Türme (Heiliges Kreuz), von wo aus man einen Ausblick hat über die ganze Stadt und Umgebung, einen Posten, der uns über jede Bewegung des Feindes informieren sollte. — Abends, als der Kampf schon begann sich abzukühlen, und dies bei moralischem Übergewicht der Aufständischen, richteten wir unser Hauptaugenmerk darauf, einen starken Nachtüberfall durchzuführen und durch einen Ansturm den Feind von seinen mächtigen Stellungen zu vertreiben. Schon gegen 5 Uhr nachmittags bemühten wir uns darum, Material anzusammeln, um das königliche Schloß in die Luft zu sprengen, das zum Mittelpunkt aller Operationen des feindlichen Heeres geworden war, das mit der anderen Seite des Flusses verbunden war; — die darin verborgenen Soldaten wurden auf 1000 geschätzt. Wir blieben daher mit den Leuten, die an der Verminung arbeiteten in ständigem Kontakt, da wir ihr Leben zu sichern wünschten und durch diese Arbeit eine Vollendung unseres Vorhabens für möglich hielten, ein Angriff gleichzeitig mit der Explosion des Palastes und mit seiner Hilfe, könnte unvorhergesehene Folgen nach sich ziehen. Vor der Dämmerung kamen Verstärkungen ausgewählter Leute aus den Berggebieten an, die eigens für den Angriff bestimmt waren. Der herbeigerufene Kapitän erhielt den Auftrag, daß er nach einer kurzen Rast seiner ganzen Abteilung zum Kampf bereit sein sollte. Außerdem forderten wir von ihm einige Bergbewohner, die bereit waren zum Verminen und die sofort dorthin zur Hilfe geschickt werden sollten. In Erwartung also des bestimmten Augenblicks, der nach Meinung der Verminer gegen 11 Uhr nachts eintreten konnte und auf den wir trotz unterschiedlicher Meinung von Gołębiowski und Bakunin im Kampf großen Wert legten, entwarfen wir eine neue Organisation für die Barrikaden, den wir der Regierung zu Druck und Vollendung überreichten. Das Ministerium jedoch begegnete in seinem Vorgehen jedes Mal mehr Hindernissen und Schwierigkeiten; die Arbeiter, von Kampf und Arbeit ermüdet, konnten keine ganze Nacht mehr durchhalten und verschoben die Arbeit auf den folgenden Tag, und die Abteilung, die für die Attacke vorgesehen war ging, nachdem sie sich eine Stunde ausgeruht hatte, höchst zufrieden auseinander.

Die Nacht ging mit zunehmender Ruhe vorüber. Von der Morgendämmerung des 6. Mai an donnerten die Geschütze und in einem Augenblick donnerte der mörderische Kampf an allen Punkten im Chor schwerster Geschütze los. Ohne Pause bis 8 Uhr morgens lichtete und parierte das Feuer der Aufständischen das feindliche Heer mit bewundernswerter Ausdauer. Von dem Wachtposten des Heiligen Kreuzes aus erhielten wir jeden Augenblick Meldungen über Veränderungen der Schlacht, gemäß deren Erfordernissen wir uns unterstellten, jedoch überaus knappe, Verstärkungstruppen entsandten. Ständig wurde uns berichtet von uns zu Hilfe eilenden Truppen vom Lande. Da wir innerhalb des gegenwärtigen Kampfes eine Ruhepause und baldige Auffrischung erwarteten, schlugen wir vor, daß ein Mitglied der Regierung alle Barrikaden abschreiten sollte, um den Aufständischen einen herzlichen Dank auszusprechen für ihre Ausdauer und ihnen schließlich neue Hoffnungen in die Begeisterung der Seele tragen, sie neu zu beleben und zu weiterer Aktivität entflammen sollte. Zu diesem Zweck begab sich auch das Regierungsmitglied Heubner in Begleitung Bakunins zwischen 9 und 10 Uhr vormittags zu den Barikaden, als fast gleichzeitig der Donner des Kampfes plötzlich die Erwartung dieser Ruhe zerriß.

Vom Kampfplatz ereilten uns widersprechende Nachrichten, aus denen wir nichts allgemeines entnehmen und folglich nichts beschließen konnten. Die genauesten lieferte uns der Posten des Heiligen Kreuzs, jedesmal häufiger und ungünstiger. Die Operation der Preußen erlaubten für die Umgebung den Aufstand sowie, den Angriff mit doppelter Heftigkeit fortzusetzen. Jedoch war es nicht möglich, den Mangel an Truppen an den vielen Barrikaden aufzuheben, denn die versprochene Hilfe hatte getäuscht. Nur Tschirner saß überall, über Heubner und Bakunin hatte man keinerlei Nachrichten und das dritte Mitglied hatte sich durch einen erschreckenden Ausbruch Zwinglers nach einiger Zeit aus dem Staube gemacht. Bei den Tschirner umgebenden Beamten schlich sich allmählich eine Demoralisierung ein, — der Posten sandte uns schon ununterbrochen Nachrichten über ein feindliches Übergewicht, es war schon eine Straße erobert worden, die an den Platz der Neustadt angrenzte, nach einer Weile gaben andere Barrikaden ebenfalls wichtiger Straßen nach und das Vorrücken der Heere konnte nicht verhindert werden.

Bei diesem Stand der Dinge kamen drei Bürger zur Regierung zu einem vertraulichen Gespräch, nach dem Tschirner begann, revolutionäre Akten aufzuhäufen und zu vernichten. Die Demoralisierung erfaßte ihn augenscheinlich so sehr, daß Gołębiowski ohne Rücksicht darauf, daß er den Grund nicht kannte, sich zum Ausgang begab. Ihm dies entschieden vorhaltend, erwarteten wir eine Aufhellung des Endes. Nach einiger Zeit also kam Tschirner, der in Eile die Regierungspapiere geordnet hatte, zu uns, um uns den nahen Untergang unserer Sache zu melden. Von angekommenen Freunden war ihn versichert worden, daß er auf keine Verstärkungen mehr zählen konnte und daß beträchtliche Teile, die sich schon in der Nähe der Stadt befänden, sich zurückzögen, darüberhinaus waren die sich innerhalb befindenden Streitkräfte zusammengebrochen und nicht länger in der Lage, dem entkräftenden Kampf stand zu halten. Auf unsere Frage nach dem Bestand der Munition, antwortete er, daß alle Vorräte bis zum letzten Rest erschöpft seien. Bei einem solchen Zusammentreffen der Umstände, war Tschirner sich nicht über seinen nächsten Schritt im klaren und nahm mit aufrichtigem Dank für unsere geleistete Hilfe von uns Abschied. Da wir jedoch den voraussichtlichen Fall Dresdens nicht für die entscheidende Niederlage der Revolution hielten, fragten wir ihn, in welcher Gegend und wo das stärkste revolutionäre Element anzutreffen sei, um mittels einer Massenbewegung unsere Sache auf neue und stabile Bedingungen zu gründen. Er nannte uns Altenburg und eine Person mit weitreichendem Einfluß für eine Verabredung bei sich. Dies war vor ein Uhr nachmittags.

Nachdem wir die Stadt verlassen hatten, begaben wir uns direkt nach Koethen. Auf dem Weg erfuhren wir vom Eintreffen beträchtlicher Verstärkungen in Dresden und daß die Aufständischen mit Vorteil kämpften. Nachdem wir in Koethen übernachtet hatten, verfaßten wir einen Aufruf, der das ganze Volk zu einer allgemeinen Erhebung aufforderte. Mit einem Abdruck fuhren wir in Begleitung zweier deutscher Freunde (Gołębiowski blieb dort) nach Leipzig mit dem Ziel, die dort existierenden revolutionären Elemente für die Sache der Revolution zu gewinnen. Jedoch herrschte die Reaktion in dieser Stadt schon in voller Stärke und verbot unseren Aufenthalt. Über Altenburg erfuhren wir, daß es durch die Besatzung des preußischen Heeres machtlos sei.

Jedoch ist die Revolution letztlich unbesiegbar, und dies gibt ihrem Schicksal den Anstoß. Es verbreiteten sich Nachrichten, daß aus dem Krater Dresdens ein immer stärkeres Feuer hervorbreche, und daß die Hoffnungen auf einen allgemeinen Aufstand bei dem Glanz dieses Feuerscheins nicht einfrieren könnten. Aus den Gesprächen mit den Deutschen in Leipzig ergab sich, daß Zwickau und das ganze Bevölkerungsgebiet in Richtung auf die tschechische Grenze zum Aufstand bereit sei. Aufgrund dieser Versicherungen

kamen wir am 8. vormittags mit zwei deutschen Offizieren zusammen, die
mit uns zusammenarbeiten wollten, und als sie sich dort dreimal mit den
örtlichen Patrioten und denen aus der Umgebung getroffen hatten, waren
wir davon überzeugt, daß die in Dresden konzentrierten Verstärkungen, die
sich aus den tapfersten Leuten der Provinz zusammensetzen, in beispielloser
Tapferkeit ein deutsches Saragossa schufen. Am 10. Mai mußten wir nach
Freiberg abreisen, wo die Bergbevölkerung tatsächlich revolutionär war.

Gleichwohl machten war den Wert dieses letzten Versuches von einer
Annäherung an Böhmen abhängig, das auf das Echo des langanhaltenden
Donners der Geschütze hin es schuldig war, sich zu erheben. Vormittags gegen 9 Uhr untersuchte die Reaktion in Zwickau, die uns erwartete, unser
Gasthaus, per Zufall mit Ausnahme unserer Zimmer. Binnen kurzem erfuhren wir von dem Rückzg der Aufständischen aus Dresden, die von der provisorischen Regierung in ihren glücklich erfolgten Rückzug entlassen worden
waren. Unser Vorhaben und die allgemeine Lage mußten sich natürlich ändern. Es unterlag keinem Zweifel, daß in Böhmen keine Revolution ausgebrochen war, schnell flohen die Massen der Aufständischen aus der Stadt auf
die andere Seite nach Böhmen und die provisorische Regierung mit Bakunin
ließ sich nicht zu diesem logischen und unvermeidlichen Schritt bewegen. Entweder hatten die Tschechen vor unüberwindlichen Schwierigkeiten gestanden
oder die bekannten geheimnisvollen Gerüchte über ihre Bereitschaft waren
zur direkten Täuschung gemacht. Später klärte sich dies dagegen auf, denn
gleichzeitig mit dem Ausbruch in Dresden war in Prag der Belagerungszustand verhängt worden, ebenso in etwa zehn umliegenden Orten. Die einen,
wie Fritsch, Straki und Arnold waren verhaftet worden, andere dagegen
waren auseinandergelaufen. Der weitere Verlauf der Revolution richtete
unsere Bemühungen auf Frankfurt und am 10. Mai um fünf Uhr nachmittags
verließen wir Zwickau.

Straßburg, den 30. Juni 1850    Alexander Krzyzanowski, Wiktor Heldman

## Heltman an Janowski[1]).

Orig.                    Brüssel, den 24. April 1867, rue des palais 17.

Lieber Janusz. Ich erhielt aus der Schweiz 10 Exemplare deiner Broschüre[2]), die ich einem der hiesigen Buchhändler übergebe. Vielleicht findet
sich irgendein Kauflustiger. Unglücklicherweise ist aus dem Titel nicht zu erhesen, worum es geht. Man sollte zum Beispiel hinzufügen „über seinen Führer oder Diktator L. Mieroslawski". So war es ja.

Was den Inhalt angeht nur eine Bemerkung. Über den sizilianischen
Feldzug weiß ich nichts; aber weil ich in Baden war, kann ich Dir ausreichende Erklärungen geben. Die in Deutschland beabsichtigte Bewegung sollte
republikanisch sein; es ging nicht um das Parlament und noch weniger um
den Kaiser. Die österreichischen Slawen, nämlich die Tschechen, haben der
Verschwörung angehört, die in den Bergen ausbrechen sollte, die Böhmen von
Sachsen trennen. Vom Zentrum aus wurde gefordert, die Polen zu verständigen. Zu diesem Zweck begab ich mich nach Dresden, von wo aus ich nach

---

[1]) Krakau, Universitätsbibliothek Ms. B. J. 3685. Schon L i m a n o w s k i :
Der Freiheitskämpfer (1911), 150 ff. machte auf diesen Brief aufmerksam. Jan Nepomucen
Janowski war 1803 geboren und zählte zu den bedeutenderen demokratischen Emigranten.

[2]) Es handelt sich offenbar um Janowskis „Offener Brief an die heutige demokratische Gesellschaft", Zürich, Druck komit. repez. wychodz. polsk. 1867, 16 S.

Prag reisen sollte, als ein unvorhergesehener spontaner Aufstand in Dresden ausbrach und daraufhin in Baden. Die Zentrale entwarf ein Schriftstück „eines allgemeinen Bündnisses der Demokratie", das vom Bund angenommen wurde. Das Konzept habe ich zufällig. Ich schreibe Paragraph 1 ab „Begriff der Demokratie. Unter politischem Gesichtspunkt verstehen wir unter Demokratie die lebhafte Teilnahme aller Einwohner an der Verwaltung der öffentlichen Interessen, ohne Ansehen ihrer Geburt, Herkunft, Religion, Wohlhabenheit und weiterer gesellschaftlicher Stellung. Hieraus folgt: die Form eines republikanischen Staates, eine Regierung auf Zeit, gewählt und verantwortlich; allgemeines Wahlrecht und durch nichts eingeschränkte und erschwerte Freiheit des Druckes, der Vereinigung, religiöser Bekenntnisse und natürlich aller Fragen, die heute schon keinem Verbot unterliegen.

„Unter sozialem Gesichtspunkt: die lebendige Teilnahme aller Einwohner ohne Ausnahme am Genuß aller Vorteile, die sich aus dem gesellschaftlichen Leben ergeben. Daraus folgt die Aufhebung aller bisherigen Privilegien und an ihrer Stelle die Einführung einer Neuorganisation von Eigentum und Recht."

„Aus der Rücksichtnahme auf die Unterschiede zwischen den Nationalitäten ergibt sich, daß die Anwendung dieser Prinzipien, die deren Geist in nichts verletzen darf, gemäß den örtlichen nationalen Vorstellungen abgeändert werden darf. Die politische Organisation wird nicht nur auf die oben erwähnten Prinzipien eingeführt, sie muß auch geschickt und gewissenhaft ins Leben gerufen werden: die soziale dagegen hat zum Ziel, wenn schon nicht eine völlige Gleichmachung aller bisherigen Klassen in gesellschaftlicher Hinsicht, so wenigstens die Förderung der unteren, damit in der weiteren Entwicklung des Volkslebens das Recht der Gleichheit kein leeres Wort bleibt."

In § 2, wo es um die Grundlagen des Bundes geht, ist unter anderem folgendes zu erfahren: „Alle Völker, die nach den Prinzipien der Demokratie streben, wie wir sie verstehen, sind solidarisch. Jedes Volk hat das Recht, von dem anderen die Hilfeleistungen zu fordern, die diese nur geben können, damit ist die Verpflichtung verbunden, auch den anderen zu helfen. Diese Solidarität muß solange bestehen, wie ein Volk sich nicht seiner inneren und äußeren Feinde entledigen und sich als unabhängiges Volk auf den Grundlagen der Demokratie konstituieren kann usw.

Der Vertrag mit dem Bund, der auf dem Rumpf der badischen Bewegung stand, wurde getrennt am 18. Mai 1849 aufgeschrieben. Diesen habe ich nicht, aber es gibt einen sehr ausführlichen Bericht über alle unsere Aktivitäten sowohl in Dresden als auch in Baden, der von Krzyzanowski verfaßt wurde, der zusammen mit mir als Delegierter bei vielen Regierungen war. Dieser Bericht gelangte von Straßburg aus in meine Hände, wo Krzyzanowski damals war, die Zentrale wurde nach London geschickt. Alles ist in London. Ich würde sie sehr gern dort herausholen, aber ich weiß nicht, wie ich das bewerkstelligen soll. Sie müssen in London nicht sehr gut auf mich zu sprechen sein, weil ich nicht für die „Freie Stimme" sondern für die „Unabhängigkeit" schreibe. Ich werde jedoch versuchen, mich mit Zabicki zu verständigen, um mit seiner Hilfe über die in Paris verschwundenen Akten der Zentrale..."

## 11. Bakunin und die Sudetendeutschen.

Der überzeugte Panslawist Bakunin und die Sudetendeutschen, ist das nicht ein Widerspruch in sich? In der Tat spielte ein wenig Zufall beim Zusammentreffen beider mit. Denn Österreich, das

für Bakunins Wirken eine so große Bedeutung erlangen sollte, auf
das er viele seiner Pläne ganz einstellte, um dessen Zertrümmerung
er sich theoretisch wie praktisch ernsthaft bemühte, gehörte — bei
Bakunins Reiselust merkwürdig genug — zu den ihm so gut wie
gänzlich unbekannt gebliebenen Ländern Europas. Erst 1848
betrat er seinen Boden von Norden her, durchquerte sudeten-
deutsches Gebiet, kam aber nur bis Prag, während er Wien
zeitlebens nie gesehen hat. Warfen ihm seine Gegner[1]) schon vor,
er habe über Rußland geschrieben und gesprochen, Pläne für seine
Vernichtung geschmiedet, den Zaren und das russische Reich
geschmäht, ohne die russischen Verhältnisse genauer zu kennen,
dann wären diese Vorwürfe bei Österreich in vielfachem Maße
berechtigt gewesen, zumal er auch aus Büchern über Österreich vor
1848 nicht allzu viel gewußt haben dürfte, wenig selbst von dessen
slawischen Völkern, denen in seinem panslawistischen Plane eine
besonders wichtige Rolle zugedacht war. Unter allen slawischen
Völkern standen ihm Russen und Polen erlebnis-, daher auch
kenntnismäßig weitaus am nächsten, während ihm Tschechen,
Slowaken, Serben, Kroaten usw. bis 1848 mehr inhaltsarme ethnische
Begriffe geblieben waren. Das änderte sich mit einem Schlage, als
im Mai 1848 der **Slawenkongreß** in Sicht kam und Prag plötzlich
in den Mittelpunkt des Interesses aller slawischen Völker gerückt
war. Auch Bakunin eilte voll neugieriger Spannung[2]) als unbe-
stellter, einziger, darob doppelt wichtiger Vertreter freiheitlich
gesinnten Großrussentums herbei, um hier ein unbekanntes Land,
unbekannte slawische Brudervölker kennenzulernen. In kaum drei
Wochen stürmten so viel neue Eindrücke auf ihn ein, eignete er
sich so rasch die notwendigsten Kenntnisse über die Verhältnisse
Österreichs und Böhmens an, daß er dem österreichischen, insonderheit österreichisch-slawischen Problem mit größerem Ernste, als es
ihm vordem möglich gewesen wäre, nahetreten konnte. Schon
während des Kongresses unterstützte er jene durch seinen Einfluß,
die sich endgültig von Österreich abkehrten und auf seine Zertrümmerung zugunsten eines föderativ-demokratischen allslawischen
Gesamtstaates hinarbeiteten. Sein „**Aufruf an die Slawen**",
besonders auch seine erste Redaktion[3]), spiegelt all die Erlebnisse
und Ergebnisse seines Prager Juniaufenthaltes wider und verrät,
wie scharf Bakunin beobachtet hatte. Hätte es ja kaum eine günstigere Gelegenheit als jene bewegten Tage in Prag geben können,
um die politischen Strömungen unter den Tschechen und den
übrigen slawischen Völkern zu erkennen. Mußten sie doch jetzt in
wichtigen Fragen wie Einstellung zur Dynastie, zum österreichischen
Gesamtstaate, zu den Märzerrungenschaften eindeutig Farbe bekennen. Darum kamen auch die Deutschen Österreichs, besonders
die den Tschechen unmittelbar anrainenden: die Sudetendeutschen
nicht herum. Bakunin wurde gerade in Prag Augen- und Ohren-

---

[1]) In seiner „Beichte" bezichtigt er sich des gleichen Mangels.
[2]) Beichte 29 f.
[3]) Vgl. oben S. 94 ff.

zeuge, wie statt demokratisch-revolutionärer, übernationaler Gesinnung immer ungestümer die nationalen Leidenschaften die Oberhand gewannen, wie die von tschechischer Seite so gern betonte und mit staatsrechtlichen Doktrinen verbrämte Landeseinheit der Völkerzweiheit wich, **Tschechen und Deutschböhmen** sich vielfach wie Feuer und Wasser gegenüberstanden[1]), wie auch die Deutschen des Reiches damals in ihrer Abneigung gegen Polen und Tschechen keine Grenzen kannten. Vor allem der Prager Junikampf wurde als ein ausgesprochen nationaler Kampf des slawischen Elementes gegen das Deutschtum von deutscher Seite ausgelegt und ließ die gegenseitige nationale Erbitterung zu vordem selten gekannter Höhe ansteigen. Die Deutschen, denen der Juniaufstand als Äußerung demokratischer Bestrebungen der Tschechen erschien, konnte man an den Fingern zählen. Aber auch **Bakunin** ließ sich während seines Prager Aufenthaltes von der nationalslawischen, deutschfeindlichen Bewegung erfassen und zu Aussprüchen hinreißen[2]), die mit seinem späteren Versöhnungsplane nicht zusammenstimmten. Mit dem bestimmten, auf der Rückfahrt durch die deutschen Gegenden Böhmens[3]) noch augenscheinlicher gewordenen Eindruck, dieses Land sei unheilbar in zwei nationale Hälften auseinandergebrochen, verließ Bakunin Prag und Böhmen, ohne daß er den Deutschen der Sudetenländer oder Österreichs nur irgendwie nähergetreten wäre — mit einer Ausnahme. Er lernte einen Sudetendeutschen kennen, noch ehe er Böhmen betrat: den blutjungen Rechtsstudenten der Prager und Wiener Universität Oswald Ottendorfer[4]), ein Zwittauer[5]), demnach deutschmährisches Bürgerkind, einen der vielen, die 1848 als Freiheitskämpfer aus dem Hörsaal auf die Barrikaden stürmten oder sonstwo beim Kampfe mit dem Alten ihr junges Leben in die Schanze schlugen. Ottendorfer zog, getragen von einer Hochflut national-deutschfreiheitlicher Begeisterung, mit anderen Gesinnungsfreunden von Prag in das ferne Schleswig-Holstein, von wo er Ende Mai seiner Heimat über Breslau zueilte. Gerade hier kam er mit Bakunin zusammen. Sie fuhren dann noch ein Stück Weges miteinander gegen Böhmen, Ottendorfer wandte sich, vielleicht mit einem Um-

---

[1]) Beichte 51 ff., 66 f. Bakunin billigte das staatsrechtliche Fordern der Tschechen, ihre Gegnerschaft zu Frankfurt und verkannte hier wie in Posen die natürlichen Rechte der Deutschen.

[2]) So wird sich am besten die von A. Meißner: Geschichte meines Lebens II (1884), 52, überlieferte Episode erklären lassen. Vgl. auch gelegentliche Anklänge in Bakunins „Selbstvertheidigung" bei Čejchan: Bakunin v Čechách (1928), 172 ff.; Beichte 29, 51.

[3]) Er scheint gegen Ostböhmen über Kolin gefahren zu sein, Aussage Fričs, Prag, Militärarchiv.

[4]) Vgl. über ihn C. Lick: Ein großer Zwittauer. Oswald Ottendorfer, Zeitschr. f. Gesch. Mährens u. Schles. 30 (1928), 160 ff.; derselbe: Sudetendeutsche Lebensbilder I (1926); vgl. auch Traub: Květnové spiknutí (1929), 81 ff., 207 f. Ottendorfer war 1826 geboren. Bakunin hatte eine Visitkarte Ottendorfers bei sich mit der Aufschrift: „Hörer der Rechte, 2. Jahr in Wien, Abzugeben an der Universität. Goldner Engel vis-à-vis dem Generalkommando", Dresden H. St. A. Amtsgericht Dresden 1285 c vol. II.

[5]) Bakunin hielt ihn irrig für einen Wiener, Beichte 68.

wege über Zwittau, nach Wien, während Bakunin nach Prag zog, wohin der Pfingsten und der politischen Anziehungskraft Prags wegen viele Wiener Studenten strebten. Die Bekanntschaft mit Ottendorfer vermittelte Bakunin das sichere Wissen darum, daß Österreich seine deutschen Demokraten ebenso besitze, wie die anderen deutschen Länder und daß mit diesen, vornehmlich dem jungen Geschlecht angehörenden Demokraten ernsthaft gerechnet werden könne. Besonders Bakunin erschienen sie für seine Pläne geradezu unentbehrlich. Sah er doch mit klarem Blicke das Erstarken und Vorwärtsschreiten der reaktionären Kräfte in ganz Europa, blieben ihm doch Windischgrätz und Jelačić die sichtbaren Vertreter der jedes Freiheitsstreben tötenden Rückschrittsbewegung, von denen jener bei den Deutschen Böhmens soeben aufrichtigen Dank geerntet, der andere in den Augen der Slawen Österreichs die panslawistische Messiasrolle übernommen hatte. Gegen diese einträchtig vordringende deutsch-slawisch-habsburgische Reaktion die Demokratenlager aller beteiligten Völker einschließlich der Ungarn, Deutschen und Slawen auf den Plan zu rufen, hieß Bakunins großes Ziel im Herbst 1848[1]). Dieses Fordern erhob er mit werbender Stimme in seinem „Aufrufe an die Slawen" und zwar im ersten Entwurfe noch unzweideutiger als in der endgültigen Fassung. Unmittelbar wandte er sich mit diesem Verlangen an die Tschechen und Deutschen der Sudetenländer, da ihm deren verständnisvolles Zusammenleben die unerläßliche Vorbedingung für jede weitere Befriedungsarbeit im Sinne der Demokratie erschien. „Vereinigt euch mit den Deutschen Prags"[2]), forderte er die Tschechen dringend auf, die sich soeben mit aller Heftigkeit gegen das demokratische, weil deutsche Wien einstellten und damit jeden Erfolg der Bakuninschen Tätigkeit unmöglich zu machen schienen. Völlige Umkehr der tschechischen Demokraten in ihrer Einstellung zu den großen, in revolutionären Ausbrüchen immer wieder handgreifliche Gestalt gewinnenden politischen Problemen verlangte er im Interesse seiner Einigungspläne, die am ehesten an den Sudetenländern scheitern konnten. Die politischen Ereignisse nach der Wiener Oktoberrevolution belehrten allmählich auch die tschechischen Demokraten über den wahren Charakter der Wiener Volksbewegung[3]) und ließen allmählich die Anschauung Boden gewinnen, daß die Freiheit keinesfalls der Nationalität nachgesetzt werden dürfe. Gerade dieser Stimmungsumschwung ergriff immer weitere Kreise der tschechischen Demokratie, vor allem ihres radikalen Flügels. Dennoch bedeutete die Versöhnungsbereitschaft eines Teiles tschechischer Demokraten nur einen verheißungsvollen Anfang für Bakunins Absichten, der ohne greifbare Folgen bleiben mußte, wenn es nicht

---

[1]) Vgl. oben S. 80.
[2]) Siehe oben S. 92 Anm.
[3]) Vgl. oben S. 103 ff. Kurze Überblicke bieten auch V. Čejchan: Bakunin v Čechách (1928); H. Traub: Květnové spiknutí v Čechách r. 1849 (1929); Matoušek: Karel Sladkovský (1929); Kazbunda: České hnutí v r. 1848 (1929); F. Roubík: Český rok 1848 (1931).

gelang, eine ähnlich versöhnliche Stimmung in den deutschen demokratischen Reihen der Sudetenländer herbeizuführen und damit die nationale Scheidemauer endgültig zugunsten demokratischer Hochziele einzuebnen. Einen gangbaren Weg zu den Sudetendeutschen zu finden, fiel freilich Bakunin unendlich schwerer als zu den Tschechen, unter denen er ja während des Slawenkongresses viele Gleichgesinnte kennengelernt hatte. Mit vollem Rechte durfte er daher in seinem „Aufrufe" an die gemeinsamen Sommererlebnisse in Prag anknüpfen und neuerdings für eine Gemeinschaftstat werben. Von Deutschen aus den Sudetenländern oder aus Österreich war ihm außer dem genannten Ottendorfer kaum einer so weit bekannt, daß er sich an ihn als Mittelsperson in einer so schwierigen Frage hätte wenden können. Daher bediente er sich zur erfolgreichen Erledigung dieses Aufgabenteiles eines ihm näherstehenden deutschen Kreises, der zu den Deutschen Böhmens und Österreichs schon enge Beziehungen besaß: der sächsischen Demokraten, sowie des von D'Ester und Hexamer verkörperten demokratischen Zentralkomitees[1]).

In deren Gesichtskreis trat Bakunin zu Beginn 1849 in Leipzig wieder ein, wurde dort rasch heimisch und Mittelpunkt wie Mitberater mannigfacher Bestrebungen, Unternehmungen, Verschwörungen, die alle auf eine Volkserhebung im Frühjahr abzielten. Die Sachsen verfügten schon dank der räumlichen Nachbarschaft über bestimmte Verbindungsfäden zu Deutschböhmen und konnten überdies auf eine Zeit bewußter Pflege dieser Beziehungen im Jahre 1848 zurückblicken[2]). Die Vorbereitungen der deutschen, besonders sächsischen Demokraten liefen mit den Plänen Bakunins parallel, ja, beide Bewegungen fügten sich harmonisch ineinander. Das Bindeglied zwischen den Plänen der deutschen, damals sich gerade in Leipzig zusammenfindenden Demokratie und Bakunins sollten die Deutschböhmen und Tschechen abgeben. Daher setzten die sächsischen Demokraten ihre auf Revolutionierung der Deutschböhmen abzielende Weck- und Werbearbeit alsogleich fort, um sich so in der Nachbarschaft eine als Rücken- und Flankendeckung wohl zu brauchende Hilfe zu sichern. Die Zurüstungen für das einträchtige Zusammenarbeiten der Demokraten diesseits und jenseits der sächsisch-böhmischen Gebirge begegneten weit größeren Schwierigkeiten, als es 1848 der Fall gewesen wäre, da nunmehr wieder viele wachsame Augen und Ohren sich in den Dienst der immer entschiedener gegen die Volkswünsche vorgehenden konservativen Regierungen, besonders in Österreich, stellten und daher auch manch täuschende Form zu entschleiern versuchten, unter denen sich die Werbearbeit der sächsischen Demokraten in den deutschen Teilen Böhmens verbarg. Dennoch kamen die österreichischen Behörden über Gerüchte und Vermutungen nicht recht hinaus, so daß doch einzelnen Emissären aus Sachsen die Schürung

---

[1]) Bakunin: Beichte 67. Hexamer beabsichtigte für die Demokratie persönlich in Österreich zu werben, Aussage Strakas, Prag, Militärarchiv.

[2]) Vgl. Pfitzner: Das Erwachen der Sudetendeutschen (1926), 389 ff.

der Unruhe und Erregung, die Stärkung des Erhebungswillens unter den Deutschen gelang. Vor allem bemühten sich die Träger des revolutionären Gedankens in Sachsen, die Vaterlandsvereine, um die Aufwiegelung der deutschböhmischen Kreise. Sie sandten Agenten aus, welche das Gebiet von Reichenberg bis Komotau durchziehen und bearbeiten sollten. Der Name eines dieser Emissäre Kindermann[1]), des Begründers des Sozialen Klubs in Leipzig, des Führers des dortigen demokratischen Turnvereins, ist zufällig überliefert. Er geriet, da er einen kleinen Zusammenstoß mit österreichischen Soldaten in der rührigen Demokratenstadt Komotau gehabt hatte, sogar in Gefahr verhaftet zu werden[2]).

Wurden durch die staatlichen Mächte diese Propagandafahrten aus Sachsen demnach ziemlich erschwert, so erleichterten andere Erscheinungen in den deutschen Kreisen Nordböhmens ihre Arbeit wesentlich. Denn das Ministerium Schwarzenberg-Stadion, im Hintergrunde mit dem weiterhin allmächtigen Windischgrätz, hielt an dem seit Ende 1848 mit Hartnäckigkeit verfolgten Ziele: Beseitigung der revolutionären Errungenschaften des März, unerbittlich fest[3]). Zu seiner Erreichung spannten sie die finanziellen und militärischen Kräfte der Bevölkerung gewaltig an, führten sie Kriege in Italien und Ungarn, bedrohten sie Vereine und Zeitungen, führten sie ein engmaschiges Zensur- und Polizeisystem recht sachte und insgeheim ein, was Deutsche wie Tschechen witterten, und zwar jene früher als diese. Daher sammelten sich in der deutschböhmischen Bevölkerung vielfach Gärungsstoffe an, die, von geschickter Hand zusammengefaßt, sich sehr wohl für einen Abwehrkampf gegen die Regierungsmaßnahmen hätten verwenden lassen. Ein besonderer Anlaß für die Äußerung der Unzufriedenheit in der Bevölkerung bot sich, als eine neue Rekrutierung[4]) ausgeschrieben wurde, wonach auch die deutschen Teile eine bestimmte Zahl von Rekruten aufbringen sollten. Die Erregung in den deutschen und tschechischen Landesteilen stieg unter dem Eindrucke der auf das Volk Einfluß nehmenden Vereine und Einzelpersonen so be-

---

[1]) Prag, Militärarchiv, Akten gegen Gustav und Adolf Straka, Verhör vom 12. September 1850; ebenda abschriftlich die Aussagen des Julius Schanz vom 6. Dezember 1850. Leider sind im Augenblick aus den vorliegenden Quellen keine näheren Einzelheiten darüber zu ersehen, obwohl Bakunin um sie wußte; vgl. Beichte 67.

[2]) Im Dresdner Journal vom 23. März 1849 konnte man in einer Zuschrift aus Komotau lesen: „Es wird ein Fall mitgeteilt, wo ein sächsischer Bürger in Komotau, weil er am Biertische etwas freier gesprochen hatte, von Militär verhaftet und 4 Tage lang eingesperrt wurde. Ein anderer mußte 8 Tage sitzen wegen Verkauf von Flugschriften." Traub a. a. O. 120 behauptet, daß auch Karl Biedermann, der Redakteur Lindemann sowie Jäkel 1849 Böhmen durchzogen und Versammlungen abgehalten hätten.

[3]) Vgl. zum Allgemeinen H. Friedjung: Österreich von 1848—1860 I (1908), 135 ff., 255 ff.; J. Heidler: Antonín Springer a česká politika v letech 1848—1850 (1914), 79 ff.; J. Redlich: Das österreichische Staats- und Reichsproblem I (1920), 221 ff.

[4]) Prag, Archiv d. Minist. d. Innern 1846—1849 Praes. Fasz. 156/10 (1849), wo eine Reihe von Berichten, Klagen und Weisungen über diese Mißstände sich vorfinden. Vgl. diese auch zum Folgenden.

sorgniserregend an, daß sich Zentral- wie Lokalbehörden die größte Mühe gaben, um genaue Anhaltspunkte in die Hand zu bekommen. Unter den bald einlaufenden Klagen wegen Agitation oder offener Widerspenstigkeit gegen die Rekrutierung nahmen die aus den deutschböhmischen, besonders nordböhmischen Kreisen die erste Stelle ein. Besonders der Elbogener Kreishauptmann vermochte aus seinem Kreise, dem auch das Egerland angegliedert war, nichts Gutes zu berichten, da sich die Gerüchte wegen Umtrieben und Widerspenstigkeit besonders im Egerlande, dann im Schönbacher Ländchen und in Graslitz hartnäckig erhielten. Auch über die Stadt Falkenau liefen ähnliche Berichte ein und gar aus Komotau, das als „übelgesinnte Stadt" schlechthin in den Augen der Schwarzgelben galt. Auch der Saazer Kreis blieb von den Wühlern gegen die Staatsgewalt nicht verschont.

Die Überwachungstätigkeit der Behörden steigerte sich ins Fieberhafte, als weithin reichende politische Ereignisse in Österreich die gesamte Bevölkerung einschließlich der deutschböhmischen aus ihrer teilweisen Gleichgültigkeit aufrüttelten und nochmals zu radikalisieren begannen. Zu diesen Ereignissen gehörte vorerst die Auflösung des Kremsierer Reichstages, wodurch eine Reihe unfreiwillig heimkehrender Reichstagsdeputierter frei wurde, um die wachsende Gärung im Volke in bestimmte Bahnen und nach bestimmten Zielen zu lenken. Freilich hatten sich die Führer der radikalen deutschen Linken wie Löhner, Brestl, Zimmer u. a. von seiten der Regierung des Äußersten zu versehen, so daß sofort einige, gegen die noch aus der Zeit der Wiener Oktoberrevolution Anklagen vorlagen, die Flucht ergriffen[1]). Zu ihnen zählten Füster, Goldmark, Violand, Kudlich, von denen dieser ein Sudetendeutscher war[2]). Sie retteten sich mit vieler Mühe ins deutsche Ausland, zumeist nach dem noch immer als liberal geltenden Sachsen (Leipzig), wo sie schon eine Gruppe österreichischer Emigranten: Flüchtlinge der Wiener Oktoberrevolution antrafen[3]), bedeutend verstärkten und mit ihnen gemeinsam in Wort und Schrift — besonders Keils „Leuchtthurm" erkoren sie sich als Sprachrohr — die Überzeugung von der Notwendigkeit der Zerstörung Österreichs durch eine im Frühjahr zu unternehmende revolutionäre Erhebung verbreiteten. Gerade sie bemühten sich, auch den Widerstandsgeist in den Reihen der in der österreichischen Heimat gebliebenen Gesinnungsgenossen möglichst zu stärken. Diesem Mühen durfte man um so eher Erfolg verheißen, als die freisinnigen Abgeordneten des aufgelösten Reichstages trotz der Niederlage durch die Re-

---

[1]) Vgl. darüber Helfert: Geschichte Österreichs vom Ausgange der Wiener Oktoberrevolution 1848 IV (1886), 333 ff.

[2]) Vgl. zum Folgenden die von mir im Jahrbuch des Vereines für Geschichte der Deutschen in Böhmen III (1931) veröffentlichten Briefe der Genannten an Karl Zimmer.

[3]) Durch sie hatte Bakunin schon im Jänner und Feber auf Österreich einwirken wollen. Er gab Ottendorfer eine entsprechende Weisung, die aber keine praktischen Folgen gehabt zu haben scheint; Aussage Strakas, Prag, Militärarchiv.

gierung in die Heimat wie Sieger einkehrten. Ja, es erwartete sie eine noch größere Überraschung: Deutsche und Tschechen empfingen sie gleich herzlich und ermutigten sie zu unverdrossener Weiterarbeit auf dem begonnenen Wege zur Beschützung der Freiheit[1]). Von nun ab wollte man nach Möglichkeit die nationalen Zwistigkeiten begraben. Die Gefahr für alle freiheitlich gesinnten Völker Österreichs drohte zu unmittelbar und zu gleichmäßig, als daß die Betroffenen nicht hätten der Schicksalsgemeinschaft inne werden können. Einige der deutschböhmischen Abgeordneten betrachteten sich weiterhin als Vertrauensmänner ihrer Wahlbezirke und trachteten unter dem Scheine der Volksaufklärung und Bildungsverbreitung möglichst die Mißstimmung gegen die Regierung zu nähren und hofften wenigstens insgeheim auf revolutionäre Erhebungen, für die wie ein Jahr zuvor die Anregung von außen kommen sollte. Bei der immer stärkeren Drosselung der Preß-, Versammlungs- und Redefreiheit blieb nichts anderes übrig, als sich auf das bescheidenere Gebiet der Volksbildungsarbeit zurückzuziehen. Dabei lebte man der Überzeugung, daß dies nur ein weiterer Umweg sei und daß ein gebildetes Volk sich von selbst die entsprechende Verfassungsform erringen werde, zumindest im politischen Leben viel besser zu brauchen sei als ein ungebildetes. Zum anderen traten die sozialen Fragen stark in den Vordergrund, die in Nordböhmen wegen der großen sozialen und Berufsunterschiede zwischen Flachland und Gebirge stets ihre besondere Dringlichkeit besessen haben. Diese Gegensätze zu versöhnen und zu bannen, ließ sich besonders Ferdinand Stamm, der Apostel der Hungernden im Erzgebirge, angelegen sein[2]). Bildung unter der städtischen Bevölkerung zu verbreiten, gesundes soziales Mitgefühl wachzuwecken und zu erhalten, dafür auch der verderbenden Arbeiterschaft und den Gebirgsbewohnern zu Hilfe zu kommen, vom großen politischen Leben Abschied zu nehmen und dafür all die Tätigkeit in der Gemeinde zu entfalten, waren die Leitsätze seiner Arbeit nach der Heimkehr von Kremsier. Er ließ sich in Komotau nieder, half mit, diese Stadt zum Vororte der nordböhmischen freiheitlich gesinnten Deutschen zu machen, so daß die Sachsen ihre besondere Aufmerksamkeit auf diese Stadt lenkten. Daher stand auch dieser Ort bei den Behörden[3]) im Geruche, mehrere Gesinnungsgenossen der „ultraliberalen Partei" Sachsens zu beherbergen, der Mittelpunkt aller Aufreizungen zur Rekrutenverweigerung im Erzgebirge zu sein, republikanische Gesinnungen, besonders in dem äußerlich harmlosen Leseverein — der konstitutionelle Verein hatte sich nach Erlassung des neuen Vereinsgesetzes in einen solchen umgewandelt — zu pflegen, eine auf-

---

[1]) Vgl. z. B. Deutsche Zeitung aus Böhmen, 11. März 1849.
[2]) Vgl. dessen Artikel ebenda 10. April 1849: „Das Proletariat im nördlichen Böhmen" und seinen Brief vom 29. März 1849 an Zimmer bei Pfitzner, Jahrbuch des Vereines für Geschichte der Deutschen in Böhmen III (1931).
[3]) Vgl. Prag, Archiv d. Minist. d. Innern Praes. 1846—1849 Fasz. 156/10 (1849).

rührerische Nationalgarde und überhaupt eine sehr „bedenkliche Stimmung" zu besitzen. Als Anreger all dieser Oppositionslust galt Ferdinand Stamm samt dem Nationalgardekommandanten Löw. Ähnliche, wenn schon nicht so ausgeprägte regierungsfeindliche Erscheinungen zeigten sich in den übrigen nordböhmischen Städten[1]), in denen die „Übelgesinnten" ihren bestimmten Anhang im liberalen Bürgertum besaßen, während die Arbeiterschaft noch keine feste Organisation gefunden hatte[2]). So ergaben sich Anknüpfungsmöglichkeiten für die sächsischen Sendlinge in Menge.

Hatte daran Bakunin auch nur mittelbaren Anteil, da er hier besser Bewanderten die Durchführung überließ, so trachtete er zu Prag selbst in Beziehung zu kommen, da er auf diese Stadt am meisten baute, mochte er auch der Provinz eine gleichgeordnete, nicht wie die meisten anderen revolutionären Organisationen eine durchaus nebensächliche Rolle zugedacht haben. Zur Herstellung der Verbindung mit den Prager Tschechen fand Bakunin in einem Kreise slawischer Studenten in Leipzig, besonders in den Brüdern Straka alsbald Mittelspersonen, zu den demokratischen deutschen Kreisen Prags standen ihm so treu ergebene Mitarbeiter nicht zur Verfügung. Dennoch traf er in Leipzig mit dem seit der Wiener Oktoberrevolution dort lebenden Ottendorfer[3]) zusammen, der für die Gewinnung studentischer Kreise zu bestimmten Zwecken bereits Übung besaß und nun seine Kräfte und Kenntnisse Bakunin zur Verfügung stellte. Als Gustav Straka Ende Jänner 1849 auf Bakunins Geheiß seine Fahrt nach Prag antrat, um hier wichtige Aufträge Bakunins bei den tschechischen Demokraten zu bestellen, da gab ihm Ottendorfer auch ein Empfehlungsschreiben an einen Prager deutschen Studenten mit, mit dem dann Straka tatsächlich im Lorenzischen Kaffeehause rückhaltlos die öffentlichen Zustände Böhmens im Hinblicke auf das nationale Verhältnis zwischen Deutschen und Tschechen, besonders unter den Studenten besprach, wobei Straka freilich erfuhr, die nationalen Gegensätze bestünden weiterhin, doch sei eine Verständigung, die allerdings von den Tschechen ausgehen müsse, äußerst wünschenswert. Konnte dies vorläufig nicht mehr als ein Tastversuch sein, so sollte doch die Schaffung eines friedlicheren Verhältnisses zwischen Deutschen und Tschechen bei den Studenten seinen Anfang nehmen.

Die Entwicklung der nationalen Verhältnisse in der deutschen wie tschechischen Prager Studentenschaft erwies sich Bakunins Plänen günstig. Nicht als ob die Prager Studentenschaft

---

[1]) In Teplitz taten sich besonders der Gastwirt Beer und der Buchhalter der Helmschen Buchhandlung Bayer als Demokraten hervor, so daß sich Röckel bei seiner Prager Fahrt auch an sie wandte; Prag, Militärarchiv, Akten gegen Straka, Aussage vom 13. September 1850; vgl. auch Dresden H. St. A. Amtsgericht Dresden 1633 a vol. I.

[2]) Bohemia 1849, 11. März: Bericht aus Reichenberg: „Man faselte sogar seiner Zeit etwas von einem Arbeiterverein, und brach sich bei dem Gedanken daran viel an einem gesunden Schlaf ab."

[3]) Prag, Militärarchiv, Akten gegen Straka, Ausgabe von 4. September 1850, und ebenda Ausgabe von Schanz 6. Dezember 1850.

schon das vollendete Bild jenes Zustandes abgegeben hätte, den er
für Deutsche und Tschechen im allgemeinen erstrebte: restlose Einheit
in den nationalpolitischen Hauptfragen. Vielmehr brach die Prager
Studentenschaft 1848 entsprechend der allgemeinen Entwicklung in
zwei nationale Studentenschaften auseinander[1]). Die Deutschen
fanden ihren Mittelpunkt in der Lese- und Redehalle, die Tschechen
im Akademischen Leseverein. Wohl fehlte es beim immer spür-
bareren Einsetzen der Reaktion nicht an Stimmen für die endliche
Wiedervereinigung der beiden Prager Studentenschaften, da ihrer
beider akademische Freiheit, ihr Waffenrecht u. a. m. bedroht sei.
Dennoch ist die Entwicklung nicht so weit gediehen. Dafür gab
es Erscheinungen innerhalb der Studentenkorporationen, die der
von Bakunin herbeigesehnten Versöhnung geradezu das Vorbild
abgeben konnten: die **gemischtnationalen Studentenver-
bindungen**, denen rein deutsche und rein tschechische gegenüberstanden[2]). Aber auch unter den national ungemischten stellten sich
bald Zielunterschiede ein, je nachdem, ob eine Verbindung erhöhten
Wert auf literarisch-wissenschaftliche und künstlerische Ausbildung
legte oder bestimmten, satzungsgemäß festgelegten politischen
Grundsätzen huldigte. Zu dieser letzten Gruppe zählte auf deutscher
Seite die Markomannia, auf tschechischer das Česko-morawské
bratrstwo. Diese sollten wegen ihrer politischen Richtung für Bakunin die größte Bedeutung gewinnen. In unserem Zusammenhange
beansprucht die innere Entwicklung der Markomannia erhöhte
Aufmerksamkeit.

In ihren Anfängen reichte sie bis in den Mai 1848 zurück,
wurde aber durch den auf den Prager Junikampf folgenden Belagerungszustand ebenso hinweggefegt wie die übrigen Studentenkorporationen, nahm jedoch nach den Ferien den Betrieb wieder
auf und arbeitete nominell im Sinne des in den ersten Satzungen
niedergelegten Grundsatzes: „Der Grundzug ihrer politischen Ten-
denz ist die Wahrung der Interessen Böhmens" weiter. Daneben
fehlte es an Zeichen treuer Anhänglichkeit an Österreich, auch an
wissenschaftlicher Tätigkeit keineswegs, wenngleich die Hinwendung
zu den nationaldeutschen Angelegenheiten und zur Sache der Freiheit gegen Ende des Jahres immer offenkundiger wurde, was in
Vorträgen wie „Die deutsche Einheit und das deutsche Parlament"
oder „Die Unwiderstehlichkeit der Staatsgewalt und ihre Abstammung von Gott" zum Ausdruck kam. Gewann so bis Ende Feber
die Markomannia kein einheitliches Gesicht und erschöpfte sich
ihre Tätigkeit vielfach in ehrlichem Wollen und studentischem
Formenspiel, in Worten, Worten und in der Auseinandersetzung
mit den übrigen Prager Korporationen über sogenannte Prinzipien-
fragen, so vollzog sich zu Beginn des März 1849 ein radikaler

---

[1]) Vgl. Pfitzner: Das Erwachen der Sudetendeutschen (1926), 385 ff.;
M. Doblinger: Der burschenschaftliche Gedanke auf Österreichs Hochschulen
vor 1859, Quellen u. Darst. z. Gesch. d. Burschenschaft (1925).

[2]) Vgl. zum Folgenden die umfangreichen Untersuchungsakten gegen das
Českomorawské-bratrstwo und gegen die Markomannia Prag, Militärarchiv.

Umbruch. Sie erhielt einen kräftigen Blutzuschuß durch das
Aufgehen der auch 1848 gegründeten Montania in ihr. Bald zeigte
sich, daß mit den Montanen ein politisch radikales, ja geradezu
revolutionär republikanisches Element in die Reihen der Markomannen eingedrungen war, das alsbald die Führung an sich riß
und, als Anfang April Hans Rittig Senior wurde, die übrigen
Farbenbrüder für revolutionäre Pläne zu begeistern suchte, was
weitgehend gelang[1]). Überraschend schnell fand sich so in Prag
ein Kern radikaldemokratischer deutscher Studenten zusammen,
der jene Hilfstruppe darstellte, die Bakunin so dringend benötigte.

Ungefähr zur gleichen Zeit vollzog sich auf tschechischer
Seite ein ähnlicher Wandel innerhalb der „Slavia", die 1848
nach dem niedergeworfenen Juniaufstande ihre Aktionslust ein-
gebüßt hatte und nunmehr ihren Daseinszweck nicht recht mehr
erkannte, überdies nicht den Charakter einer Burschenschaft besaß
und so von den übrigen nicht anerkannt wurde. Josef Frič, 1848
die Seele dieser Vereinigung, wunderte sich nicht wenig über diese
Ziellosigkeit und beschloß mit einigen anderen nach seiner Heim-
kehr Ende Feber, die „Slavia" in die Burschenschaft „Českomoravské bratrstvo" umzuwandeln und ihr als Ziel „Demokratie
und Brüderlichkeit" vorzuschreiben. Demnach wurde sie eine Bur-
schenschaft mit politischer Zielsetzung. Auf dem Umwege über Frič
gewann sie, die etwa 30 Mitglieder zählte, unmittelbaren Anschluß
an Bakunin und seine Beauftragten Heimberger und Accort. Frič
erhielt als erster Prager Studentenführer Kunde von einer bestimmt
geplanten revolutionären Erhebung, ergriff rasch die Initiative unter
den Prager tschechischen Studenten, fuhr am 12. April nach Dresden,
um sich mit Bakunin persönlich zu besprechen, ihn über den tatsächlichen Zustand der Vorbereitungen für eine Erhebung in Prag
zu unterrichten, wobei Bakunin neuerdings größten Wert auf endliche nationale Versöhnung legte. Zugleich bedeutete Fričs Fahrt
den entscheidenden Schritt für die Bildung eines revolutionären
Komitees in Prag, das dann unter Strakas Leitung in der zweiten
Hälfte April seine Haupttätigkeit entfaltete und sich nur auf einen
kleinen Kreis Eingeweihter, meist Studenten, beschränkte.
Diesem Komitee wurden nun auch zwei Deutsche, der Senior der
Markomannia Rittig und der Senior der Wingolfia Orgelmeister
beigezogen, die den deutschen Teil Böhmens, insbesondere der
Prager Studentenschaft verkörpern sollten. Aber nicht nur von
Frič waren die Deutschen eingeweiht worden, sondern direkt auch
von Straka und Ottendorfer, der von Bakunin zur Bildung eines
revolutionären Komitees unter den Deutschen nach Böhmen geschickt worden war und zu Ostern dort weilte[2]). Ottendorfer ver-

---

[1]) Julius Hackenberg erklärt beim Verhör, daß die zirka 43 Markomannen bis auf einen Schwarzgelben alle republikanisch gesinnt gewesen seien. Julius Schanz in Leipzig wollte nach Angaben vom 29. August 1850 wissen, daß die Markomannia in Prag in einem Kartellverhältnis zu der schon seit 10 Jahren bestehenden Leipziger Markomannia gestanden hat, Untersuchungsakten Bak., Prager Militärarchiv.

[2]) Bakunin: „Beichte" 68.

suchte vor allem Orgelmeister zu gewinnen, den er aber durch seine fanatische Art eher abstieß, als anzog[1]). Eine wichtige Aufgabe fiel Rittig zu, der die einzelnen Mitglieder seiner Korporation ins Vertrauen zu ziehen und jeden je nach seiner Brauchbarkeit und Vertrauenswürdigkeit in die Verschwörung einzuweihen hatte. Viele der Markomannen — sie rekrutierten sich aus allen deutschen Gauen der Sudetenländer —, erklärten sich voll Eifer und Freude für den Aufstand, ähnlich wie das Bratrstwo, mochten sie auch auf Bakunins Geheiß über die innere Organisation der ganzen Unternehmung durchaus im unklaren sein. Bald waren durch das Prager Geheimkomitee die Rollen verteilt, wobei die Markomannen auf Rittigs Bitte eine der wichtigsten Aufgaben: das Rathaus zu stürmen und zu besetzen, zugeteilt bekamen, zumal Rittig für einen Anhang von 200 deutschen Studenten bürgte, mochte die Markomannia auch wesentlich weniger Mitglieder zählen. Schon hatten die Markomannen für ihr Vereinsgeld Pulver gekauft und füllten nun eifrig Patronen. Voll stolzer Freude malte sich jeder bereits die ihm beim Aufstande zufallende Rolle und Würde aus und baute seine Zukunft in jugendlichem Überschwange auf die zu erkämpfende freie Republik. Die Stimmung unter den Markomannen war um so wohlgemuter, als sie sich von den tschechischen Studenten und ihrem Anhange gestützt wußten. Hatte doch Frič im Geiste Bakunins ernste Schritte zur Aufrichtung und Befestigung von Friede und Eintracht unternommen. Vor allem sein in diesem Geiste abgefaßtes Rundschreiben an die Prager Korporationen, an die Deutsche Zeitung aus Böhmen und den Večerní list fand vornehmlich bei der Markomannia Widerhall, der in dem folgenden Antwortschreiben an Frič und das Bratrstwo Ausdruck gewann: „Brüder! Die Gesinnungen, die Ihr in Eurer uns werten Zuschrift geäußert habt, sind längst die unsern gewesen. Wir freuen uns, in Euch ebenfalls die Wahrer der Freiheit zu erblicken und werden nicht anstehen, die Idee mit Wort und Tat zu verfechten. Wir reichen Euch die Bruderhand mit der Zuversicht, daß uns nichts von unserm gemeinsamen Ziele trennen wird." Dieser Rütlischwur verpflichtete zur Tat, zu der es freilich nicht erst kommen sollte.

Trotz der entscheidenden politischen Bedeutung der Studenten in der Freiheitsbewegung von 1848 müßte Bakunins Beginnen als höchste politische Vermessenheit und Torheit erscheinen, hätte er sich nur auf die genannten Prager Studentenkreise stützen können. Da er sich dagegen stets bemühte, einflußreiche, demokratische Personen und Führer wie Arnold, Sabina, überstudentische Körperschaften wie die Slovanská Lípa für sich zu gewinnen, so glückte es ihm auch, noch knapp vor Ausbruch der Dresdner Maiunruhen mit einem deutschen Politiker aus Böhmen in Verbindung zu treten, der in wesentlich größerem Ausmaße und Gewichte die deutschböhmische Öffentlichkeit darzustellen vermochte als die Prager Studenten, mit dem ehemaligen Abgeordneten für Tetschen

---

[1]) Prag, Militärarchiv, Aussage Strakas vom 13. September 1850.

Karl Zimmer[1]), welcher der österreichischen Regierung ähnlich ein Dorn im Auge war, wie die oben schon genannten österreichischen Flüchtlinge. Seinem Alter nach gehörte er freilich selbst noch ganz unter die Studentenpolitiker wie sein Freund Kudlich, mochte er auch im Gegensatz zu diesem sein medizinisches Doktordiplom in der Tasche tragen und eine bedeutsame Stellung im Wiener Reichstage einnehmen. Kaum 32 Jahre zählte diese „gemütliche, poetische Natur"[2]), die vom Enthusiasmus wie „deutscher Beserkerwuth"[3]) sich in gleicher Weise beseelt zeigte, mit Prinzipientreue und Beharrlichkeit nervös aufbrausende Tollköpfigkeit zu einem unharmonischen Ganzen vereinte. Sein politischer Leumund in Regierungskreisen lautete denkbar schlecht, da er während der Wiener Oktoberrevolution treu zur Linken gehalten hatte. Seit dieser Zeit saß sein Haß gegen die Tschechen tief, mochte er auch in seinem Wahlkreise noch immer seine Bereitwilligkeit zu nationaler Versöhnung beteuern. Obwohl sich die Angehörigen der Linken in Kremsier sehr zurückhielten, teilweise sogar wie Löhner, Schuselka und gar Borrosch versöhnliche Saiten anschlugen, so blieb Zimmer mit seinen Landsleuten Ferdinand Stamm und Hans Kudlich dem alten, auf Frankfurt eingestellten großdeutschen Programm treu[4]) und scheute sich nicht, diese Überzeugung im Reichstage wie in der Linken laut zu bekennen[5]). Sonst teilte er durchaus angesichts der freiheitsfeindlichen Maßnahmen der Regierung die Resignation seines Freundes Stamm, die er schon Ende Jänner 1849 in die Worte faßte[6]): „Jetzt gilt es die Bildung zum Eigentum der Völker zu machen! Nur dann, wenn die tief geschöpfte Bildung im Staate überall tätig ist, ist die Freiheit gesichert und das Volksglück möglich. Den Ungeduldigen, die ihre Ideale nicht durch friedliche tätige Erziehung des Volkes, sondern durch Gewalt verwirklichen wollen, rufen wir zu, daß ein Volk nur den Grad von Freiheit behaupten kann, dessen es würdig ist, wir rufen ihnen aber auch zu, daß die Wellenschläge der Geschichte jetzt rascher aufeinanderfolgen als vordem, daß den Irrtum und den bösen Willen sein Verhängnis viel früher ereilen wird. Das Weltgericht, das die vormärzlichen Despoten heraufbeschworen, es schreitet schnell; das haben wir alle erlebt und werden es noch mehr erfahren." Als Zimmer von Kremsier heimkehrte, da mag er wohl vorübergehend seinen Widerwillen gegen die Tschechen gemildert haben, aber ihn dauernd zu

---

[1]) Vgl. über ihn Prag, Militärarchiv, Untersuchungsakten gegen Zimmer; Wurzbach: Biogr. Lexikon 60 (1891), 108 ff., sehr wegwerfend; Traub: Květnové spiknutí (1929), 82 ff., 206 ff.
[2]) Deutsche Zeitung aus Böhmen 1848, N° 57, 26. November.
[3]) H. Kudlich: Rückblicke und Erinnerungen II (1873), 60 f.
[4]) Ebenda III, 188 ff.
[5]) Am 21. Feber 1849 reichte er mit seinem Freunde Stamm, dem Abgeordneten für Lobositz, eine Interpellation an die Gesamtregierung wegen der Note vom 4. Feber an die deutsche Zentralgewalt ein. Verhandl. d. österr. Reichstages V, 169 f., worauf ihn Havlíček in seinen Nár. Nowiny 1849, 23. Feber, sofort als wütendsten deutschböhmischen Abgeordneten zu brandmarken suchte.
[6]) Deutsche Zeitung aus Böhmen 1849, N° 20, 21. Jänner.

überwinden, vermochte er nicht. So wenig ein Palacký, Brauner oder Rieger sich dauernd Schulter an Schulter neben die Deutschen gegen die Regierung stellen wollten, so wenig hielt es Zimmer an der Seite der Tschechen aus. Wesentlich anders dachten bereits die in Leipzig versammelten österreichischen Flüchtlinge, denen die tägliche Anschauung des nationalen Streites fehlte, die von außen her viel eher das dem Augenblick Notwendige erschauten und daher nun Zimmer brieflich herzhaft zusprachen. Vor allem der Oktoberflüchtling und gewandte Journalist Friedmann, mit den Absichten und Unternehmungen der sächsischen Demokraten wohl vertraut, rief Zimmer am 17. März zu[1]: „Das Unglück hat Euch also zusammengebracht, die Deutschböhmen und die Tschechen[2]. Verbündet Euch nur fest mit der Partei der Slovanská Lípa, mögen auch die Matadoren wie Palacký, Brauner wieder abtrünnig werden, so ist dies doch nicht von den jugendlichen Geistern zu befürchten. Besonders wünschenswert wäre, wenn die Prager deutschen Studenten ihre kindische Separation aufgeben und mit einer allgemeinen Studentenschaft halten würden"[3]. Goldmark war ähnlicher Meinung. Auch er glaubte, es müßten endlich alle nationalen Rücksichten zurückgestellt, vor allem dem tschechischen Volke die Augen geöffnet werden, damit es sehe, wer es verraten habe. Stamm hinwieder munterte Zimmer zur Bildungsarbeit, zur Arbeit für die „Gemeinde" auf, da sie jetzt „Freiheitsgemeindeapostel" werden müßten, weil alles andere unmöglich sei. Dürfte Zimmer Stamm eher beigepflichtet haben, so mögen ihn doch die Freundesstimmen aus Leipzig nachdenklich gemacht haben. Zudem wies der deutsche liberale Prager Bürgerkreis nicht mehr jene Geschlossenheit und Nackensteife auf, die er 1848 besessen hatte. Anders als die Slovanská Lípa, aber ähnlich wie die übrigen konstitutionellen oder deutschen Vereine in Deutschböhmen knickte er

---

[1] Pfitzner a. a. O.
[2] Mit wörtlichen Anklängen schrieb K. Sabina am 13. März 1849 in den Nowiny Lípy slovanské: „Jetzt haben beide Völker ihr wahres Schicksal erkannt; Strobach umarmt Schuselka. Der slawische Klub lädt zu sich deutsche Deputierte aus Böhmen, um mit ihnen einen Vereinigungsvertrag zu schließen. Rieger und Borrosch wurden von den gleichen Studenten mit Sláva empfangen. Die tschechischen Patrioten riefen Heil einem Fischhof, Prato, Smolka usw. zu, lauter Demonstrationen, die noch vor 14 Tagen zu den Unmöglichkeiten gezählt hätten. Das Unglück verband Deutsche und Tschechen, weil wir getrennt nicht das zustande bringen konnten, was uns vereint nicht genommen werden kann."
[3] Der gleichen Meinung war auch die von Klutschak geleitete Bohemia, die am 1. April 1849 für eine Vereinigung der deutschen Lese- und Redehalle und des tschechischen akademischen Lese- und Redevereines eintrat. „Der Einwand, der akademische Lese- und Redeverein sei ein čechischer und also ein die deutschen Studenten ausschließender, hält nicht Stich .... Eine Verständigung, ein friedliches Zusammenleben der verschiedenen Volksstämme in unserem Vaterlande ist ein für allemal nicht denkbar, wenn nicht wie in Belgien und in der Schweiz, wenigstens die gebildeteren Schichten der Bevölkerung es dahinbringen, die beiden Sprachidiome zu verstehen." Es wird die „dualistische Sprachenrichtung" empfohlen. Ähnliche Stimmen hörte man auch sonst, z. B. Prager Abendblatt 1849, 24. Jänner, sogar Nár. nowiny 1849, 16. Jänner, 16. März; Nowiny Lípy slovanské 1849, 20. Feber, 2. März, 10. März.

vor dem neuen Vereinsgesetz kraftlos zusammen und verwandelte sich eilig in eine Kasinogesellschaft, in ein Lesekabinett, in dem freilich noch genug Raum zur Betreibung von anderen, als bloß geselligen und vereinsmeierischen Angelegenheiten übrig blieb, mochte Bakunin seinem Unmute über dieses würdelose Zurückweichen auch in der Dresdner Zeitung freien Lauf lassen[1]). Dieses Kasino blieb weiterhin der Treffpunkt der Prager deutschen Demokraten. Zudem vermochte sich ihr Organ, die Deutsche Zeitung aus Böhmen, noch zu halten, die soeben Stamm in seine Obhut nahm, so daß Zimmer mannigfache Anknüpfungspunkte und Wirkungsmöglichkeiten besaß. Von geradezu schicksalhafter Bedeutung wurde da für Zimmer, daß er durch Ottendorfer, den er bereits im Frühjahr 1848 kennengelernt hatte, zu Bakunin nach Dresden geführt wurde. Mag auch über Zimmers Reise, die immerhin Ottendorfer[2]) veranlaßt haben dürfte — er hatte ihn noch nach Ostern bei den Brüdern Urban auf Neuschloß gesehn und gesprochen —, noch ein gewisses Dunkel liegen, das auch die Untersuchungskommission nicht zu lüften vermochte, so ist doch keinesfalls Zimmers hartnäckig aufrecht gehaltene Behauptung stichhältig und glaubwürdig, er habe lediglich eine Vergnügungs- und Studienreise nach Dresden unternehmen und dort die Führer der sächsischen Demokraten kennenlernen wollen. So richtig diese zweite Absicht auch gewesen sein mag — er kannte sächsische Demokraten übrigens schon von den Grenzverbrüderungsfesten des Sommers 1848 her —, so gewinnt sie doch angesichts der Pläne der sächsischen Demokraten ihre besondere Bedeutung. Trat er doch die Reise auch an dem Tage an, da soeben die sächsischen Kammern aufgelöst wurden: am 28. April. Die Spannung in Dresden erreichte den Gipfelpunkt.

Die Aussage Zimmers über sein Kennenlernen mit Bakunin verdient nur teilweise Glauben, zumal ihr die Berichte anderer Beteiligter bestimmt entgegenstehen[3]). Zimmer will gar nicht gewußt haben, daß ihn Ottendorfer, den er wieder „zufällig" in Dresden getroffen habe, zu Bakunin führe, ja es sei ihm geradezu peinlich und unangenehm gewesen, in eine solche Lage gebracht worden zu sein. Richtiger wird die Annahme sein, daß Zimmer die Initiative ergriffen und den Wunsch geäußert habe, mit Bakunin, über den ja in Prag schon so viel gesprochen, in den Narodní nowiny vom 17. April mit voller Offenheit geschrieben worden war, zusammenzukommen, seine besonderen Ansichten und Pläne kennenzulernen und die Möglichkeit zu erwägen, ob ein politisches Zusammenarbeiten der Deutschböhmen mit dem von Bakunin geführten Kreise überhaupt möglich sei. Auf welche Gegenstände sich die Unterhaltung bei Neumanns in Gegenwart von Röckel und Ottendorfer erstreckte, geht aus den Aussagen der Beteiligten nur teilweise hervor, läßt

---

[1]) Vgl. oben S. 117.
[2]) Er scheint um Ostern Prag verlassen zu haben. Nach Girgls Aussage sollen die Strakas zur Ablöse nach Prag geschickt worden sein, da Ottendorfer eine zu geringe Lokalkenntnis gehabt habe. Prag, Militärarchiv.
[3]) Vgl. zum Folgenden die Aussagen Zimmers, Bakunins, Röckels; vgl. auch Bakunins „Beichte" 85.

sich aber nach den anschließenden Taten ziemlich eindeutig erkennen. Nach allem Früheren lag Bakunin sehr viel daran, mit einem lebendigen Deutschböhmen von politischem Gewicht sich ernsthaft darüber zu unterhalten, wie die Stimmung zwischen Deutschen und Tschechen beschaffen sei und welche Stellung die Deutschböhmen im Falle einer losbrechenden Revolution in Prag einnehmen würden. Bakunin erkundigte sich zunächst über die Stimmung in Böhmen im allgemeinen und stellte dann die Sonderfrage, ob sich die Deutschböhmen wieder wie beim Juniaufstande des vergangenen Jahres verhalten würden, worauf Zimmer erwiderte, er glaube vor allem an keine Erhebung der Tschechen, gegen die er seinem Grolle freien Lauf ließ. Gerade hier setzte nunmehr Bakunins Missionsarbeit ein. In solchen Fällen hatte er noch immer gesiegt. Auch der an Jahren etwas jüngere Zimmer erlag alsogleich der faszinierenden Beredsamkeit und Logik Bakunins, der ihn dahin brachte, zu versprechen, den Haß gegen die Tschechen zu löschen, sich mit ihnen zu versöhnen, ja noch mehr, dafür zu sorgen, daß im Falle eines tschechischen Aufstandes auch die deutschen Kreise sich anschließen würden. Der Teufelspakt wurde geschlossen, Zimmer durfte als gewonnen gelten. Daß der Verlauf und das Ergebnis der Besprechung Zimmers mit Bakunin sich in diesem Rahmen bewegte, beweist schlagend der Zimmer **schwer belastende Brief**[1]) vom 30. April aus Dresden an Hans Kudlich, worin er diesen zu einer dringenden Besprechung nach Leipzig bat, da es sich um eine „Unternehmung im nördlichen Böhmen" handle, in die auch der Warnsdorfer, mit Kudlich in Frankfurt weilende Abgeordnete Strache, eingeweiht sei. Durch dieses geheime revolutionäre Unternehmen in Nordböhmen sollte offenbar die Zusammenarbeit zwischen Sachsen und Böhmen bewerkstelligt werden, wofür ja im Laufe des Winters und Frühjahrs bereits Sendlinge der sächsischen Demokraten tätig gewesen waren. Zu diesem Plane paßt aufs beste die andere Nachricht, wonach der Kampf im Gebirge zwischen Böhmen und Sachsen losbrechen und sich von dort in die Ebene hinabwälzen sollte. Zimmer betätigte sich bereits als Verschwörer und warb um die Unterstützung seiner radikalen Freunde von Wien und Kremsier. So wäre im letzten Augenblicke doch noch eine revolutionäre Bewegung in Deutschböhmen zustande gekommen, hätten sich nicht die Ereignisse, auf welche die Revolutionäre keinen bestimmenden Einfluß besaßen, überstürzt und alle ihre Vorbereitungen über den Haufen geworfen. Auch Zimmer wurde offenbar von seinem ursprünglichen Plane alsbald abgebracht. Während er sich noch den Paß nach Leipzig hatte visieren lassen und Kudlich dort in Ottendorfers Wohnung bestellt hatte, reiste er doch nicht dahin, sondern schon am 2. Mai, demnach knapp nach Röckel, nach Prag. Denn nunmehr schien sich in Prag der Hauptschlag endlich vorzubereiten, so daß Bakunin großen Wert darauf gelegt haben dürfte, daß Zimmer in Prag im verabredeten

---

[1]) Vgl. unten unter a).

Sinne wirke, damit hier nicht schon beim Ausbruche der Revolution die gleichen Mißverständnisse wie im Vorjahre auftauchen.
Aber auch die Langsamkeit der Briefpost vermochte in einer Zeit, da Tage, ja Stunden entschieden, das notwendige Zusammenspiel der räumlich weit auseinander liegenden Revolutionsherde zu vereiteln. Und gar ehe sich weniger oder gar nicht eingeweihte Personen, wie die deutschböhmischen Abgeordneten, miteinander verständigten, vergingen Wochen, zu große Zeitspannen, um ein wirksames Zusammenarbeiten zu ermöglichen. So kam es, daß Strache schon am 28. April Frankfurt verlassen hatte und in die Heimat gereist war, wo ihn Zimmer fraglos viel rascher hätte unterrichten können, als es nunmehr geschah. Denn Zimmers nach Frankfurt gerichteter Brief erreichte ihn nicht mehr, da ihn der vorsichtig und furchtsam gewordene Löhner in Frankfurt zurückgehalten, geöffnet und Strache nicht nachzuschicken gewagt hatte, weil ihm höchst bedenklich erschien, was Zimmer, „dieser Orlando furioso", in Dresden aushecken wolle. Wieder demnach eine Lücke in Zimmers Plan. Indessen eilte Kudlich, der wenig glückliche Organisator des oberösterreichischen Landsturmes im Oktober 1848, auf Zimmers Aufforderung nach Leipzig[1]), wo er sich von diesem übel getäuscht und zu nutzlosem Warten verurteilt sah[2]), obwohl er gern an dem angeregten Unternehmen teilgenommen hätte.

In seinem Geiste wuchs sich der Plan sofort zu einer gesamtdeutschen Angelegenheit aus, die vor allem von Frankfurt in die Hand genommen werden müsse. „Siegt Dresden, so ist Sachsen, so ist ganz Deutschland gerettet." Von einer durch die Nationalversammlung geleiteten Revolution erhoffte er sich auch die Erlösung Deutschböhmens, wo jetzt so wenig Militär stehe. „Und wo es ist, besteht es aus verbannten Magyaren, Wälschen und anderen zweideutigen Truppen. Es fehlt nur an unternehmenden einflußreichen Männern ... Es wäre an der Zeit, daß Deutschböhmen seine Ehre, seinen Vorteil verstände! Sollen sie wieder im Kampf gegen eine verhaßte Regierung sich von den verhaßten Tschechen den Vorsprung abgewinnen lassen?" Er selbst wollte sich solange wie möglich auf der Lauer halten, „um bei passender Gelegenheit den Sprung zu tun" und „seine Haut nützlich in Österreich zu verwenden." Schließlich des Wartens müde, eilte er nach Dresden[3]), wo der Aufstand soeben zusammenbrach und Zimmer längst nicht mehr weilte. Daher wandte er mit vielen Leidensgenossen Sachsen rasch den Rücken, um im Pfälzer Aufstand, jetzt schon fern der Heimat, aufs neue das Glück zu versuchen.

---

[1]) Kudlich: Rückblicke und Erinnerungen II, 62; III, 258; E. Wertheimer: Kudlichs Hochverratsprozeß. Neue Freie Presse 1914, 14. März.
[2]) Am 6. Mai 1849 schrieb er von Leipzig an seinen Bruder Hermann: „Ich glaube, daß die Ereignisse Sachsens, auf unser Österreich starken Einfluß äußern werden und bleibe deshalb hier, der Grenze näher. Zimmern brauche ich notwendigst!"; vgl. unten S. 192.
[3]) Kudlich: Die deutsche Revolution des Jahres 1848, Gemeinverständliche Vorträge, hg. vom deutschen gesellig-wissenschaftlichen Verein von New York, Nr. 21 (1898), 27.

Indessen war Zimmer längst in Prag eingetroffen, wo die letzten Vorbereitungen zum entscheidenden Schlage getroffen werden sollten[1]). Freilich bleiben gerade für diese Zeit die Beziehungen Zimmers und anderer Prager Deutscher zu den revolutionären Kreisen ziemlich unklar, da nur die viel verschweigenden Verhöre der Angeklagten vorliegen. Darf man den Nachrichten und Gerüchten trauen, die bei den österreichischen Behörden in der ersten Maihälfte 1849 einliefen[2]), dann schienen die Aussichten Zimmers wirklich bedeutend gewesen zu sein. Denn sie wissen genaue Angaben darüber zu machen, daß zu Anfang Mai Giskra, Brestl, Kuranda, Strache und Jordan in Prag eingetroffen seien, um die Frankfurter Sache mit der tschechischradikalen zu verbinden. Wenn ein solches Treffen wirklich stattgefunden haben sollte, dann könnte es immerhin einen bedeutenden Einfluß auf Zimmers Haltung ausgeübt haben, da die Genannten bekannte Politiker Österreichs waren. Greifbarer bleibt das Erscheinen Röckels in Prag, der von Bakunin mit dem bestimmten Auftrage nach Prag geschickt worden war, die Vorbereitungen zur Revolution nach Möglichkeit zu beschleunigen und alles zum Losschlagen fertig zu machen. Daher jenes geschäftige Hin- und Herverhandeln, Zusammenkommen und gegenseitige Besuchen Röckels mit einer Reihe einflußreicher deutscher und tschechischer Führer. Er verbreitete[3]) dabei mit manchen Übertreibungen das von Bakunin Gehörte, auch den Inhalt der Gespräche zwischen Zimmer und Bakunin in Dresden etwa so, daß die deutschböhmischen Kreise nur auf das Zeichen von Prag zur Erhebung warten, daß Zimmer bei den Deutschböhmen einen großen Einfluß besitze, in Prag auch ein deutsches revolutionäres Komitee bestehe u. a. m. Die von ihm mit Zimmer damals gepflogenen Besprechungen lassen sich nur andeutungsweise erkennen. Zimmer scheint ein wichtiger Posten in der etwa zu bildenden provisorischen Regierung vorbehalten gewesen zu sein. Er sollte darin offenbar das deutsche Element vertreten[4]). Röckel, der bis zum 5. Mai in Prag weilte, besuchte Zimmer im Deutschen Museum, wo er andere Mitglieder des ehemaligen konstitutionellen Vereines wie Tedesco, Leute der Deutschen Zeitung usw. kennenlernte. Ob auch dieser Kreis etwas von dem Geplanten wußte, bleibt ungewiß, ebenso unklar, in welcher Weise sich Zimmer an dem Prager Aufstand beteiligen sollte. Klar ist nur, daß Röckel von ihm namhafte Geldbeträge verlangte, da die Prager Verschwörer empfindlich an Geldmangel litten. Zimmer war ohne

---

[1]) Zum Folgenden vgl. die Verhöre mit Röckel, Bruna, Zimmer, Straka.
[2]) Wien, Haus-, Hof- und Staatsarchiv, Protokoll d. Minist. d. Äußeren 1849—1850. Anonyme Anzeige von Anfang Mai, Schreiben Mecsérys vom 15. Mai. Darnach wäre Brestl am 2. Mai in Prag eingetroffen.
[3]) Prag, Militärarchiv, Akten gegen Bruna, dessen Aussagen.
[4]) Bakunin hatte längere Zeit für diese Posten an Ludwig Ruppert gedacht, der aber von den Deutschen als viel zu tschechenfreundlich und als Verräter der deutschböhmischen Sache abgelehnt wurde; Prag, Militärarchiv, Aussage Strakas vom 11. September 1850. Ruppert hatte Bakunin während dessen Prager Aufenthaltes Ende März besucht.

Frage in das innere Getriebe der Verschwörung, vor allem darein, daß deutsche Studenten daran beteiligt waren, recht gut eingeweiht, will aber ihnen wie den Tschechen dringend abgeraten haben, etwas zu unternehmen, da er merkte, sie seien viel zu schwach und einflußlos. Ähnlich verhielt er sich dem ihm von früher her bekannten Bruna gegenüber, der dem Verschwörerkreis wohl nahestand, sich aber von jeder tätigen Teilnahme fernhielt. Dieser deutete später Zimmers große Erregung dahin, daß dieser mit der Sache näher befaßt gewesen sei, während Zimmer nur bereit war, zuzugeben, er sei deswegen so beunruhigt gewesen, weil so viele junge Menschenleben für eine nutzlose Sache hingeopfert würden. Wahr an alledem ist soviel, daß sich Zimmer anfangs bestimmt revolutionsbereit zeigte, dann aber, als er die verhältnismäßig geringen, den Verschwörern zur Verfügung stehenden Kräfte überblickte, immer unsicherer wurde und schließlich zusammenbrach mit den verzweifelten Worten, es werde ein großes Unglück in Prag geben, da die Revolution nicht durchdringen werde, die deutschen Kreise sich nicht erheben würden; es sei das beste für ihn, sich zu erschießen. Statt dessen machte er sich noch rechtzeitig aus dem Staube[1]). Am 8. Mai verließ er Prag, vielleicht auf Zureden und in Gesellschaft Giskras, Kurandas und Straches[2]), und eilte nach Frankfurt, wo er sich an den Sitzungen des Parlamentes beteiligte und später auch noch unentwegt am Rumpfparlamente festhielt. So erwies sich das eine Hauptband zwischen Bakunin und den Sudetendeutschen zu schwach. Es riß vor der Zeit.

Die Studenten Prags hingegen verloren nicht so leicht den Mut. Sie hatten besonders zu Anfang Mai fleißig Munition gefertigt, eifrig geheime Beratungen abgehalten und schließlich für den 12., spätestens den 14. Mai entgegen Röckels Wunsche, der für den 6. Mai eingetreten war, das Losschlagen festgesetzt. Zuvor jedoch gedachte Frič noch eine verdeckte Heerschau über die Streiter abzuhalten und ließ daher die Markomannen wie andere befreundete deutsche Studenten zu einer gemischtnationalen Beseda für den 10. Mai einladen. Mit der Maske allgemeiner, sorgloser Fröhlichkeit wollte man die Regierung täuschen, sich selbst aber genauer persönlich kennenlernen und unter Gesang und Gläserklang zum letzten Male den ungesprochenen Eid für die gemeinsame Tat ableisten. Schon am 8. Mai fanden sich Deutsche und Tschechen unter Fričs Vorsitz zu einer Kneipe zusammen, bei der es an Liedern und Hochrufen auf Kossuth[3]) und die Magyaren, auf die allgemeine

---

[1]) Wien, Haus-, Hof- und Staatsarchiv, Minist. d. Äußeren, Prot. 1849 bis 1850, Bericht Mecsérys vom 15. Mai, wonach Brestl am 8. Mai von Prag abreiste. Die anonyme Anzeige wußte zu berichten, Giskra sei nach Leipzig, Kuranda nach Dresden, Zimmer nach Tetschen und Brestl nach Oberösterreich gefahren. Zimmer passierte am 12. Mai die Grenze bei Asch.

[2]) K. Sladkovský will von dem am Prager Magistrat bediensteten Ruppert schon am 6. Mai gehört haben, daß er (Sladkovský) und Zimmer verhaftet werden sollen, Prag, Militärarchiv, Akten gegen Sladkovský.

[3]) Podlipský führte als Kneipnamen „Kossuth". Unter den Deutschen begegnen als Kneipnamen Brutus, Cassius, Schufterle, Hutten, Roller usw.

Freiheit und Brüderlichkeit nicht fehlte. Und doch lag in jenen Augenblicken, da sie die Republik soeben hochleben ließen, eine von den Kneipgesellen erst später empfundene Tragik. Bakunin gab in der Nacht vom 8. zum 9. Mai nach verzweifeltem Kampfe den Befehl zum Rückzuge aus Dresden, während zur gleichen Zeit die Prager Mitverschworenen feuchtfröhlich kommersierten, statt loszuschlagen, zumal die Nachrichten vom Ausbruche der Dresdner Unruhen bereits am 5. Mai in Prag eingetroffen waren und ein dringendes Mahnschreiben Bakunins zum Losschlagen bereits am 7. Mai vorlag.

Die österreichische Regierung war wachsamer gewesen. Sie besaß bereits seit Anfang Mai authentische, durch zahlreiche Gerüchte noch mehr erhärtete Angaben über die bevorstehende Revolte und zog, noch ehe der von den Verschwörern zum Losschlagen bestimmte Termin gekommen war, die Schlinge zu. In der Nacht vom 9. zum 10. Mai, als Bakunin soeben von den Chemnitzer Bürgern gefangengenommen wurde, holte Prager Polizei und Militär einige Hauptverschwörer aus den Betten und brachte sie in sicheren Gewahrsam. Am 10. Mai erwachte das ahnungslose Prag im Belagerungszustande, für dessen Verhängung zivile wie militärische Behörden schon einige Zeit vorher die ministerielle Ermächtigung in der Tasche trugen[1]). Damit brachen alle Pläne Bakunins, die er vornehmlich auf Böhmen gebaut hatte, in ein Nichts zusammen. Deutsche wie Tschechen büßten in der Folge gleich schwer für ihr übereiltes, hochverräterisches Beginnen. Dennoch gelang es auf deutscher Seite den Rädelsführern Rittig und Orgelmeister zu entkommen, während die meisten übrigen Markomannen den Behörden allmählich in die Hände fielen. Selbst Zimmer war unvorsichtig genug, der österreichischen Regierung in ihre über weite Teile des wieder reaktionär werdenden Deutschlands gespannten Netze zu gehen. Er hat es schwerst gebüßt. Denn die manchmal Jahre sich hinziehenden Verhöre vor dem Prager Kriegsgericht, wo sich die Verschworenen wieder trafen und auch ihr Haupt Bakunin kennen lernten, hatten harte, ja teilweise barbarische Strafen zur Folge. Nachdem die meisten Gefangenen geständig gewesen waren, Zimmer allmählich manches unter der Wucht der Gegenbeweise zugab und schließlich Bakunin vieles von dem bestätigte oder zurechtrückte, besaß das Kriegsgericht eine genügend breite Rechtsgrundlage für die Verurteilung, die bei Zimmer und vielen der 22 verhörten deutschen Studenten wie bei Bakunin auf Tod durch den Strang — die Todesurteile wurden dann sämtlich in schwere Kerkerstrafen umgewandelt — lautete, während den geständigen und reuigen Studenten Freiheitsstrafen von 10—12 Jahren zugemessen wurden, die sie dann in den verschiedensten österreichischen Kerkern verbüßten. Die nur wenige Wochen während Schicksals- und Zweckgemeinschaft mit Bakunin kostete die Sudetendeutschen wertvolle, in Kerkerluft gebrochene

---

[1]) Schreiben des Innenministers an Mecséry vom 30. April 1849. Cop. Wien, Kriegsarchiv, Praes. 1849, N° 3109.

Kräfte, nicht zuletzt den begabten, freilich allzu hitzigen Karl Zimmer[1]). Hans Kudlich und Oswald Ottendorfer[2]) aber entkamen rechtzeitig dem Mißgeschick ihrer Freunde und retteten sich schließlich nach Amerika, wo sie sich zu Hauptführern der Deutschamerikaner und zu geachteten Lebensstellungen emporarbeiteten.

### a) Zimmer an Hans Kudlich[3]).

Orig. Dresden 30. April 1849.

Mein innigstgeliebter Hans! Ich ersuche Dich dringend, sobald Du diese Zeilen erhalten hast, sogleich nach Leipzig aufzubrechen[4]), um mit mir eine wichtige Berathung zu pflegen. **Es handelt sich um eine Unternehmung im nördlichen Böhmen** — dem Strache[5]) habe ich gleichfalls geschrieben, er wird Dir das Nähere mittheilen; sonst haltet die Sache ganz geheim. Dienstag[6]) und Mittwoch werde ich in Leipzig zubringen, ich erwarte Euch Mittwoch in Leipzig.

Ich verlasse mich ganz auf Dich.

Dein Freund Zimmer.

---

[1]) Im Votum informativum hieß es: „Seiner leidenschaftlichen Unbeständigkeit mochte auch der von Freunden ihm gegebene Beiname Orlando furioso zuzuschreiben sein." „Als Reichstagsdeputierten in Wien sehen wir schon seine persönliche Gefährlichkeit und seine Identifizierung mit den schwindelnden Ideen von Freiheit und Volkssouveränität zum klaren Ausdruck gelangen.... Eng liirt mit so vielen revolutionären Coriphäen wie Bakunin, Röckel, die Gebrüder Kudlich, Löhner, Friedmann, Goldmark, Fröbel und Anhänger des Arnold Ruge." Prag, Militärarchiv, Akten gegen Zimmer.

[2]) Vgl. G. v. Skal: Die Achtundvierziger in Amerika (1923), 30. In der Anklageschrift gegen Kudlich werden die geplanten revolutionären Umtriebe mit Zimmer im nördlichen Böhmen und in Sachsen als schwer belastende Umstände angeführt; vgl. Wertheimer a. a. O.

[3]) Dieser und die folgenden Briefe befinden sich im Besitze von Herrn Dr. Werner Kudlich (Troppau), der mir die Abschriften, teilweise durch Vermittlung meines, mit einer Arbeit über Hans Kudlich beschäftigten Schülers Herrn phil. Waldemar Bennesch, freundlichst zur Verfügung stellte. Von diesem Briefe und den folgenden erliegen vidimierte Abschriften auch bei dem Hochverratsakt gegen Zimmer im Prager Militärarchiv, wo sich der Hinweis auf die Akten des Hochverratsverfahrens gegen Kudlich findet, das in Wien gegen ihn anhängig gemacht worden ist. Auf der Suche nach den beim Wiener Militärgericht 1849 ff. entstandenen Kudlichakten machte ich jedoch die archivgeschichtlich bemerkenswerte Erfahrung, daß sich im Wiener Kriegsarchiv, wohin sie gehört hätten, nicht vorfanden, vielmehr die Hauptführer des Kremsierer Reichstages betreffenden Akten an das Justizministerium abgetreten, von diesem 1924 an das Archiv des Ministeriums des Innern leihweise weitergegeben wurden, wo sie beim Brande des Justizpalastes mit vernichtet worden sind. Diese mir amtlich in Wien mitgeteilten Auskünfte beziehen sich jedoch nur auf das motivierte Urteil, das 1914 noch Wertheimer für seinen oben S. 185, Anm. 1, genannten Aufsatz verwenden konnte, nicht aber auf die äußerst wertvollen Beweisstücke, die der Familie Kudlich 1880 zugesandt wurden, so daß sie glücklicherweise der Forschung erhalten geblieben sind. Eine Abschrift des Urteils besitzt überdies Herr Dr. Krommer (Troppau).

[4]) Kudlich hielt sich bei seinem Bruder Hermann in Frankfurt auf.

[5]) Eduard Strache, Abgeordneter für Warnsdorf in Wien, dann in Frankfurt.

[6]) 1. Mai.

In Leipzig bin ich zu erfragen bei Ottendorfer[1]) — Brühl Krafts-Hof Aussicht auf die Promenade.

### b) Hans Kudlich an seinen Bruder Hermann.

Orig. Leipzig 5. Mai [1849][2]).

Die Stadt in heller Aufregung. Man will nach Dresden ziehn, wo gestern zwei durchs Militär erschossen wurden. Heut wird in Dresden noch fort gekämpft; es sollen bereits 15 (!) verwundet sein. Die Jungen, die nach Dresden wollen, verlangen Waffen. — Die Bürgerwehr scheint keine rechte Schneid zu haben und versucht Ruhe zu machen. — Gestern schon gabs Barrikaden und wurden die Schienen der preuß. Bahnen aufgerissen. — Die Bürger scheinen nicht einmal Geld hergeben zu wollen. Übrigens schauts recht bedenklich aus. — In Dresden haben die Demokraten die Altstadt, sind gut kommandiert, Tschirner führt die Civilleitung. — Den Gesuchten[3]) fand ich nicht. Unverantwortlich! Er[4]) soll in Dresden sein. Unter solchen Umständen ist's ungewiß, was ich thue.

Add. Georg Kluge, Theaterobergarderobier N° 7 Theaterplatz (inwendig für Herrn Fellner). Die hiesigen Wiener[5]) werden vom Volk gebeten mit nach Dresden zu gehen und anzuführen! — Man hat sich an die Rechten gewandt! Die kratzen sich hinter den Ohren, da sie ohnedies schon das Gerücht hörten — man glaube (bei der Polizei), daß Alles von ihnen angestiftet. Es sieht bisher nur krawallartig aus!

Wahrscheinlich bleib ich, solangs thunlich, hier, bis ich von Z.[6]) was weiß[7]).

### c) Derselbe an Hermann Kudlich.

Orig. Leipzig, 6. V. 1849.

Lieber Bruder! Gestern schrieb ich Dir nicht. Mein lezter sollte eigentlich das Datum des 4. tragen.

Die gestrigen Ereignisse sind Dir wohl schon bekannt: Waffenruhe, Fraternisieren der Truppen, Übergabe des Zeughauses, prov. Regierung, Proklamazion des Königs von Königstein, Protest des Ministeriums gegen die prov. Regierung. — Zulezt langte noch die Nachricht an, daß in der Neustadt Dresdens die Preußen eingerückt seien. Von allen Seiten geht Zuzug nach Dresden. Aus

---

[1]) Oswald Ottendorfer.
[2]) Wie aus dem folgenden Brief hervorgeht, ist dieser am 4. Mai geschrieben, demnach um einen Tag vordatiert.
[3]) Zimmer.
[4]) Zimmer.
[5]) Leipzig war ein bevorzugter Schlupfwinkel der österreichischen Emigranten.
[6]) Zimmer.
[7]) Die letzten zwei Zeilen sind von Kudlich mit Bleistift geschrieben.

Leipzig strömen indeß die Kämpfer nur tropfenweise; mit jedem Bahnzug gehen c. 30 Mann ab. Nur gestern mit dem Frühzug saßen c. 300 bewaffnete Männer in den Waggons. Alles, was Feuer in den Adern hat, zog zu den Barrikaden der Hauptstadt. Es war rührend, die Abschiedsszenen zu sehen und wie die Weiber den abziehenden Schützen nachweinten. Dank Windischgräz und der Fischblütigkeit eines hiesigen löbl. Stadtrathes spielt Leipzig in dieser Revoluzion eine erbärmliche Rolle! Es fehlt der Mann, der diese Massen in Bewegung setzte. Ruge und andere Pygmäen können keinen Blum ersetzen. Gestern wurde sämtliche Einwohnerschaft Leipzigs zu einer Stehversammlung einberufen. Es mochten etwa tausend Menschen beisammen sein, die dem geschäftigen Marktverkehr wenig Abbruch tathen. Es fehlt an Rednern, an Führern in der Versammlung und im Streit. Die Versammlung schickt zum Stadtrath um Anerkennung der prov. Regierung und um Waffen. Da keine Antwort kam, zog man vor das Rathhaus mit einer sehr schönen rothen Fahne, schrie dort: heraus! Antwort!, verlief sich nach einer halben Stunde, als beiden Wünschen nicht entsprochen wurde. In dem Volk ist kein Feuer. Jeder Schritt wird mit ungeheurer Besonnenheit gemacht. Die hiesigen Studenten sind die erbärmlichsten Jungen und tun gar nichts. Ein todesmuthiges Proletariat gibt es nicht. Was Leben hatte, konnte es ohnehin nicht mehr aushalten und ging nach Dresden. So herrscht hier die vollkommenste Ruhe. Doch ist diese ruhige Stimmung gut. Man schimpft über den Rath und wünscht den Dresdnern alles Gelingen und wünscht sich den R. Blum aus dem Grabe. Der Stadtrath erklärte, daß ihm von einer prov. Regierung noch keine offizielle Kunde ward. Hätte die prov. Regierung beglaubete Comissäre nach L. geschickt, der Stadtrath hätte sie gewiß anerkannt. Die Unterlassung dieser Maßregel ist unverzeihlich. Aus allen Theilen Sachsens zieht man nach Dresden. Der König scheint gar keinen Anhang, wenn nicht in der Armee, zu haben. Aus Krimitschau etc. kamen gestern abends $9^h$ gegen 1000 wohlbewaffnete Männer, die uns erzälten, bei ihnen habe Alles mitgemußt. Sie mußten gegen eine Stunde harren, bis man sich in Leipzig besann, wo man sie unterbringen solle! Von feierlichen Empfang keine Spur! Als ein plötzlicher Gußregen kam und sie um sich zu bergen aufs Schloß (Kaserne) warfen, schlug man dort vor ihnen das Thor zu und als sie es einschlugen, fiehl (!) von der dortigen Blusenmännerwache, die reakzionär sind, ein Schuß!, so daß die lieben Freunde über Leipzig sehr ergrimmt sind! — Die Männer, die am 3. Sturm läuteten, sind noch alle eingesperrt!! Es ist eine erbärmliche Stadt! Die Bourgeoisie hat zwar überall erklärt, mit zugehen in den Kampf für die Verfassung, überall werden sich aber die niederen Klassen allein schlagen müssen. — Der Haß gegen die Preußen ist groß. Man sagt, daß ihr Einmarsch alles auf die Beine bringen dürfte. Sie sind auch die Ausrede vieler, die deshalb nicht nach Dresden zu gehen vorgeben, weil sie in Leipzig den äußeren Feind abhalten wollen!

Die Nachrichten lauten ja aus allen Theilen Deutschlands sehr befriedigend! Nur aus Frankfurt nichts entsprechendes, Teufel! Dort hat man noch immer Zeit und Ruh zu Tagesordnungen überzugehen! Wenn das ganze Volk so faul wäre wie die Majorität der Naz. Versammlung und wie der Leipziger Stadtrath, dann bekäme unsere Geschichte eine schöne Wendung! Der Stadtrat verläßt sich auf die Nat. Versammlung und leztere verläßt sich auf den besonnenen Teil der Bevölkerung, d. h. auf die Leipziger Stadträthe.

Ich glaube, daß die Ereignisse Sachsens auf unser Österr. starken Einfluß äussern werden und bleib deshalb hier, der Grenze näher. Zimmern brauchte ich notwendigst! Ich hoffe, daß er noch in Dresden und daß ich durch Borkofski dort, auf seine Spur kommen werde. —— Unsere hiesigen österreich. Flüchtlinge sind leere Gesellen und haben mit der österreich. Demokrazie keine wesentliche Verbindung. Sie leben planlos in den Tag hinein und sind bloß um ihre Haut besorgt. Ich hebe meine Haut auf, aber nur um sie in Österreich nützlich zu verwenden.

Add. wo ich wohne: J. G. Hertzer, Möbleur, große Tuchhalle Treppe C 3. Stock (für Herrn Dr. Rosenfeld).

Wenn ich nicht nach Dresden, so bleibe ich in dieser Wohnung. Jedenfalls schickt mir Rosenfeld die Briefe nach.

P. S. Noch kommt die Nachricht, daß Freischaaren aus Preußen echassieren.

P. S. Ein Wiener kommt, erzählt, daß durch Leipziger Bürger die Freischärler gehindert werden, nach Dresden zu fahren. Ihn selbst, den Flüchtling, arretierten sie in der Nacht, wollten ihn in Polizeihaft festhalten; doch entließ man ihn! Die Wiener fangen an, sich unsicher zu fühlen.

P. S. Derselbe Wiener (Kellner) erzählt wieder, daß er von den Ausschüssen des Vereines aufgefordert sei, den Befehl über die Freischaaren, die augenblicklich hier 1400 Mann stark sind, zu übernehmen. In Dresden sollen mehrere Prinzen (v. Dessau) gefangen sein.

### d) Derselbe an Hermann Kudlich.

Orig.　　　　　　　　　　　　　　　　Leipzig 7. V. 1849.

Liber Bruder! Der Leipziger Stadtrath hat das Maß seiner Sünden voll gemacht durch seine Neutralitätserklärung, welche mir als ein sehr böses von andern faulen Städten gern nachzuahmendes Beispiel erscheint. Welcher Unsinn und welche Thorheit, in einem solchen Kampf neutral zu bleiben! Und doch greift Leipzig darnach, seine moralische Blöße, seine Feigheit, seine Reaktionslust zu decken. Wenn dieß alle Städte nachahmen, so könnt ihr bald über den Rhein siedeln. Solche Fälle sind aber dann nicht möglich, wenn mit rascher Thatkraft von der Frankf. Versammlung eingeschritten und alles Zweifeln und Abwägen abgeschnitten worden wäre. Die Unthätigkeit, das Herumtappen, das neutrale, halb legale, halb revoluzionäre Verhalten der Nazionalversamlung erzeugt solche Zwitter im Lande. Unsre deutschen Bürger bedürfen noch immer einer rasch forttreibenden, überwältigenden, keiner hemmenden und dämpfenden Leitung. — Das Blut, das aus kampflustigen Herzen in vergangener Nacht hier durch feige Mörder vergossen wurde, das komt zum Theil über die Häupter der Zauderer und Zweifler in der Reichsversamlung, welche eine ähnliche Unsicherheit im Volk erzeugten, statt demselben fest und bestimmt die zu betretende Bahn vorzuzeichnen. — Das Blut komme aber auch über die Häupter der prov. Regierung in Dresden, welche die anfangs schlummernden Reakzions- und Neutralitätsgedanken der Leipziger Filister großwachsen ließen! Wir sahen doch schon so viele Revoluzionen durch Unentschiedenheit, Muthlosigkeit scheitern, daß wir denn doch schon jenen Grundsatz begriffen haben sollten, daß durch rasches Handeln ein fait accompli hergestellt und benützt werden soll. — Die Stimmung des Leipziger Stadtrathes, der das unmündige Volk gängelt, wie es einst zu bessern Zwecken sich durch R. Blum gängeln ließ, war noch am 3. und 4. Mai eine sehr zweifelhafte, so daß er die prov. Rgg. anzuerkennen versprach, sobald ihm die Existenz derselben offiziell bekannt sein würde. Statt nun einen entschlossenen Bevollmächtigten Comissär hierherzuschicken, statt ohne weiters von den Leipziger Behörden Gehorsam zu verlangen, ließ man den nach dem Abmarsch der thatenlustigen demokratischen Elemente sich ermannenden Reakzionsgelüsten der Leipziger Zeit, sich vom ersten Schreck zu erholen und übermüthig den Herrn im Hause zu spielen.

Heut um 8 Uhr abends mußten alle Leipziger artig-fein nach Hause gehen, damit ihnen kein Unglück geschehe.

Unterdessen wüthet in Dresden der erste Kampf der deutschen Einheit gegen die Zerrissenheit, des Volkes gen die Fürstenknechte, blutig fort. Der Gefallenen werden von beiden Seiten sehr viele gezählt. Der Platz vor der Brücke ist der eigentliche Kampfplatz! Auf diesen schleichen die Schützen von der Brücke, lauern hinter den Candelabern, bis sich irgend ein Kopf in einem Fenster zeigt. — Von den sächsischen Soldaten soll für das Wohl der königlichen Familie schon so mancher gestorben sein. Die Kämpfer des Volkes wälzen sich aber auch nicht selten am Boden hin, bis ihre Kugel einen Offizier erreicht. — Die Leipziger Filister räsonniren: Am Ende wird denn doch die schöne Stadt von den Preußen mit glühenden Kugeln beschossen und total verwüstet genommen werden. Was haben die Dresdener dann davon! —

Daß Dresden dem Moloch deutscher und insbesondere Frankfurter Bedächtigkeit und Professorenfischblütigkeit geopfert wird, daran zweifle ich selbst nicht, wenn die Reichsversamlung, wenn die Centralgewalt nicht energisch eingreift, wenn sie nicht bei diesem Stand der Dinge an den Patriotismus, die Leidenschaft, den Haß und die Liebe des ganzen Volkes appellirt — wenn man nicht dem ganzen großen Strom deutscher Volkskraft die Schleusen öffnet, um den dynastischen Mist wegzuschwemmen! — Siegt Dresden, so ist Sachsen, so ist ganz Deutschland gerettet! Es ist nicht die Frage einer einzelnen Stadt. Der Muth, der Glaube des ganzen Volks steht und fällt mit Dresden. — Dresdens Fall schreckt die Partei des

Volkes, wie einst der Untergang Wiens. Dann wird Leipzigs feiges Beispiel gar viele Nachahmer finden. Siegt Dresden, d. h. sendet Frankfurt ihm Hülfe, so werden die Unentschlossenen durch den Erfolg und das Glück des ersten Kampfes auf die rechte Bahn geleitet. Auf die Oesterr. Verhältnisse übt das Schicksal Sachsens den größten Einfluß. Die Beziehungen der sächs. und böhm. Nachbarstämme waren in letzter Zeit eng und warm. Siegt Sachsen, so bildet es die Burg, in deren Kanonenschußweite ganz Deutschböhmen liegt, in welche die Vorkämpfer des Deutschthums in Österreich sich zurückzihn, aus welcher sie Ausfälle machen können. — Militär ist nur in kleiner Anzal in deutschböhm. Städten zu finden. Und wo es ist, besteht es aus verbannten Magyaren, Welschen und andern zweideutigen Truppen. —

Es fehlt nur an unternehmenden einflußreichen Männern; — Aus Troppau wurden alle Truppen nach Jablunka weggezogen. Hört!

Es wäre an der Zeit, daß Deutschböhmen seine Ehre und seinen Vorteil verstünde! Sollen sie wieder im Kampf gegen eine verhaßte Regierung sich von den verhaßten Tschechen den Vorsprung abgewinnen lassen.

Hat sich der Leipziger Stadtrath unter die Centralgewalt gestellt, so befehlt ihm, seine Comunalgarde marschiren zu lassen, die Kampflustigen zu bewaffnen, die Volksmörder des 6. Mai zu bestrafen — und jenen durch ein heutiges Plakat verhängten, ohne Ursache über die Stadt verhängten, kindischen, den Grundrechten widerstreitenden Belagerungsstand aufzuheben — die Reichsverfassung anzuerkennen, seine Garden darauf schwören zu lassen. — Nimmt die Reichsversamlung nicht mit Kraft die Gelegenheit wahr, in Sachsen fest einzugreifen, wird das heldenmüthige für die Reichsversamlung und ihre Verfassung kämpfende Dresden von den deutschen Professoren, den moral. Urhebern der Bewegung, den Mitschuldigen an disem königl. sächsischen Hochverrath, verlassen und schmählich im Stich gelassen, dann ist es Zeit, daß das deutsche Volk selbst diser impotenten, Kastraten-Majorität die Zügel der Leitung entreist, selbst in die thatkräftige Hand nimt oder entschlossenen Männern vertraut!

Ich halte mich solange es noch geht, auf der Lauer, um bei passender Gelegenheit den Sprung zu thun. — Z.[1]) Einladung scheint sich nur auf die Dresdener Ereignisse bezogen zu haben. Warscheinlich hält ihn das Dresdener Kampfleben gefesselt. Leider gelang mirs noch nicht seinen Aufenthalt, seine Addresse ausfindig zu machen. — Fallt D. so muß ich natürlich aus dem warscheinlich von den Preußen besetzten in Belagerungszustand erklärten Lande zurück nach dem Westen kehren. Also kann ich durchaus nichts Bestimmtes über die Dauer meines Aufenthaltes sagen. Mit den hiesigen Wiener Flüchtlingen ist durchaus nichts anzufangen. Sie stehen vereinzelt, ohne Correspondenz mit der Heimat und wenn sie früher etwas waren,

---

[1]) Zimmer.

so ist der Rest ihres Kernes durch das entnervende Flüchtlingsleben faul und morsch geworden. Füster schreibt, verlor seinen Muth. Zur Reichsarmee ginge er als Feldpater. Buchheim und Falke leben mit Mädchen, die nun Grund haben, die versprochene Heirath zu verlangen. Franck ist das widerwärtige, bedauerliche Bild eines ruinirten, geistig gebrochnen und fisisch aufgedunsenen Mannes. Ängstlich wie ein Weib. Maler Kellner, simpler echter Wiener, eben nur gut die Legionsuniform zu tragen. Rosenfeld einer der bescheidensten, anspruchslosesten Literaten, einst Stud. Comitémitglied. Bei ihm wohne ich. Schrieb ein Werk Die Aula, schon gedruckt vor dem Oktober! Schwunghafte Schildrung der Legion, gewidmet der ersten deutschen Frau (Brandhofen)[1]. Möchte gern der hohen Frau es irgendwie zu Handen bringen. Dürft darum bald nach Frankf. kommen. Nur 3 junge Wiener Studenten zogen nach Dresden. Hampel, Bek, Dehne, Sohn des Zuckerbäckers. Franck und Kellner wären auch mit gegangen, aber nur als Oberkommandanten, mit wenigstens 1000 Mann und mit hoher Besoldung. Alle hiesigen demok. Führer gaben die Versuche, hier etwas zu Dresdens Wohl zu erreichen, auf. Sie sind nirgends über die Mittelmäßigkeit. Als ich bei einer Volksversamlung die nüchternen, spärlichen Worte Ruges und anderer hörte, meinte ich, sie gäben sich keine Mühe, weil sie ohnehin des Volkes und des Erfolges gewiß wären. — Eine so kalte Masse muß mit glühenden Kugeln beschossen werden, die aber den Rüstkammern dieser Herrn aus Leipzig gänzlich mangeln. Gottbefohlen!

## 12. Bakunin in den sächsischen und österreichischen Kerkern.

Bakunins Lebensweg wiese einen wesentlich anderen Verlauf auf, wäre er nicht samt Otto Heubner in der Nacht vom 9. zum 10. Mai 1849 durch Chemnitzer Bürger verhaftet und an die Mächte des Alten ausgeliefert worden. Während des in sich zusammenbrechenden Dresdner Aufstandes faßten die revolutionären Führer, unter ihnen Bakunin, als nächsten Haltepunkt für die sich eilig zurückziehenden Aufständischen Freiberg, die Wirkungsstätte Heubners, ins Auge. Vielfältige Ratschläge, darunter die des mit flüchtenden Kapellmeisters Richard Wagner, den Bakunin in Dresden recht nahe kennengelernt hatte, empfahlen jedoch angelegentlich Chemnitz, die bedeutende Fabrikstadt, als Stützpunkt. Chemnitz genoß den Ruf eines starken Hortes sächsischer Demokratie, der durch Kieselhausen und Bakunins soeben in Dresden gefallenen Freund Böttcher seine besonders radikale Färbung erhielt. Hier gedachten nun Heubner und Bakunin den Widerstand aufs neue zu organisieren. Dies scheuchte den konservativen Teil der Chemnitzer Bürgerschaft aus seiner angstvollen Ruhe auf, da sie im Geiste bereits ihre Stadt zum Kriegsschauplatze werden und in

---

[1] Gattin des Erzherzogs-Reichsverwesers Johann.

rauchenden Trümmern niedersinken sah. Diese Angststimmung ergriff schließlich einen Gutteil der Stadt, vor allem den Bürgermeister und so legten sie Hand an an die Unvorsichtigen und Todmüden. Sie wurden in der Nacht aus den Betten geholt. Bakunin wie Heubner, schon mehrere Tage und Nächte ohne Ruhe und Schlaf, besaßen weder seelisch noch körperlich die Kraft zu irgendwie gearteter Widerstande. So fiel den Chemnitzer Bürgern mit Heubner der letzte Vertreter der Dresdner provisorischen Regierung, mit Bakunin der Verkörperer des revolutionären Generalstabes in die Hand. Richard Wagner entging nur um ein Haar dem gleichen Schicksal. Damit begann Bakunins zweijährige Kerkerzeit in Sachsen und Österreich, der sich eine wesentlich längere in Rußland anschloß. Schon am 10. Mai in der Früh langten die von 6 Bewaffneten begleiteten Gefangenen in Altenburg an, wo sie der preußische Oberst Blumenthal, der Kommandant einer nach Altenburg gelegten Abteilung deutscher Reichstruppen, in Empfang nahm[1]). Hier war im Gegensatz zu Chemnitz an ein Entkommen nicht mehr zu denken. Eine sofort angeordnete Leibesvisitation vermochte nicht viel an verfänglichen Gegenständen zustande zu bringen. Neben einigen Siegelstempeln der provisorischen Regierung, Briefschaften, ein wenig Pulver erregte weitaus am meisten Aufsehen eine Handgranate, die man später beharrlich als Bakunins Eigentum auszugeben sich bemühte, obwohl sie der gleichzeitig gefangen gesetzte Sattler Stiebler aus Radeberg mit sich führte. Ein Notizbuch hatte Bakunin noch am Wege rasch zu vernichten vermocht. Es hätte wahrscheinlich ebenso wie das früher verlorene den Untersuchungsrichtern wie den Historikern wichtige Dienste geleistet. An Barmitteln trug Bakunin lediglich 13 Taler, 14 Silbergroschen und 2 Pfennige bei sich, gewiß keine große Summe für einen Mann, der zum Schluß die militärische Oberleitung des Aufstandes in der Hand hielt.

    Noch am 10. Mai entsandte der Leipziger Kreisdirektor Broizem einen Sergeanten und 6 Schützen nach Altenburg, damit sie die Gefangenen über Leipzig nach Dresden schafften, wo sie Broizem inzwischen beim Stadtkommandanten angemeldet hatte. Am 13. Mai befanden sie sich alle bereits in der Dresden-Altstädter Fronfeste, wo inzwischen eine große Zahl Gefangener zusammengepfercht worden war. Die Behörden kamen angesichts der Massen eingebrachter Gefangener in die peinlichste Verlegenheit, da die Arrestlokale nicht zureichten. Höchst ungeeignete Räume wurden notdürftig für den ungewohnten Zweck hergerichtet, wobei es zu den größten Härten, Mißhandlungen und Ausschreitungen seitens der wachehaltenden, noch ganz von Kriegsgeist erfüllten Offiziere und Soldaten kam. Das Gros der Maigefangenen wurde in gemeinsame Räume zusammengesperrt, wodurch die größte Kollusionsgefahr entstand. Die Hauptbelasteten, darunter Bakunin,

---

[1]) Vgl. neben den Verhörsprotokollen die einschlägigen Aktenstücke in Dresden H. St. A. Amtsgericht Dresden 1285ᵃ vol. I, auch zum Folgenden.

genossen jedoch eine fürsorglichere Behandlung. Wohl erfreuten sich Heubner wie Röckel noch eine Zeitlang der Gesellschaft anderer Leidensgenossen, wie auch Bakunin einige Stunden gemeinsam mit dem österreichischen Flüchtling Ferdinand Kürnberger[1]) verbrachte. Bald aber kamen sie in Einzelhaft[2]) und in besondere Gefängnisse. Befürchtete man doch gleich anfangs von seiten der den Gerichten entgangenen Anhänger der Schwerstbelasteten Befreiungsversuche. Daher wanderte Bakunin schon am 24. Mai in die Dresden-Neustädter Reiterkaserne, wo er, der Zivilgefangene[3]), ganz den militärischen Bewachungsorganen überantwortet wurde[4]). Freilich bot auch dieses Militärgefängnis nicht die so erwünschte allseitige Sicherheit. Zudem liefen beim Kriegsministerium unausgesetzt Anzeigen wegen beabsichtigter Befreiungsversuche ein. Da sich die militärischen Behörden keine Blöße geben wollten, machte das Kriegsministerium dem der Justiz — ihm oblag die Obsorge für diese Zivilgefangenen — den Vorschlag[5]), die Hauptschuldigen schleunigst auf die Festung Königstein zu überführen. Dort sei die Sicherheit erheblich größer, auch eine bessere Gelegenheit für eine freiere Behandlung der Gefangenen, die sich dort öfter in der frischen Luft bewegen könnten, gegeben. Das Justizministerium stimmte dieser Anregung zu und so fuhr Bakunin mit seinen Schicksalsgenossen Heubner und Röckel unter militärischer Begleitung am 28. August um ½1[h] nachts „gehörig gefesselt" von Dresden ab. Um ¼6[h] trafen sie in Königstein ein und wurden hier nun in gesonderten Zimmern untergebracht[6]). Wie wesentlich unterschied sich diese nächtliche Reise Bakunins von den früheren Fahrten, die er vor sieben Jahren in schöner Sommerszeit mit seinen Dresdner Freunden Reichel, Ruge a. u. nach dem Königstein unternommen

---

[1]) Vgl. Kürnbergers Mitteilung über Bakunin bei Streckfuß, Volksarchiv I (1850), 600 ff.; russisch bei V. Nikolaevskij, Katorga i ssylka 8/9 (1930), 113 ff.

[2]) Dresden H. St. A. Justizministerium 543 vol. I. Bericht des Dresdner Stadtgerichtes an das Justizministerium vom 23. Mai.

[3]) Er galt als Zivilgefangener, da er nicht in dem Bereiche des erst später in Belagerungszustand versetzten Gebietes gefangen genommen worden war.

[4]) Im Anschlusse an diese Überführung durcheilte die Presse das Gerücht, Bakunin sei in wahnsinnige Aufregung geraten, habe gerufen, man wolle ihn zum Tode führen oder an Rußland ausliefern und sei erst bei der gegenteiligen Versicherung der begleitenden Beamten in eine Art Mutlosigkeit versunken, z. B. Prager Abendblatt 1849, 29. Mai.

[5]) Dresden H. St. A. Justizminist. 543 vol. IV. Bericht des Kriegsministeriums an das Justizministerium vom 23. August.

[6]) Ebenda, Amtsgericht Dresden 1285[a] vol. I. Der österreichische Gesandte in Dresden, Kuefstein, berichtete am 29. August an Schwarzenberg: „Gewichtige Gründe scheinen das Ministerium bewogen zu haben, sie (die Gefangenen) aus ihrem bisherigen Gefängnis in der sogenannten Reiterkaserne dahin transportieren zu lassen. Der vielfache Verkehr, der denselben mit ihren Angehörigen selbst ohne Beisein dritter Personen gestattet wurde, hatte ihnen die Möglichkeit gelassen, ihre Verbindungen in der Stadt sowohl als auch dadurch unter sich zu unterhalten und bei der täglich ungünstigeren Wendung, welche die Verhöre für sie nehmen, lag der Gedanke der Flucht zu nahe, um nicht die Besorgnis der Untersuchungsbehörden zu erregen." Wien, Haus-, Hof- und Staatsarchiv P. A. Dresden Fasz. 114.

hatte und deren er nun schwermütig gedachte! Gleich wehmütig schaute er, über sein Schicksal nachsinnend, auf die nahen bizarren Berge der „Sächsischen Schweiz", die das Land nach Norden schlossen, auf das er all seine Pläne während des letzten halben Jahres gebaut hatte: Böhmen.

Auf dem Königsteine verrann nunmehr für Bakunin höchst eintönig nahezu ein volles Jahr, ehe er an Österreich ausgeliefert wurde. Trotz scharfer Bewachung erfreute er sich jedoch allseits humanster Behandlung und genoß die ihm als politischem Zivilgefangenen zustehenden Rechte im wesentlichen ungekürzt. Die Wachmannschaften verhielten sich höflich, teilten ihm sogar Dinge mit, die er von ihnen kaum hätte erfahren dürfen[1]). Zu Gebote stand ihm „eine reinliche, warme und wohnliche Stube", in die genügend Licht fiel und von der aus sogar ein Stück des Himmels zu sehen war. Die Tageseinteilung wies keine Veränderungen auf. Von 7$^h$ früh bis ½10$^h$ abends bildeten nur die Essenszeiten eine Unterbrechung. Das Angenehmste dürfte ihm freilich täglich die halbe Stunde Spazierganges um 2$^h$ gewesen sein, mochte er dazu auch gefesselt und von zwei Wachen begleitet werden[2]).

In dieses eintönige, leidvolle Einerlei fielen jedoch auch gelegentlich Lichtstrahlen. War es ihm doch erlaubt, sich mit der Außenwelt, natürlich unter Kontrolle der Überwachungsorgane, brieflich in Verbindung zu setzen, Bücher zu lesen, zeitweise ein Tagebuch zu führen. Zum anderen unterbrachen die Verhöre durch den humanen Assessor Hammer und die Besuche seines Advokaten Otto I aus Dresden die Stille der Gefängniszeit. Den größten Trost bescherte ihm die sich gerade jetzt bestens bewährende Treue und Anhänglichkeit seiner Freunde, vor allem seiner treuesten: des in Paris lebenden Musiklehrers Adolf Reichel und dessen Schwester Mathilde. Der verhältnismäßig lebhafte, heute zum Gutteil noch erhaltene[3]) Briefwechsel mit diesen vermittelte Bakunin manches Neue von der Außenwelt. Bakunin bot dieser Gedankenaustausch Gelegenheit, mit sich ins klare zu kommen. Zugleich gewähren diese Kerkerbriefe manch erwünschten Einblick in die Gemütsverfassung Bakunins während der ersten Gefängniszeit und helfen damit manche Seite der so schwer zu bewertenden, im russischen Kerker entstandenen „Beichte" klären.

Die Beziehungen zu Reichel besaßen jedoch auch ihre materielle Seite. Bakunin, ein sehr starker Esser, reichte mit den gewöhnlichen Portionen bei seiner unbändigen Körpergröße nicht aus. Zudem plagte ihn die echt russische Rauchleidenschaft. Zur Befriedigung dieser beiden Bedürfnisse bedurfte er größerer Geldmittel, die ihm vor allem Reichel, auch Alexander Herzen, Georg

---

[1]) Beichte 90.
[2]) Diese Schilderung in seinem Briefe an Reichels Schwester Mathilde vom 16. Jänner 1850 bei M. Nettlau: Bakunin vĶenigšteině, Na čužoj storoně VII (1924), 241.
[3]) Die Briefe Reichels und seiner Schwester erliegen in Prag, Militärarchiv, Akten gegen Bakunin. Sie sind unten im Auszuge wiedergegeben. Einige Gegenbriefe Bakunins bei Nettlau a. a. O.

Herwegh, dann seine Cöthener Freunde Köppe, Habicht, Branigk
u. v. a. zukommen ließen. Auch Verteidiger Otto opferte viel aus
der eigenen Tasche, um seinem berühmten, aber ebenso armen
Klienten die Haftzeit zu erleichtern. Darüber hinaus wuchs die
Zahl der von diesem im Namen Bakunins an dessen Freunde geschriebene.. Bittbriefe wohl zu ansehnlicher Höhe. Freilich ließ Bakunin an vielen Türen einstiger Freunde vergeblich anklopfen. Vor
allem die zum Gutteil selbst mittellosen polnischen Emigranten
versagten ihm ihre Hilfe gänzlich. So auch die Grafen Skorzewski,
die einstmals in Bakunin ein tüchtiges Freimaurerlogenmitglied gewonnen zu haben glaubten. Daher bemerkte Bakunin nicht ohne
Bitterkeit, es sei ein wunderliches Schicksal, daß gerade die Deutschen, demnach Angehörige jener Nation, die er als Slawe am
meisten gehaßt habe, seine treuesten Freunde geblieben seien,
während ihn die Slawen im Stiche gelassen hätten[1]). Advokat Otto
versorgte ihn mit allem Notwendigen, schaffte Berge von Zigarren —
das eine Mal gleich 850 Stück — ins Gefängnis, wußte auch stets
Geld aufzutreiben. Um all die trüben Sorgen des Kerkerlebens zu
verscheuchen, sehnte er sich am stärksten nach geistiger Beschäftigung. Nicht Philosophie freilich zog ihn an. Philosophische
Bücher würden ihm geradezu physischen Ekel erregen, versicherte
er in einer mißmutigen Stunde, die ihn die Nichtigkeit aller philosophischen Abstraktionen um so klarer einsehen ließ, als er seine
Lage als höchst abstrakt erkannte. Dennoch verleugnete er seine
Vorliebe für abstraktes Denken auch im Kerker nicht. Kehrte er
doch zur Beschäftigung während seiner Moskauer Zeit und in den
Lehrjahren auf der Artillerieschule zurück. Die Mathematik hatte
es ihm angetan. An Hand der durch eigenes Geld erworbenen
mathematischen Werke arbeitete er fast täglich unverdrossen in
der höheren Trigonometrie, so daß sich ein dickes Bündel mathe-
matischer Übungshefte von seiner Hand erhalten hat[2]). Daneben
oblag er wie ehedem eifrigster Lektüre, wobei ihm freilich gewisse,
wenngleich nicht engherzige, Beschränkungen durch die Gefängnis-
ordnung auferlegt waren. Sein Leipziger Freund, Buchhändler und
Verleger Ernst Keil, der gleichzeitig für die Wacherhaltung des
Bakuninschen Angedenkens in seinem „Leuchtthurm" sorgte, stellte
ihm leihweise die gewünschten Bücher, die sich meist auf die politische Geschichte des 19. Jahrhunderts bezogen, zur Verfügung. So
las er Lamartines Histoire de la révolution de 1848, Thiers Consulat
et l'empereur, Schriften Guizots, daneben Bücher schöngeistigen
Inhalts, vornehmlich Shakespeare, Scott — betrieb er doch auch
täglich englisch —, aber auch den Don Quichote u. a. m. Manchmal
erfaßte ihn die Lesewut so sehr, daß sein Verteidiger bremsen
mußte. Vom 15. September bis 4. Dezember 1849 führte er überdies
ein freilich den Umständen angemessenes kurzes Tagebuch[3]), in das

---

[1]) Nettlau a. a. O. 233 ff.
[2]) Sie erliegen bei den Bakuninakten im Prager Militärarchiv.
[3]) Es erliegt ebenda. Es weist eine Lücke vom 29. November bis 4. Dezember auf.

er seine tägliche Beschäftigung, gelegentlich auch Andeutungen über seine seelische Verfassung einzeichnete.

Weitaus die wichtigste Unterbrechung in die eintönige Kerkerzeit brachten die Verhöre und der langsame Fortgang des Gerichtsverfahrens. Die dem Dresdner Maiaufstand nahestehenden liberalen Kreise Sachsens setzten sich warm dafür ein, daß die Angeklagten vor ein Geschworenengericht gestellt würden, damit ihnen eine öffentliche Verteidigung ermöglicht werde[1]). Man wiegte sich anfangs in der Hoffnung, die siegreiche Reaktion werde sich wenigstens an diese Errungenschaft des Jahres 1848 gebunden fühlen. Angesichts der bestehenden Machtverhältnisse und bei der Angst der sächsischen Behörden vor der weiterhin im Lande vorhandenen Gärung konnte davon ernstlich keine Rede sein. Bot ja das Jahr 1849 schon genugsam Beispiele dafür, daß sich bei politischen Prozessen die Geschworen gegen die Regierung entschieden. Dagegen galten die Maigefangenen als Zivilangeklagte und wurden daher vor die zuständigen Zivilgerichte gestellt, die sich im wesentlichen des schriftlichen Verfahrens bedienten. Gerade dadurch ergab sich für Bakunin und seine Verteidigung eine wesentlich erschwerte Sachlage, wie auch besondere Quellen aus diesem Gerichtsverfahren in Sachsen erwuchsen. Sah doch diese Prozeßordnung das schriftliche Verhör, die schriftliche Selbstverteidigung des Angeklagten, die schriftliche Verteidigung des Rechtsvertreters, schließlich den Urteilsspruch der kollegialen Gerichtsbehörde vor. Überdies konnte noch einmal appelliert, schließlich der Gnadenweg beschritten werden.

Die geringe Zahl der für die Untersuchung Tausender zu Gebote stehenden Gerichtskräfte bedingte, daß der Untersuchungsbeginn sich lange hinausschob. Die Mühe, belastendes Material gegen die Hauptangeklagten herbeizuschaffen, wuchs von Tag zu Tag, so daß Verhör und Verfahren gegen die minder Belasteten längst abgeschlossen waren, noch ehe die Hauptverhöre mit den meist Bezichtigten begonnen hatten. Der Verhörsbeginn zog sich aber auch aus einem anderen Grunde wesentlich hinaus. Wie die Unruhen im Mai 1849 nicht allein auf Sachsen beschränkt waren, sondern vielerorts in Deutschland ausbrachen, trachteten auch die Gerichtsbehörden nach Möglichkeit sofort die Fäden und Beziehungen aufzudecken, die etwa zwischen den einzelnen Gärungsherden hin und her liefen. In Sachsen ergaben sich alsogleich Anhaltspunkte für gewisse nach Berlin und Böhmen weisende Zusammenhänge. Wohl war den Berlinern kein Aufstand gelungen — nicht der letzte Grund, warum der Dresdner Aufruhr zusammenbrach —; dennoch lieferten bestellte Denunzianten und Agents provocateurs den Gerichten erwünschten Belastungsstoff vor allem gegen die Häupter der seit dem Sommer und Herbst 1848 der Regierung so verhaßten Linken in der preußischen Nationalversammlung: Waldeck und D'Ester. Dieser war noch rechtzeitig entkommen. Dafür stand der

---

[1]) Vgl. auch O. Meinel: Otto Leonhard Heubner (1928), 220 ff.

Geheime Justizrat Waldeck[1]) vor Gericht, dem hochverräterische Umtriebe nachzuweisen sich der Untersuchungsrichter redlich abmühte. Und da in den sogenannten Anklageakten, deren rechtliche Fadenscheinigkeit später auch vom Gerichte zugegeben wurde, der Name Bakunins auftauchte, überdies erwiesen wurde, daß die genannten Berliner Demokratenführer und andere zu Ostern in Dresden auch mit Bakunin verkehrt hatten, verstärkte sich der Verdacht des engsten Zusammenhanges zwischen Dresdner und Berliner Aufrührern so sehr, daß zahlreiche Requisitionen von Berlin in Dresden einliefen[2]), ja Untersuchungsrichter Schlötke sich persönlich nach Dresden begab, um in die Untersuchungsakten Einsicht zu nehmen.

Ein noch größeres Interesse an den Ergebnissen der Dresdner Untersuchung bewiesen die österreichischen politischen und Militärgerichtsbehörden, die soeben mit der Liquidierung der noch rechtzeitig entdeckten, von Bakunin geistig geleiteten Prager Maiverschwörung alle Hände voll zu tun bekommen hatten. Sehr bald fiel der stärkste Verdacht der Untersuchungsbehörden auf Bakunin, der sich als gerechtfertigt erwies und den Wunsch rege werden ließ, zur möglichst raschen Aufklärung der Prager Verschwörung genaue Nachrichten über Fortgang und Ergebnis der Hauptbeschuldigten in Sachsen zu erlangen. Aus diesem Grunde faßte man in Prag eine Sonderuntersuchungskommission unter Führung von Landesgerichtsrat Hoch ins Auge, welche die für den Fortgang der Prager Untersuchung notwendigen Verhöre unmittelbar in Sachsen vornehmen sollte. Freilich erklärte sich das sächsische Justizministerium mit diesem Plane nicht im vollen Umfange einverstanden[3]), da es nicht angehe, daß ein österreichischer Beamter auf sächsischem Boden Amtshandlungen vornehme. Wohl aber stimmte man zu, daß ein österreichischer Kommissär den Verhandlungen beiwohne und dem sächsischen Untersuchungsrichter seine Wünsche mitteile, auf die nach Möglichkeit Rücksicht genommen werden solle. Hoch fuhr daraufhin nach Sachsen, wo er während der Zeit der Hauptverhöre blieb, die Verbindung zwischen der Dresdner und Prager Untersuchungskommission herstellte und in deren Auftrage eine große Zahl von Fragen an Bakunin und August Röckel stellen ließ, wodurch der Abschluß der Untersuchung in Sachsen nicht wenig hinausgezögert wurde.

Aber auch die russische Regierung ließ einige Fragen Bakunin vorlegen. In einen wirren Knäuel wechselseitiger Verbindungsfäden schien schließlich Bakunins Prozeß auszumünden, als in Breslau eine polnische Verschwörung entdeckt wurde, in deren Mittelpunkte die bekannte Mittlerin zwischen den einzelnen re-

---

[1]) Vgl. Stenographisches Bülletin über den Waldeckschen Process (1849); W. Biermann: Franz Leonhard Waldeck (1928).
[2]) Dresden H. St. A. Amtsgericht Dresden 1285 c vol. II.
[3]) Ebenda. Justizministerium 543 vol. III. Die Erlaubnis, Auszüge aus den Dresdner Akten über die Maiunruhen zu machen, erhielt schon am 23. Juni 1849 der österreichische Polizeikommissär Dederra.

volutionären Lagern Anna Lissowska aus Myslowitz stand[1]). So schlug der Bakuninsche Prozeß weit über Sachsens Grenzen hinaus seine Wellen.

In Dresden trug bei den Hauptangeklagten der Gerichtsassessor Hammer die Last der Voruntersuchung. Gleich nach der Einlieferung am 14. Mai unterzog er Bakunin einem Summarverhör[2]), in dem dieser einen flüchtigen Überblick über sein Leben, besonders über seine Tätigkeit in Deutschland und Sachsen bot. Sodann füllten die zweite Hälfte Mai, Juni und Juli die Verhöre wegen Anfragen von auswärts: von Berlin und Prag aus. Schon hiebei bewährte Bakunin seine mannhaft aufrechte Gesinnung und Haltung, die auch seinen politischen Gegnern Achtung abrang[3]). Hielt er sich doch streng an den mehrfach ausgesprochenen Grundsatz, niemanden durch namentliche Nennung zu kompromittieren. Nur auf spezielle Vorhalte oder wenn ihm die bereits gemachten Aussagen anderer vorgelesen wurden, zeigte er sich bereit, konkretere Angaben zu machen und seinerseits manches zuzugeben. Sonst verlegte er sich fast durchwegs aufs Leugnen, wodurch er an die Verhörskunst des Untersuchungsrichters nicht geringe Anforderungen stellte. Ertappte er diesen gar bei einem unlogischen Schlusse, dann wies er die Unrichtigkeit sofort nach. So verhielt er sich auch vom 3. bis 7. August, als er einer Reihe zusammenhängender Verhöre unterworfen wurde, die aber wieder nur Anfragen von den Nachbarkommissionen, besonders aus Böhmen betrafen. Noch verging mehr als ein Monat, ehe das Hauptverhör wegen seiner sächsischen Vergehen begann. Bakunin, durch die Ungewißheit seines Schicksals schon arg verstimmt, atmete endlich auf, als dieses am 19. September einsetzte. Was seine Person betraf, gab er so gut wie alles freimütig zu und bezeichnete seine Stellung in der Dresdner Bewegung ziemlich genau, verschwieg aber beharrlich die Namen anderer und versuchte nicht, sich auf ihre Kosten zu entlasten. Der wesentlichste Teil seiner Aussage war am 22. September zu Ende. Erhellte aus ihr doch eindeutig, daß er an den Dresdner Unruhen maßgeblich, im letzten Abschnitte geradezu führend, beteiligt gewesen war, wozu die Angaben Heubners vielfach stimmten. Dennoch forschte der Untersuchungsrichter noch weiter, da es galt, noch eine Unmenge Aussagen anderer Personen mit Bakunins Bekenntnis in Einklang zu bringen, Einzelheiten klarzustellen, die in den Augen weniger Eingeweihter eine erhöhte Bedeutung zu besitzen schienen. So wurden die konservativen Elemente Dresdens nicht müde, Zeugnisse für Bakunins

---

[1]) Berlin St. A. Innenministeriums Rep. 77 CCCLXXIX, N° 20, vol. I; Pfitzner: Bakunin und Preußen im Jahre 1848, Jahrb. f. Kultur u. Geschichte der Slawen N. F. VII (1931) 247, 277.

[2]) Dresden H. St. A. Amtsgericht Dresden 1285 ᵃ vol. I, wo auch ein Teil der übrigen Verhöre erliegt. Sie sind lückenhaft und vielfach mit falschen Namenslesungen gedruckt von Polonskij, Proletarskaja revolucija 54 (1926), 167 ff. Weitere Verhöre ebenfalls Dresden H. St. A. Amtsgericht Dresden 1285 ᵈ vol. III.

[3]) Vgl. Varnhagen: Tagebücher VII, 369; XIV, 11.

angeblich barbarisches Verhalten herbeizuschaffen, die z. B. erhärten sollten, Bakunin habe Pechkränze anfertigen lassen, den Befehl zu Brandlegungen oder zur Beschießung der Bildergalerie gegeben, das Rathaus durch angehäuftes Pulver in die schwerste Gefahr gebracht, Einzelpersonen überaus grob behandelt, Stadträte beim Kragen gefaßt und aus dem Sitzungszimmer der provisorischen Regierung geworfen, andere mit Erschießen bedroht usw. usw. Gerade zum Erweise solcher Einzelheiten und Episoden meldete sich ein Heer von Zeugen, deren Aussagen Bakunin in der Zeit vom 10. bis 20. Oktober vorgehalten oder gar durch Konfrontation geprüft wurden. Die meisten dieser Behauptungen leugnete Bakunin. Bei der Frage der Brandlegung war er sogar bereit, sein Ehrenwort dafür zu verpfänden, daß er einen solchen Befehl nicht gegeben habe. Am 20. Oktober faßte schließlich Hammer die bisherigen Aussagen Bakunins über seine Tätigkeit während des sächsischen Aufruhrs in zwanzig Schlußpunkten als Entwurf für das Schlußverhör zusammen, die dann Bakunin im wesentlichen für richtig erklärte. Dabei blieben seine Aussagen über außersächsische Angelegenheiten unberücksichtigt. Über die sächsischen und außersächsischen Fragen wurde getrennt Protokoll geführt, das für Sachsen 311 Fragen und Antworten enthielt. Während die sächsische Voruntersuchung mit dem 24. Oktober als geschlossen galt — an diesem Tage wurden die Akten an Bakunins Verteidiger abgetreten, der binnen drei Wochen eine Verteidigungsschrift einzureichen hatte — verhörte Hammer Bakunin erst Ende Feber 1850 zum letzten Male in österreichischen Angelegenheiten. Schon am 20. Oktober 1849 aber schrieb dieser gleich erleichtert wie besorgt in sein Tagebuch[1]): „Enfin l'instruction est terminée; que sera ce? où et que serai-je? Dieu sait. — J'ai ici touché en prenant congé de la commission, qui a été pleine d'humanité pour moi."

Nunmehr erwartete auch ihn eine wichtige, wenngleich nicht sonderlich aussichtsreiche Aufgabe. Nach dem eingehaltenen Prozeßverfahren stand es ihm zu, eine eigene „Selbstverteidigung"[2]) schriftlich auszuarbeiten. Wie Heubner war auch Bakunin entschlossen, von diesem Rechte Gebrauch zu machen, freilich erst nach längerem Zögern, da er es für zwecklos hielt, sich vor einem nicht öffentlichen Gerichte zu verteidigen. Er begann die Niederschrift nicht in der Absicht, seine Aussagen und Geständnisse etwa abzuschwächen oder seine Richter von seiner Unschuld zu überzeugen, sondern mehr, um sich und ihnen zu erklären, wie er als Russe dazu gekommen sei, sich tätig an den deutschen, besonders sächsischen inneren Angelegenheiten zu beteiligen. Dies in umfassendem Zusammenhange darzustellen — angedeutet hatte er es bereits bei den Verhören —, brannte ihm auf der Seele. Aber welche Schwierigkeiten gab es da für die Abfassung dieser Schrift zu überwinden! Schon die kurze Zeit von drei Wochen, die ihm wie seinem

---
[1]) Prag, Militärarchiv, Bakuninakten.
[2]) Das erhaltene Bruchstück wurde gedruckt von Čejchan: Bakunin v Čechách (1928); im Druck umfaßt es 88 Seiten.

Verteidiger zur Verfügung stand, vereitelte von vornherein zum
Gutteil seine Absicht. Da er sich eine politische Konfession und
Beichte von der Seele schreiben wollte, lag es auf der Hand, daß
er dazu literarische und publizistische Hilfsmittel und Quellen
benötigte, um seinem Gedächtnis nachzuhelfen, aber auch um seine
bisherigen Taten in einen möglichst allgemeinen Rahmen organisch
eingliedern zu können. Daher ersuchte er seinen Verteidiger, er
möge ihm bestimmte politische Schriften, vor allem Zeitungen, zusenden. Otto, erfüllt von unbegrenzter Hilfsbereitschaft für seinen
von ihm offenbar sehr geschätzten Klienten, beförderte schon am
31. Oktober einen Ballen Zeitungen nach dem Königstein[1]). Aber
da stellten sich die ersten bedeutsamen Hindernisse ein. Wohl lag
der günstige Beschluß des Kriegsministeriums vor, daß den Gefangenen alle Schriften und Zeitungen, die sie zur Verteidigung
brauchten, zur Verfügung gestellt werden sollten, wofern das Stadtgericht seine Zustimmung gegeben habe[2]). Aber das von Otto ein-
getroffene Zeitungspaket kam trotz der Bewilligung des Stadtgerichtes nicht in Bakunins Hand, da plötzlich das Königsteiner
Festungskommando erklärte, dies stünde mit den Regeln des
Festungsreglements in Widerspruch. Die Gefangenen der Festung
dürften nur die vor dem 3. Mai erschienenen Zeitungen lesen. Später
stellte sich das Kommando auf den Standpunkt, den Gefangenen
sei jegliche Lesung politischer Broschüren und Zeitungen untersagt.
Bakunin geriet über diese Anordnungen in nicht geringe Aufregung
und Verlegenheit. Am 12. November teilte er Otto mit[3]), er werde
unter diesen Umständen wohl auf seine Selbstverteidigung verzichten müssen, zumal er lediglich drei Nummern des Dresdner
Journals vor dem 3. Mai erhalten habe, mit denen er schlechterdings
nichts anzufangen wisse. Otto nahm sich sofort seines Schützlings
an und protestierte[4]) gegen diese Maßnahmen mit der Begründung,
daß Bakunin kein Militärgefangener sei und nur deswegen auf dem
Königstein sitze, weil das Dresdner Stadtgericht über keine genügend sicheren Arresträume verfüge. Daraufhin erklärte sich das
Kriegsministerium damit einverstanden, daß Bakunin einzelne
Zeitungsnummern, nicht aber, wie er wünschte, möglichst vollständige Jahrgänge und andere Bücher einsehe. Der von Otto erzielte Erfolg half Bakunin nicht über die Schwierigkeiten hinweg.
Nur die „Augsburger Allgemeine Zeitung" oder doch einzelne
Nummern daraus müssen ihm zur Verfügung gestellt worden sein.
Neuerliches Vorstelligwerden Ottos gegen die Entscheidung des
Kriegsministeriums beim Justizministerium im Jänner 1850 —
dieses überließ wieder dem Kriegsministerium die letzte Ent-
scheidung — blieb erfolglos. Ohne nennenswerte Hilfsmittel mußte
so Bakunin seine politischen Ansichten über Deutschland und
Rußland niederschreiben. Freilich brachte er die Selbstverteidigung

---

[1]) Brief Ottos an Bakunin, Prag, Militärarchiv, Bakuninakten.
[2]) Vgl. unten *a*).
[3]) Vgl. unten *b*).
[4]) Dresden H. St. A. Justizministerium 545 vol. 9.

nicht zum Abschluß. Sie blieb wie so vieles in seinem literarischen Lebenswerke Bruchstück, das trotzdem erheblichen Wert für die Erkenntnis Bakuninscher Anschauungen in einem bestimmten Zeitabschnitt besitzt. Am 17. März 1850 setzte er Otto brieflich in Kenntnis, daß er die Schrift nicht zu Ende führen könne, und teilte ihm daher nur einige Andeutungen für die Abfassung der längst fällig gewordenen zweiten Verteidigungsschrift mit[1]). Das Bruchstück der Selbstverteidigung aber wurde nach seiner Auslieferung an Österreich von den sächsischen Behörden nach Prag gegen Rückschluß übersandt, dann aber hier vergessen, so daß es sich heute im dortigen Militärarchiv befindet.

Indessen nahm das gerichtliche Verfahren seinen Fortgang. Otto sollte bis zum 13. November 1849 die „Schutzschrift"[2]) für seinen Klienten eingereicht haben, wurde jedoch nicht rechtzeitig fertig und erbat sich noch eine 14tägige Nachfrist. Am 26. November legte er endlich die Schutzschrift vor, nicht ohne nochmals gegen das gewählte gerichtliche Verfahren zu protestieren. Den Hauptton legte er auf den Nachweis, Bakunin habe ein moralisches Recht zur Revolution gehabt, was auch Heubner, der mit seiner „Selbstverteidigung" fertig geworden war, versuchte. Das königliche Appellationsgericht, dem die Urteilssprechung über die Maiangeklagten oblag, fällte daraufhin erst am 14. Jänner 1850 das Urteil[3]), das bei Bakunin, Röckel und Heubner — deren Fälle wurden an einem Tage erledigt — auf Tod wegen Hochverrat lautete. Hammer teilte ihnen am 19. Jänner das Urteil mit, worauf Bakunin sofort eine Unterredung mit seinem Verteidiger verlangte. Alle drei waren gewillt, gegen das Urteil Berufung einzulegen. Otto, mit dem Bakunin am 26. Jänner eine Unterredung in Gegenwart des Untersuchungsrichters hatte, erhielt zur Fertigstellung der zweiten „Schutzschrift" wieder drei Wochen, bis zum 21. Feber zugebilligt, war aber gezwungen, neuerlich um eine Fristverlängerung anzusuchen, da er auch u. a. „die Notizen, welche Herr Bakunin behufs seiner 2. Vertheidigung mir geben wollte", bis jetzt nicht bekommen habe. Diesen befiel wieder seine öfter zu bemerkende unüberwindliche Abscheu vor jeder schriftlichen Festlegung seiner Gedanken, so daß Otto die Schutzschrift ohne Bakunins Weisungen anfertigen mußte. Sie enthielt denn auch kaum einen neuen Gesichtspunkt. Am 11. März reichte er sie ein, am 17. sandte erst Bakunin seine Bemerkungen zu den Entscheidungsgründen des erstrichterlichen Urteils, die Otto demnach zu spät erreichten[4]). Eingeweihten konnte es nicht zweifelhaft sein, daß das Oberappellationsgericht das erstrichterliche Urteil be-

---

[1]) In russischer Übersetzung gedruckt bei Polonskij, Materialy I, 48 ff.
[2]) Dresden H. St. A. Amtsgericht Dresden 1285 a vol. I.
[3]) Ebenda.
[4]) In dieser Zeit reiste auch die österreichische Untersuchungskommission mit Hoch von Dresden ab. Kuefstein meldete, dieser habe sich sehr verdient gemacht und bat, den sächsischen Behörden für ihr Entgegenkommen den Dank aussprechen zu dürfen; Meldung vom 16. März 1850, Wien, Haus-, Hof- und Staatsarchiv 1679/A.

stätigen werde. Dies geschah am 6. April. Doch erst am 3. Mai wurde den drei Hauptangeklagten dieses neuerliche Todesurteil vorgelesen. Nach längeren Besprechungen untereinander entschlossen sie sich, ein gemeinschaftliches Gnadengesuch, das ihre Verteidiger abfassen sollten, vorzulegen, „in welchem von persönlichen Rücksichten abzusehen sei". Am 16. Mai wurde das Gesuch vorgelegt. Aber der König entschloß sich nicht sogleich zur Begnadigung. Sie erfolgte erst am 6. Juni zu „lebenslänglichem Zuchthaus zweiten Grades"[1]), was den Betroffenen am 12. Juni mitgeteilt wurde. Noch in der gleichen Nacht wurde Bakunin aus Sachsen geschafft und an Österreich ausgeliefert.

Damit war der erste große Abschnitt seiner Kerkerzeit zu Ende. Das letzte halbe Jahr auf Königstein verlief größtenteils wie die ersten Kerkermonate. Dennoch stellten sich seelische Erschütterungen und Zeiten größter Spannung ein[2]), von denen er vordem verschont geblieben war. Sein stetes Grübeln über seine Zukunft ließ ihn die finstersten Gedanken hegen. Wohl hatte ihm sein menschenfreundlicher Verteidiger versichert, daß er, auch wenn er zum Tode verurteilt werden sollte, nicht hingerichtet werden würde. Aber die volle Öde seiner Lage ließ ihm eine lebenslängliche Kerkerhaft noch schlimmer als eine Hinrichtung, als lebendig Verwesen erscheinen. Das elendste Los hieß er freudig willkommen, wenn er nur noch einmal das Licht der Freiheit erblickte. Denn Leben in Unfreiheit, wie oft hatte er es gepredigt, ist kein Leben. In diese düsteren Stimmungen mischte sich freilich auch Lebensfreude, ja er wagte es sogar, Reisepläne zu schmieden[3]), die ganz Südeuropa, Süddeutschland, Holland und England umspannten. Und wenn er gelegentlich in sein Tagebuch schrieb „rêvé", dann mögen ihn seine Träume in diese Fernen geführt haben. Auch daß die Gedanken zollfrei seien, blieb ihm ein Trost trotz aller Einöde. Denn gerade er empfand nirgends so deutlich wie in dieser Vereinzelung, daß der Mensch für die Gesellschaft geboren sei, daß der Mensch nur durch den Menschen etwas werden könne, allein aber tot sei.

Trotz herzerquickender Freundschaftsbeteuerungen und ermunternder Zurufe seines Freundes Adolf Reichel bargen dessen Briefe doch auch genug düsteres Gedankengut, das aus den dunklen, allenthalben über Bakunins Schicksal verbreiteten Gerüchten erwuchs. Noch ehe das erste Urteil gefällt war, glaubte Reichel, die Hinrichtung sei nahe und schrieb daher an Bakunin einen bewegten Abschiedsbrief, dem Otto jedoch sofort die Bemerkung hinzufügte, er habe Reichel alsogleich über die Grundlosigkeit dieses Gerüchtes unterrichtet. Aber Reichel glaubte an keine Begnadigung Bakunins mehr und pflegte daher häufig von den letzten Dingen zu schreiben. Darein stimmte seine Schwester Mathilde, verehelichte Lindenberg, ein, die Bakunins Seelenzustand durch die Wachweckung der Erinnerung an seine längst vergessene Liebe zu ihrer gemeinsamen,

---

[1]) Dresden H. St. A. Justizministerium 545 vol. 13.
[2]) Vgl. dazu die oben S. 194, Anm. 3, genannten Quellen.
[3]) Entsprechende Notizen erliegen in Prag, Militärarchiv, Bakuninakten.

in höchst unerquicklichen Eheverhältnissen lebenden Freundin Johanna Peskantini auf eine empfindliche Probe stellte. Erschütternd oftmals die Tragik, die Mathilde in ihren Briefen an Bakunin in Worte zu fassen suchte, grenzenlos zugleich die Rührseligkeit und Tränenfreude angesichts der Lage Bakunins, von mystischer Verklärung geradezu erfüllt die Schilderungen der heiligmäßigen Liebe Johannas. Diese, ganz in religiösem Glücksgefühl aufgehend, trachtete in letzter Stunde einen Weg zu Bakunins rettungs- und heilsbedürftiger Seele zu finden, um ihn mit ihrem Gotte und der Kirche zu versöhnen. Das Neue Testament und Sallets Laienevangelium, begleitet von langatmigen mystischen Erörterungen über religiöse Probleme, sandte sie ihm als Trostbüchlein in seiner schweren Lage. Aber Bakunin zeigte sich wenig geneigt, solch mystischem Glauben, dem er selbst einst nahe stand, nachzuhängen. Die rauhe Kerkerwirklichkeit zerstörte zarte Gefühle. Die Mathematik, die er voll Leidenschaft betrieb, unterschied sich ja auch merklich von den Liebesgedichten, die Heubner zu gleicher Zeit im Kerker schrieb. Daher vermochte er der sehnsüchtig liebenden, gottesfürchtigen Frau und einstigen Geliebten keinen anderen Trost denn scharfe, bittere Worte über ihre religiöse Haltung und Einstellung zum Leben zu senden. Mathilde Lindenberg versuchte zu Beginn des Mai 1850, Bakunin in Königstein zu besuchen, was ihr jedoch versagt wurde. Nach dem zweiten Urteilsspruche glaubten die Geschwister Reichel fest an seinen Tod und sandten ihm wieder tieftraurige Abschiedsbriefe, die bereits den deutlichen Hinweis auf das Wiedersehen im Jenseits enthielten.

Bangten so seine allernächsten Freunde wegen der phantastischen, immer wieder die Presse durcheilenden Gerüchte voll Kummer um sein Schicksal, so zeigten sich nicht weniger die Behörden besorgt, die noch mit ihm abzurechnen hatten: die **diplomatischen Vertreter Österreichs und Rußlands**. Bedeutete doch Bakunin in der Hand der sächsischen Regierung einen wertvollen Fang nicht nur für Sachsen, sondern für eine Reihe anderer Staaten Europas, vor allem für die konservativen Vormächte Österreich und Rußland. Die Regierungen dieser beiden Länder erhoben bestimmte Ansprüche auf die Person Bakunins, da er in jedem schwer belastet war. Rußlands Anrecht lag offener zutage, da es einen ungetreuen Landessohn, der schon zu einer schweren Verbannungsstrafe 1844 verurteilt worden war, wegen Hochverrat und Majestätsbeleidigung gebieterisch zurückforderte. Nikolaus, den Triumph über den gefangenen Hauptgegner voll auskostend, trat alsogleich drohend und warnend gegen Sachsen auf, von dem er die strengste Bestrafung und Auslieferung erwartete. Der russische Gesandte in Dresden verdolmetschte das russische Begehren und ermangelte nicht, entsprechende sanfte Drohungen anzubringen. Gerüchte verbreiteten sich in den Reihen der Petersburger Diplomatie[1]), Rußland sei im

---

[1]) Wien, Haus-, Hof- und Staatsarchiv, Gesandtenberichte aus Petersburg vom 31. (19.) Mai 1849. Die deutsche Presse durcheilte noch im Mai das Gerücht, die Stadt Chemnitz wolle die angeblich von Rußland auf den Kopf

Weigerungsfalle der sächsischen Regierung sogar zum Abbruche der diplomatischen Beziehungen bereit. Die sächsische Regierung kam fraglos in eine schwierige Lage.

Eine Erleichterung für sie bedeutete da das ungefähr gleichzeitig einlaufende Auslieferungsbegehren der österreichischen Regierung, da gegen Bakunin schon länger eine Preßklage wegen des auf Österreich berechneten „Aufrufes an die Slawen" lief, die nur deswegen nicht erfolgreich zu Ende gebracht werden konnte, weil man Bakunins nicht habhaft wurde. Nun, da man in Prag von der Gefangennahme Bakunins erfuhr, lief sofort in Dresden das Auslieferungsverlangen des Prager Landrechtes als provisorischen Pressegerichtes ein[1]), das sich auch auf den Buchdrucker Wiede und den Leipziger Verleger Ernst Keil erstreckte. Das österreichische Fordern erhielt sehr bald einen erheblichen Nachdruck, als die Zusammenhänge zwischen Dresdner und Prager Maibewegung immer sichtbarer wurden. Schon am 11. Mai[2]) waren die österreichischen Behörden durch den Leipziger Generalkonsul auf gewisse Beziehungen der beiden Unruhherde aufmerksam gemacht worden. Ja, er teilte bereits mit, daß Bakunin in Chemnitz verhaftet worden sei und daß er den Krieg nach Böhmen habe vortragen wollen. Auch die Frage der Beteiligung österreichischer Flüchtlinge an den sächsischen Unruhen ließ die österreichischen konservativen Staatsmänner nach Dresden blicken[3]). Aussagen von Prager Maigefangenen sowie ein verhängnisvoller Brief im Besitze Röckels ließen Bakunin sehr bald auch als Haupt der Verschwörung in Prag erscheinen, so daß der böhmische Vizegouverneur Mecséry Anfang Juni die inzwischen auf dem Hradschin eingesetzte militärische Untersuchungskommission nachdrücklich auf diese Spur hinwies[4]) mit der Frage, ob nicht doch die Auslieferung aus gerichtlichen Gründen wünschenswert sei. Die Kommission bejahte diese Anregung entschieden. Kuefstein, der österreichische Gesandte in Dresden, betrieb indessen die Auslieferung wegen des schwebenden Preßprozesses. Die österreichische Regierung, die bereits Anstalten für die Auslieferung traf, stellte am 29. Juni, gestützt auf den Bundesbeschluß vom 18. Juli 1836, in aller Form ein entsprechendes Verlangen.

Dieses Begehren des österreichischen Außenamtes kam der sächsischen Regierung sehr gelegen, da sie eine unmittelbare Auslieferung an das drängende und im liberalen Europa so verhaßte

---

Bakunins ausgesetzten 10.000 Silberrubel verlangen und daher von der sächsischen Regierung die Erfüllung des russischen Auslieferungsbegehrens fordern; vgl. z. B. Schlesische Zeitung 1849, 25. Mai.

[1]) Dresden H. St. A. Amtsgericht Dresden 1285 c vol. II.; vgl. auch Čejchan, Slovanský přehled 1931 (Nov.), 683 f. Am 13. Juni schrieb der Prager Staatsanwalt auf den Akt: „Das Resultat ist abzuwarten." Das Verfahren verlief dann im Sande.

[2]) Wien, Haus-, Hof- und Staatsarchiv 82/A und Prag, Archiv d. Minist. d. Inneren, 1846—1849 Praes 15 a 28.

[3]) Schreiben Schwarzenbergs an Kuefstein vom 15. Mai 1849, Wien, Staatsarchiv, Dresdner Gesandtschaft, Berichte und Reskripte 1849.

[4]) Prag, Militärarchiv, Akten gegen Bakunin.

Rußland unbedingt vermeiden wollte und doch froh war, einen so unbequemen Gefangenen, der stets strengster Behütung bedurfte, auf weniger odiose Weise loszuwerden. Sie beeilte sich daher, den rechtlichen Anspruch Rußlands auf Bakunin wohl anzuerkennen, der Petersburger Regierung zugleich aber die Notwendigkeit begreiflich zu machen, Bakunin zunächst an Österreich auszuliefern, da in Böhmen die Untersuchung noch im vollen Gange sei und viele Konfrontationen notwendig werden würden. Über all diese diplomatischen Unterhandlungen und Umstände unterrichtete Kuefstein am 12. Juni[1]) Schwarzenberg und fügte noch hinzu, Sachsen sei gar nicht in der Lage, Bakunin im Falle seiner Verurteilung zu lebenslänglichem Kerker in seinen Zuchthäusern Waldheim oder Zwickau zu behalten, da er dort bei der erstbesten Gelegenheit befreit werden würde. So bliebe als genügend sicheres Gefängnis allein die Festung Königstein übrig, was der Strafe den Charakter des Ehrlosen nehmen würde. Schwarzenberg beriet sich über diesen Fall sofort mit seinen Ministerkollegen, die beschlossen, „den berüchtigten Bakunin, welchen die sächsische Regierung an Österreich auszuliefern die Absicht habe, anstandslos zu übernehmen"[2]), ihn aber dann alsogleich nach Krakau zu befördern. Auch Österreich bezeigte geringe Lust, die Last der Behütung auf sich zu nehmen. Als man daher vom Auslieferungsbegehren Rußlands vernahm, machte Schwarzenberg den Fall Bakunin sofort zum Gegenstande einer erneuten Besprechung im Ministerrate, wobei man etwas unklar beschloß, „unsererseits auf dessen Auslieferung nicht zu bestehen, ihn viel mehr gänzlich der russischen Regierung zu überlassen, da er dort ohne Zweifel mehr gravirt ist als hier"[3]), was doch wohl soviel bedeutete, daß Bakunin, sobald die österreichischen Gerichte die entsprechenden Auskünfte erhalten hätten, sofort an Rußland ausgeliefert werden sollte.

All diese Beschlüsse eilten freilich den Tatsachen weit voraus. Kuefstein erkannte sehr bald[4]), daß die Auslieferung noch geraume Zeit auf sich warten lassen werde. Hatte doch zu dieser Zeit die Hauptuntersuchung in Sachsen noch überhaupt nicht begonnen. Wohl versicherte Beust Kuefstein Ende Juni neuerdings, daß Bakunin an Österreich ausgeliefert werden würde, aber erst bis Sachsens und Rußlands Ansprüche entsprechend befriedigt seien. Damit blieb den österreichischen Behörden nichts anderes übrig, als das Gerichtsverfahren in Sachsen abzuwarten, was man nicht ohne Sorge tat. Denn sehr bald schlich sich das alte Mißtrauen Österreichs gegen Sachsen ein — Rußland teilte es —, da dieses seit dem Vormärz bei den konservativen Regierungen im Geruche allzu liberaler Stimmung und Milde stand. Man vermeinte daher, Grund zu der

---

[1]) Wien, Haus-, Hof- und Staatsarchiv, Actes de haute police 1851, 103ᵃ.
[2]) Ebenda 5906/A. Der Prager Gouverneur erhielt entsprechende Weisung schon am 18. Juni; ebenda 206/A, Kuefstein am 20. Juni; ebenda Dresdner Gesandtschaft, Reskripte und Berichte 1849.
[3]) Ebenda, Ministerratsprotokoll vom 2. Juli 1849.
[4]) Berichte Kuefsteins vom 27. und 29. Juni 1849.

Besorgnis zu haben, es könnte die Untersuchung nicht so forsch
betrieben werden, wie es die Schwere des Verbrechens gebiete.
Schon daß die Verhöre nur sehr langsam fortschritten, ja in den
Sommermonaten fast gänzlich stockten — lediglich Böhmen betreffende Fragen hatte Bakunin zu beantworten — beunruhigte
Kuefstein ebenso, wie das andere, daß ihm Beust im August plötzlich
mitteilte[1]), er werde ihm später schriftlich eine Erklärung wegen
der Auslieferung Bakunins überreichen, wie er auch den russischen
Gesandten gebeten habe, zunächst nichts in dieser Angelegenheit
an den Zaren zu schreiben. Kuefstein vermutete dahinter sofort die
Absicht der Regierung, Bakunin nunmehr nicht ausliefern zu
wollen. „So kann ich diese plötzliche Umwandlung des Ministeriums
in Behandlung dieser Frage nur der Einwirkung des englischen und
französischen Ministeriums zuschreiben. Dieselben ersehen in der zu
erfolgenden Auslieferung eine Prinzipienfrage, welche ihnen heute
oder morgen selbst Verlegenheiten gründen könnte." Schwarzenberg schärfte daraufhin Kuefstein große Achtsamkeit für die Untersuchung ein und überdies, er solle Beust bei jeder Gelegenheit an
das Recht Österreichs erinnern, das dann bald darauf Beust unter
den eben genannten Bedingungen erneut anerkannte[2]). Nur im
Falle der Todesstrafe würden neue Verhandlungen notwendig sein.
Aber wenn auch eine solche, wie die Richter bestimmt glauben,
verhängt werden dürfte, so würde doch die Exekution nicht in
Sachsen geschehen, weil man große Aufregung im Lande befürchte
und überdies die „angeborene Milde des sächsischen Königs", sowie
der Umstand, daß dieser die Grundrechte im vollen Umfange angenommen habe, es so weit nicht kommen lassen würde. Schließlich
weilte ja auch die österreichische Untersuchungskommission längst
in Sachsen, so daß eine genügende Gewähr für die Überwachung
der Sachsen geboten war. Dennoch wichen die Besorgnisse Österreichs auch fernerhin nicht[3]). In Prag verbreitete sich im Dezember
sogar das Gerücht, in den sächsischen Kammern solle ein Amnestie-
antrag für die Maigefangenen eingebracht werden, so daß die Hradschiner Untersuchungskommission sofort das Gespenst der Freilassung Bakunins aufsteigen sah[4]). Kuefstein beruhigte indessen
nach Möglichkeit, zumal die Untersuchungsakten soeben dem
Appellationsgerichte zum endgültigen Spruche übergeben worden
waren. Dennoch blieb er gerade jetzt doppelt auf der Hut. Ergaben
sich doch inzwischen merkliche Meinungsverschiedenheiten zwischen
sächsischem Justiz- und Außenminister, da jener hartnäckig darauf
beharrte, daß alle Rechtsmittel ordnungsgemäß erschöpft werden
müßten, ohne daß aus irgendeinem Grunde eine Beschleunigung
des Verfahrens einsetzen dürfe. Überdies schien er gute Miene zu

---

[1]) Ebenda, Actes de haute police 1851, 103a, Bericht vom 14. August 1849.
[2]) Bericht Kuefsteins vom 23. August.
[3]) Auch die Russen forschten wegen des langsamen Vorschreitens der
Untersuchung nach den Gründen und erfuhren, daß die österreichische Gerichtskommission wesentlich an der Verzögerung schuld sei, Polonskij, Materialy
I, 403.
[4]) Prag, Militärgericht, Bakuninakten.

machen, Bakunin sogar in Sachsen seine Strafe abbüßen zu lassen[1]). Am 16. Jänner, demnach kurz nach Verkündung des ersten Todesurteils, versicherte Beust Kuefstein beruhigend, er habe zwar den Justizminister von dem letztgenannten Plane abgebracht, könne aber unmöglich das ordentliche Gerichtsverfahren stören, wogegen er für möglichst rasche Erledigung des Gnadengesuches beim König sorgen wolle. Wieder lagen demnach Monate des Wartens vor den österreichischen Behörden, die schon im Juni des Vorjahres geglaubt hatten, Bakunin in ihre Hand zu bekommen. Denn weil der Verteidiger Bakunins Fristverlängerung für die Vorlage seiner zweiten Schutzschrift verlangte und der Justizminister auf Hochzeitsfeierlichkeiten im Königshause — sie fielen in den April — wegen zu befürchtender Mißstimmung in der Bevölkerung Rücksicht nahm, zögerte sich die Veröffentlichung der Bestätigung des erstinstanzlichen Urteils bis Anfang Mai hinaus, so daß inzwischen Kuefstein in seinen Berichten nach Wien die schwersten Vorwürfe gegen die sächsischen Behörden wegen ihrer Energielosigkeit und des schleppenden Geschäftsganges erhob. Nun hätte nach den wiederholten Zusagen Beusts die Auslieferung in wenigen Tagen erfolgen sollen. Aber wieder stellten sich Schwierigkeiten ein. Wohl hätte sich die Bestätigung des am 16. Mai eingereichten Gnadengesuches in kürzester Frist erreichen lassen; aber plötzlich hielt Beust den gegenwärtigen Augenblick für die Auslieferung deswegen für inopportun, weil die sächsischen Kammern geneigt zu sein schienen, die von der Regierung verlangte Anleihe von 13 Millionen zu genehmigen, was, wie Beust versicherte, bestimmt nicht der Fall wäre, wenn Bakunin gerade jetzt ausgeliefert würde[2]). Daher ließ er Schwarzenberg um einen Aufschub von etwa drei Wochen bitten, den dieser gewährte. So kam es erst im Juni zur Begnadigung. Nunmehr beeilte sich Kuefstein, die nötigen Vorbereitungen für die Übernahme in Böhmen treffen zu lassen. Von dem Plane, Bakunin sofort nach Krakau zu schaffen, war man inzwischen abgekommen, da dieser von der Untersuchungsbehörde auf dem Hradschin dringend verlangt wurde. Am 12. Juni war endlich alles zur Auslieferung vorbereitet. Bakunin, wegen seines Schicksals noch immer im ungewissen, zeigte sich nicht wenig überrascht, als er in der Nacht vom 12. auf den 13. um $\frac{1}{2}2^h$ geweckt, zum Ankleiden aufgefordert und schließlich gefesselt wurde[3]). Schon glaubte er, man wolle ihn hinrichten. Aber bald merkte er, als er, von einer starken Infanterieabteilung unter Führung eines Oberleutnants umgeben, sich in einen gedeckten Wagen setzen mußte, daß es nicht zum Tode, sondern an einen anderen Ort gehe. Der Weg führte über Pirna, Gießhübel nach Peterswalde, wo ihm erst von der Aus-

---

[1]) Deswegen monierten am 11. Jänner 1850 das Außenministerium und das Landesmilitärkommando von Böhmen die Auslieferung, Wien, Kriegsarchiv, Praes. 1850, N° 64.
[2]) Ähnliches versicherte Beust dem russischen Gesandten; vgl. Polonskij, Materialy I, 402.
[3]) Dresden H. St. A. Amtsgericht Dresden 1285 a vol. I.

lieferung Mitteilung gemacht und wo er von dem österreichischen Grenzoberkontrollor Dederra in Empfang genommen wurde[1]). „Bakunin benahm sich während der ganzen Vorgänge schweigend und gemessen", lautete die Abschiedszensur des begleitenden sächsischen Offiziers. Bei der Abrechnung erhielt er als Überschuß noch 27 Taler mit, demnach doppelt soviel, als er bei seiner Gefangennahme besessen hatte. Die Fahrt nach Prag unter starker Bedeckung verlief ohne Zwischenfall. Am 14. Juni meldete schon das Platzkommando auf dem Hradschin der Untersuchungskommission, „daß Michael Bakunin gestern Abends hier zugewachsen, in St. Georgi Kloster verwahrt und mit heutigem Tage in die Verpflegung gebracht worden ist".

Damit begann Bakunins österreichische Kerkerzeit, die fast eben so lang als die sächsische währen sollte. Nun wiederholten sich die Vorgänge des letzten Jahres in ähnlicher Weise. Dennoch bekam er gleich einige bedeutsame Unterschiede zur Behandlung und Stellung in Sachsen zu verspüren. Während er hier als Zivilgefangener behandelt wurde und als solcher einen Verteidiger erhielt, unterstand er in Prag ohne Verteidiger dem Militärgericht, das strengere Überwachungsmaßregeln für ihn traf. So blieb ihm nunmehr jede persönliche Korrespondenz mit seinen Freunden untersagt. Nur durch den Untersuchungsrichter, Hauptmannauditor Franz, der sich als humaner und edeldenkender Offizier erwies — „ich habe nie aufgehört, selbst im Verbrecher den Menschen zu achten, und zu seinen Gunsten nicht zu unterlassen, was mit meiner Pflicht vereinbar ist", bekannte er Herwegh gegenüber selbst[2]) —, kam er mit seinen Freunden noch brieflich in Berührung. Denn nach wie vor blieb er auf Freundeshilfe angewiesen, die Reichel, Herwegh und Alexander Herzen an erster Stelle gewährten, während die Hilfsbereitschaft manch anderer nunmehr nachließ, was nicht verwunderlich war, da die österreichische Regierung alle, die Bakunin Unterstützungen zukommen ließen, auf das stärkste verdächtigte[3]), Mitglieder eines großen Komplottes für die Befreiung Bakunins zu sein und sie daher durch Geheimagenten nach Möglichkeit überwachen ließ. Gerade in Prag geriet er in große Not. „Seine Kleidungsstücke bestehen nur noch in Fetzen, sein sehnlichster Wunsch ist, sich einen Schlafrock anschaffen zu können, da von einem alten nur noch traurige Rudera vorhanden sind", schrieb Franz beweglich an Herwegh. Auch die dargereichten Portionen genügten dem gierigen und starken Esser nicht, so daß er die doppelte Ration benötigte. Dafür begannen ihm die Geldmittel allmählich dahinzuschwinden, zumal er nach wie vor Unmengen an

---

[1]) Prag, Militärarchiv, Bakuninakten.
[2]) Brief von Franz an Herwegh vom 2. November 1850, Briefe von und an Georg Herwegh (1896), 361 f.
[3]) Wien, Haus-, Hof- und Staatsarchiv, Actes de haute police, 16: Bericht Bachs vom 20. Feber 1851 an Schwarzenberg, wonach bei den Unterstützungen besonders hervortraten: Otto aus Dresden, Habicht aus Dessau, Reichel aus Paris und Ernst Wittmann aus Dessau. Auch das Bankhaus Lämmel in Prag wurde verdächtigt. Es besorgte die Herzenschen Geldüberweisungen.

Zigarren aufbrauchte und für die letzten Groschen trotz der Vorstellungen des Auditors teuere mathematische Werke erwarb, die er mit Hilfe einer Schiefertafel durcharbeitete. Reine Freude brachten in solcher Lage Tage, da Wechsel von Paris, von Herzen oder Herwegh eintrafen. Dann konnte Franz mit doppeltem Rechte, wie am 15. Dezember 1850 der Mutter Herzens[1]), mitteilen, „daß sich Bakunin physisch sehr wohl fühlte, überhaupt ist sein Zustand ganz gut, soweit das in seiner Lage möglich ist, welche ihm im Rahmen der Vorschriften nach Möglichkeit erleichtert wird". Bloße Gerüchte scheinen Nachrichten zu sein, er sei in einen 14tägigen Hungerstreik getreten, um so seinem Leben ein Ende zu machen. Boshafte wollten gehört haben[2]), nur die Lektüre von Büchern habe ihn von solchen Vorsätzen abgebracht. In der Tat war ihm das Lesen von Regierungszeitungen erlaubt, ein Entgegenkommen, das ihm in Sachsen nicht zuteil geworden war.

Wie in Sachsen häuften sich bei den österreichischen Ämtern die Nachrichten, es würden **Befreiungsversuche** für Bakunin, wie die übrigen tschechischen Maigefangenen, vorbereitet. Schon zu Beginn 1850[3]), als Bakunin noch auf dem Königsteine saß, wußte ein österreichischer Konfident zu melden, russische Carbonari, die sehr einflußreich seien und mit den höchsten Stellen in Verbindung ständen, rüsteten unter Vermittlung von Ungarn das Befreiungswerk für Bakunin. Sogar den ehemaligen russischen Gesandten in Dresden Schröder brachte man damit in Zusammenhang. Nach Bakunins Ankunft in Prag aber liefen bestimmte Anzeigen des Inhaltes ein, daß die Berliner Demokraten bereits einen Mann gedungen hätten, der in Prag die Befreiung durchführen solle. Auch den Dessauer Demokraten wurden ähnliche Absichten untergeschoben. All diese Alarmnachrichten, die jeder Grundlage entbehrten und auch den Auditor Franz unnötig verdächtigten, hatten immerhin die eine Folge, daß Bakunin denkbar scharf behütet wurde. So untersuchte am 4. Juli 1850 eine viergliedrige Offizierskommission die Zelle Bakunins gründlich auf ihre Sicherheit hin, ein Umstand, dem wir eine genaue Beschreibung seiner Gefängnisumgebung verdanken[4]). Sein weiterer Zimmernachbar war Arnold, sein Hauptmitarbeiter in Böhmen. Auf dem gleichen Gang war noch eine Anzahl Mitverschworener untergebracht, die miteinander durch Klopfzeichen und Kassiber in einen gewissen Verkehr traten[5]). Auch Bakunins Vertrautester, Gustav Straka, teilte un-

---

[1]) Gedruckt von V. Bogučarskij-M. Geršenzon: Novye materialy o Bakunině i Herceně, Golos minuvšago 1913, N° 1, S. 185, die den Absender jedoch nicht erkannten.

[2]) So erzählte am 25. März 1851 Erzherzog Albrecht dem Polizeiminister Kempen über Bakunin: „Er wollte zu Prag seinem Leben durch Hunger ein Ende machen und nahm 14 Tage nichts als Wasser; allein als man ihm Romane von Paul de Kock zu lesen gab, erwachte die Lust zum Leben und Essen. Schwaches Geschöpf!" Das Tagebuch des Polizeiministers Kempen von 1848/49, hg. von Mayr (1931), 208.

[3]) Wien, Haus-, Hof- und Staatsarchiv 1544/A (Inform.-Büro) 16. Jänner.

[4]) Prag, Militärarchiv, Bakuninakten.

[5]) Ebenda, Untersuchungsakten gegen Frič, Gauč.

erwartet mit ihm das gleiche Dach. Vor seiner im ersten Stockwerk gelegenen Einzelzelle — sie trug die N° 2 — stand eine Schildwache wie im Garten unter seinem Fenster. Rechts und links von der Zelle war Wachmannschaft untergebracht. Die mächtige Holztür, mit einem schweren Schloß versperrt, besaß ein doppeltvergittertes Fensterchen mit einem Holzschieber, durch das der Wachtposten in kurzen Zeitabschnitten zu schauen hatte. Das in den Garten weisende Fenster trug starkes eisernes Gitterwerk, überdies einen korbartigen Bretterverschlag dergestalt, daß eine freie Aussicht in den Garten unmöglich war, ohne daß es an genügend frischer Luft und einigem Licht gebrach. Verdächtig schien der Kommission der Kamin, durch den ein Entweichen mittels eines anzubringenden dauerhaften Eisengitters vereitelt werden sollte[1]). Aber auch die Möglichkeit, durch die Decke zu entkommen, schloß man nicht aus, zumal unmittelbar neben dem Kloster, in der früheren Pönitentiaranstalt der Präfekt wohnte, der in dem üblen Rufe stand, mit den Männern der Umsturzpartei zu verkehren. Ihm traute man daher die Vorschubleistung für eine etwaige Befreiung Bakunins recht wohl zu. Daher sollte auch auf dem Boden über der Zimmerdecke der Bakuninschen Zelle ein Wachtposten aufgestellt werden. Aber nicht genug daran. Am 25. Dezember 1850[2]) ordnete das Landesmilitärkommando auf das Gerücht von einem neuen Befreiungsversuche weitere Bewachungsverschärfungen an. Die Kaserne mußte jetzt schon um $6^h$ abends geschlossen werden. Die „St. Georgs-Arrestantenwache", bestehend aus 1 Feldwebel, 1 Korporal, 1 Aufführer und 15 Mann — davon waren die drei Chargen und 6 Mann ausschließlich zur Bewachung von Zelle N° 2 bestimmt — wurde eingerichtet. Niemand, auch keine Amtsperson, durfte allein das Zimmer Bakunins betreten. Das Vorhängeschloß an der Tür erhielt zwei verschiedene Schlüssel, die sich in verschiedenen Händen befanden. Zwischen $8^h$ früh und $4^h$ nachmittags war nur in den allerdringendsten Fällen das Zimmer zu betreten. Jedesmal hatten alle 6 Mann vor der Zelle ins Gewehr zu treten. Der Arrestant durfte unter keinen Umständen aus der Zelle gelassen werden, „es wäre denn, daß er dringend Bewegung zu machen wünsche, welche nur auf dem Gange der nördlichen Flanke eine halbe Stunde lang stattfinden darf, wobei jedoch der Kommandant der Wache und 4 Mann derselben", sowie der Profoß anwesend sein mußten. Alle Viertelstunden hatte der Kommandant durch das Guckfenster zu sehen, der Platzkommandant täglich um $4^h$ die Schlösser zu kontrollieren und darüber schriftlichen Rapport zu erstatten. So war das „wilde Tier" allseits zerniert.

---

[1]) F. K. Krouský: Vojanský soud v Praze r. 1849, Svoboda VII (1873), 309 berichtet, Bakunin habe eines Tages durch den Ofen und den Kamin zu entfliehen versucht, wozu er bereits Mauerwerk herausgerissen habe. Nur das durch das Herabfallen der Ziegel erzeugte Geräusch habe die Wache noch rechtzeitig alarmiert. Daraufhin sei während der Nacht sogar im Zimmer Bakunins ein Wachtposten aufgestellt worden. Derlei sind sicher übertriebene Gerüchte.

[2]) Prag, Militärarchiv, Bakuninakten.

Die Untersuchung konnte nach allem, worüber Bakunin schon in Sachsen befragt worden war, in Österreich nur kurz sein, zumal die sächsischen Untersuchungsakten in den wesentlichen Teilen abschriftlich nach Prag mitgeteilt worden waren. Die Hradschiner Kommission legte für das Summarverhör vom 15. Juni 1850 die Aussagen der bereits seit Jahr und Tag Verhafteten zugrunde. Damit vertagte man das Verfahren bereits wieder auf lange Sicht. Strebte doch die Kommission darnach, zunächst aus den übrigen Hauptangeklagten wie Straka, Arnold, Zimmer, Sabina, Frič u. a. umfassendere Geständnisse zu entlocken, um mit deren Hilfe die Verhöre mit Bakunin fortzusetzen.

Die Gerüchte wegen einer baldigen gewaltsamen Befreiung Bakunins wollten nicht zur Ruhe kommen. Besonders im Feber 1851 lag der Innenminister Bach[1]) Schwarzenberg dauernd in den Ohren. Die obersten Behörden sahen schließlich die vermeintliche Gefahr bereits ins Riesenhafte anwachsen. Der panische Schrecken vor den demokratischen Befreiungsversuchen erfaßte vor allem auch die Gemüter der deutschen Polizei, wie aus einem Berichte des österreichischen Berliner Gesandten Prokesch an Schwarzenberg kraß hervorgeht. Meldete dieser doch die Ansicht des Berliner Polizeipräsidenten[2]), daß eine internationale Verschwörung aller revolutionären Führer bestehe, weshalb es unumgänglich notwendig sei, daß die Chefs der Polizei mehrerer Länder zusammenkämen, um wirksame Gegenmaßnahmen zu treffen. Neben Mazzini sei Bakunin der gefährlichste Mensch in Europa, zu dessen Befreiung hochgestellte Persönlichkeiten, meist Frauen, namhafte Beiträge gezeichnet hätten. Gebe es doch sogar in Prag solche Beiträger, die es schon verstanden hätten, den Profoßen zu bestechen. Diese und ähnliche Tatarennachrichten bewirkten, daß man über Nacht in höchster Bestürzung Anordnungen für die Überführung Bakunins traf[3]), ohne auch nur Zeit zu finden, um alle an dem Falle beteiligten Zentralbehörden rechtzeitig zu verständigen[4]). Die plötzliche Maßnahme erfolgte durch Vermittlung Schwarzenbergs auf Allerhöchsten Befehl in der Nacht vom 13. auf den 14. März mittels einer von einem Hauptmann befehligten, aus 2 Korporälen und 12 Grenadieren bestehenden Eskorte, die offenbar den gemessenen Befehl besaß, Bakunin bei dem geringsten Flucht- oder Befreiungsversuch während der Eisenbahnfahrt niederzuschießen[5]).

---

[1]) Wien, Haus-, Hof- und Staatsarchiv, Actes de haute police 16, 20. Feber 1851.
[2]) Ebenda 11, 24. März 1851.
[3]) Auch der russische Gesandte in Wien, Meyendorff, berichtete ähnlich nach Hause; vgl. V. A. Francev: Vydača Bakunina austrijcami, Golos minuvšago 1914, N° 5, 235 ff.
[4]) Einiges über diese Überführung bei V. A. Jevreijnov: M. A. Bakunin i austrijskija vlasti v 1848—1851 g., Naučn. trudy russk. narod. universit. v Prage IV (1931), 118 ff.
[5]) Diese von Herzen überlieferte Nachricht erscheint vollkommen glaubwürdig. Ähnliche Befehle wurden bei ähnlichen Gelegenheiten auch sonst gegeben; vgl. F. Schuselka: Das Revolutionsjahr 1848/49 (1850), 470.

Am 14. März trafen sie in aller Früh in Olmütz, sehr zur Überraschung des Festungskommandanten Böhm, ein, der in größter Eile in der Exclarissenkaserne ein entsprechendes Arrestlokal vorbereiten mußte, im übrigen ratlos war, wie er den so wertvollen Gefangenen behandeln solle. Daher bat er sofort das Armeeoberkommando um nähere Instruktionen[1]. In Wien versetzte dieser Vorfall die Zentralämter in nicht geringe Aufregung. Vor allem erwies sich das Kriegsministerium, das der Prager Militärgerichtsbehörde unmittelbar vorgesetzte Amt, völlig ununterrichtet, so daß ihm die etwas schroff gefaßte Mahnung der Wiener Militärzentralkanzlei vom 17. März sehr überraschend kam und gleich Schreiben an den Minister des Äußeren, des Innern und den Olmützer Festungskommandanten auslöste, in denen er um nähere Aufklärungen bat, nach Olmütz aber befahl, wegen der ganz besonderen „Gefährlichkeit und Schlauheit" des Gefangenen einen eigenen Platzoffizier mit der Überwachung zu betrauen, jenem unter keinen Umständen das Schreiben zu erlauben und niemandem außer dem Arzte Zutritt zu gewähren. Erst am 19. März klärte[2] Schwarzenberg den Kriegsminister über die plötzliche Maßnahme dahin auf, sie sei notwendig gewesen, „weil doch erhebliche Inzichten dafür an den Tag getreten seien, daß für seine Befreiung bedenkliche Complotte geschmiedet waren und weil bei der ungemeinen Wichtigkeit, welche die Umsturzpartei auf die Person jenes Verbrechers lege, man allerdings auf die kühnsten Versuche von ihrer Seite zu seinen Gunsten gefaßt sein müsse und sonach in Vorsichtsmaßregeln aller Art keinen Augenblick nachlassen dürfe". Inzwischen begann der Olmützer Festungskommandant entsprechende Vorkehrungen für die Adaptierung eines möglichst sicheren Gewahrsams, für den er zwischen den Basteien 7 und 8 beim Niedern Tor 4 Kasematten wählte, zu treffen[3]. Neben wohnlich-gesunder Ausstattung legte Böhm den größten Wert auf die strengste Abschließung von den übrigen Gefangenen, so daß Bakunin selbst während des täglichen halbstündigen Spazierganges von diesen nicht gesehen werden konnte. In der Tat ließen sich nach Einsicht des von Böhm vorgelegten, heute noch erhaltenen Planes des neuen Arrestlokales kaum schärfere Überwachungsmaßnahmen mehr treffen, besonders wenn man hört, daß die ausschließlich für Bakunin bestimmte Wache bei Tag und Nacht aus 1 Feldwebel, 1 Korporal, 2 Gefreiten und 22 Gemeinen bestand, denen noch eine Reserve von 1 Korporal, 1 Gefreiten und 18 Gemeinen beigegeben war. Dem Platzhauptmann oblag die besondere Oberaufsicht.

Was Wunders, wenn all diese verschärften Maßnahmen Bakunin „nachdenkend und verschlossen" machten[4]. Sein Äußeres

---

[1] Meldung Böhms vom 14. März, Wien, Kriegsarchiv, Praes. 1851, N° 1580, auch zum Folgenden.
[2] Ebenda N° 1632.
[3] Ebenda N° 1979.
[4] Berichte Böhms vom 19. und 27. März, ebenda N° 1632 und 1979, auch zum Folgenden.

— Wäsche und Kleidung — befand sich in einem trostlosen Zustande, wozu sich körperliche Schmerzen gesellten. Überdies schienen für ihn wegen zu geringer Arrestgebühr und Brotration Hungerzeiten anzubrechen. Wieder erbat er sich, um sich aus dieser verzweifelten Stimmung und Lage herauszureißen, seine Allheilmittel: Zigarren und Lektüre, was ihm, sobald entsprechende Weisungen aus Prag eingetroffen waren, auch in dem Ausmaße wie dort gewährt wurde. Überdies entschloß sich Böhm aus eigenem Antriebe, die Menge des Essens auf das Doppelte zu erhöhen. Schließlich trafen dann noch Bakunins Effekten aus Prag ein — sie zeugten nur von einstiger Eleganz —, sowie die Barschaft, die aus 85 Fl. und 55 preußischen Talern bestand, der beste Beweis, daß seine Freunde ihn noch nicht vergessen hatten. Nach all diesen amtlichen Angaben erscheinen manche Nachrichten, die damals und später die Presse durchcilten, als stark übertrieben und tendenziös, wenngleich darüber kein Zweifel bestehen kann, daß die Schärfe der Überwachung nunmehr auf den denkbar höchsten Grad gestiegen war[1]). Bat doch auch der Kriegsminister den des Innern Anfang April, es möchten zur Verhütung jedes Befreiungsversuches alle nach Olmütz kommenden Personen strengstens überwacht werden.

Schwarzenberg, Rußland gegenüber für Bakunin verantwortlich, trachtete schließlich, ihn möglichst rasch loszuwerden, da er für die militärischen Behörden eine schwere Belastung darstellte[2]). Daher ließ er die Kabinettskanzlei wieder über den Kopf des Kriegsministers hinweg in den Gang des Verfahrens eingreifen. Denn während der Kriegsminister unter dem 20. März den Leiter der Prager Untersuchungskommission General Kleinberg um Vorschläge für die Fortführung der Untersuchung bat, erging unter dem gleichen Datum der Allerhöchste Befehl an den Kriegsminister[3]): „Ich verleihe dem Hauptmann-Auditor Josef Franz den Majorscharakter mit Nachsicht der Taxen und hat derselbe die Untersuchung des Inquisiten Bakunin in Olmütz zu Ende zu führen. Sie haben hiernach das Geeignete zu veranlassen." Franz nahm am 15. April das Verhör mit Bakunin in Olmütz auf und beendete es am 18., dem dann am 14. Mai noch ein kurzes Schlußverhör folgte. Vor Beginn des Verhörs am 15. April gab jedoch Bakunin folgende Rechtsverwahrung zu Protokoll[4]): „Ich bin, wie bekannt, in Sachsen wegen Hochverrat zum Tode verurteilt und auf lebenslange Zuchthausstrafe begnadigt worden. Wie es in den bezüglich dieses Urteils von dem königl. sächsischen Oberappellationsgerichte zu Dresden erflossenen Beweggründen heißt, konnte ich nur als sächsischer Staatsbürger in Sachsen zum Tode verurteilt werden; ich bin daher durch das über mich gefällte Todesurteil für einen sächsischen Staatsbürger erklärt und als solcher begnadigt worden. Nun aber bin ich als abgeurteilter sächsischer Staatsbürger an Österreich aus-

---

[1]) Bakunins spätere Angabe, er sei an die Wand gekettet worden, scheint auf Wahrheit zu beruhen.
[2]) Ebenda 1979.
[3]) Ebenda N° 1665.
[4]) Prag, Militärarchiv, Bakuninakten.

geliefert worden, was ich durchaus in keinem Rechte begründet
finde, insofern man mich als einen abgeurteilten sächsischen Staatsbürger wieder zur Aburteilung vor ein österreichisches Gericht stellt;
obgleich ich weiß, daß dieser Protest mir nicht nützen wird, so
halte ich mich doch in meinem Gewissen dazu verpflichtet zu erklären, daß ich die Zuständigkeit eines österreichischen Gerichtes
zum Behufe meiner Untersuchung und Aburteilung nicht anerkennen
kann." Beim Verhöre blieb er den in Sachsen befolgten Grundsätzen restlos treu, bekannte, was ihn persönlich betraf, mit großem
Freimute, nannte aber nicht die Namen anderer. Erst als er erkannte, Frič, Straka und Zimmer hätten umfassende Geständnisse
abgelegt, gab er das Tatsächliche zu, berichtigte aber auch die
Aussagen der anderen. Am Schlusse des Verhörs bat er nur noch,
es möchten ihm die Effekten und Bücher, die er in Königstein besessen habe, nachgesandt werden, ließ aber auch eine Bemerkung,
die seine und des Auditors Art scharf beleuchtete, hinzufügen, „daß
er bei seiner Auslieferung nach Österreich den ernsten Entschluß
gehabt habe, keine Rede und Antwort zu geben, hiezu nur durch
die Art und Weise der Behandlung des ihn inquirirenden Auditors
bewogen worden sei, so wie er auch bei einem Wechsel des untersuchenden Auditors keine aufklärende Rede und Antwort gegeben
hätte". Sodann erklärte er, er wisse sehr wohl, daß man Zwangsmaßregeln gegen ihn habe anwenden können, „jedoch die mindeste
Anwendung derselben hätte ein unverbrüchliches Schweigen von
seiner Seite zur Folge gehabt". Franz aber stellte Bakunin das
Zeugnis aus, er habe sich zwar „mit Heftigkeit und Entschlossenheit,
jedoch sehr anständig benommen".

Nach den freimütigen Aussagen Bakunins konnte das Urteil
des am 15. Mai[1]) in Olmütz zusammentretenden Kriegsrechtes nicht
zweifelhaft sein. Es lautete auf Tod durch den Strang wegen Hochverrats am österreichischen Kaiserstaate. Österreich hielt sich nunmehr an seinen früheren Beschluß, Bakunin an Rußland auszuliefern.
Die Russen rechneten schon im Sommer 1850 mit der Auslieferung[2]).
Mochte Rußland auch mehrmals erklären lassen, es sei alles zur
Übernahme vorbereitet, so zogen sich doch die diplomatischen Verhandlungen bis ins Frühjahr hin. Bakunin freilich fürchtete nichts
mehr, als die Auslieferung an das Zarenreich, was er auch in einem
Briefe an Minister Bach zum Ausdruck brachte[3]), dem er überdies
mitteilte, er würde jede Möglichkeit, sich einer Auslieferung zu
widersetzen, benützen, sich ihr gegebenenfalls durch den Tod entziehen. Die österreichischen Behörden hatten indes bereits alle Vorbereitungen für die Auslieferung getroffen[4]). Der Kriegsminister
legte Wert darauf, daß der Gefangene noch am Tage der Urteils-

---

[1]) Diese Daten waren Traub: Květnové spiknutí v Čechách r. 1849
(1929) 250 ff. noch gänzlich unbekannt.
[2]) Wien, Haus-, Hof- und Staatsarchiv, Actes de haute police 1851,
103ᵃ; 1850, 4327.
[3]) Ebenda 5906/A.
[4]) Wien, Kriegsarchiv Praes. 1851, N° 2743, 2794, auch zum Folgenden.

fällung entfernt werde, worauf der Innenminister als Route den Weg bis Mährisch-Ostrau mit der Eisenbahn und von da über Teschen und Wadowice mit Wagen vorschlug. Krakaus Militärkommandant erhielt rechtzeitig Weisungen. Noch am 15. Mai abends mußte Bakunin, eskortiert von 1 Hauptmann, 1 Feldwebel, 1 Profoßen und 8 Scharfschützen, die Reise nach Rußland antreten. Am 16. Mai nach 10$^h$ abends kamen sie in Krakau an, wo eine halbe Stunde gerastet wurde, worauf man dann die Weiterfahrt unter verstärkter Eskorte an den Grenzort Michalowice antrat, wo der russische Gendarmerieoberst Rospopov mit 6 Gardegendarmen und 20 Kosaken[1]) bereits seit sieben Wochen wartete. Am 17. um 2$^h$ nachts wurde Bakunin gegen Bescheinigung an den russischen Obersten ordnungsgemäß übergeben[2]). Damit erfüllte sich, was Bakunin so lange befürchtet hatte: er betrat wieder das weite russische Kaiserreich, das er vor elf Jahren verlassen, dem er vor acht Jahren endgültig abgeschworen hatte, — und war erstaunt über die humane, freundliche Behandlung durch die Begleitmannschaft[3]). Empfand er doch die geringste Erleichterung gegenüber dem Kerkerdrucke der letzten Zeit voll innigster Dankbarkeit und Genugtuung. Daher war man allgemein überrascht, daß er sich, als er am 20. Mai im allergrößten Geheimnis, nur mit Wissen der Behörden und der ausländischen diplomatischen Vertreter durch Warschau geführt wurde, „wider Erwartung sehr ruhig, höflich benahm" und „sich vollkommen in sein Schicksal ergeben zu haben" schien[4]). Am 23. Mai wurde er in Petersburg eingeliefert.

Der breiten Öffentlichkeit freilich blieben die meisten der hier geschilderten Vorgänge hinter den sächsischen und österreichischen Kerkermauern verborgen, so daß von Anbeginn die wildesten Gerüchte die Zeitungen durcheilten[5]). Bald meldete man seine Erschießung, bald wurde seine Hinrichtung als nahe bevorstehend verkündet, bald kamen Nachrichten über Greuelszenen aus seinem Kerkerleben in Umlauf. Nahe und ferne Freunde bangten dauernd um sein Schicksal, Reichel in Paris ebenso, wie Varnhagen in Berlin. In Wahrheit hielt sich die Behandlung Bakunins meistens in den Grenzen der Menschlichkeit und des Rechtes, wenngleich die österreichische Kerkerzeit erheblich strengere Maßnahmen als die sächsische aufwies. Als aber Bakunin hinter den Mauern der Peter-Pauls-Festung verschwand, wurde er vollends zur legendären Gestalt[6]) der europäischen Revolution, zum Revolutionär schlechthin in den

---

[1]) General Böhm meldete am 20. Mai Rospopov habe 30 Kosaken mitgehabt. Die Meldung des Krakauer Militärkommandanten vom 17. Mai ist zuverlässiger, ebenda.
[2]) Vgl. auch Francev a. a. O.
[3]) In seiner Beichte gab er diesem ersten Eindruck beredten Ausdruck.
[5]) Bericht des österreichischen Obersts v. Hein vom 22. Mai 1851 aus Warschau, Wien, Haus-, Hof- und Staatsarchiv, Konsulate 95.
[4]) Ein eigener Abschnitt ließe sich überschreiben: Gerüchte um Bakunin.
[5]) Schon am 25. September 1849 schrieb Bakunins Freund Köchly in der Dresdner Zeitung: „Bakunin, der förmlich zu einem Mythus zu werden scheint."

Augen der Konservativen und Demokraten, zur sinnbildlichen Verkörperung der gesamten Freiheitsbewegung von 1848, zu einer mythischen Gestalt, an die sich Verklärung wie Verleumdung, im Kreise der engsten Freunde vor allem die Hoffnung auf Wiederkehr hefteten.

### a) Bakunin an Otto[1]).

Konz. [Dresden Anfang November 1849].

Verehrter Herr.

Ich werde damit anfangen, daß Ihnen danke für die gesandten Cigarren, Geld, Bücher und Zeitungen. Die Cigarren und das Geld habe ich erhalten; die Bücher werde ich morgen bekommen.

Was aber die Zeitungen betrifft, so war es ein Mißverständnis, daß ich glaubte, es sei mir erlaubt, Zeitungen zu lesen. — Im Gegenteil, das Kriegsministerium, wie ich heute erfahren, hat es mir verboten, und nur die Zeitungen werden mir gestattet, welche mir zu meiner Verteidigung notwendig sind. — Diese müssen aber erst von ihnen an das Stadtgericht abgegeben werden, von diesem an das Kommando der hiesigen Festung und dann erst werde ich sie erhalten.

Ob diese Beschränkung nur mich allein oder alle Festungsgefangenen oder alle ohne Ausnahme, welche sich hier in Untersuchung befinden, betrifft, kann ich natürlich nicht wissen. Ich bitte Sie, verehrter Herr, mit dem Herrn Assessor Hammer darüber Rücksprache zu nehmen und in dieser Sache tun, was sich tun läßt. Ich verlasse mich in diesem wie in allen anderen Punkten gänzlich auf Sie.

Zu meiner politische Sachen eigentlich gar nicht, wenigstens unmittelbar nicht betreffenden Verteidigung gehört nicht nur allein das Kennen der Vergangenheit, sondern auch der Gegenwart — denn die Gegenwart ist ja die Bestätigung der Vergangenheit: Und mit der Versicherung, daß ich keinen Mißbrauch mit der Erlaubnis, wenn mir eine solche erteilt wird, treiben werde, bitte ich Sie noch einmal und recht inständig, mir die Mittel zu meiner Verteidigung so vollkommen zukommen zu lassen, als es nur irgend möglich ist.

### b) Bakunin an Otto.

Konz. [Dresden] 12. November [1849].

Verehrter Herr, es scheint, daß ich darauf verzichten muß, meine Vertheidigung selbst zu schreiben, da man mir die Mittel dazu nicht nur verkümmert, sondern so gut wie ganz abschneidet. Vor einigen Tagen hatte man mir erklärt und so habe ich es auch Ihnen berichtet, daß der Entscheidung des Kriegsministeriums gemäß alle Zeitungen und Schriften, welche vom Stadtgericht als Material zu meiner Vertheidigung für nötig erachtet und durch

---

[1]) Prag, Militärarchiv, Akten gegen Bakunin. Hier erliegen auch alle folgenden Briefe.

dessen Vermittlung an das hiesige Festungskommando gesendet, mir sicher zukommen würden. Dieser Anordnung zufolge hatte man auch vor einigen Tagen von hier das mir von Ihnen geschickte Packet an das Stadtgericht adressiert. Nun hat das Stadtgericht das ganze Packet mit seiner Bewilligung zurückgeschickt — und trotz dieser Bewilligung habe ich von allen Zeitungen nur drei Nummern des Dresdner Journals (vom 1., 2., 3. Mai) erhalten können[1]).

Auf meine Anfrage, ob das Stadtgericht mir die übrigen Zeitungen verweigert, hat der Festungsadjutant mir gestern erklärt, daß das Stadtgericht das ganze Packet zwar zurückgeschickt habe, man mir aber, dem Festungsreglement gemäß — nicht etwa einer ministeriellen Entscheidung zufolge — nur die Zeitungen abliefern könnte, welche vor dem 3. Mai gedruckt worden sind. — Aus diesem Grunde habe ich nur die drei oben genannten Nummern erhalten. — Es scheint mir, daß diese letzte Entscheidung mit der ersten, von mir Ihnen bereits angemeldeten in einem offenbaren Widerspruch steht — in einem Widerspruche, den ich in meiner gegenwärtigen Lage weder zu ergründen und zu lösen, noch zu beseitigen imstande bin; und es bleibt mir nichts übrig, als meine Zuflucht wieder zu Ihrem Beistande und Rate zu nehmen; ich hoffe, verehrter Herr, daß Sie mir keine von beiden versagen werden.

Ich bin wirklich in Verlegenheit, was ich mit den 3 Nummern anfangen soll. Der große Naturforscher Cuvier rühmte sich zwar, daß ihm ein einziger Knochen genüge, um den ganzen Knochenbau eines Tieres zu construieren. Ich aber bin kein Cuvier und kann unmöglich aus drei Nummern einer alten Zeitung meine Verteidigung zusammenbringen.

### c) Adolf Reichel an Bakunin[2]).

Orig.                                          Ville d'Avray 17. IX. 1849.

Mein Bakunin! Dank sei es H. Adv. Otto — ich habe von Dir direkte Nachricht. Freilich sagt sie mir nicht viel mehr, als ich schon durch die öffentlichen Blätter von Deinem Zustand erfahren habe. Aber es kommt wie lebendiger Gruß von Dir, — dafür sei Euch beiden gedankt.

Muth! mein Freund, das ist Alles, was ich Dir zuzurufen habe. Trost giebt es heute in der Welt keinen, als den wir in der Liebe und Achtung unsrer Freunde finden. Diesen hast Du mehr wie viele Andere. —

---

[1]) Am 10. November schrieb er in sein Tagebuch: „Heute hat man mir 3 Nummern einer alten Zeitung gebracht. Das war sicherlich zum Lachen."

[2]) Nicht Bakunin selbst, sondern Otto im Auftrage Bakunins hatte an Reichel geschrieben. Der vorliegende Brief ist die Antwort darauf. Bakunin erhielt den Brief erst am 13. Oktober in die Hand. Er schrieb in sein Tagebuch, sein Advokat habe ihm „vor allem einen Brief von Reichel, von meinem guten und treuen Reichel" gebracht, der ihn zum erstenmal während seiner Gefängniszeit in freudige Stimmung versetzt habe. Schon am 15. Oktober antwortete er Reichel. Der Brief ist erhalten und gedruckt von Nettlau, siehe oben S. 198, Anm. 2.

Grüße kann ich Dir im Augenblicke von Niemand schicken. Unsre gemeinschaftlichen Freunde sind alle fern, obwohl ich oft von Ihnen Nachricht erhalte. Ich bin so recht gründlich allein, seit meine Jetta todt ist. Du weißt wohl noch nicht, daß sie dies Frühjahr an der Cholera gestorben. Woher sollst Du's auch wissen? — Sei aber ruhig meinetwegen, mein Alter. Ich stehe noch ziemlich fest auf meinen Füßen . . . . .

Kannst Du, darfst Du mir schreiben, so thu es. Was in meinen Kräften steht, Deinen Zustand zu erleichtern, daran wird es nicht fehlen. Ich schicke vorläufig Herrn Otto 100 Frcs für Dich und hoffe bald Dir mehr schicken zu können . . . .

### d) Derselbe an Bakunin[1]).

Orig.                                                 Paris 3. XI. 1849.

Mein theurer Bakunin! — Ja ich werde Dir oft schreiben, glücklich, daß es mir gestattet ist, wenigstens schriftlich Zutritt bei Dir zu haben. — Ich kann Dir nicht sagen, wie sehr die Erscheinung Deines Briefes mich gefreut hat. Deine Hand nach so langer Zeit der gänzlichen Ungewißheit über Dein Schicksal einmal wieder zu sehn, war mir ein Pfand der Hoffnung für Dich, ohne daß ich mir weiter einen bestimmten Grund dafür angeben können. Aber so sind die sanguinischen Naturen, heute oben, morgen unten — das ist ihr Glück und ihr Unglück. — Aber nicht nur durch das Äußere, sondern auch durch den Inhalt Deines Briefes bin ich sehr erfreut gewesen, da ich Dich darin so finde, wie ich es erwartete. Dank sei es der humanen Behandlung, die Dir zu Theil wird, Du hast, wenn auch abgeschlossen von allem menschlichen Verkehr doch die Möglichkeit, Dich menschlich zu beschäftigen. Die Mathematik muß Dir die Stelle der Musik vertreten. Du Armer! wie gern möcht ich Dir jetzt manchmal, wie sonst zum Vergnügen, jetzt zum Trost was vorspielen. Ja auch ich habe oft an das spanische Lied gedacht, das uns in guter, vergangener Zeit so oft erfreut hat. — Zu Deinem Spruche: „Vor der Ewigkeit ist Alles einerlei!" hab ich nur ein Wörtchen hinzusetzen: Alles Kleinliche, Alles Nichtige ist vor ihr einerlei. — Das Große, das Edle aber wird von ihr nicht so cavalierement behandelt, denn sie selber ist eben erst der Maßstab dafür. Das fühle ich zu Deinem und zu meinem Troste und um so tiefer, je mehr ich in einer Welt der vollständigsten Nullität lebe, die wirklich vor der Ewigkeit nicht zählt . . . . . Marie Ern[2]) schreibt mir oft aus Zürich, wohin sie mit ihrem kleinen taubstummen

---

[1]) Aus einem Postskriptum Reichels vom 21. November geht hervor, daß er den Brief erst jetzt abgeschickt hat. Adressiert ist er an „Herrn Michael Bakunin, Königl.-sächs. Staatsgefangenen auf Festung Königstein". Wegen des langen Ausbleibens dieses Briefes schrieb Bakunin am 29. November in sein Tagebuch: „Ich bin sehr beunruhigt über den Grafen von Reichel", am 4. Dezember aber: „Ich habe einen guten Brief von Reichel erhalten." Er antwortete am 9. Dezember; gedruckt bei Nettlau a. a. O. Die Anspielungen in Reichels Brief erklären sich aus dem Bakunins vom 15. Oktober.

[2]) Eine Russin, die mit der Familie Herzens eng befreundet war.

Knaben der dortigen Anstalt wegen gegangen ist, und ihre Briefe sind mir ein wahres Labsal in meiner nüchternen Welt. — Du hast nicht Recht zu sagen, mein alter Freund, daß Du kein Wesen auf der Welt hast, das Du liebtest und dem Du nothwendig wärst. Und das weißt Du auch selber. Freilich hatte Dich in letzter Zeit das politische Leben so absorbirt, daß Du Dich individuellen Beziehungen hinzugeben, nicht recht die Möglichkeit in Dir hattest. Das ist aber kein Hinderniß für die Freundschaft, und allen denen, die Du geliebt hast, bist Du noch heute wie sonst nothwendig, und alle verfolgen mit inniger Theilnahme den Gang Deines Geschickes und werden nicht aufhören für Dich zu wünschen und zu hoffen, so lange eben nur noch die Hoffnung keine Narrheit ist.

Du fragst mich nach meinem Vater, nach Mathilden. Beide leben, Gott sei Dank und sind gesund. Ersterer durch den Gang der Ereignisse nicht erschreckt, aber erschüttert, sieht mit Sorge der Zukunft seiner Familie, die er vielleicht bald vaterlos lassen soll, entgegen. Sein Herz ist manchmal betrübt, aber weder verhärtet, noch verengt . . . . . . Von Johanna[1]) weiß ich Dir leider gar keine Nachricht zu geben. Bonoldi sagte mir neulich, sie sei aufs neue von ihrem Mann getrennt und zu ihrer Mutter gegangen. Heute lese ich aber zufällig in der Patrie ihren Namen so als ob sie noch in Nyon wäre . . . . Ach, Lieber! der Tod wirtschaftet arg in diesem Jahre. August Seebeck[2]), kaum als Professor in Leipzig an die dortige Universität berufen, unterlag einem Nervenfieber. Und vor 14 Tagen schrieb mir Mathilde, daß Feuchtersleben auch gestorben ist[3]). Rilgenberg ist auch in diesem Frühjahr gestorben. Du siehst, wie sich die Reihe meiner Freunde gelichtet hat. Wer bleibt mir noch außer Dir und Moritz Seebeck[4]), der in Berlin jetzt in der Commission ist, welche zur Ordnung der deutschen Verhältnisse niedergesetzt ist . . . . Bei Emma war ich vorgestern, und wir haben uns oft der schönen Abende in der rue Barbet erinnert, obwohl, wie Du weißt, in ihrer Gegenwart die Flügel meiner Erinnerung etwas lahm werden. Sie ist durch die Trennung von ihrem Bruder, der eine Lustreise nach Italien gemacht hat, sehr verstimmt, obwohl ihre Liebe wie immer ihn entschuldigt und verteidigt.

Du fragst nach meiner Musik, nach Deiner Symphonie. Du sollst sie noch haben, wenn Gott uns beide am Leben läßt und wenn mir die musikalische Ader nicht ganz und gar versiegt. Im vergangenen Jahre habe ich eine Messe?!? (nicht wahr das kommt Dir curios vor) componirt, die mit ziemlich starkbesetztem Chor und Orchester schon 2mal in Ville d'Avray aufgeführt worden ist.

---

[1]) Johanna Peskantini, eine an einen Italiener verheiratete Deutsche aus Riga, die Bakunin 1842 in Dresden kennengelernt hatte.
[2]) Bekannter Physiker, 1805 in Jena geboren, seit 1843 Direktor der technischen Bildungsanstalt in Dresden, 19. März 1849 an der Cholera gestorben.
[3]) Der Dichter starb am 3. September 1849.
[4]) Bruder von August Seebeck, bedeutender klassischer Philologe, trat dann in Sachsen-Meiningensche Dienste, wo er als Diplomat Karriere machte und im Verwaltungsrate und Fürstenkollegium zu Berlin, Erfurt und Frankfurt die thüringischen und anhaltischen Regierungen vertrat.

Da gibt's Musik für Dich darin, Du der Du die religiöse Musik so liebst. Besinnst Du Dich noch auf das Veni sancte spiritus? In diesem Sommer habe ich ein Clavierconzert angefangen, der erste Satz und das Adagio sind fertig, aber im Finale bin ich stecken geblieben. Du weißt, das ist meine alte Noth — aber ich lasse nicht los. Oft habe ich dabei an Dich gedacht und mir die Möglichkeit ausgemalt, wenn es fertig wird, mit dem Conzert und noch einigen anderen Compositionen eine Kunstreise durch Deutschland zu unternehmen und vielleicht bis zu Dir zu dringen. Aber das sind Träume, mit denen ich weder Dich noch mich betrügen will. Nein, mein Alter, wir werden uns wohl nicht so bald wiedersehn, aber darum nicht weniger lieben . . . . . . . . .

### e) Derselbe an Bakunin.

Orig.          o. D. o. O. [Paris Ende 1849 — Anfang 1850].

Lieber Freund! Daß mein letzter langer Brief, den ich etwa vor 3 Wochen abgeschickt, nicht an Dich gekommen, ist mir unbegreiflich. Heute erhältst Du nichts als einen Gruß und 100 Frcs., die ich glücklicher Weise nicht, wie es erst meine Absicht war, meinem letzten Brief beigelegt hatte. — Ich hatte dieß nicht gethan, weil Alexander[1]) dem jungen Siegmund[2]) in Berlin Auftrag gegeben hatte, Dir ohne Verzug 250 Frcs zu schicken, welches dieser auch gethan zu haben an seine Schwester hierher berichtet hat. So glaubte ich Dich für einige Zeit gedeckt, und wollte warten mit meiner Sendung. Da aber wie ich aus Euerem Briefe sehe, von Berlin nichts gekommen ist, so schicke ich an Herrn Otto vorläufig 100 Frcs, Alles was ich in diesem Augenblicke prästiren kann . . . .

Albrecht, bei dem ich hier im Bureau schreibe, grüßt Dich.

### f) Mathilde Lindenberg an Bakunin[3]).

Orig.          Graudenz 3. I. 1850.

Bacunin, mein theurer lieber Freund. Ich suche auch Sie, nun ich endlich Johanna[4]), unsre Johanna wiedergefunden habe. Ich suche Sie mit einem Briefe, denn anders war ich stets bei Ihnen, wie alle Ihre Freunde stets bei Ihnen sind, auch Adolf[5]), der mit Schmerz und tiefer Sehnsucht Ihrer gedenkt. Er ist allein . . . . Mein heißer Wunsch ist es, Sie auf dieser Reise, die Ihnen vor allem gilt, wiedersehn? — Wird mir die Erlaubnis werden, Sie, wenn auch vor Zeugen — im Kerker aufzusuchen? — Bacunin, ich habe um Ihretwillen viel gelitten. Ich habe alle Ihre Schmerzen mit erlebt. Ist

---

[1]) Alexander Herzen.
[2]) Schwager Herweghs.
[3]) Bakunin antwortete auf diesen Brief am 16. Jänner, gedruckt bei Nettlau a. a. O.
[4]) Peskantini.
[5]) Reichel.

Ihnen das ein Trost und ein geringes Licht in Ihrer Nacht, so wissen Sie: daß ich Sie nie mehr liebte als jetzt; denn wie fremd mir auch der Weg war und blieb, den Sie in der Politik verfolgten, wie ich vor Allem zurückbebte, wozu Sie Ihren Arm geliehen haben sollen und das der Grund Ihrer Einkerkerung wurde, — so verehre ich doch den Mann, den ich groß und gut, voll Liebe und reinstem Streben nach Wahrheit vor mehr als sieben Jahren kennen lernte[1]; so liebe ich den Mann, der dadurch mein bester Freund geworden ist, daß er mit Flammenschrift mir Lehren in Geist und Herz schrieb, die darin Wurzel faßten und ewig stehen werden. Mit Ihnen, die mir Kraft und Stütze blieben, bin ich einen sichern Weg gegangen und Gott hat mir während dieser sieben Jahre unsrer Trennung mitten in böser Zeit viel Gnade geschenkt, vor allem die, unter den edelsten Menschen zu leben, die wie Sie meine starken Freunde sind. Seebeck ist zur höheren Freiheit, zu Gott gegangen; ich werde nie aufhören, ihn im tiefsten Herzen zu beweinen. Und Johanna? — Sie hat mir von Koppenhagen geschrieben. Ich suchte sie dort auf, da ich hörte, daß sie frei sei und somit das Verbot, ihr nicht zu schreiben, für sie aufgehoben gilt. Sie ist es nicht, dennoch hat sie mir mit ihrer großen Liebe geantwortet. Johanna ist die edelste Frau, die ich kenne, stark und wahr und unerschütterlich in ihrer Treue. Sie liebt Sie, Bacunin, sie gäbe wohl ihr Leben, um Ihre Lage zu erleichtern, um Ihnen Trost zu geben . . . . . . Ach, Bacunin! Als ich das erstemal von Dresden aus Ihnen nach der Schweitz einen Brief nachsandte[2], da ahnte ich Ihr großes, schweres Schicksal, da fühlte ich wie Maria das Schwerdt im Herzen und betete viel für Sie zu Gott und so bete ich noch und vertraue ihm . . . .

### g) Dieselbe an Bakunin[3]).

Orig.                            Graudenz 26. I. 1850.

Bacunin, mein theurer, unglücklicher Freund! Schon Einen Brief sandte ich Ihnen und lasse wieder einen folgen; denn die Zeit und unser Herz drängen sehr! Wir, Ihre Freunde, Johanna, Adolf und ich, wollen noch Ein Wort, vielleicht ein letztes von Ihnen hören, wir drängen uns um Sie und reichen Ihnen die Hand zu Liebe, Trost und Glauben! Sie werden sie annehmen diese Hand, die an Ihrer Kraft sich stählte, und das Herz erkennen und aufnehmen, das an Ihrem reinen, wahrhaften Geiste reifte, mit dem es Eins und darum ewig unzertrennlich von ihm ist. Ja, Bacunin, wir leben mit Einander fort und das ist für das sonst so arme Dasein kein geringer Trost! So wie Ihr Wort der Liebe und Wahrheit in uns und gewiß noch in vielen Ihrer Getreuen Wurzel geschlagen hat, so wird, so muß es noch zum künftigen Baum erwachsen, der edle

---

[1]) Bakunin lernte die Familie Reichel 1842 in Dresden kennen.
[2]) Bakunin reiste Anfang 1843 nach Zürich.
[3]) Beim Schreiben dieses Briefes ist sie noch nicht im Besitze von Bakunins Brief vom 16. Jänner gewesen. Er beantwortete diesen Brief am 16. Feber, gedruckt bei Nettlau a. a. O.

Früchte trägt. Das ist für mich Ihr Leben und seine Erfüllung, das, was darüber geht, das fassen meine schwachen Frauenkräfte nicht; da hüllt sich mir Ihr schönes Sein in schwarze, undurchdringliche Nacht und meine Thränen brechen hervor, wenn ich den Bacunin sehe, der des Todes schuldig sein soll, denn den habe ich ja nie gekannt! Des Todes schuldig! großer Gott! nicht vor Dir, sondern nur vor Menschen! Bacunin, vor ihm dem versöhnenden, ewigen Gotte, sehen wir uns wieder! Er sende Ihnen seine Gnade und seine Kraft . . . . .

Werde ich nicht Ein Wort mehr von Ihnen empfangen? Bacunin, wenn's geschehen darf, entzieh Sie sich uns nicht, geben Sie uns ein letztes Zeichen Ihrer Liebe, Ihren Gruß und Ihren Segen. Gott sei mit Ihnen und mache Sie stark!

### h) Dieselbe an Bakunin[1]).

Orig.                                            Graudenz 15. II. 1850.

Nach 4 Jahren zum erstenmal dürfen meine Augen wieder auf den lieben wohlbekannten Schriftzügen Bacunins ruhn . . . Vor langen Wochen hatte ich der möglichen Ankunft Ihres Briefes zwischen Furcht und Hoffnung entgegengesehn; inzwischen, durch Zeitungsnachrichten geängstigt, mich mit einigen Zeilen und der Bitte an Ihren Commandanten gewendet, die Worte, die mir der Schmerz über die Entscheidung Ihres Schicksals ausgepreßt hatte, Ihnen zuzustellen . . . . . Doch was rede ich von mir! Johanna, die edle, reine Seele, hat einen Trost, eine hohe Freude durch Ihren Brief erfahren" . . . . (Sie teilt ihm dann aus dem ihr von Johanna zugesandten Briefe einiges wörtlich mit.) „Johanna sagt an einer Stelle: ‚Ach ich wußte es ja wohl, daß er mich nicht vergessen konnte und doch freute ich mich wie ein Kind, es von ihm selbst zu hören; zu hören, daß er meiner ohne Bitterkeit gedachte. B.(akunin) zweifelt an meinem Glücke — das habe ich aber auch nicht gesucht. Wenn man freiwillig sich von denen trennt, die man liebt, so entsagt man wohl dem Glück. Er zweifelt an meiner Ruhe, aber darin irrt er doch theilweise. Das Bewußtsein, in einer schwierigen Lage sich selbst treu zu bleiben, giebt Ruhe. Daß nicht noch vieles Schwanken und Irren in mein Erkennen und Handeln kömmt, das will ich nicht behaupten, im Gegentheil, aber das Leben ist ja ein Kampf und auf den Kampf ist jede Wahrhaft lebende Seele angewiesen, es gilt nur, ihm nicht feige zu entfliehn und ihn nicht verwegen zu suchen. Beides thue ich nicht, ich gehe nur so weit, als mich meine innre sittliche Notwendigkeit treibt. Endlich glaubt er nicht an die Aufrechterhaltung meiner Würde; aber ist Würde von äußern Verhältnissen abhängig? Besiegen wir die Verhältnisse und nicht die Verhältnisse uns, so ist ja unsre Würde gerettet. Strahlt nicht der Glanz der höchsten Menschenwürde uns von einem entehrenden Kreutze entgegen? Dieß ist keine theologische Spitz-

---

[1]) Antwort auf Bakunins Brief vom 16. Jänner.

findigkeit, es ist ein Wunder der höchsten Liebe; es ist aber auch kein mathematisches Rechenexempel. Denn der Verstand begreift es nicht, mit dem Herzen muß man es fühlen. Wäre B. Herz nicht auch mächtiger als sein berechnender Verstand, befände er sich wohl da, wo er jetzt ist? Entehrt ihn die Kette, die er zu gewissen Stunden tragen muß? Gott sei Dank! in uns ist unsre Würde, die kann uns niemand nehmen, als wir selbst: Bacunin, beugen wir unser Herz und unsre Knie vor der hohen Tugend dieser Frau. Sie ist meine Heilige, in ihr habe ich die höchste Liebe und die höchste Würde erkannt, deren ein Weib fähig ist. Jetzt, da Sie weit über den Eindrücken jener Zeit stehn, da Sie mir Ihren letzten Brief sandten, der Unzufriedenheit mit mir und Johanna aussprach — jetzt erkennen auch Sie in einem reineren Lichte jene Gotteskraft in Johannas Herzen und bewundern sie, statt sie zu tadeln..... Johanna sprach über Alles dieß so wie über ihre ungewisse Zukunft ruhig, ruhig wie Sie, lieber Bacunin, über Ihre Lage und über Ihre Zukunft ruhig sprechen, ach es ist dieß eine Ruhe, bei der denen, die Sie lieben, das Herz brechen mögte!.....

### i) Dieselbe an Bakunin.

Orig.                                                    Graudenz 22. III. 1850.

..... Lieber Bacunin, als ich Ihren letzten[1]) Brief gelesen hatte, da war mir wie in jener guten Zeit, da Sie uns oft besuchten und wenn Adolf entfernt war, für Augenblicke bei mir einkehrten, bald aber, rastlos wie immer, wieder davon eilten. Sie wußten es damals nicht, was Sie mir in der kurzen Unterhaltung jener Augenblicke gereicht hatten, ahnten es wohl nicht, daß Sie mich mit dem Geiste Ihrer Worte zum zweitenmale aus der Taufe gehoben, daß Sie mein Apostel geworden, dem ich folgte und dessen Reden ich ganz verstand. So, Bacunin, hat mich auch Ihr Brief getroffen und das zur festen Überzeugung und mir ganz zum Eigenthum werden lassen, was bis dahin nur angebahnt in meiner Seele lag; ich fühle mich wieder einiger mit der Welt und ihrer Forderung, wenn ich gleich nicht weniger den tiefsten Schmerz darüber fühle, daß diese Welt nur immer wieder durch Blut und Vernichtung zu erlösen ist, daß sie es im Großen, wie der einzelne Mensch im Kleinen thut; auf das Beispiel der Geschichte von Jahrtausenden scheinbar nichts giebt, sondern nur durch eigenen Jammer selbst erfahren will. Sie haben mich recht erkannt, mein lieber Freund, wenn Sie mich wie ein Weib, die Versöhnung wünschend, denken ... Sie sprachen mit Ruhe von Ihrem möglichen nahen Tode, mein theurer Freund, und das ist mir ein Trost, den ich erwartete....

---

[1]) Vom 16. Feber, gedruckt von Nettlau a. a. O.

### j) Adolf Reichel an Bakunin.

Orig.                          o. O. o. D. [Ende März 1850].

„...... Nun aber Freund, da wir wenigstens noch athmen und ein Wort schreiben können, laß es uns dazu verwenden, um uns zu erinnern, daß, so lange wir lebten, wir uns und viele sehr geliebt haben, die uns auch bis zum letzten Augenblicke treu bleiben werden. Wohl Dir mein Alter, Lieber; Dein Leben war und ist kein unnützes — daran glaube Du immer fest."
    Postskriptum von Advokat Otto vom 30. III. 1850: „Nach den Zeilen, welche Prof. Reichel an mich gerichtet hat, ist in den französischen Zeitungen die Nachricht enthalten, daß Sie, wenn dieß noch nicht geschehen sei, in den nächsten Tagen füsilirt werden würden.
    Ich habe ihm sofort geschrieben, daß dieß ein Unsinn sei und theile Ihnen dieß nur mit, damit Sie den vorstehenden Brief verstehn."

### k) Derselbe an Bakunin[1]).

Orig.                            Paris 19. IV. 1850.

.... Was machst denn Du, mein Alter? Wie gern möchte ich mündlich mit Dir sprechen! Ich bin gewiß, es würde uns an Stoff nicht fehlen. Auch fürchte ich gar nicht, daß Dich die lange Gefangenschaft ärmer gemacht hat. Menschen wie Du wachsen im Sturme und reifen besser im Ungewitter als im Sonnenschein. Es scheint mir darum auch lächerlich, wollte ich Dir Muth zusprechen; ich weiß, daß Du welchen hast und unter allen Umständen für Dich und andre erhalten wirst. Ich bin nur zufrieden, daß Du irgend eine Beschäftigung gefunden hast, und wünsche sobald als möglich Deine Rechtfertigung zu lesen.
    Von unsern gemeinschaftlichen Freunden kann ich Dir wenig mittheilen. Proudhon, wie Du weißt, ist lange im Gefängniß. Alexander[2]), den nur Geldgeschäfte hier aufhalten, die sich sehr zu verwickeln scheinen, sehe ich selten, da ich, unter uns sei es gesagt, so sehr ich ihn schätze und liebe, eben so wenig Sympathie zu seiner Umgebung fühle. Emma, deren Bruder sich noch immer in der Schweiz und zwar jetzt im Haus der Mama aufhält, hat jene Umgebung durch ihre Gegenwart noch vergrößert und für mich dadurch nicht anziehender gemacht....... 4° Die englischen Stunden bei Master Callen, die ich seit einiger Zeit wieder aufgenommen habe, da man nicht wissen kann, ob man sich doch nicht über kurz oder lang in England oder Amerika eine neue Heimath suchen muß. 5° Endlich meine alte Freundin die Musik. Wir boudiren nach alter Art von Zeit zu Zeit miteinander, aber es kommt doch immer wieder zu einer Versöhnung, und dann ist's einem ganz wohl dabei zu Muth. Mein Conzert ist vor einigen Tagen fertig geworden, und ich denke

---
[1]) Bakunin antwortete darauf am 11. Mai, gedruckt von Nettlau a. a. O.
[2]) Herzen.

schon an eine Sinfonie — aber es wird wohl beim Denken bleiben.... Von Johanna hab ich keine direkten Nachrichten, was Du mir von ihr sagst, thut mir eigentlich leid, aber was ist da zu machen. Daß die alte Welt zerbricht, das ist eine Wahrheit, die Niemand mehr heute leugnet. Und wie sollen die alten Menschen aus ihr heraustreten? Schon die Männer, wenn sie es wagen, die alten Schranken niederzureißen und sich ins Freie zu stellen, schaudern vor der Leere, in die sie hinein treten. Den Frauen will ich's schon noch weniger verdenken, wenn sie sich fürchten, diesen Schritt zu thun. Die neue Welt wird auch neue Menschen bringen. Wir sind verloren. Wir haben nur zu arbeiten ohne Hoffnung auf die Früchte. So war es immer, so wird es immer sein. Laß uns drum nicht an uns und der Welt verzagen, wenn wir sie und den Gang, den sie nimmt, nicht ganz verstehen können, laß uns in jedem Augenblicke uns durch das Gefühl erheben, daß wir doch ihr nothwendig sind, und sollten wir auch nichts sein als die feste Thürschwelle, auf der die neue Zeit sicher in das neue Gebäude hineintritt.

### l) Mathilde Lindenberg an Bakunin[1]).

Orig.                                  Dresden 8. V. 1850.

.... Auch das zweite Erkenntniß ist über Sie ausgesprochen worden, mein theurer Freund, und wieder haben Sie seine Härte männlich stark vernommen, es sogar von sich weisen wollen, nur Einen Schritt für die Milderung der gesetzlichen Strafe zu thun! Was Sie noch — vielleicht zur rechten Zeit ganz anders handeln läßt — ach, möge es Ihnen zum Segen sein!.... Und endlich, mein lieber Bacunin, möge das Licht und der Friede unsres großen Menschenfreundes Ihre Seele ganz erfüllen, wenn Ihnen das bedeutungsschwere Wort „Leben" verkündigt werden sollte, das schöne Wort, auf dem noch unsre Hoffnung steht — auch wenn es durch Kerkernacht beschattet wird. Johanna ruft Ihnen zu: „Der Geist ist an keine Kette gebunden, der Geist muß frei sein im ewigen Reiche des Gedankens, in dem er sich fessellos bewegen darf". Und Johanna hat recht, — aber auch Sie haben recht, mein müder Freund, wenn Sie sagen: es giebt nichts Trostloseres, als wenn man immer nur in seiner eigenen Gesellschaft sein muß, und: ein Mensch wird zu etwas nur mit dem andern und durch den andern." So sehr dieß auch meine Ansicht und Lebensbedingung ist, lieber Bacunin, so wage ich doch an dieser Stelle auszusprechen: auch ein Leben in der Wüste hat einst zum Heil gedient. Nehmen Sie diese Worte als ein Simbol und halten Sie sie nicht für pietistische Phrase (diese Richtung ist mir eine durchaus fremde), sie sollen Ihnen einen tröstenden, kräftigenden Blick in Leben öffnen, von dem das Schicksal vielleicht fordert, daß es gelebt werden soll.

---

[1]) Auf diesen Brief antwortete Bakunin am 11. Mai, gedruckt von Nettlau a. a. O. Sie schrieb ihm noch einen Abschiedsbrief am 12./15. Mai während ihrer Abreise über Leipzig nach Berlin.

Und was hieße Leben bei dem bewußten Menschen anderes als das
endliche Streben nach Übereinstimmung mit sich selbst und nach
dem Frieden, den das Handeln nach bester Überzeugung in uns
erwecken muß. Aber eben diese Überzeugung, sollte die nicht
in der Wüste, in der Leidenschaftslosigkeit, die zu einer objectiven
Anschauung des Lebens und der Welt gelangen läßt, nicht eine
andere und noch eine wahrere werden können? . . . . . . Und nur
noch als Antwort auf den Eingang Ihres[1]) Briefes: „Das ewig Weib-
liche zieht uns hinan!"

### m) Adolf Reichel an Bakunin[2]).

Orig.                                   o. O. o. D. [Mitte Mai 1850].

„. . . . . Man hat also Mathilden nicht erlaubt Dich zu besuchen? Ich erfahre das erst durch Dich . . . Es thut mir das doppelt
leid, einmal da es Euch beide um die Freude gebracht, Euch zu
sehn, und zweitens weil es mir auch die letzte Hoffnung nimmt,
daß ich bei meiner Heimreise die Erlaubniß, Dich zu sprechen, erhalten könnte . . . Unser alter englischer Lehrer hat sich sehr
gefreut, daß Du Dich seiner herzlich erinnert hast, und er schickt
Dir seine besten Grüße. Er ist mit einer Landsmännin verheirathet
. . . und es geht ihm sehr wohl. — Leider kann ich dasselbe nicht
von unserem französischen Lehrer sagen. Der fühlte sich aus Mangel
an Privatlectionen veranlaßt freie Vorträge in den Clubs zu halten,
und da die angeführten Sprachexempel zu frei wurden, so hat er
sich's müssen gefallen lassen, sich wie Papageno ein Schloß vor den
Mund legen zu lassen . . . . . Liebster Du schreibst mir gar nicht,
wie es Dir leiblich geht, wann Du aufstehst, wie Deine Tages-
eintheilung ist, von der Einrichtung Deines Zimmers, ob Du frische
Luft athmen kannst etc. etc. . . . . Meine einzige Correspondenz ist
mit meiner Braut Marie Ern, der ein gutes Geschick ein baldiges
Ende geben möge, wozu aber leider wenig Aussicht ist; ich habe
Dir bis jetzt glaube ich den Namen noch nicht genannt. Auch heute
geschieht es mit einem gewissen Widerstreben — ich will aber, daß
Du Dich mit mir auch freuen sollst, und daß Du es bei diesem
Namen thun wirst, weiß ich . . . . An Bernatzki[3]) werd ich Deine
Grüße bestellen.

### n) Derselbe an Bakunin.

Orig.                                    o. O. o. D. [Juni 1850].

Mein Bacunin! ich weiß nicht, warum ich Dir noch schreibe.
Alles spricht nur von Deinem Ende und ich kann's nicht glauben.
Otto hätte mir ja geschrieben. Nein, Du lebst und wirst leben.
Laß mich Dir darum kein Lebewohl, sondern Willkommen zurufen.

---

[1]) Nicht erhalten.
[2]) Antwort auf Bakunins Brief vom 11. Mai.
[3]) Wohl Biernacki, polnischer Emigrant.

Freilich bin ich eigentlich gefaßt auf Alles. Welche Abscheulichkeit, welcher Unsinn wäre heut unmöglich? Sollte also wirklich früher oder später Dein Geschick Dich abrufen, hier nimm meine Hand, es ist die eines Freundes, der Dir unendlich viel verdankt. Ich weiß, wenn ich Dich je durch Schwachheit, durch Kleinlichkeit gekränkt habe, Du hast mir schon vergeben, darum bitte ich nicht mehr darum. Wir werden alle den Weg gehen, den Du vielleicht jetzt gehst, gebe Gott, daß er eben so ehrenvoll sei. Du aber, wenn Du gehst, gehe mit dem Gefühl, daß Du in mich, wie in Andre den Keim zu vielem Guten gelegt hast, was wir bewahren werden, so lange wir selber noch athmen. Mit welcher Treue Mathilde und Johanna an Dir hängen, hast Du von ihr selber erfahren . . . . . .

## Maihofer an Buback.

Kopie Bonn, den 3. März 1977

    Herr Bundesanwalt, nach Indizien, die mir nicht völlig aus der Luft gegriffen scheinen, soll sich der Herr Kramer, der unter dem Namen Belzebub mit einem Berliner Paß reist, einige Zeit in Köln aufgehalten haben und dort die Bekanntschaft zweier Buchhändler, der Gebrüder Friedhelm und Heipe, gemacht haben.

    Wie man mir versichert, soll es ihm vermittels einer ziemlich hohen Summe Geldes gelungen sein, diese beiden Individuen dazu zu gewinnen, sich unter dem Namen VLB zu einer kriminellen Buchhändlervereinigung zusammenzuschließen, um eine möglicherweise unbegrenzte Zahl subversiver Schriften und Traktate unter die Leute zu bringen. Dies scheint mir vor allem deshalb äußerst bedenklich, als namentlich besagter Heipe ein stadtbekannter alter Freund und Skatbruder des gefährlichen, international einschlägig bekannten OPEC-Terroristen Hans Joachim Klein war, auf dessen Bekanntenkreis wir, wie Sie wissen, ein besonderes Augen- und Ohrenmerk gelegt haben.

    Ich wäre Euer Ehren außerordentlich verbunden, falls Sie durch Ihre zuvorkommende Vermittlung überprüfen lassen wollten, ob etwas vorliegt, was diese Beschuldigung erhärtet, und mir das Ergebnis der zu diesem Zwecke angeordneten Untersuchungen mitzuteilen.

*GEHEIM! STRENG VERTRAULICH! NICHT IN DIE HÄNDE VON SPIEGEL-REDAKTEUREN GERATEN LASSEN!*

# Verzeichnis der gedruckten Quellen und des Schrifttums.

Apponyi Comte Rudolph: Journal. Vingt-cinq ans à Paris, hg. v. Daudet IV (1926).
Bakunin Michail: Ouvres complètes, hg. v. Stock (Paris), 1895 ff.
Bakunin Michail: Gesammelte Werke I—III (1921—24).
Bakunin Michail: Socialpolitischer Briefwechsel s. Dragomanow.
Barsukov N.: Žizn' i trudy M. P. Pogodina V (1892).
Bebel-Bernstein: Briefwechsel zwischen Engels und Marx 1844—1883, I (1913).
Biermann W.: Franz Leonhard Waldeck (1928).
Biffert: Josef König, Allgem. deutsche Biogr. 16 (1882).
Blatt, Constitutionelles, aus Böhmen (Prag) 1849.
[Bluntschli]: Die Kommunisten in der Schweiz nach den bei Weitling vorgefundenen Papieren (1843).
Bogučarskij V.-Geršenzon M.: Novye materialy o Bakunině i Herceně (Neue Materialien über B. u. H.), Golos minuvšago 1913, Nr. 1.
Bouglé C.: La sociologie de Proudhon (1911).
Bülletin, Stenographisches, über den Waldeck-Prozeß (1849).
Carlyle Th.: Briefe an Varnhagen v. Ense aus den Jahren 1837—57, hg. v. v. Preuß (1882).
Centralblätter, Slavische (Prag), 1848/9.
Concordia (Prag), 1849.
Correspondent, Der österreichische (Wien), 1849.
Cremieux A.: En 1848. Discours et lettres (1883).
Cumikov A. A.: Iz dněvnika Varnhagena v. Ense (Aus dem Tagebuche V. v. E.), Russkij archiv 1875; Russkaja starina 23 (1878), 24 (1879).
Czas (Krakau) 1849.
Čejchan V.: Bakunin v Čechách (B. in Böhmen), 1928.
Čejchan V.: Bakuninova „Provolání k Slovanům" před tiskovým soudem pražským r. 1849 (B.s „Aufrufe an die Slawen" vor dem Prager Preßgericht), Slovanský přehled 1931, November.
D'Agoult M.: Memoiren I/II (1928).
Delvau A.: Histoire de la révolution de février I (1850).
Demokrata Polski (Paris), 1847—49.
Desjardin H.: P. J. Proudhon, sa vie, ses œuvres, sa doctrine I/II (1896).
Dessauer J. E.: Michael Bakunin in Anhalt. Ein Beitrag zur Geschichte der Demokratie. Anhalter Anzeiger Jg. 159 (1922), Dessau.
Diehl K.: J. P. Proudhon, HWdStW VI (1925).
Doblinger M.: Der burschenschaftliche Gedanke auf Österreichs Hochschulen vor 1859, Quellen u. Darst. z. Gesch. d. Burschenschaft (1925).
Dragomanow M.: Michail Bakunins Social-politischer Briefwechsel mit A. J. Herzen und Ogarjow, übers. v. Minzes, Bibl. russischer Denkwürdigkeiten, hg. v. Schiemann VI (1895).
El'sberg Ž.: A. J. Hercen i „Byloe i dumy" (H. und „Erinnerungen und Gedanken") (1930).
Engels F.: s. Marx K.
Engler F.: Revolution und Reaktion in Anhalt-Dessau-Cöthen. Ein Beitrag zur Geschichte Anhalts in d. J. 1848—61 (1929).

Falkowski J.: Wspomnienia z r. 1848 (Erinnerungen aus d. J. 1848) (1879).
Feistkohl: Ernst Keils Tätigkeit, publizistische Wirksamkeit, Diss., 1914.
Feldman W.: Stronnictwa i programy polityczne w Galicyi 1846—1906 (Parteien und politische Programme in Galizien), I (1907).
Francev V. A.: Vydača Bakunina austrijcami (B.s Auslieferung durch die Österreicher), Golos minuvšago 1914, Nr. 5.
Frič J. V.: Paměti (Erinnerungen) IV[2] (1891).
Friedjung H.: Österreich von 1848—60, I (1908).
Geyer C.: Politische Parteien und öffentliche Meinung in Sachsen von der Märzrevolution bis zum Ausbruch des Maiaufstandes 1848/9, Diss., Leipzig (1914).
Giller T.: Tomasz Olizarowski (1879).
Goedeke: Grundriß der deutschen Literaturgeschichte X (1913): Josef König, Varnhagen v. Ense, VII, 7 (1898).
Granovskij T. N. i jego perepiska (G. und sein Briefwechsel), hg. v. Stankěvič, I/II (1897).
Grenzboten (Leipzig) IX (1849).
Grün K.: Die soziale Bewegung in Frankreich und Belgien (1845).
Grün K.: M. Bakunin, Wage 1876.
Handelsman M.: Pomiędzy Prusami i Rosją (Zwischen Preußen und Rußland), 1922.
Handelsman M.: Emigracja i kraj (Emigration und Heimat), Przegląd wspólczesny IV, 15 (1925).
Handelsman M.: Les éléments d'une politique étrangère de la Pologne 1831 bis 1856, Comptes-rendus de l'Acad. des sciences morales et polit. 1930.
Handelsman M.: La question d'Orient et la politique yougoslave du Prince Czartoryski, ebenda 1929.
Haškovec P.: Byla George Sand v Čechách? (War G. S. in Böhmen?), Spisy fil. fak. Masaryk. univ. v Brně 13 (1925).
Haumant E.: La culture française en Russie (1700—1900),[2] (1913).
Haym R.: Varnhagen v. Ense, Preuß. Jahrbücher 11 (1863).
Heidler J.: Antonín Springer a česká politika v letech 1848—50 (A. S. und die tschechische Politik in den Jahren 1848—50) (1914).
Helfert J. v.: Geschichte Österreichs vom Ausgange der Wiener Oktoberrevolution 1848, IV (1886).
Hercen A. J.: Polnoe sobranie sočinenij i pisem (Vollständige Sammlung der Werke und Briefe), hg. v. M. K. Lemke I—XXII (1919—25).
Hercen A. J.: Novye materialy (Neue Materialien), hg. v. Mendel'son (1927).
Herwegh G.: 1848. Briefe von und an G. H. (1896).
Hirth F.: Zur Geschichte des Pariser „Vorwärts", Arch. f. Gesch. d. Soz. u. d. Arbeiterbewegung V (1915).
Houben H. H.: Varnhagen v. Ense, Vossische Zeitung 1908, Sonntagsbeilage.
Houben H. H.: Jungdeutscher Sturm und Drang (1911).
Houben H. H.: Verbotene Literatur von der klassischen Zeit bis zur Gegenwart I[2] (1925).
Jahrbücher für slavische Literatur, Kunst und Wissenschaft (Leipzig), hg. v. Jordan, 1849.
Jevrejnov V. A.: M. A. Bakunin i austrijskija vlasti v 1848—51 g. (M. B. und die österreichischen Behörden 1848—51), Naučn. trudy russk. narodn. universiteta v Pragě IV (1931).
Jutrzenka (Krakau) 1848.
Kaměněv I.: Samyj ostroumnyj protivnik Hercena 1. Reinhold Solger (Der scharfsinnigste Gegner Hercens), Věstnik Jevropy 49 (1914), 4. Bd.
Karěnin V.: Hercen, Bakunin i George Sand, Russkaja mysl 31 (1910), III.
Karěnin V.: George Sand 1848—1876 (1926).
Karpath L.: Richard Wagner der Schuldenmacher (1914).
Karwowski St.: Historya wielkiego księstwa Poznańskiego (Geschichte des Großherzogtums Posen), I (1918).
Kazbunda K.: České hnutí v r. 1848 (Die tschechische Bewegung 1848) (1929).
Kazbunda K.: Pobyt Dra F. A. Riegra v cizině r. 1849/50 (Aufenthalt F. R.s in der Fremde), Zahraniční politika 8 (1929).

Kersten K.: Bakunins Beichte (1926).
Kirpičnikov A. J.: Měždu slavjanofilami a zapadnikami. N. A. Mel'gunov (Zwischen den Slawophilen und den Westlern), Russkaja starina 96 (1898).
Knapowska W.: W. Ks. Poznańskie przed wojną krymską (Das Großfürstentum Posen vor dem Krimkriege) (1923).
König J.: Literarische Bilder aus Rußland (1837).
Kohte W.: Deutsche Bewegung und preußische Politik im Posener Lande 1848/9, Deutsche wissenschaftl. Zeitschrift f. Posen 21 (1931).
Korbutt G.: Literatura polska III (1930).
Kornilov A. A.: Molodye gody Michaila Bakunina (Die Jugendjahre B.s), 1915.
Kornilov A. A.: Gody stranstvij M. B. (Die Auslandsjahre), 1925.
Kornilova E.: M. A. Bakunin v pis'mach jego rodnych i druzej (1857—75) (M. B. in den Briefen seiner Verwandten und Freunde), Katorga i ssylka 1930, 2 (63).
Krousky F. K.: Vojanský soud v Praze 1849 (Das Kriegsgericht in Prag 1849). Svoboda VII (1873).
Kudlich H.: Rückblicke und Erinnerungen II/III (1873).
Kudlich H.: Die deutsche Revolution des Jahres 1848, Gemeinnützige Vorträge, hg. vom Deutschen gesellig-wissenschaftlichen Verein von New York, Nr. 21 (1898).
Labry R.: Alexander Ivanovič Herzen, 1812—1870 (1928).
Labry R.: Herzen et Proudhon (1928).
Laubert M.: Zum Kampf der preußischen Regierung gegen die „Deutschfranzösischen Jahrbücher" und Börnsteins „Vorwärts", Euphorion 16 (1910).
Lemke M.: Očerki po istorii russkoj censury (Skizzen zur russischen Zensurgeschichte), 1904.
Lemke M.: Nikolajevskije žandarmy i literatura 1826—1855 (Nikolaus' Gendarmen und die Literatur), 1908.
Leuchtthurm, hg. v. E. Keil (Leipzig), 1848/9.
Lichtputze, Die, hg. v. A. Behr (Cöthen), 1848.
Lick C.: Ein großer Zwittauer. Oswald Ottendorfer. Zeitschr. d. Ver. f. Gesch. Mährens u. Schlesiens 30 (1928).
Lick C.: Oswald Ottendorfer, Sudetendeutsche Lebensbilder I (1926).
Limanowski L.: Szermierze wolności (Freiheitsfechter), 1911.
Limanowski L.: Historya demokracji polskiej (Geschichte der polnischen Demokratie), II[2] (1922).
Lipinski R.: Die Geschichte der sozialistischen Arbeiterbewegung in Leipzig I (1931).
Lippert W.: Richard Wagners Verbannung und Rückkehr (1927).
Lippert W.: R. Wagner und der Leipziger Schneider Karl Metsch, Neues Archiv f. sächs. Geschichte 52 (1931).
List, Pražský večerní (Prager Abendblatt), 1849.
Lloyd (Wien), 1849.
Lüders G.: Die demokratische Bewegung in Berlin im Oktober 1848 (1909).
Mackay J. H.: Max Stirner[2] (1910). Die dritte Auflage war mir nicht zugänglich.
Maj, Trzeci (Der dritte Mai), Paris 1848.
Martens: Recueil des traités et conventions de la Russie VIII (1888).
Marx K. und Friedrich Engels: Historisch-kritische Gesamtausgabe, hg. v. Rjazanov (1927 ff.).
Matoušek J.: Karel Sladkovský a český radikalism za revoluce a reakce (K. S. und der tschechische Radikalismus während der Revolution und Reaktion), 1929.
Mayer G.: Der Untergang der „Deutsch-französischen Jahrbücher" und des Pariser „Vorwärts", Archiv f. Geschichte d. Sozial. u. d. Arbeiterbewegung III (1913).
Mayr J.: Das Tagebuch des Polizeiministers Kempen von 1848/9 (1931).
Mehring F.: Aus dem literarischen Nachlaß von K. Marx, Engels und Lassalle III (1902).

Meinel O.: Otto Leonhard Heubner (1928).
Meißner A.: Geschichte meines Lebens II (1884).
Mel'gunov-Stepanova: Un voyage en Russie, Le monde slave 1931.
Meyendorff, Peter v.: Politischer und privater Briefwechsel, hg. v. Hoetzsch, II/III (1923).
Misch C.: Varnhagen v. Ense in Beruf und Politik (1925).
Mittheilungen über die Verhandlungen des außerordentlichen Landtages im Jahre 1848, II. Kammer II (1848), Sachsen.
Moniteur, Le universel (Paris), 1848.
Mülberger A.: P. J. Proudhon (1899).
Müller G. H.: Richard Wagner in der Dresdener Mairevolution 1849 (1919).
National, Le (Paris), 1848.
Nettlau M.: Michael Bakunin I—III (1896—1902).
Nettlau M.: Bakunin v Kenigšteině (B. in Königstein), Na čužoj storoně VII (1924).
Nettlau M.: Der Vorfrühling der Anarchie (1925).
Nevědenskij S.: Katkov i jego vremja (K. und seine Zeit), 1888.
[Nevěrov]: Stranica iz istorii krěpostnago prava, Zapiski Nevěrova 1810—26. (Eine Seite aus der Geschichte des Leibeigenschaftsrechtes. Aufzeichnungen N.s), Russkaja starina 40 (1883).
[Nevěrov]: Ivan Sergěevič Turgeněv v vospominanijach Nevěrova (T. in den Erinnerungen N.s), ebenda.
Nikolaevskij B. und D. Rjazanov: [1 Brief G. Sands], Letop. marksizma VII—VIII (1928).
Nikolaevskij: Anonimnaja brošura M. A. Bakunina „Položenie v Rossii" (Die anonyme Broschüre B.s „Russische Zustände"), ebenda, IX—X (1929).
Nikolaevskij: Bakunin epoki jego pervoj emigracii v vospominanijach němcev-sovremennikov (B. während seiner ersten Emigration in den Erinnerungen der deutschen Zeitgenossen), Katorga i ssylka (1930), 8/9.
Nowiny Lípy Slovanské (Prag), 1849.
Nowiny, Národní (Prag), 1849.
Ovsjaniko-Kulikovskij A. N.: Istorija russkoj literatury XIX v., I, II.
Peuple, Le (Paris), 1848.
Pfitzner J.: Das Erwachen der Sudetendeutschen im Spiegel ihres Schrifttums b. z. J. 1848 (1926).
Pfitzner J.: Bakunin und Preußen im Jahre 1848, Jahrbücher f. Kultur u. Gesch. d. Slaven N. F. VII (1931).
Pfitzner J.: Zur nationalen Politik der Sudetendeutschen in den Jahren 1848/9, Jahrbuch d. Ver. f. Gesch. d. Deutschen in Böhmen III (1931).
Polonskij V.-Gurevič: Ispověd' M. Bakunina (B.s Beichte), 1921.
Polonskij V.: Materialy dlja biografii M. Bakunina I (1923), III (1928).
Polonskij V.: M. Bakunin I² (1925), II (1921).
Proudhon J. P.: Oeuvres complètes (Lacroix).
Proudhon J. P.: Oeuvres complètes (1923 ff.).
Quarck M.: Die erste deutsche Arbeiterbewegung 1848/9 (1924).
Redlich J.: Das österreichische Reichs- und Staatsproblem I (1920).
Reform, Die, hg. v. Ruge (Leipzig-Berlin), 1848.
Réforme, La (Paris), 1845, 1847/8.
Reinöhl F.: Die österr. Informationsbureaus des Vormärz, Archivalische Zeitschrift 38 (1929).
Rjazanov D.: Karl Marks i Russkie ljudi sorokovych godov (Marx und die russischen Leute der vierziger Jahre), 1918.
Rjazanov D.: Očerki po istorii marksizma (Skizzen zur Geschichte des Marxismus), 1923.
Rjazanov D.: Novye dannye o russkich prijateljach Marksa i Engel'sa (Neue Daten über die russischen Freunde von Marx und E.s), Letopis. marksizma VI (1928).
Rjazanov D.: Otvet na „Otkrytoe pis'mo" V. Polonskogo (Antwort auf den „Offenen Brief" V. P.s), ebenda, VII—VIII (1928).
Roubík F.: Český rok 1848 (Das böhmische [tschechische] Jahr 1848), 1931.

Rühl H.: Ferdinand Goetz (1921).
Ruge A.: Briefwechsel und Tagebuchblätter aus d. J. 1825—1880, hg. v. Nerrlich I/II (1886).
[Sabina K.]: Desátý květen 1849 (Der 10. Mai 1849), Svoboda III (1869).
Sainte-Beuve C. A.: P. J. Proudhon (1872).
Sand G.: Correspondence III.
Schaible K. H.: Erinnerungen an Dr. H. Müller-Strübing, ersch. in „Dr. phil. Hermann Müller-Strübing" (1894).
Schiemann P.: Russische Köpfe (1916).
Schinke W.: Der politische Charakter des Dresdener Maiaufstandes 1848 und die sächsischen Parteien, Diss., Leipzig (1917).
Schuselka F.: Das Revolutionsjahr 1848/9 (1850).
Seignobos Ch.: La révolution de 1848, bei Lavisse: Hist. de France contemporaine X (1929).
Skal G. v.: Die Achtundvierziger in Amerika (1923).
Srbik, H. v.: Bespr. von Misch-Varnhagen (s. o.), Deutsche Literaturzeitung 46 (1925).
Stankěvič N. V.: Perepiska (Briefwechsel), hg. v. A. Stankěvič (1914).
Stern D.: Istorija revoljucji 1848 g. (Geschichte der Revolution von 1848), I/II (1907).
Stern L.: Die Varnhagen v. Ensesche Sammlung in der Kgl. Bibliothek zu Berlin (1910).
Stěklov J.: M. Bakunin I$^2$ (1926), II—IV (1921 ff.).
Stěklov J.: Bakunin v. sorokovye gody (B. in den vierziger Jahren), Krasnyj archiv 14 (1926).
Stěklov J.: Pis'ma M. A. Bakunina k A. Ruge (Briefe B.s an R.), Letop. marksizma II (1926).
Streckfuß: Volksarchiv I (1850).
Szarvady F.: Paris. Politische und unpolitische Studien und Bilder 1848—52 (1852).
Szmańda J.: Polska myśl polityczna w zaborze pruskim (Der polnische politische Gedanke im preußischen Annexionsgebiete), 1920.
Szuman H.: Wspomnienia Berlińskie i Poznańskie z r. 1848 (Berliner und Posener Erinnerungen von 1848), hg. v. Kraushar (1900).
Traub H.: K politickým poměrům v Rakousku s počátku 1849 (Zu den politischen Verhältnissen in Österreich zu Beginn 1849), Časopis matice moravské 53 (1929).
Traub H.: Květnové spiknutí v Čechách 1849 (Die Maiverschwörung von 1849 in Böhmen), 1929.
Trockij I. M.: Tret'e otdělenie pri Nikolae I. (Die dritte Abteilung unter Nikolaus I.), Naučno-populjarnaja biblioteka 27 (1930).
Valentin V.: Die deutsche Revolution von 1848/9 I/II (1930/1).
Varnhagen v. Ense: Briefe an eine Freundin 1844—53 (1860).
Varnhagen v. Ense: Denkwürdigkeiten und vermischte Schriften 7 (1846).
Varnhagen v. Ense: Karl Müllers Leben und kleine Schriften (1847).
Varnhagen v. Ense: Tagebücher 1—14 (1864—70).
Vorwärts (Paris) 1844.
Walzel O.: Varnhagen v. Ense, Allgem. deutsche Biogr. 39 (1895).
Wertheimer E.: Kudlichs Hochverratsprozeß, Neue Freie Presse 1914.
Wisłocki T.: Kongres słowiański w roku 1848 i sprawa polska (Der Slawenkongreß von 1848 und die polnische Sache), 1928.
Wojtkowski A.: Pod rządami pruskiemi do r. 1848 (Unter preußischer Herrschaft bis 1848), Roczniki historyczne I (1925).
Zawadzki W.: Rok 1848. Dziennikarstwo w Galicyi (Das Jahr 1848, Das Zeitungswesen in Galizien), 1878.
Zeitung, Anhaltische Volks- (Cöthen), 1848/9.
Zeitung, Augsburger Allgemeine, 1849.
Zeitung, Deutsche Brüsseler (Brüssel), 1847.
Zeitung, Constitutionelle allgem., aus Böhmen (Prag), 1849.
Zeitung, Deutsche allgem. (Leipzig), 1848/9.
Zeitung, Deutsche, aus Böhmen (Prag), 1849.

Zeitung, Dresdner, 1848/9.
Zeitung, Allgemeine Oder- (Breslau), 1848.
Zeitung, Allgemeine österreichische (Wien), 1848/9.
Zeitung, Prager, 1849.
Zeitung, Neue rheinische, 1848/9 (Manulneudruck [1928]).
Zeitung, Schlesische (Breslau), 1849.
Zeitung, Constitutionelle Staatsbürger- (Leipzig), 1848.
Zeitung, Südslawische (Agram), 1849.
Zeitungshalle, Berliner, 1848.

# Orts- und Personenverzeichnis.

Accort Josef, poln. Offizier u. Emigrant 139, 140, 143, 145, 156—158, 179.
Albrecht, österr. Erzherzog 213.
Alexander I. von Rußland 14.
Altenburg, Sachsen 154, 155, 167, 196.
Ambros, Dr., Staatsanwalt in Prag 86, 87.
André, Buchhändler, Prag 84.
Andrzejkowicz Julius, lit.-poln. Emigrant 72, 83, 131, 132, 140, 144, 151, 159.
Anněnkov, russ. Literat 26.
Apponyi Rudolf, comte, öst. Botschafter in Paris 36.
Arnim Bettina v. 11, 17, 20, 29, 30.
Arnim, preuß. Außenminister 58.
Arnold Emanuel, tschech. Radikaler 115, 124, 126, 132, 143, 147, 160, 161, 168, 180, 213, 215.
Asch in Böhmen 187.
Auersperg, Fürst 122.

Baader, mitteldeutscher Demokrat 69, 72.
Bach, öst. Minister 215, 218.
Barbès, franz. Sozialist 41.
Bardeleben, Berliner Polizeipräs. 51, 52.
Bassermann, deutscher Frankf. Abg. 122.
Bayer, Baron, gen. Rupertus 119.
Bayer, Buchhalter in Teplitz 177.
Beer, Gastwirt, Teplitz 177.
Behr Alfred v., Anhalt. Abg. 65, 68, 71, 74, 75, 77.
Bek, Wiener Student 195.
Berlin 14—18, 20, 21, 32, 51—53, 55—60, 63, 64, 66—68, 70, 72, 73, 75—77, 80, 83, 90, 102, 108, 130, 135, 138, 148, 161, 200—202, 213, 219, 223, 224, 229.
Bern, Schweiz 47, 48, 119.
Bernau bei Berlin 76.
Bernays, deutscher Schriftst. 24, 26.
Bernstein, deutscher Schriftst. 11.
Beust, sächs. Minister 209—211.
Berwiński, poln. Schriftst. aus Posen 93.

Bělinskij, russ. Schriftsteller 10, 11, 28, 79.
Biedermann K., Prof. u. Abg. 174.
Biernacki, poln. Emigrant 230.
Blanc Louis 24, 46.
Blanqui, rad. franz. Schriftst. 45.
Blum Robert 68, 111, 191, 193.
Blumenthal, preuß. Oberst 196.
Bluntschli, schweiz. Staatsrat 20.
Böhm, General, Olmützer Festungskomm. 216, 216, 219.
Börnstein, deutscher Literat 26.
Böttcher, sächs. Abg. 195.
Bolmin de, s. Czaplicki.
Bonoldi, Italiener, Freund Reichels u. Bakunins 223.
Boquet, Bek. Reichels u. Bakunins 45.
Borkowski Leszek Dunin, poln. Abg. 156, 157, 192.
Born Stephan, Arbeiterführer 73.
Bornstedt, deutscher Literat 25, 26.
Borrosch, deutschböhm. Abg. 84, 116, 181, 182.
Botkin, Bak. Moskauer Freund 24.
Boutillier s. Krzyżanowski.
Brandenburg (Ort) 67, 68.
Brandenburg, Ministerpräs. 67.
Brandhof, v., Gattin Erzh. Johann 195.
Branigk, Advok. in Cöthen 64, 74, 199.
Brauner, tschech. Abg. 122, 123, 125, 182.
Breslau 52—54, 56—58, 60, 69, 70, 77, 87, 90—91, 108, 110, 116, 135—140, 142, 144, 157, 158, 171, 201.
Brestl, deutschöst. Abg. 175, 186.
Broizem, Leipziger Kreisdirektor 196.
Brüssel 34, 35, 56, 134—136, 168.
Bruna, Dr., tschech. Studentenführer 187.
Brzozowski Carl, poln. Dichter 139, 159.
Buchheim, Wiener Studentenführer 195.
Bunzlau, Böhmen 53.
Bussenius, Buchhändler in Leipzig 131.
Burg in Sachsen 153.
Bzowski Jan, Konfident, poln. Emigrant 134, 135.

Callen, Englischlehrer Bakunins in Paris 228.
Carlyle T. 23.
Caussidière, Pariser Polizeipräfekt 46, 58.
Chambéry, Frankreich 135.
Chemnitz, Sachsen 55, 140, 156, 188, 195, 196, 208.
Chomjakov, russ. Slawophile 42.
Chrystowski Adolf, poln. Emigrant 150, 162.
Cieszkowski, poln. Politiker 130.
Cöthen in Anhalt 54, 55, 63—66, 68—74, 77, 80, 81, 83, 112, 133, 155, 167, 199.
Courtois, franz. General 45.
Cremieux A., franz. Deput. 35.
Custine, Marquis de, Forschungsreisender 18, 24.
Cuvier, Naturforscher 221.
Cybulski, poln. Slawist in Berlin 19, 56, 83, 87.
Czaplicki (Pseud. de Bolmin), Agent Czartoryskis 138.
Czartoryski, Fürst Adam 37—39, 56, 136, 140.
Czesnowska, poln. Gräfin 151.
Čaadajev, russ. Phil. 42, 79.
Čejchan V. 12.
Čelakovský, tschech. Gelehrter und Schriftst. 56.

Dubelt, russ. Staatsmann 89.
D'Agoult, Madame, franz. Literat. 31.
Darasz A., poln. Emigrant 137.
Debreczin 158.
Dederra, böhm. Grenzkontrollor 212.
Dehne, Wiener Student 195.
Dembinski, poln. Revolutionsgeneral 119.
Dembinski Thadäus, poln. Emigrant 139.
Dessau, Anhalt 53, 55, 63, 64, 66, 72, 75, 91, 212, 213.
D'Ester Karl, preuß. demokr. Abg. 65, 66, 68—73, 91, 112, 133, 146, 148 bis 150, 161—163, 173, 200.
Djakova Barbara, Schwester Bak. 16.
Dolgorukov, russ. Schriftsteller 23.
Dombrowski, poln. Verschwörer aus Posen 135.
Dragomanov Michail 9.
Dreier, Wirtin Bak. in Berlin 91.
Dresden 29, 48, 53, 54, 58, 62, 63, 72 bis 74, 87, 91, 107—110, 113, 115, 116, 118—121, 127, 131, 132, 135, 139—141, 144, 145, 147, 148, 150, 151, 153, 155—160, 162, 167, 168, 180, 183, 185—191, 193—197, 200 bis 202, 208, 212, 220, 225, 229.
Duchâtel, franz. Minister 34, 36, 38

Dwiernicki, poln. Revolutionsgeneral 145, 157.

Eger, Böhmen 111.
Eichmann, preuß. Minister 54.
Elbogen, Böhmen 175.
Engelmann, Dr. med., Nationalgardekomm. Breslau 70, 87, 137.
Engels Friedrich 11, 24—26, 33, 43, 113.
Ern Marie, Russin 222, 230.

Falk, Breslauer Demokrat 87.
Falke, Wiener Studentenführer 195.
Fauvety, franz. Journal. 45.
Ferdinand I., Kaiser 122.
Feuchtersleben, Dichter 232.
Feuerbach Ludwig, Philos. 19.
Fingerhut, tschech. Radikaler 126.
Fink, poln. Emigrant 136.
Fischhof, deutschöst. Abg. 182.
Fiume 133.
Flocon, franz. Journal. u. Politik. 87, 137.
Franck, Ritter v., Wiener Literat 195.
Frankfurt a. M. 53, 56, 67, 94, 96, 125, 138, 148—150, 156, 161, 162, 168, 185—187, 192.
Franz Josef, Prager Militärauditor 212, 213, 217.
Freiberg, Sachsen 156, 195.
Frič Josef, tschech. Radikaler 118, 127, 143—145, 147, 156, 159, 168, 179, 180, 187, 215, 218.
Friedensburg W., Breslauer Demokrat 87.
Friedmann B., Wiener demokr. Journalist 182, 189.
Friedrich Wilhelm IV. 30.
Fröbel Julius 189.
Frolov, Frau v., Russin 15.
Füster, deutschösterr. Abg. 175, 195.

Gabler Dr., Prager Journal. 126.
Gans, Berliner Philos. 15.
Gauč Wilhelm, tschech. Radikaler 118.
Genf, Schweiz 44.
Ghika, rumän. Gutsbesitzer 145, 151.
Gießhübel, Böhmen 211.
Giskra, deutschmähr. Frankf. Abg. 186, 187.
Görlitz, Lausitz 53.
Göschen, Dr. med., Leipziger Liberaler 109.
Goethe 13.
Goetz Ferdinand, Leipziger Student 154.
Gołębiowski, Krakauer Baumeister u. Emigrant 147, 152, 154, 160, 165, 167.
Goldmark Josef, deutschösterr. Politiker 175, 182, 189.

Golovin Ivan, russ. Emigrant u. Literat 23, 25, 117, 131.
Gorecki Albin aus Nakel, Emigrant140.
Grabski Anton, poln. Emigrant 140.
Granovskij, russ. Historiker 10, 15, 16, 22, 28.
Graslitz Böhmen 175.
Graudenz, Westpreußen 224—227.
Greč, russ. Publizist 16.
Großdölzig, Sachsen 74.
Grün Karl, Sozialist 14, 42, 69, 72.
Grüner, öst. Generalkonsul in Leipzig 69.
Guizot 34, 36, 37, 56, 106, 199.
Gurevič, russ. Hist. 11·

Habicht, anhalt. Minister 63, 65, 74, 199, 212.
Hackenberg Julius, Student aus Öst.-Schles. 179.
Häfner, Wiener Journal. 120, 148, 160.
Haetzel, Berliner Revolutionär 73.
Halle, Sachsen 64, 69, 138.
Hammer Julius, Gerichtsassessor, Dresden 198, 202, 203, 205, 220.
Hampel, Wiener Student 195.
Havlíček Franz, radik. tschech. Polit. 126.
Havlíček Karl, radik. tschech. Polit. u. Journal. 71, 110, 116, 118, 123 bis 127.
Haxthausen, Freiherr v., Agrarhist. u. Forschungsreisender 18.
Hegel, Philos. 17, 42, 89.
Heimberger, poln. Konservat. in Leipzig, Vertrauter Bak. 131, 132, 143, 158, 179.
Heine Heinrich, Dichter 14.
Heinze, Dresdener Nationalgardekomm. 151—153.
Helbig, sächs. Abg. 73, 74.
Heltman Wiktor, poln. Emigrant 136, 137, 141, 142, 144—156, 159—169.
Hermannstadt, Siebenbürgen 135.
Herwegh Emma 19.
Herwegh Georg, Dichter 10, 19, 29, 46, 47, 56, 66, 81, 87, 199, 212.
Herzen Alexander, russ. Emigrant u. Revolutionär 12, 17, 29, 30, 42, 79, 87, 89, 198, 212, 215, 222, 224, 228.
Herzen, Mutter 213.
Heubner Otto Leonhard, sächs. Politiker 147, 151, 154—156, 164, 166, 195—197, 202, 203, 205, 207.
Hexamer, deutscher Demokrat 68—70, 72, 73, 112, 133, 173.
Hoch, öst. Landesgerichtsrat 201, 205.
Houben H. H., Literarhist. 13.
Huber, franz. Revolutionär 45.
Hurban, slowak. Politiker 110.
Hus Jan 96.

Iljinskij L. K., russ. Forscher 11.
Itzstein, deutscher Politiker 86.

Jablunkau, Schlesien 194.
Jacoby, Dr. Heinrich, preuß. Politiker 56, 66.
Jäkel, sächs. Abg. 155, 174.
Janeček, tschech. Freischarenführer in der Slowakei 119, 148, 160.
Jankowski-Nostitz, poln. Abg. in Berlin 140.
Janowski Jan Nepomuk, poln. Emigrant 136, 168, 169.
Januszewicz Teofil, poln. Journalist 146.
Jaroslau, Galizien 140.
Jelačić, Ban von Kroatien und General 50, 71, 80, 81, 91, 97, 107, 123, 124, 172.
Jordan, öst. Abg. 124.
Jordan Johann Peter, lausitz. Gelehrter u. Journal. 131, 186.
Julius Gustav, Berliner Schriftst. u. Journal. 54, 55, 68, 71, 77.
Jungbunzlau, Böhmen 120.

Kalisch, Polen 135.
Karlsruhe, Baden 134, 135.
Kasan', Rußland 23.
Katkov Mich. Nik., Publizist 17.
Keil Ernst, Leipziger Buchhändler 83, 84, 87, 88, 175, 199, 208.
Kellner, Maler aus Wien, Emigrant 192, 195.
Kieselhausen, sächs. Demokrat 195.
Kindermann, Leipziger Demokrat 174.
Kiselëv, Graf, russ. Pariser Botschafter 25, 37.
Kempen, österr. Polizeiminister 213.
Kersten Kurt, deutscher Hist. 11.
Kisielnicki, Graf, Agent Czartoryskis 138, 141.
Kissingen, deutscher Kurort 15—18.
Kleinberg, Generalauditor in Prag 218.
Klinski-Rautenberg, poln. Abg. in Berlin 140.
Klopffleisch Wilhelm, poln. Agent 136.
Klutschak Franz, Prager Journalist 182.
Kock, Paul de, Dichter 213.
Köchly, sächs. Schulmann u. Politik. 23, 219.
Köln. 55,·56, 60, 91.
König Josef, Dichter u. Politik. 16.
Königsberg 138.
Königstein, Sachsen 197, 198, 204, 206, 207, 209, 213, 218.
Köppe, anhalt. Minister 65, 74, 199.
Kolin, Böhmen 171.
Komotau, Böhmen 116, 174—176.
Kornilov A. A., russ. Histor. 10, 11.

Kościelski, poln. Polit. 87, 93, 130.
Kossuth Ludwig 113, 116, 119, 124, 143, 145, 147, 157, 160, 187.
Kraiński, Advokat, poln. Emigrant 136.
Krajevskij, russ. Dichter 16.
Krakau 58, 135—137, 209, 219.
Kraszewski, poln. Gelehrter 87, 145.
Krause Johann aus Jaroslau, poln. Emigrant 140.
Krausenech (?) 48.
Kremsier 71, 119, 126, 156, 175, 181, 184.
Krimitschau, Sachsen 191.
Krzyżanowski Alexander, poln. Emigrant 141—156, 145, 159—169.
Kudlich Hans, österr. Politiker 175, 181, 184, 189—195.
Kudlich Hermann, Frankf. Abg. 185, 189—195.
Kuefstein, Graf, österr. Gesandter in Dresden 26, 205, 208—211.
Kühlwetter, preuß. Minister 52, 57.
Kürnberger Ferdinand, österr. Literat, Emigrant 197.
Kuh, Breslauer Polizeipräsid. 57.
Kuranda Ignaz, österr. Journalist, Politiker 186, 187.
Kutzelmann, poln. Emigrant 140.

Lämmel, Banquier in Prag 212.
Lamartine, franz. Dichter u. Politik. 50, 199.
Lambl, tschech. Radikaler 126, 127.
Lavison, franz. Politik. 87.
Lassogorski s. Heimberger.
Lasteyrie, franz. Politik. 39.
Ledru-Rollin, franz. Politik. 157.
Leipzig 34, 56, 57, 63, 69, 72—74, 78, 83, 106, 107, 112, 114, 117, 131, 132, 133, 138, 139, 141, 142, 155, 164, 167, 173—175, 177, 182, 184, 185, 187, 189—192, 194, 196, 208, 229.
Lemberg 50, 135, 141, 146, 157.
Lermontov, russ. Dichter 14.
Leroux Pierre, soz. Theoretiker 24, 28, 30.
Levin Rahel 13.
Lherbette, franz. Politik. 39.
Libelt K., poln. Philos. u. Politik. 130, 141.
Liegnitz, Schlesien 53.
Lindeman, Redakteur der Dresdener Zeitung 108, 121, 174.
Lindenberg Mathilde 206, 207, 223 bis 227, 231.
Lipinski Constant, poln. Emigrant 140.
Lipinski, Dresdener Konzertmeister 140.
Lipski, poln. Politiker 10, 93, 130, 141.

Lissowska Anna, Myslowitz, poln. Agentin 202.
Lobositz, Böhmen 181.
Löhner Ludwig v., deutschböhm. Politiker 175, 181, 185, 189.
Löw, Nationalgardekomm. in Komotau 177.
London 19, 100, 135, 146, 169.
Louis Philipp 34, 40, 106.
Ludwig Johann, ungar. Regierungssekretär 157.
Łukaszewicz, poln. Schriftsteller 87.
Lyon 42.

Mährisch-Ostrau 219.
Magdeburg 75.
Mailand 50.
Mainz 137.
Magdzinski, poln. Emigrant 83.
Marrast, Bürgermeister von Paris 45.
Martin, Dresdner Postsekretär, Demokrat 140, 152, 164.
Martini, Dr., deutscher Politiker 146.
Marx Karl 11, 24, 25, 31—33, 35, 36, 43, 46 (?), 54, 65, 80, 88, 113.
Mayer Gustav, Historiker 11.
Mazurkiewicz W., poln. Emigrant 137.
Mazzini 86, 157, 215.
Mecséry, böhm. Vizegouverneur 86, 138, 208.
Mehring Franz, Historiker 11.
Mel'gunov N. A., russ. Literat 14—16, 18.
Metternich 23, 36.
Meyendorff, Peter v., russ. Botschafter in Berlin-Wien 51, 58, 69, 86, 130, 141, 215.
Michalowice, Galizien 219.
Mierosławski Ludwig 53, 67, 86, 175, 168.
Milde, preuß. Minister 52, 57.
Minutoli, Berliner Polizeipräsid. 51, 57, 58, 135.
Molinari, Breslauer Kaufmann 139.
Moskau 11, 16, 27, 42, 199.
Müller-Strübing Hermann, Berliner Literat u. Politik. 51, 53, 55—57, 59, 63, 67, 76, 80, 81, 83, 87, 90 bis 93.
Mundt Theodor, Schriftsteller 76, 80, 91.
Myslowitz, Oberschlesien 202.

Náhlovský, Prof. in Dresden 119.
Nakel, Posen 140.
Napoleon I. 41.
Napoleon Jerôme 32.
Napoleon Louis 47.
Nesselrode, russ. Kanzler 69, 86.
Nettlau Max, Historiker 10, 12.
Neubrandenburg, Mecklenburg 57.

Neumann, Dresdner Rechtskandidat u. Journal. 121, 183.
Neuschloß, Böhmen 183.
Nevěrov, russ. Schulmann 15—18.
Nikolaevskij B., russ. Historiker 12.
Nikolaus I. von Rußland 24, 36, 37, 41, 49, 55, 89, 106, 207.
Nohant, G. Sands Besitztum 20, 31, 34.
Nordberg, öst. Diplom. 144.
Nyon, Frankreich 223.

Oberländer, sächs. Minister 55, 72, 108.
Ocerov, russ. Geschäftsträger in Karlsruhe 134, 135.
Odessa 134.
Odojevskij, russ. Dichter 15.
Oehme, Gelbgießer in Dresden 72, 73.
Ogarěv, russ. Freund Bakunins 18, 77, 88.
Olizarowski T., poln. Dichter 140, 159.
Olmütz 125, 158, 216, 218.
Oppenheim, Dr., Privatdozent, Literat u. Polit. 17.
Orlov Graf, Chef der russ. Gendarmerie 89.
Ottendorfer Oswald, deutschmähr. Studentenpolit. 120, 148, 160, 171 bis 173, 175, 177, 179, 183, 184, 189, 190.
Otto I., Franz, Advokat in Dresden 198, 199, 204—206, 212, 220—222, 224, 228, 230.
Orgelmeister, Prager Studentenführer 179, 180, 188.

Palacký Fr., tschech. Historiker u. Politiker 71, 84, 85, 110, 112, 118, 122—127, 182.
Paris 18—27, 30, 31, 33, 34, 36, 37, 39, 42, 44, 46, 55—57, 76, 83, 87, 91, 93, 102, 105, 114, 119, 127—133, 136—140, 142, 143, 145, 146, 150, 157, 169, 198, 212, 219, 222, 224, 228.
Paskěvič, russ. General u. Gouverneur 53, 141.
Pensa, Rußland 77.
Peskantini Johanna, Freundin Bakunins 207, 223—226, 229, 231.
Pest, Ungarn 97.
Petersburg 25, 39, 59, 60, 100, 106, 130, 207, 219.
Peterswalde, Böhmen 211.
Pfuel, preuß. Minister 54.
Pia Feliks, franz. Liter. 24.
Piagot Mad., Freundin Bakunins 87, 91.
Pillersdorff, öst. Minister 122.
Pirna, Sachsen 211.
Podlipský, tschech. Radikaler 84, 187.

Podolecki J., poln. Journal. 146.
Polonskij V., russ. Histor. 11.
Poniński Stanisl., poln. Emigrant 139, 151, 151, 164.
Potsdam 58, 100.
Posen (Stadt) 53, 60, 112, 132, 135, 141, 156, 158.
Prag 10, 49, 50, 57, 70, 71, 74, 80, 81, 84—88, 91, 94—97, 104, 106—108, 110—113, 116—118, 120, 124, 132, 135, 138, 139, 141, 143—146, 148, 156—161, 168, 170—172, 177 bis 180, 183, 186—188, 201, 202, 205, 209, 210, 211, 213, 215, 217.
Prato, deutschösterr. Abg. 182.
Prjemuchino, Geburtsort Bakunins 10, 17.
Prokesch v. Osten, österr. Berliner Gesandter 215.
Proudhon 41—45, 47—50, 87.
Purkyně, tschech. Physiologieprof., Breslau 19.
Puškin, russ. Dichter 14—16.
Puttkammer v., preuß. Beamter im Innenminister. 60.

Quellenbaur, Lemberger Prof. 146.
Quichote, Don 199.

Rabe, mitteldeutscher Demokrat 69, 72.
Radeberg, Sachsen 196.
Ranke L. v., Historiker 15.
Reichel Adolf, Pariser Musiklehrer, Freund Bakunins 32, 36, 42, 44 bis 48, 52, 59, 87, 197, 198, 206, 207, 212, 219, 221—225, 227—231.
Reichel Moritz, Sohn Adolfs 48.
Reichenbach, Eduard Graf, demokr. Politiker 57, 69.
Reichenberg, Böhmen 111, 174, 177.
Reißmann, österr. Konfident 138.
Ribbentropp, deutscher Emigrant 24.
Rieger F. L., tschech. Politiker 71, 85, 116, 119, 123, 126, 182.
Riga 16.
Rilgenberg (?) 223.
Rittig Hans, Prager Studentenführer 179, 180, 188.
Rjazanov, russ. Historiker 11, 24.
Rochow, v., preuß. Gesandter in Petersburg 51, 53, 58, 59.
Röckel August Ludwig, Musikdirektor und sächs. Politiker 54, 72, 143, 144, 148, 150, 157, 161, 163, 183, 184, 186, 187, 189, 197, 201, 205, 208.
Rosenfeld, Wiener Literat 195.
Rospopov, russ. Gendarmerieoberst 219.
Rouen, Frankreich 35.

Rudnicka, Frau, poln. Agentin in Kalisch 135.
Rühl, Breslauer Demokrat 87.
Ruge Arnold 10, 17, 19, 23, 24, 29, 30, 32, 54, 65, 90, 109, 138, 157, 189, 191, 197.
Rupniewski, poln. Emigrant 136.
Ruppert Ludwig, utraquist. Demokrat in Prag 186, 187.
Rybeyrolles, franz. Journalist u. Demokrat 87.

Saaz, Böhmen 175.
Sabina K., tschech. Radikaler, Journalist 124, 126, 127, 147, 156, 157, 160, 161, 180, 182, 215.
Saint-Simon, soz. Theoretiker 28.
Sallet, Dichter 207.
Sand George 20, 28—34, 87.
Sander Enno, anhalt. Politiker 64, 65, 67, 68, 71—74, 155.
Sassonov, russ. Sozialist 46.
Satin Nik. Mich., Dichter 18.
Schandau, Sachsen 108.
Schanz Julius, Leipziger Student 113, 140, 179.
Schieferdecker, sächs. Kupferstecher 19.
Schiemann Paul, deutscher Historiker 11.
Schilling, Dresdner Polizeikommissär 62, 64, 139.
Schlöffel, Frankf. Abg. 146.
Schlötke, Berliner Untersuchungsrichter 201.
Schlutter, Frankf. Abg. 146, 148—150, 161—163.
Schmidt Carl, Philos. 65.
Schölcher Vikt., franz. Politiker 24.
Schröder, russ. Gesandter in Dresden-Weimar 132.
Schulz, Berliner Bäcker 92.
Schuselka Franz, deutschösterr. Polit. 181, 182.
Schwarzenberg, Fürst, österr. Minister 86, 174, 209—211, 215—217.
Scott W., Dichter 199.
Seebeck August, Physiker 48, 223.
Seebeck Moritz, Philologe u. Staatsmann 48, 223.
Semrau, Breslauer Literat 87.
Shakespeare 199.
Sigmund, Schwager Herweghs 56, 87, 224.
Skačkov Konst. Andr., Sinologe 17.
Skorzewski, Grafen 53, 63, 64, 140, 199.
Sladkovský K., tschech. Radikaler 191.
Smarzewski Severyn aus Lemberg 146.
Smolka Fr., poln. Politiker 146, 182.
Sobrier, radikaler Franzose 45.

Solger Reinhold, deutscher Sozialist 19.
Solmar, Henriette v. 15, 17, 20.
Spieß, v., russ. Pariser Generalkonsul 25.
Stadion, Graf, öst. Minister 86, 115, 122, 124, 174.
Stahlschmidt, Breslauer Demokrat u. Kaufmann 53, 58, 70, 75, 77, 91.
Stamm Ferdinand, deutschböhm. Politiker 176, 177, 181—183.
Stankěvič, russ. Philos. 11, 15, 16, 28, 79.
Stein, Breslauer Abg. in Berlin 55, 57, 61, 66, 65, 86, 87.
Stettin 19, 76.
Stěklov J., russ. Historiker 11.
Stiebler, Sattler aus Radeberg (Sachsen) 196.
Stirner Max, soz. Theoret. 65.
Stock, Buchhändler, Paris 10, 12.
Strache Eduard, deutschböhm. Politiker 184—187, 189.
Straka Gustav, Helfer Bakunins, 121 (?), 132, 144, 145, 147, 159, 168, 177, 179, 213, 215, 218.
Straka, Brüder 34, 115, 120, 193, 156.
Straßburg 168, 169.
Strobach, tschech. Politiker 122, 123, 125, 182.
Struve, badischer Demokrat 47, 146.
Sznajde, poln. Revolutionsgeneral 137, 145.
Szuman H., poln. Literat 83, 93, 130.
Szuman Pantaleon, poln. Abg. in Berlin 93.
Ševyrěv, russ. Publizist u. Politiker 16.
Štúr L., slowak. Philos. u. Politiker 80, 110.

Tarnow, Galizien 135.
Tchorzewski Stanisl., poln. Magnat 139.
Tedesco, Prager Deutschdemokrat 186.
Teleki, Graf Lad., Kossuths Gesandter in Paris 119, 139, 145, 157.
Teplitz, Böhmen 177.
Teschen, Schlesien 219.
Tetschen, Böhmen 180, 187.
Tettenborn, russ. General 14.
Thieme, Leipziger Student 117.
Thier, franz. Historiker u. Politik. 27, 117, 199.
Thun, Graf Leo, Gouverneur von Böhmen 122.
Todt, sächs. Politiker 147, 154, 164
Tolstoj Grigorij, russ. Gutsbesitzer 23, 25—27.
Tolstoj Jakob, russ. Agent in Paris 23 bis 27.
Torniamenti, Gastwirt in Dresden 139.
Trautmannsdorff, Berliner österr. Gesandter 86.

Trinum bei Cöthen 64, 65.
Trojan A., tschech. Politiker 123, 125.
Troppau, Schlesien 194.
Turgeněv I. S., russ. Dichter 18, 87, 93.
Tzschirner S., sächs. Politiker 55, 73, 74, 146, 151, 152, 154, 155, 164, 166, 167.

Urban, Brüder, Prager Studenten aus Neuschloß 183.
Uvarov, russ. Minister 23.

Valenciennes, Frankreich 40.
Varnhagen v. Ense 13—21, 23, 34, 54, 87, 219.
Vavin, franz. Politiker 37—39.
Versailles 37.
Vierthaler, anhalt. Abg. 65, 74.
Viard, franz. Journal. 45.
Viardot Mad., Freundin Turgeněvs 32, 87.
Ville d'Avray, Frankreich 46, 221, 223.
Violand, österr. Politiker 175.
Vogel Roman, Buchhandlungsgehilfe u. Publizist in Leipzig 131, 132.
Vogt Adolf, Bruder von Karl V. 47.
Vogt Carl, Naturforscher u. Politiker 42, 47.
Volkov Mat. Step., Volkswirtschaftler 17.

Wadowice, Galizien 219.
Wagner Richard 72, 73, 91, 150, 153, 195, 196.
Waldeck, Geh. Justizrat, preuß. Polit. 73, 100, 101.
Waldheim, Sachsen 209.
Walzel Oskar, Literarhistor. 13.
Warnsdorf, Böhmen 184.
Warschau 37, 50.
Wasilewski Josef, Priester aus Posen 140.
Wehner, sächs. Abg. 55, 72.
Weitling Wilhelm 29.

Welcker, deutscher Politiker 122.
Werder Karl, Berliner Philosophieprof. 17, 20.
Werner, Wirt vom Leipziger „Goldenen Hahn" 48, 63.
Wessenberg, österr. Minister 122.
Wiede, Leipziger Buchdrucker 87, 208.
Wien 49, 50, 68, 71, 80, 81, 85, 90, 92, 96, 97, 102, 108, 109, 123, 132, 135, 137, 142, 144, 148, 156, 160, 170, 171, 172, 181, 184, 199, 211, 216.
Wigand, Leipziger Buchhändler 78, 112.
Willich, Dr., deutscher Politiker 146.
Windischgrätz, Fürst, öst. Feldmarschall 49, 69, 71, 80, 94—97, 104, 111, 123, 172, 191.
Wittenberg, Sachsen 64.
Wittig Ludwig, Dresdner Journalist u. Demokrat 54, 108, 109, 112—115, 117, 120, 121, 127, 128, 140, 149, 161.
Wittmann Ernst aus Dessau 212.
Wolter, anhalt. Abg. 65, 74.
Wrangel, preuß. General 93.
Wünsche Eduard, tschech. Demokrat 120, 127, 128.
Wuttke Heinrich, sächs. Politiker u. Historiker 109, 123.
Wychowski, Brüder 58.
Wysocki, poln. Revolutionsgeneral 158.

Zamoyski, Graf, poln. General 56.
Zawisza, poln. Emigrant 131, 132.
Zimmer Karl, deutschböhm. Politiker 150, 175, 181—190, 192, 194, 215, 218.
Zieliński Roman, poln. Emigrant 140.
Zitz, Abg. f. Mainz 137.
Zürich 19, 20, 29, 222.
Zwickau, Sachsen 155, 156, 167, 168, 209.
Zwittau, Sachsen 171.
Žižka 96.

# H.U. Bohnen
# Das Gesetz der Welt ist die Änderung der Welt
Die rheinische Gruppe progressiver Künstler (1918-1933)

Inhaltsverzeichnis

Vorwort
Prolog
Köln 1914 — Dada
Verbindung nach Berlin
Die Formierung der rheinischen Künstlergruppe und ihr Verhältnis zum „Jungen Rheinland" in Düsseldorf und zur „Novembergruppe" in Berlin
Die Entwicklung der gegenständlich-konstruktiven Bildform im Kreis der „Kölner Progressiven" und ihre Einschätzung
Natur — Gesellschaft — Kunst
Destruktion als Konstruktion — Die Theorie einer proletarischen Kultur und die künstlerische Praxis der „Kölner Progressiven" bis 1923
Die „Kölner Progressiven" in der revolutionären Bewegung bis 1924
Die künstlerische Praxis der „Kölner Progressiven" in der Phase der ‚relativen Stalisierung' der Weimarer Republik (1924—1929) und ihre Bedingungen
Gegenständlich-konstruktive Bildform und Bildstatistik
Die „Gruppe progressiver Künstler" in den Jahren 1929—33 und ihre Zeitschrift „a bis z" (I)
Exkurs: Der Fotograf August Sander
Die „Gruppe progressiver Künstler" in den Jahren 1929—33 und ihre Zeitschrift „a bis z" (II)
Bibliographie
Abbildungsverzeichnis (Text)
Abbildungsverzeichnis (Bildanhang)
Abbildungsverzeichnis (für Farbtafeln)
Bildanhang
Namensregister

250 S./kart. 25,— DM/Leinen 65,— DM

**Karin Kramer Verlag Berlin**
Postfach 106, 1 Berlin 44

# anarchistische texte

IST EINE HEFTREIHE, DIE IN FORM EINER ANTHOLOGIE DIE WICHTIGSTEN THEORIEN UND THEORETIKER DES ANARCHISMUS REPRÄSENTIEREN WIRD.
ÜBER EINE DOKUMENTATION DES IDEENWANDELS HINAUS, VERSUCHT UNSERE HEFTREIHE HINSICHTLICH DER ANARCHISMUSDISKUSSION DER GEGENWART ANREGUNGEN UND ANSTÖSSE ZU GEBEN.

## BISHER ERSCHIENEN:

ANARCHISTISCHE TEXTE 1
MICHAIL BAKUNIN: FREIHEIT UND SOZIALISMUS (27 S.)

ANARCHISTISCHE TEXTE 2
PETER KROPOTKIN: GESETZ UND AUTORITÄT (52 S.)

## IN VORBEREITUNG:

ANARCHISTISCHE TEXTE 3
P.J. PROUDHON: EIGENTUM IST DIEBSTAHL (CA. 40 S.)

ANARCHISTISCHE TEXTE ERSCHEINT ALLE 2-3 MONATE ZUM GLEICHBLEIBENDEN PREIS VON 2,50 DM

BESTELLUNGEN UND
ZUSCHRIFTEN AN: **LIBERTAD-VERLAG**
**postlagernd**
**1000 Berlin 44**